असरकारी प्रशासन

नई सोच, नई दृष्टि

असरकारी प्रशासन
नई सोच, नई दृष्टि

भरत लाल मीणा, *भा.प्र.से.*

संपादक

प्रमोद कुमार

प्रभात प्रकाशन, दिल्ली

ISO 9001:2008 **प्रकाशक**

प्रकाशक • **प्रभात प्रकाशन**
4/19 आसफ अली रोड,
नई दिल्ली–110002

संस्करण • प्रथम, 2018
मूल्य • पाँच सौ रुपए
मुद्रक • आर–टेक ऑफसेट प्रिंटर्स, दिल्ली

ASARKARI PRASHASAN : Nayi Soch, Nayi Drishti
by Bharat Lal Meena ₹ 500.00
Published by Prabhat Prakashan, 4/19 Asaf Ali Road, New Delhi-2
e-mail: prabhatbooks@gmail.com ISBN 978-93-5266-549-5

मेरे पूज्य पिताजी **स्व. श्री सुखजी रामजी**
एवं माँ **श्रीमती रतनी बाई**,
जिन्होंने मुझमें यह विश्वास पैदा किया कि
जीवन में सबकुछ संभव है।
मैं आज जो कुछ हूँ उन्हीं की बदौलत हूँ।
एक जिम्मेदार माता-पिता का दायित्व निभाने के लिए
मैं उनके प्रति कृतज्ञ हूँ। मेरे अलावा वे और भी
अनेक लोगों के प्रेरणा स्रोत हैं।

प्रस्तावना

श्री भरत लाल मीणा ने जब अपनी इस पुस्तक 'असरकारी प्रशासन, नई सोच, नई दृष्टि' की अंग्रेजी पांडुलिपि मुझे दी और पूछा कि क्या मैं इसकी प्रस्तावना लिख सकता हूँ, तो मेरे मस्तिष्क में सबसे पहले यही प्रश्न पैदा हुआ कि क्या मैं सही मायने में इस पुस्तक के साथ न्याय कर सकूँगा ? क्योंकि इस कृति में एक उत्कृष्ट प्रशासनिक अधिकारी के जीवन-दर्शन, प्रशासन में उनके द्वारा किए गए अभिनव प्रयोगों एवं लगभग 35 वर्षों के उनके प्रशासनिक अनुभवों को समाहित किया गया है।

पांडुलिपि में निहित विषयों का मैंने जैसे ही सिलसिलेवार अध्ययन करना शुरू किया, मुझे यह समझने में देर नहीं लगी कि प्रस्तुत पुस्तक श्री मीणा की उस असाधारण जीवन-यात्रा के अनुभवों का संग्रहण है, जिसमें उन्होंने अनेक महत्त्वपूर्ण जिम्मेदारियों का निर्वहन करते हुए बहुत से चुनौतीपूर्ण दायित्वों को संपादित किया। मुझे इसका पहले से एहसास था कि एक प्रशासनिक अधिकारी को व्यवहार में किस-किस प्रकार की समस्याओं का सामना करना पड़ता है। उस पर विषम परिस्थितियों में काम करते समय अनेक प्रकार का दबाव रहता है, फिर भी एक अधिकारी को तमाम चुनौतियों के बावजूद विषम परिस्थितियों का भी व्यावहारिक समाधान प्रस्तुत करना पड़ता है। श्री मीणा ने अपने संपूर्ण प्रशासनिक जीवन में बेहतरीन तालमेल का परिचय देते हुए काम किया है। वास्तव में एक आई.ए.एस. अधिकारी की जिंदगी ऐसी ही होती है जिसमें उसे कुशलतापूर्वक तीव्र गति से समस्याओं को सुलझाना पड़ता है, परंतु विषम परिस्थितियों में भी साहसिक एवं न्यायोचित निर्णय लेने में सक्षम इस प्रशासनिक अधिकारी ने बड़े ही सरल और सहज तरीके से अपने अनुभवों को शब्दरूप दिया है। इस पुस्तक

को पढ़ना एक अच्छी अनुभूति रही।

मैं मानता हूँ कि इस पुस्तक की प्रस्तावना लिखने की महत्त्वपूर्ण जिम्मेदारी मुझे संभवत: इसलिए दी गई है, क्योंकि एक वैज्ञानिक के रूप में मेरा स्वयं का सफर भी अनेक चुनौतीपूर्ण दायित्वों का निर्वहन करते हुए बीता है और मेरी प्रवृत्ति भी अनसुलझे सवालों और रहस्यों से लगातार जूझने की रही है। मैंने अपने कॅरियर की शुरुआत एक वैज्ञानिक, टेक्नोक्रेट एवं टेक्नोलॉजिस्ट के रूप में की और एक अंतरिक्ष विज्ञानी के रूप में देश के सुप्रसिद्ध अंतरिक्ष अनुसंधान संस्थान यानी भारतीय अंतरिक्ष अनुसंधान संगठन (इसरो) का नेतृत्व किया। उसके उपरांत राज्यसभा, योजना आयोग, बेंगलुरु स्थित नेशनल इंस्टीट्यूट ऑफ एडवांस स्टडीज (एन.आई.ए.एस.) जैसे उच्च स्तरीय थिंक टैंक एवं जवाहरलाल नेहरू विश्वविद्यालय (जे.एन.यू.) जैसे बड़े शिक्षण संस्थान के कुलपति की जिम्मेदारी निभाई। वर्तमान में मुझ पर कर्नाटक ज्ञान आयोग का नेतृत्व करने की जिम्मेदारी है। इन सभी जिम्मेदारियों को निभाना कम चुनौतीपूर्ण नहीं था। इसलिए श्री मीणा को लगा होगा कि उनके मन के भावों को यदि कोई सही मायने में समझ सकता है, तो वह मुझ जैसा ही कोई व्यक्ति हो सकता है, जिसने उन्हीं की तरह अपने कॅरियर में चुनौतियों का सामना करते हुए लीक से हटकर काम किया हो।

खैर, इसरो के अपने कार्यकाल के दौरान मेरे मन में आई.ए.एस. अधिकारियों के प्रति एक प्रशंसा का भाव विकसित हुआ। इसरो के तत्कालीन अध्यक्ष प्रो. सतीश धवन को मैंने प्रशासनिक अधिकारियों के साथ बेहतर तालमेल स्थापित करते हुए देखा। उस समय अतिरिक्त एवं संयुक्त सचिव की जिम्मेदारी निभाने वाले श्री एम.ए. वेलौदी, श्री टी.एन. शेषन और बाद में श्री वारियर जैसे उत्कृष्ट नौकरशाहों के साथ उनकी काफी घनिष्ठता थी। केंद्र सरकार में अनेक चुनौतियों का सामना करते हुए भी उन्होंने देश के जटिल अंतरिक्ष कार्यक्रम के संचालन एवं उसके प्रबंधन से जुड़ी समस्याओं को बहुत कुशलता से सुलझाया। वित्तीय एवं प्रशासनिक मामलों के अलावा अन्य प्रकार की समस्याओं को भी गंभीरता से समझने एवं उनके व्यावहारिक समाधान में उन्होंने प्रो. धवन की बहुत ही रचनात्मक तरीके से मदद की।

इसरो अध्यक्ष के रूप में अपने स्वयं के 9 वर्षों के कार्यकाल के दौरान

मुझे भी कई प्रतिभाशाली नौकरशाहों के साथ काम करने का अवसर मिला और उन सभी का भरपूर सहयोग मिला। उन्होंने न केवल विभाग के साथ पूरी तरह सहयोग किया, बल्कि यह साबित किया कि प्रशासनिक अधिकारी भी अंतरिक्ष जैसे तकनीकी विभाग के प्रभावी प्रबंधन एवं व्यवस्था में रचनात्मक तरीके से सहयोग कर सकते हैं। यदि ऐसे कुछ प्रमुख अधिकारियों के नाम लेने हों तो मैं खासतौर से श्री प्रभाकरण, श्री शिशिर दास, श्री अभिजीत सेनगुप्ता, श्री मीनाक्षी सुंदरम्, श्री रंगनाथ, श्री पी.पी. प्रभु, श्री ननादुर का नाम लेना चाहूँगा। ऐसे और भी अनेक प्रशासनिक अधिकारी थे, जिनका नाम नहीं लिया जा सकता। इसमें मजेदार बात यह है कि उनमें से अधिकांश अधिकारी कर्नाटक कैडर के ही थे। कई अधिकारी तो अक्सर मजाक किया करते थे कि भारतीय प्रशासनिक सेवा में एक अलग से ऐसा विभाग होना चाहिए, जिसमें विभाग के सबसे प्रतिभाशाली अधिकारियों को अंतरिक्ष विज्ञान विभाग में सेवा करने का अवसर प्रदान किया जाए।

59 अध्यायों में विभाजित करीब 304 पृष्ठों वाली इस पुस्तक में श्री भरतलाल मीणा ने अपने प्रशासनिक अनुभवों को बहुत ही रोचक एवं मनोरंजक ढंग से प्रस्तुत किया है। देश की नौकरशाही से जिन भूमिकाओं की सामान्यत: अपेक्षा की जाती है, उन्हें श्री मीणा ने ईमानदारी से पूरा किया है। उनकी प्रशासनिक क्षमता सचमुच बेमिसाल है। उन्होंने अपने प्रशासनिक कॅरियर की शुरुआत राजस्थान प्रशासनिक सेवा (आर.ए.एस) के एक अधिकारी के रूप में की, उसके बाद वे भारतीय प्रशासनिक सेवा में शामिल होकर कर्नाटक कैडर में सम्मिलित हुए। राजस्थान से एक खंड विकास अधिकारी (बी.डी.ओ.) के रूप में अपनी प्रशासनिक सेवा की शुरुआत करते हुए श्री मीणा ने अपने पूरे कॅरियर में अनेक महत्त्वपूर्ण जिम्मेदारियों को निभाया, इसलिए उनके अनुभवों की सूची बहुत लंबी और विविधतापूर्ण है। राजस्थान के बाद उन्होंने कर्नाटक सरकार में अनेक पदों को सुशोभित किया और वर्तमान में वे राज्य के अतिरिक्त प्रमुख सचिव और उच्च शिक्षा के प्रभारी हैं। इसके अतिरिक्त उन्होंने विभिन्न जिलों में जिला अधिकारी की जिम्मेदारी निभाने के साथ ही पर्यटन, महिला एवं बाल कल्याण, सार्वजनिक शिक्षा आदि विभागों का भी नेतृत्व किया और लीक से हटकर काम करने की अपनी दक्षता के आधार पर इन विभागों में कई आमूलचूल सुधार किए।

इसके अलावा वे कुछ समय के लिए नई दिल्ली स्थित भारत सरकार के इस्पात मंत्रालय में भी सेवारत रहे। वहाँ से कर्नाटक वापस आने के बाद श्री मीणा ने हाउसिंग बोर्ड, बेस्कॉम, सिंचाई, समाज कल्याण, बेंगलुरु बृहत् महानगरपालिका, बेंगलुरु विकास प्राधिकरण, कृषि, शहरी विकास और अब उच्च शिक्षा जैसे अनेक विभागों में अपनी बेजोड़ प्रशासनिक प्रतिभा का परिचय दिया।

अपनी इस पुस्तक में श्री मीणा ने बहुत ही सरल शब्दों में उन चुनौतियों और विषम परिस्थितियों का वर्णन किया है, जिनका उन्होंने सामना किया और व्यावहारिक समाधान प्रस्तुत किया। उनके अनुभवों से साफ झलकता है कि उन समस्याओं के समाधान हेतु एक अलग प्रकार की दृष्टि, अभिनव रणनीति और समस्या-स्थल पर ही निर्णय लेने की जरूरत थी। इस संबंध में वे बेझिझक स्वीकार करते हैं कि निर्णय लेते समय उन्होंने अपने तत्कालीन राजनीतिक आकाओं एवं अपने वरिष्ठ अधिकारियों के विचारों एवं सुझावों का सदैव सम्मान किया, ताकि समस्याओं का समाधान निकालने में अनावश्यक बाधा उत्पन्न न हो।

कुल मिलाकर यह पुस्तक एक ऐसे नौकरशाह की प्रशासनिक सेवाओं का लेखा-जोखा है, जिसने मौजूदा प्रशासनिक तंत्र में ही रहकर समस्याओं की गंभीरता के अनुसार व्यावहारिक निर्णय लिये और ऐसे समाधान प्रस्तुत किए, जिन्हें नीचे से लेकर उच्च स्तर तक सभी ने न केवल स्वीकार किया, बल्कि सराहा भी। यह ऐसा गुण है, जिसे भारतीय प्रशासनिक सेवा सहित अन्य सभी सेवाओं के अधिकारियों को ग्रहण करना चाहिए। प्रशासनिक सेवाओं में आनेवाले युवा नौकरशाहों के लिए भी यह एक प्रेरणा एवं दिशादर्शन है।

कर्नाटक ज्ञान आयोग के अध्यक्ष के रूप में मैंने स्वयं भी श्री भरत लाल मीणा और उनके काम करने के ढंग को निकट से देखा है। जब श्री देशपांडे कर्नाटक सरकार के उच्च शिक्षा मंत्री थे, तब इस आयोग का पुनर्गठन किया गया था। बाद में जब श्री मीणा ने उच्च शिक्षा विभाग के प्रमुख सचिव के रूप में पदभार ग्रहण किया, तो उसी समय कर्नाटक ज्ञान आयोग की प्रशासनिक जिम्मेदारियाँ स्वत: ही उनके कंधों पर आ गईं। कर्नाटक ज्ञान आयोग ऐसे अनुभवी विशेषज्ञों की संस्था है, जिनका कर्नाटक के विकास से जुड़े अलग-अलग क्षेत्रों में लंबा अनुभव है और जो राज्य के विकास हेतु कुछ लीक से

हटकर सुझाव दे सकते हैं। अधिकांशत: आयोग के सदस्यों के सुझावों को लागू करने के लिए कई बार सुझावों एवं सिफारिशों पर पुनर्विचार की जरूरत पड़ती है। पुनर्विचार हेतु सुझाव ज्यादातर उन विभागों के सचिवों की तरफ से आते हैं, जिन्हें उन सुझावों को हकीकत में लागू करना होता है। कई बार सचिवों की तरफ से कुछ ऐसे भी सुझाव आते हैं, जिन पर आयोग के स्तर पर विश्लेषण एवं विचार करना पड़ता है। ऐसी स्थिति में मैंने स्वयं महसूस किया है कि श्री मीणा ने अत्यंत सक्रिय रहकर आयोग से निरंतर संवाद किया और सार्थक परिणाम प्राप्त करने में बहुत ही सकारात्मक भूमिका निभाई। मैं अत्यंत प्रशंसा के साथ स्मरण करना चाहता हूँ कि ज्ञान आयोग के साथ मिलकर कर्नाटक की शिक्षा नीति का खाका तैयार करने में एक नीति-नियंता के तौर पर श्री मीणा का अतुलनीय योगदान रहा है। इसके अलावा राज्य की शिक्षा में डिजिटल क्रांति का सूत्रपात करने में भी उनका परामर्श और निर्देशन काफी कारगर साबित हुआ है। वास्तव में उन्होंने अपने स्तर पर ही राज्य के विश्वविद्यालयीन प्रशासन, परीक्षाओं के संचालन और कक्षाओं में प्रभावी शिक्षण हेतु डिजिटल तकनीक का उत्साहजनक प्रयोग किया। उनके भगीरथ प्रयासों से ही कर्नाटक के विभिन्न विश्वविद्यालयों के कुलपतियों ने न केवल डिजिटल तकनीक को अपनाया, बल्कि उसका भरपूर उपयोग भी किया। अपने प्रयासों एवं अनुभव के आधार पर राज्य की शिक्षा व्यवस्था को तकनीक के माध्यम से बेहतर एवं असरकारी बनाने में उनका असाधारण योगदान है।

कुल मिलाकर इस पुस्तक में एक ऐसे नौकरशाह के अविस्मरणीय प्रशासनिक योगदान का विवरण है, जिसने विभिन्न जिम्मेदारियों का निर्वहन करते हुए अपने विवेक के आधार पर लीक से हटकर, जो निर्णय लिये, उनसे भारतीय प्रशासनिक सेवा की गरिमा ही बढ़ी है। एक अधिकारी के तौर पर श्री मीणा ने अपने समकालीन अधिकारियों के समक्ष उच्च मापदंड स्थापित करने में सफलता पाई है। उनकी नीतियाँ पारदर्शी एवं लोकोपयोगी रहीं। पुस्तक का प्रस्तुतीकरण बहुत सरल, रोचक एवं पाठकों को बाँधे रखने में सक्षम है। यह सारी जानकारी बुद्धिजीवियों और नीति-निर्माताओं के लिए तो उपयोगी है ही, साथ ही उन युवाओं के लिए भी उपयोगी है, जो विभिन्न प्रकार की प्रतियोगी परीक्षाओं की तैयारी कर रहे हैं। उनके शुभचिंतकों, मित्रों एवं साथियों के साथ-

साथ मैं एक प्रशासनिक अधिकारी के रूप में श्री भरत लाल मीणा द्वारा की गई देश की उत्कृष्ट सेवाओं हेतु उनके प्रति अपनी कृतज्ञता प्रकट करता हूँ। मैं उन्हें बधाई देता हूँ कि उन्होंने अपने अनुभव के आधार पर पाठकों के समक्ष इतनी सुंदर एवं उपयोगी कृति प्रस्तुत की है।

—डॉ. के. कस्तूरीरंगन
पूर्व अध्यक्ष, भारतीय अंतरिक्ष अनुसंधान संगठन (इसरो)

मनोगत

यह मेरी पहली पुस्तक नहीं है। वर्ष 1998-99 में मेरी एक पुस्तक 'लाइफ एंड पीस' अंग्रेजी में प्रकाशित हो चुकी है। किसी भी व्यक्ति के जीवन में अनेक तरह के उतार-चढ़ाव आते हैं और संघर्ष के क्षणों में वह शांतिपूर्ण जीवन के लिए हर संभव प्रयास करता है। लेकिन क्या शांति की खोज के बाद भी उसे शांति मिल पाती है? उस पुस्तक में इसी द्वंद्व को व्यक्त करने का प्रयत्न किया गया था, किंतु सामाजिक एवं पारिवारिक जिम्मेदारियाँ निभाने के साथ भी आत्मिक आनंद प्राप्त किया जा सकता है, इसे 'लाइफ एंड पीस' में महसूस किया जा सकता है। उक्त पुस्तक नितांत स्वान्तः सुखाय होते हुए भी लोगों के बीच बहुत पठनीय बनी।

परंतु यह पुस्तक ऐसे लोगों के लिए मार्गदर्शक का काम करेगी, जो प्रतिदिन नए-नए प्रशासनिक झंझावातों को झेलते हैं। हमारे देश में 'सिविल सर्वेंट' शब्द का इस्तेमाल अंग्रेजी में बड़ी गरिमा वाला नहीं माना जाता, परंतु जब हम इसका अनुवाद हिंदी में करते हैं, तो सहज ही एक शब्द आता है—जनसेवक। भारतीय प्रशासनिक सेवाओं के तहत इस प्रकार के जनसेवक तैयार किए जाते हैं, जो अपने कार्यकाल में सीधे जनता और सरकार के बीच एक सेतु की भूमिका निभाएँ और समाज में सकारात्मक परिवर्तन के कारक बनें। मेरे तीन दशक के कार्यकाल में कभी-कभी ऐसे अवसर भी आए, जब लगा कि हम सेतु की भूमिका निभाने में कठिनाई महसूस कर रहे हैं। मुझे अपने प्रशासनिक जीवन में जिस तरह से कई खट्टे और मीठे अनुभवों से गुजरना पड़ा, इस पुस्तक में उसी की बानगी सँजोने की कोशिश की गई है। एक प्रशासनिक अधिकारी के संबंध में लोगों के मन में जिस तरह की धारणाएँ

होती हैं, उसे भी मैंने जाना और उन्हें भी इस पुस्तक में समेटने की कोशिश की है। इस पुस्तक से जहाँ भारतीय प्रशासनिक सेवा से जुड़ने वाले युवाओं को लाभ मिलेगा, वहीं अन्य पाठकों को भी मालूम होगा कि एक प्रशासनिक अधिकारी के काम करने का तरीका क्या होता है और वह किस तरह तमाम दबावों के बावजूद जनहित के कार्यों को पूरा करने के लिए प्रयत्नशील रहता है। इस पुस्तक में बहुत सी ऐसी घटनाएँ हैं, जिनसे भारतीय प्रशासनिक सेवा के नए अधिकारियों को उपयोगी 'टिप्स' मिल सकेंगे। इसीलिए इस पुस्तक को तैयार करने का मन बना।

पुस्तक लिखते समय मुझे यह भी सुनने को मिला कि आजकल अधिकांश लोग पुस्तकें नहीं पढ़ते। परंतु मेरा अनुभव है कि लोग अभी भी बड़ी संख्या में अच्छी पुस्तकें खरीद कर पढ़ते हैं। यहाँ तक कि नवीन पुस्तकों की समीक्षा बड़ी संख्या में सोशल मीडिया पर भी उपलब्ध है। जो पुस्तकें लोगों के लिए रुचिकर और उपयोगी हैं, उन्हें वे खूब पढ़ते हैं। इसीलिए मैंने अपने अनुभवों को साझा करने का निर्णय लिया। मैं जानता हूँ कि पुस्तक लिखना आसान काम नहीं है। इसमें बहुत समय लगता है। खासतौर से जब व्यक्ति बहुत सी प्रशासनिक जिम्मेदारियाँ निभा रहा होता है, तो यह काम और भी कठिन हो जाता है। वैसे प्रथम पुस्तक को तैयार करने में इतना समय नहीं लगा, क्योंकि उसमें मैंने अपने कार्यकाल की किसी घटना का उल्लेख नहीं किया था। वह एकदम मेरे स्वयं के विचारों को संजोने वाली पुस्तक थी। परंतु इस पुस्तक को तैयार करने में काफी परिश्रम करना पड़ा। शासन में रहते हुए अनुभवों पर आधारित पुस्तक की रचना अपने निजी समय में से ही कुछ समय बचाकर की जा सकती है। इसलिए मुझे इस संकल्प को पूरा करने का सबसे उचित समय मिला प्रतिदिन—प्रातःकाल। मेरी सुबह जल्दी उठने की आदत इस काम में बहुत मददगार सिद्ध हुई। मेरा स्वभाव प्रारंभ से ही दिनभर की प्रमुख घटनाओं को सिलसिलेवार लिखते रहने का स्वभाव रहा है। वह स्वभाव इस समय काफी मददगार साबित हुआ। मैंने जिन घटनाओं को प्रारंभ से केवल कौतूहलवश लिखने की आदत डाली थी, उन्हीं को इस पुस्तक में विस्तार दिया है। वैसे अगर मैं अपने पैंतीस साल के विभिन्न अनुभवों को संजोने का प्रयत्न करूँ, तो कई पुस्तकें बन जाएँगी, परंतु यहाँ मैंने कुछ खास प्रसंगों को

ही जगह देने की कोशिश की है, जिनका उल्लेख विभिन्न अध्यायों में किया गया है। पुस्तक को वर्तमान स्वरूप में लाने में लगभग एक वर्ष लगा। इस दौरान मैंने अतीत के अनुभवों को एक बार फिर अनुभूत किया। निश्चित रूप से इसका उद्‌देश्य अपने अनुभवों को दूसरों के साथ साझा करना तो है ही, परंतु मेरे लिए यह पुस्तक अपने अतीत में फिर से झाँकने का प्रयास सिद्ध हुई।

इस पुस्तक में मैंने मुख्य रूप से राजस्थान प्रशासनिक सेवा और भारतीय प्रशासनिक सेवा के अपने अनुभवों और प्रमुख उपलब्धियों को संजोया है। इसमें उन कारकों की ओर भी संकेत है, जिन्होंने मुझे सिविल सेवा परीक्षा की तैयारी के लिए प्रेरित किया। साथ ही राजस्थान प्रशासनिक सेवा (आर.ए.एस.) और भारतीय प्रशासनिक सेवा (आई.ए.एस.) की प्रोबेशन अवधि और मसूरी स्थित लाल बहादुर शास्त्री राष्ट्रीय प्रशासन अकादमी में प्रशिक्षण के दौरान की कुछ उन घटनाओं का भी जिक्र है, जिन्होंने मुझे गहराई से प्रभावित किया। उन अनुभवों से मैंने बहुत कुछ सीखा है। पुस्तक में इस तथ्य का भी जिक्र है कि विभिन्न सांस्कृतिक-सामाजिक माहौल और व्यक्तिगत पृष्ठभूमि से आनेवाले अखिल भारतीय प्रशासनिक सेवाओं के जनसेवकों को किस प्रकार एक अलग सांस्कृतिक-सामाजिक माहौल में दाखिल करा दिया जाता है। मैं स्वयं राजस्थान का रहने वाला हूँ और कई राज्यों में काम कर चुका हूँ। भारतीय प्रशासनिक सेवा में चयन के समय मुझे लगा था कि किसी हिंदीभाषी राज्य में ही मेरी नियुक्ति हो जाएगी, परंतु ऐसा नहीं हुआ। अंततः मुझे ऐसे सुदूर दक्षिणी राज्य कर्नाटक में भेज दिया गया, जिसकी भौगोलिक जानकारी मेरे लिए न के बराबर थी। जब अगस्त 1987 में मेरी नियुक्ति कर्नाटक के रायचूर जिला अंतर्गत लिंगासुगुर तहसील में हुई तो मैं उसे नक्शे पर खोज भी नहीं पाया था। उस समय कंप्यूटर या यों कहा जाए, आज की तरह इंटरनेट और गूगल का जमाना तो था नहीं। हम केवल भारत सरकार के नक्शों को देखकर ही अपनी कार्यस्थली का पता लगा सकते थे। लेकिन बहुत खोजबीन करने के बाद भी लिंगासुगुर का पता नहीं चला। वैसे भारतीय प्रशासनिक सेवा की ओर से जिस राज्य में भी अधिकारियों की नियुक्ति होती है, उस राज्य की भाषा का उन्हें काम करने योग्य प्रशिक्षण दिया जाता है जिससे आरंभ में इन अधिकारियों को स्थानीय नेताओं और जनता से संवाद करने में कठिनाई

न हो। उसके बाद अधिकारी अपनी लगन से स्थानीय भाषा को सीख लेता है। मैं बेंगलुरु से लगभग 500 किमी दूर रायचूर जिले के इस सबडिवीजन लिंगासुगुर में पहुँच गया। उसके बाद कन्नड़ भाषा सीखना और लोगों को जानना और उनसे मिलना-जुलना, यह सब एक अलग तरह का अनुभव है।

इस पुस्तक को लिखने का उद्देश्य

सिविल सेवाओं में समय-समय पर आईं कुछ विकृतियों और उनके बारे में होनेवाली विपरीत टिप्पणियों के बावजूद जन-सामान्य में सिविल सेवाओं को लेकर अभी भी आदर का भाव है। दूर-दराज के इलाकों में लोग जनसेवकों, खासतौर पर कलेक्टर को अभी भी माई-बाप मानते हैं, ठीक उसी तरह जैसे कि अंग्रेजों के समय में मानते थे। जनसेवकों की भूमिका भले ही बदल गई हो, परंतु इन सेवाओं के बारे में लोगों की धारणा अभी भी बहुत अच्छी है। यही कारण है कि युवा बड़ी संख्या में प्रतिवर्ष सिविल सेवाओं के लिए प्रयास करते हैं। बड़ी संख्या में प्रतिभागियों के होने और इनके सेवा में जाने की वास्तविकता को देखते हुए यदि मैं अपने अनुभव और विचार रखूँ, तो इससे उन्हें लाभान्वित होने का अवसर मिलेगा। उन्हें ये उपयोगी लग सकते हैं और इनसे वे मार्गदर्शन भी ले सकते हैं। इस पुस्तक को लिखने का वास्तविक उद्देश्य यही है। इसके अतिरिक्त, ऐसे कई लोग हैं, जो विभिन्न प्रतियोगी परीक्षाओं में शामिल होते हैं, वे भी सिविल सेवाओं में हिस्सा लेने के बारे में सोच सकते हैं। यह पुस्तक उन्हें सिविल सेवाओं के बारे में अंदरूनी जानकारी देगी।

चुनौतीपूर्ण दायित्वों का आनंद

सिविल सेवा के अपने कॅरियर को लेकर मैं यहाँ इस बात का उल्लेख करना चाहूँगा कि शासन के शिखर पर विराजमान लोगों का मुझे हमेशा अच्छा समर्थन मिला। मुझे अक्सर ऐसे दायित्व दिए गए, जो चुनौतीपूर्ण थे और मैंने यथाशक्ति उन अपेक्षाओं पर खरा उतरने का पूरा प्रयास किया। संभवत: अपने सेवाकाल में अर्जित की गई साख ही किसी प्रशासनिक अधिकारी की सबसे बड़ी संपदा होती है। इसीलिए इस पुस्तक में मैंने कुछ ऐसे प्रसंगों और

घटनाओं का उल्लेख किया है, जो साख अर्जित करने में सहायक रहीं। इनमें प्रोबेशन अवधि के प्रसंगों से लेकर सब-डिवीजन के कार्यकाल और उसके बाद विद्युत् बोर्ड में जाने से लेकर अनेक जनोपयोगी क्षेत्रों में कार्य करने और अंतत: सचिवालय में काम करने के विस्तृत क्षेत्र के अनुभव हैं। मैंने जिस क्षेत्र में भी कार्य किया है, वहाँ उससे संबंधित विभागों में चुनौतियाँ ही चुनौतियाँ रहीं। एक प्रशासनिक अधिकारी के नाते हम कैसे उन चुनौतियों से मुकाबिल होते हैं और कैसे उनका समाधान करने के लिए खुद को तैयार करते हैं, यह तथ्य प्रत्येक अधिकारी के लिए एक चुनौती होता है। हालाँकि दूसरों के जीवन की घटनाएँ या अनुभव दूसरों के लिए हू-ब-हू उपयोगी नहीं होते, वे केवल मार्गदर्शन कर सकते हैं। अंततोगत्वा किसी भी प्रशासनिक अधिकारी को किसी चुनौती का समाधान करने के लिए अपनी स्वयं की रणनीति बनानी होती है। इस परिप्रेक्ष्य में, प्रत्येक जनसेवक के लिए कार्य संपादन हेतु ऊर्जा, गतिशीलता और स्फूर्ति का होना आवश्यक है और पहले की अपेक्षा आज इनकी कहीं अधिक आवश्यकता है।

व्यवस्था तंत्र की खामियों पर अंकुश

जनसामान्य पहले की अपेक्षा आज कहीं अधिक जागरूक है। पहले लोग राजनीतिक नेताओं के आश्वासनों से संतुष्ट हो जाते थे, लेकिन आज ऐसा नहीं है। संचार और तकनीकी विकास के कारण आज एक प्रशासनिक अधिकारी का जनता के लिए सुलभ और उनकी जरूरतों के प्रति उत्तरदायी होना अनिवार्य है। वर्तमान में प्रशासनिक अधिकारियों के सामने जनता के साथ संवेदनशीलता और सामंजस्य बैठाकर उनकी जरूरतों को पूरा करने के अलावा और कोई विकल्प नहीं बचा है। यद्यपि इससे प्रशासनिक अधिकारियों पर दबाव बना रहता है, परंतु जिम्मेदारी तो पूरी करनी ही होगी। वस्तुत: आज जब हम आत्मविश्लेषण करते हैं तो मालूम हो जाता है कि चुनौतियाँ तो तब भी थीं और आज भी हैं। समय के साथ चीजें तो बदली हैं, परंतु उस समय भी अधिकारियों को जनता की उम्मीदों को पूरा करना होता था और वे आज भी पूरी करनी होती हैं।

वास्तव में अब लोगों की अपेक्षाएँ लगातार बढ़ती जा रही हैं। उनकी

उम्मीदें बहुत अधिक हैं। जो भी सरकारें आती हैं, वे जनहित के नाम पर अनेक लोकलुभावन योजनाएँ शुरू तो कर देती हैं, परंतु उनमें बहुत अधिक संसाधनों की जरूरत होती है। हालाँकि कभी-कभी कुछ अच्छे काम भी हो जाते हैं, किंतु उन्हें पूरा करने के लिए संसाधनों की कमी सामने आ ही जाती है। ऐसी स्थिति में व्यवस्था तंत्र की खामियों पर अंकुश लगाने और लोगों को उसमें शामिल करने की बड़ी चुनौती रहती है। एक अन्य चुनौती मानव संसाधन को लेकर भी रहती है। निजी संस्थानों में जिस प्रकार मानव संसाधन के बारे में तुरत-फुरत निर्णय लिये जाते हैं, उस तरह सरकारी प्रणाली में निर्णय नहीं लिये जा सकते। यहाँ तो आपके साथ जो भी हैं, जैसे भी हैं, उन्हीं से काम लेना होता है। निजी संस्थानों की तरह न तो नई नियुक्ति की जा सकती है और न ही किसी को नौकरी से निकाला जा सकता है। आप किस तरह उन्हें ही प्रोत्साहित कर एक कुशल उत्पादक के रूप में तैयार कर सकते हैं, यह चुनौती रहती है। चूँकि पूरी दुनिया में तेजी से बदलाव हो रहे हैं और लोग उन बदलावों को देखते और महसूस करते हैं, इसलिए वे यहाँ भी उसी प्रकार के बदलाव चाहते हैं। आजकल लोगों में अपने अधिकारों को लेकर संजीदगी बहुत अधिक है, परंतु कर्तव्यों के बारे में कोई सोचना तक नहीं चाहता।

नियम पुस्तिका से परे जाना

प्रशासन केवल नियम पुस्तिका के अनुसार काम करना नहीं है। नियमों का अनुपालन होना चाहिए, परंतु लोग नियमों की अक्षरशः व्याख्या की अपेक्षा नहीं करते। कई बार ऐसा होता है कि यदि आप नियम पुस्तिका की अक्षरशः व्याख्या करते हुए काम करने की कोशिश करते हैं, तो वास्तव में आप कानून की मूल भावना को ही खो देते हैं। लिहाजा मैंने प्रशासन में अधिकाधिक व्यावहारिकता का इस्तेमाल किया। यदि हम खुद जनता की जगह पर हों तो हमें उन नियमों में फँसे हुए सामान्यजन की स्थिति का पता चल जाएगा। हम उनकी परेशानी का अनुभव कर सकते हैं। ऐसी स्थिति में यदि आप बुद्धि-चातुर्य का उपयोग कर निर्णय लेते हैं, तो आप गलत नहीं हैं। किसी भी नौकरशाह के लिए यह जरूरी है कि वह अपनी आँख और कान खुले

रखे। उन्हें विभिन्न स्रोतों से जानकारियाँ हासिल करनी चाहिए। उसे किसी भी मामले में केवल सहयोगी व अधिकारियों की प्रतिक्रिया पर निर्भर नहीं रहना चाहिए, इस संदर्भ में जनप्रतिनिधियों तथा अन्य संबंधित लोगों से भी जानकारी लेनी चाहिए। वे लोग जो कहते हैं, उसे सुनना चाहिए। यही नहीं, प्रशासन की खूबी तो यह है कि जनसामान्य से निरंतर संवाद बना रहे।

सभी पक्षों को साथ लेकर चलना

इस पुस्तक में एक अन्य महत्त्वपूर्ण पहलू यानी बुद्धि कौशल्य (प्रजेंस ऑफ माइंड) को भी रेखांकित किया गया है। जब कहीं कोई समस्या कठिन महसूस होती है, तो मौके पर मौजूद अधिकारी को माहौल को समझना चाहिए। कई बार हम लोगों से घुल-मिल नहीं पाते। हमें निष्पक्ष रहना चाहिए। किसी प्रकार के पूर्वाग्रह से बँधना नहीं चाहिए। इस पुस्तक में इसके लिए यथासंभव प्रयास किए गए हैं। एक अन्य बात, जो पुस्तक में रेखांकित की गई है, वह यह है कि कोई भी निर्णय लेते समय हमें संवाद और चर्चा से परहेज नहीं करना चाहिए तथा सुझावों के प्रति खुला रुख अपनाते हुए सर्वसमावेशी होना चाहिए। समाज में इतनी गतिशीलता है कि सभी पक्षों को एक-दूसरे के साथ सौहार्द से काम करना चाहिए, अन्यथा अपेक्षित परिणाम प्राप्त नहीं होंगे। हम कोई भी लक्ष्य निर्धारित कर लें, लेकिन यदि हमने सभी पक्षों को एक साथ नहीं लिया, तो अच्छे परिणाम प्राप्त करना संभव नहीं होगा।

यह पुस्तक उन युवाओं के लिए तो उपयोगी सिद्ध होगी ही, जो सिविल सर्विस परीक्षाओं की तैयारी कर रहे हैं। यह उनके लिए भी उपयोगी होगी, जो इस समय प्रशासनिक अधिकारी हैं। साथ ही उनके लिए भी उपयोगी है जो सरकारी तंत्र के कामकाज के तौर-तरीकों को समझने में रुचि रखते हैं।

मुझे लगता है कि एक सफल नौकरशाह बनने के लिए दूसरों का सहयोग बहुत जरूरी है। आप अकेले सफल नहीं हो सकते। आपको सहयोग चाहिए ही। मुझे अपने मामले में, मेरे परिवार, पत्नी और बच्चों का बहुत सहयोग मिला। उन्होंने हमेशा मेरी शासकीय जिम्मेवारियों और जरूरतों को भलीभाँति समझा। उन्होंने न तो कभी शासकीय काम-काज के समय में किसी प्रकार का हस्तक्षेप किया और न ही कभी ऐसी अपेक्षा ही की। वे सदैव सहनशील

रहे, यहाँ तक कि अगर मैं कभी देर से घर पहुँचा या जल्दी घर से निकल गया, तो भी उन्होंने हमेशा यह महसूस किया कि यह मेरी ड्यूटी के लिए बहुत आवश्यक है। मैंने सिविल सर्विस में जो भी प्रयोग किए या मैं जो भी उपलब्धि हासिल कर सका हूँ, उसमें उनका अतुलनीय योगदान है। यही नहीं, मेरे ऐसे बहुत से मित्र और सहकर्मी हैं, जिनका मुझे समय-समय पर सहयोग मिला और उन्होंने मेरा मार्गदर्शन भी किया। मेरे बहुत से मित्र हैं, जिन्होंने इस पुस्तक के प्रकाशन में मेरा सहयोग किया, इन सबके प्रति मैं सदैव आभारी रहूँगा। खासतौर से देश के सुप्रसिद्ध वैज्ञानिक, इसरो के पूर्व अध्यक्ष एवं वर्तमान में कर्नाटक ज्ञान आयोग के अध्यक्ष डॉ. के. कस्तूरीरंगनजी का विशेष आभार, जिन्होंने मूल अंग्रेजी संस्करण की प्रस्तावना लिखी। इसके अलावा दिल्ली के वरिष्ठ पत्रकार, शोधकर्ता और मूल अंग्रेजी संस्करण ''इनोवेशंस इन एडमिनिस्ट्रेशन'' के संपादक श्री प्रमोद कुमार, बेंगलुरु के वरिष्ठ पत्रकार श्री वेणुगोपालन एवं इस पुस्तक के प्रकाशक, प्रभात प्रकाशन, नई दिल्ली का भी हृदय से आभार।

इस पुस्तक में केवल कुछ महत्त्वपूर्ण बिंदुओं को छुआ गया है। यह सभी घटनाओं और प्रसंगों का पूर्ण आख्यान नहीं है। इसमें केवल कुछ उन घटनाओं और उपलब्धियों का जिक्र है, जो आज भी प्रासंगिक हैं। मैंने अपने कथ्य में बहुत सरल और ईमानदार रहने का प्रयास किया है। इस घटनाक्रम को प्रस्तुत करने का मेरा उद्देश्य किसी को प्रभावित करना नहीं वरन् अपने विचारों को अपने दृष्टिकोण से साझा करना है। समय और स्थान की कमी के कारण मैं इस पुस्तक में कई बातों का उल्लेख नहीं कर पाया। मुझे पूर्ण विश्वास है कि यह मेरी अंतिम पुस्तक नहीं है। इसके बाद और भी पुस्तकें आएँगी।

—भरत लाल मीणा

भूमिका

'इस अधिकारी से मिलने के लिए आपको पूर्वानुमति या फिर मुलाकात के समय की प्रतीक्षा करने की जरूरत नहीं है। अपना विजिटिंग कार्ड दीजिए या अपना नाम बताइए, हम अभी साहब को सूचित कर देते हैं।' भारतीय प्रशासनिक सेवा के अधिकारी श्री भरत लाल मीणा के बेंगलुरु स्थित कृषि विभाग के कार्यालय में उनके सहायक की तरफ से मिले इस जवाब ने मुझे आश्चर्य में डाल दिया। क्योंकि मेरा गत तीन दशक का अनुभव ऐसा रहा है कि सहायक या तो अधिकारी से मिलने नहीं देते या फिर अधिकारी स्वयं लोगों से न मिलने के बहाने ढूँढ़ते रहते हैं और मुलाकात के लिए निर्धारित समय पर भी किसी मीटिंग आदि का बहाना बनाकर कार्यालय से बाहर चले जाते हैं। इसलिए श्री मीणा से मिलते ही मैं उनसे यह पूछे बगैर नहीं रह पाया, "आप अन्य अधिकारियों की तरह नहीं हैं, इसका रहस्य क्या है?" इस पर उनका जवाब था, "राज्य की राजधानी में जनता सैकड़ों किलोमीटर दूर से हमसे मिलने के लिए आती है। वे किन परिस्थितियों में आते हैं, उनके पास यहाँ रहने की व्यवस्था है भी या नहीं, ये सब विचार मेरे मन में रहते हैं। अब यदि हम कार्यालय में रहते हुए भी उन्हें मिलने के समय तक इंतजार करने के लिए कहें तो वास्तव में यह अमानवीय ही है। हमारी 'रुल बुक' में यह कहीं नहीं लिखा है कि यदि आप कार्यालय में हैं तो आम जनता से मुलाकात के निर्धारित समय से पूर्व नहीं मिल सकते। लोगों को मुलाकात के समय तक इंतजार कराने का मेरा इरादा इसलिए भी नहीं रहता कि यदि उस समयावधि में मुझे किसी महत्त्वपूर्ण बैठक में जाना पड़ा तो लोग कब तक इंतजार करेंगे, और करें भी क्यों? मेरा मानना है कि

यदि मैं किसी भी समय लोगों से मिल लूँ तो इससे मेरी मर्यादा पर कोई खरोंच नहीं आती।''

श्री भरत लाल मीणा ने अपने 32 साल के प्रशासनिक सेवा काल में जिस कार्यप्रणाली या कहा जाए, प्रशासन में पारदर्शिता की लौ जलाई है, वह उनके स्वयं के सार्वजनिक अनुभवों का एक पिटारा ही है। अपनी पत्रकारिता के ढाई दशक में मुझे बहुत ही कम ऐसे अधिकारी मिले हैं, जिनका जुड़ाव सरकारी नीतियों को सीधे जनता के बीच ले जाने का रहता है। श्री मीणा ऐसे ही गिने-चुने अधिकारियों में एक हैं। इसका कारण, जो मैं समझ सका, उन्हें विरासत में मिला उनका नैसर्गिक स्वभाव ही है। पारिवारिक पृष्ठभूमि का असर कार्यशैली में परिलक्षित होना एक सहज प्रक्रिया है, जो मुझे श्री मीणा की कार्यशैली और कार्यप्रणाली में दिखाई दिया। यह कोई अतिश्योक्ति नहीं है। दक्षिण कर्नाटक, उत्तर कर्नाटक, कारवार और शिमोगा आदि जिलों के जिलाधिकारी के अलावा अनेक विभागों में रहते हुए उन्होंने जिस तरह से जनहितकारी सरकारी नीतियों पर प्रभावी अमल कराने का प्रयास किया और उनसे लोगों को जोड़ा, उसी का परिणाम है कि उन विभागों के सहयोगी कर्मचारी आज भी अपने इस पूर्व अधिकारी की कार्यशैली की प्रशंसा करते हैं। यही नहीं, वे लोग जिन्होंने काम में भागीदारी निभाई थी, आज भी उनकी कार्यप्रणाली को याद करते नहीं थकते। मुझे याद है, जब मैं श्री मीणा से के.पी.टी.सी.एल. में मिलने गया था, वे वहाँ प्रबंध निदेशक के पद पर तैनात थे। राज्य की विद्युत् व्यवस्था में इन्हीं के कार्यकाल में क्रांतिकारी परिवर्तन हुआ। वहाँ मुझे यह भी पता चला कि श्री मीणा ने मानवीय संवेदनाओं को ध्यान में रखते हुए कंपनी के बीमार और अशक्त कर्मचारियों पर निर्भर उनके आश्रितों को कंपनी में नौकरी देने की परंपरा विकसित की। उन्हें लगा कि बीमार और अशक्त कर्मचारियों से जो 'आउटपुट' मिलना चाहिए, वह नहीं मिल रहा है, और उन कर्मचारियों को वेतन तो देना ही पड़ रहा है। अब यदि वे ऐसे कर्मचारियों पर 'आउटपुट' देने का दबाव बनाते तो यह एक अमानवीय बात ही होती। उन्होंने काफी सोच-विचार के बाद इस समस्या का हल निकाल लिया। उन्होंने बीमार और अशक्त कर्मचारियों को विश्वास में लेते हुए उन पर आश्रित योग्य लोगों को उनके स्थान पर भर्ती करने का

आदेश जारी किया। यद्यपि सरकार ने इस तरह की कोई नीति नहीं बनाई थी, परंतु जब इस तरह की प्रशासनिक कार्रवाई से सरकार के खजाने पर किसी तरह का बोझ नहीं पड़ता है तो सरकार को इस पर कोई आपत्ति नहीं होती। आज भी इस वैकल्पिक व्यवस्था के तहत काम करनेवाले कर्मचारी श्री मीणा को सम्मान के साथ स्मरण करते हैं।

राज्य सरकार की जनहितकारी योजनाएँ आम लोगों तक सीधे पहुँचें और वे उनका लाभ उठा सकें, इस बारे में मीणाजी ने एक अनोखा प्रयोग किया। उन्होंने 'अपना देश' नाम से एक स्वयंसेवी संस्था की स्थापना की और उसके माध्यम से जनता को सरकारी योजनाओं में शामिल होने के लिए प्रेरित करना आरंभ किया। इससे 'अपना देश' की पहचान जनजागृति और जनसशक्तीकरण करनेवाले एक स्वयंसेवी संगठन के रूप में बन गई। यहाँ मैंने एनजीओ शब्द का उल्लेख करना इसलिए उचित नहीं समझा, क्योंकि जिस भूमिका को 'अपना देश' निभा रहा है, उसे कोई स्वयंसेवी संगठन ही निभा सकता है। यह संगठन जनता और सरकार के बीच एक सेतु बन गया। जनहित से संबंधित चाहे छोटे काम हों या बड़े, लोग सभी में इसके माध्यम से शामिल होने लगे। जनता को बताया गया कि सरकारी काम की गुणवत्ता पर निगरानी रखने का काम उन्हीं का है। उन्हें यह भी बताया गया कि यदि सरकार ने स्वीकृत योजना हेतु आवश्यकता के अनुरूप धनराशि आवंटित नहीं की है, तो जहाँ तक हो सके, उस काम हेतु चंदा एकत्र करें या फिर कम-से-कम श्रमदान तो करें ही। इस अनोखे प्रयोग को रायचूर जिले में स्थित लिंगसुगूर में पेयजल की व्यवस्था के लिए आजमाया गया, जो सफल रहा। इसी तरह जब बेलगाम फोर्ट तालाब के सौंदर्यीकरण हेतु जनता को लामबंद करने का काम किया गया तो जन सैलाब ही श्रमदान के लिए उमड़ पड़ा। इससे श्री मीणा का हौसला बढ़ा और उनकी जहाँ भी नियुक्ति हुई, उन्होंने अपनी प्रशासनिक सूझ-बूझ का उपयोग करते हुए अंतिम आदमी तक सरकारी योजनाओं को पहुँचाने की भरपूर कोशिश की।

वर्तमान प्रधानमंत्री श्री नरेंद्र मोदी ने जिस तरह स्वच्छ भारत अभियान जैसी जनहितकारी योजनाओं को लागू करने की पहल करते हुए खुद ही झाड़ू हाथ में उठा लिया, ठीक उसी प्रकार श्री मीणा ने प्रशासनिक अधिकारी

होते हुए भी अपने काम को केवल फाइलों पर आदेश देने और टिप्पणी लिखने तक ही सीमित नहीं रखा, बल्कि काम को करने के लिए वे स्वयं भी मैदान में उतर पड़े।

हम सभी जानते हैं कि देश में नीति-निर्माता तो सांसद और विधायक होते हैं, परंतु उन नीतियों पर अमल कर जनता तक योजनाओं का लाभ पहुँचाने की जिम्मेदारी प्रशासनिक अधिकारियों पर ही होती है। कोई भी कुशल और सक्षम अधिकारी नीतियों को जनता के बीच इस तरह से पहुँचाता है कि कभी-कभी नेता भी विस्मृत हो जाते हैं। श्री मीणा ने पिछड़े वर्ग और अनुसूचित जाति-जनजाति से संबंधित विभाग की ओर से बने छात्रावासों की दुर्दशा को सुधारने में काफी रचनात्मक पहल की। राज्य में मोरारजी देसाई छात्रावासों में रहनेवाले छात्रों को बुनियादी सुविधाएँ भी उपलब्ध नहीं हो पा रही थीं। इस कुव्यवस्था को सुधारने के लिए श्री मीणा ने स्थानीय स्तर पर एक व्यवस्था कमेटी गठित कर उसे दैनिक वस्तुओं की खरीद का अधिकार भी दिला दिया। इस विकेंद्रीकृत व्यवस्था का परिणाम चमत्कारी साबित हुआ। इससे छात्रों और हॉस्टल के वार्डन दोनों के बीच परस्पर अपनत्व बढ़ गया। श्री मीणा ने इसी दिशा में एक कदम और आगे जाकर, जो छात्रावास कैंपस से दूर थे, उन्हें विद्यालयों के समीप ही स्थित सरकारी जमीन पर स्थापित कराकर छात्रों का समय तो बचाया ही, साथ ही वह पूरा शैक्षणिक क्षेत्र के रूप में बदल गया।

श्री मीणा ने प्रस्तुत पुस्तक में जिन घटनाओं का उल्लेख किया है, उनके संबंध में यहाँ लिखना मैं न्यायोचित नहीं मानता। पुस्तक में प्रशासन की अनेक खट्टी-मीठी और मन को तकलीफ देनेवाली घटनाओं का समावेश यह बताता है कि एक प्रशासनिक अधिकारी को कई बार अपने स्वाभिमान को दरकिनार कर काम करना होता है। हालाँकि दूर से प्रशासनिक अधिकारी की छवि चमकीली दिखती है। कहा तो यह भी जाता है कि आई.ए.एस. तो राजा होते हैं, परंतु जब इन अधिकारियों का यथार्थ से सामना होता है तो कभी-कभी उन्हें लगता है कि किस झमेले में पड़ गए। वास्तव में प्रशासनिक अधिकारी ही जनता और नेता के बीच की कड़ी होता है।

जो प्रतिस्पर्धी भारतीय प्रशासनिक सेवा या किसी राज्य सेवा के अधिकारी

बनना चाहते हैं, उनके लिए यह पुस्तक बहुत उपयोगी है। जो लोग प्रशासनिक अधिकारियों के प्रति पूर्वग्रह से ग्रस्त होते हैं, उनके लिए भी इस पुस्तक में काफी कुछ है और इस कृति में सम्मिलित कई घटनाएँ उनके मानस को बदल सकेंगी, ऐसा मुझे विश्वास है।

आज के प्रशासनिक अधिकारियों के सामने पहले से अधिक चुनौतियाँ हैं। फिर भी जिन्होंने प्रशासनिक अधिकारी बनने की चुनौती स्वीकार की है, उनके लिए श्री मीणा की कलम से लिखी गई सच्ची घटनाएँ सही रास्ता तलाशने में सहयोगी होंगी, संपादन के दौरान मुझे यही अनुभव हुआ।

—प्रमोद कुमार
drpk.org@gmail.com

अनुक्रम

प्रशासन के मूल तत्त्वों से साक्षात्कार

अपने विद्यार्थी-जीवन में ही मैंने यह निश्चय कर लिया था कि मुझे प्रशासनिक अधिकारी के रूप में लोगों की सेवा करनी है। यद्यपि स्नातकोत्तर करने के बाद मैंने भारतीय रिजर्व बैंक और स्टेट बैंक ऑफ पटियाला में नौकरी शुरू कर दी थी। वह जीविकोपार्जन का साधन तो बन गई, लेकिन जनता की सेवा वहाँ न के बराबर थी। मेरा प्रयत्न था कि मैं किसी भी तरह राजस्थान लोक सेवा आयोग और संघ लोक सेवा आयोग की परीक्षा उत्तीर्ण करके प्रशासनिक अधिकारी बनूँ। योजनाबद्ध तरीके से की गई तैयारी और परिश्रम ने मुझे वर्ष 1983 में राजस्थान प्रशासनिक सेवा (आर.ए.एस.) से जुड़ने का अवसर दिया। इसलिए वर्ष 1983 से 1985 तक मैंने कोटा जिले की अंता तहसील में खंड विकास अधिकारी (बी.डी.ओ.) की जिम्मेदारी निभाई।

चूँकि किसी भी नौकरी में नियुक्ति से पहले प्रशिक्षण की पद्धति है, इसलिए राजस्थान सेवा आयोग की ओर से मुझे प्रशिक्षण के लिए जयपुर स्थित ऑफिसर्स ट्रेनिंग स्कूल (जो अब हरीशचंद्र माथुर राजस्थान राज्य लोक प्रशासन संस्थान के रूप में प्रसिद्ध है) में भेजा गया। अधिकारियों के प्रशिक्षण हेतु यह देश के उच्चकोटि के संस्थानों में से एक है।

मेरे आदर्श श्री मीठालाल मेहता

प्रशिक्षण के दौरान उस संस्थान के निदेशक श्री मीठालाल मेहता थे। उनका सादगी भरा रहन-सहन हम प्रशिक्षुओं के लिए एक आदर्श बन गया था। वे ऐसे नौकरशाह थे, जो जीवन को बहुत ही व्यावहारिक दृष्टि से देखते थे। उनकी निष्ठा के साथ घनिष्ठता और उनके अंदर व्याप्त कई गुण ही उनकी लोकप्रियता का कारण थे। प्रशिक्षुओं को पढ़ाने की उनकी शैली के हम सभी कायल थे। वे

हमेशा व्यावहारिक घटनाओं का उल्लेख कर हमें यह बताने की कोशिश करते थे कि एक नौकरशाह को कहाँ और किस प्रकार से अपनी विचारशीलता का उपयोग करना चाहिए। उनके प्रेरक व्याख्यान आज भी हमें याद हैं। प्रशासनिक जिम्मेदारियों को निभाने में वे बहुत महत्त्वपूर्ण सिद्ध हुए। वे अक्सर कहा करते थे कि व्यक्ति की जड़ें जमीन के अंदर उसी तरह रहनी चाहिए, जिस तरह बाँस की जड़ें रहती हैं। हमें अपनी जड़ों को धरातल पर नहीं दिखाना चाहिए। जमीन से जुड़ने की उनकी बात आज भी हमारे लिए एक आदर्श है और हम जब भी किसी प्रशासनिक नीति को लागू करने की ओर कदम बढ़ाते हैं, तो हमें वह बात याद आ जाती है। बाँस का स्वभाव जहाँ जमीन की गहराई तक जमे रहने का है, वहीं उसके ऊपरी हिस्से में लचीलेपन का स्वभाव भी मिलता है। इसलिए वे बताते थे कि प्रशासनिक अधिकारी को अड़ियल नहीं होना चाहिए, बल्कि जनहित में काम करने के लिए किसी भी दिशा में अपने रुख को बदलने के लिए तैयार रहना चाहिए। किसी भी प्राकृतिक आपदा (सूखा-बाढ़) आदि के दौरान जनता के साथ किस तरह का व्यवहार करना चाहिए, उसके बारे में वे अपने प्रशासनिक अनुभवों को हमसे साझा किया करते थे।

लीक से हटकर काम करने के गुर सीखने का अवसर

मैं यहाँ उनकी बताई एक घटना का उल्लेख करना चाहता हूँ। 1983 से पहले वहाँ एक विनाशकारी बाढ़ आई थी, जिसमें प्रशिक्षण संस्थान के समीप बहने वाले नाले के उफनते पानी में संस्थान का एक हिस्सा बह गया था। तब मेहताजी ने बहाव की वजह से कटान को रोकने के लिए वहाँ बहुत अधिक पौधारोपण कर उसे 'स्मृतिवन' के रूप में विकसित किया। 'स्मृतिवन' का तात्पर्य यह था कि जो भी व्यक्ति संस्थान में आता था, उसे वहाँ एक पौधा रोपने के लिए प्रेरित किया जाता था। वे पौधे अब विशाल वृक्ष बन गए हैं। इससे बाढ़ का बहाव तो रुका ही, साथ ही वह इलाका अब हरित क्षेत्र बन गया है।

सौहार्द की भावना

प्रशिक्षण का वह दौर अत्यधिक रोचक रहा। हमारा बैच बड़े बैचों में से एक था। प्रशिक्षण के दौरान सभी प्रशिक्षुओं ने भी आपस में एक-दूसरे से बहुत कुछ सीखा। सभी प्रशिक्षुओं में आपसी सौहार्द की भावना थी। इसका एक अनुभव

1984 में 31 अक्तूबर को हुआ, जब तत्कालीन प्रधानमंत्री श्रीमती इंदिरा गांधी की हत्या कर दी गई। उनकी हत्या का समाचार फैलते ही सिख समुदाय के लोगों पर हमले शुरू हो गए थे। हम लोगों के साथ एक सिख प्रशिक्षु भी था। चारों तरफ से सिखों के उत्पीड़न और उनकी हत्या किए जाने की खबरें आ रही थीं। ऐसे में हमने अपने उस सिख सहयोगी से कहा कि वह संस्थान से बाहर कहीं न जाए। जिस तरह से निर्दोष सिखों की हत्या की जा रही थी, उससे वहाँ भी भय का माहौल बन गया था। हमें डर था कि कहीं लोगों की बुरी नजर उस सिख प्रशिक्षु पर भी न पड़ जाए।

व्यावहारिक ज्ञान

संस्थान में प्रशिक्षण के बाद हमें व्यावहारिक प्रशिक्षण के लिए कोटा भेजा गया। मुझे याद है कि उस दौरान वहाँ भारतीय प्रशासनिक सेवा (आई.ए.एस.) से जुड़े एक प्रशिक्षु को भी भेजा गया था। मैं उनसे विभिन्न विषयों पर चर्चा किया करता था। चर्चा के दौरान पता चला कि उन्हें कई विषयों का व्यावहारिक ज्ञान नहीं है। उनके पास केवल किताबी जानकारी थी और वे उसी पर दृढ़ रहते थे। हालाँकि एक व्यक्ति को सभी विषयों का व्यावहारिक ज्ञान हो, यह जरूरी नहीं है। मुझे व्यावहारिक ज्ञान अधिक था, लेकिन इसका यह मतलब नहीं कि अगला प्रशिक्षु हमसे कम जानकारी रखनेवाला है। यह एक सहज प्रक्रिया है, इसे हम अनोखा भी नहीं कह सकते। हम सभी को पता है कि अनेक प्रशासनिक पदों पर विभिन्न क्षेत्रों और विभिन्न मानसिकता वाले लोग आते हैं और उनके सोचने का तरीका भी अलग-अलग होता है।

नेताओं का दोहरा चरित्र

प्राय: देखा गया है कि जिलाधिकारी के कार्यालय में विभिन्न माँगों को लेकर अनेक प्रतिनिधिमंडलों के नेता आते रहते हैं। इन नेताओं का रवैया अधिकारी के सामने अलग होता है और अपने समर्थकों के सामने कुछ दूसरा। जब वे अपने समर्थकों के सामने होते हैं, तो अधिकारियों को कठघरे में खड़ा कर उन्हें नकारा और बेकार बताने से नहीं चूकते, परंतु वे ही नेता जब अधिकारी से अकेले में मिलते हैं, तो क्षमा माँगते हुए कहते हैं कि उन्हें ज्ञात है कि कोई

भी अधिकारी अपनी सीमा के बाहर किसी तरह का निर्णय नहीं ले सकता, परंतु वे अपने समर्थकों के सामने अधिकारियों के खिलाफ बोलने के लिए बाध्य होते हैं। उनके इस दोहरे रवैये के बारे में जब मैंने उनसे पूछा तो वे कहते थे कि यदि वे प्रशासन के खिलाफ नहीं बोलेंगे, तो उनके साथ कौन खड़ा होगा? दोहरी मानसिकता और दोहरे व्यवहार वाले ऐसे लोगों को देखकर मुझे यह सीख मिली कि लोग अपने लाभ के लिए कुछ भी कर सकते हैं। मैंने जिस प्रकार एक ही व्यक्ति को दोमुँही बात करते देखा, वह एक प्रकार की सीख है और ऐसा अधिकांश जगहों पर होता है।

सांप्रदायिक दंगे के दौरान सूझ-बूझ

कोटा जिला मुख्यालय में अचानक खबर आई कि मंगरोल क्षेत्र में तत्काल पहुँचना है, वहाँ सांप्रदायिक दंगा भड़क गया है। साथ में यह भी बताया गया कि चुन-चुन कर कई दुकानों में आग लगाई जा रही है। सूचना मिलने के बाद हम जीप से वहाँ पहुँचे। सबसे पहले पुलिस थाने गए, जिसे दंगाइयों ने काफी क्षति पहुँचाई थी। हम तो केवल प्रशिक्षु अधिकारी थे, अन्य प्रशासनिक अधिकारी अपना काम कर रहे थे। दंगा प्रभावित क्षेत्र में सुबह, जब हम पुलिस उप महानिदेशक के साथ अंदरूनी इलाकों में मौका-ए-वारदात का जायजा ले रहे थे, उसी समय हमें एक आदमी के कराहने की आवाज सुनाई पड़ी। जब आवाज की ओर ध्यान गया तो पता चला कि एक व्यक्ति घायलावस्था में नाले के अंदर पड़ा है और सहायता के लिए हाथ उठाकर पुकार रहा है। जब हम घायल व्यक्ति के नजदीक पहुँचे तो देखा कि उसके गले को किसी धारदार हथियार से काट दिया गया था। बड़ी गंभीर स्थिति थी, जब उससे उसका नाम पूछा गया तो उसने बताया कि वह हिंदू है और दूसरे समुदाय के लोग उसका पीछा कर रहे थे। उसे तुरंत ही वहाँ से निकालकर कोटा जिला अस्पताल पहुँचाने की व्यवस्था की गई। इसके बाद मृत्यु से पहले उसका बयान लेने के लिए मजिस्ट्रेट को बुलाया गया। मजिस्ट्रेट के सामने उसने कहा कि वह दरअसल एक मुसलमान है और उसे डर था कि कुछ हिंदू उसका पीछा कर रहे हैं। उसने सोचा कि अगर उसने अपना असली मुसलिम नाम बता दिया तो वे उसे मार डालेंगे। गंभीर रूप से घायल होने के बाद भी वह बच गया, जिसे चमत्कार ही

कहा जा सकता है। इलाके में शांति स्थापित करने के लिए शांति समितियों की कई बैठकें करने के बाद स्थिति सामान्य हुई। हमें प्रशिक्षण के दौरान इस प्रकार के कई अनुभव मिले।

जनसहयोग से समस्याओं का समाधान

प्रशिक्षण के बाद मेरी नियुक्ति खंड विकास अधिकारी (बी.डी.ओ.) के रूप में अंता में हुई। अंता उस समय कोटा जिले का हिस्सा था। चूँकि मैं वहाँ अकेला अधिकारी था, इसलिए मैंने सभी ग्राम पंचायत सदस्यों और सरपंचों से घनिष्ठ संबंध बनाए और उनकी समस्याओं को करीब से समझा। यहाँ यह बताना जरूरी है कि अंता बहुत उपजाऊ क्षेत्र है, परंतु वहाँ धन की हमेशा कमी रहती थी, जिसके कारण विकास कार्यों को पूरा करना बड़ा कठिन होता था। धन के अभाव में आधे-अधूरे काम हुए और जो हुए भी, वे बहुत घटिया थे। धनाभाव के बावजूद किस तरह से विकास करना है, यह एक चुनौती थी। इसके लिए हमने एक परियोजना पर अमल किया और तदनुरूप धनराशि आवंटित कर उसे पूरा कराया। ग्राम पंचायतों को इससे बहुत लाभ हुआ। इस प्रक्रिया में मुझे एक बात का प्रत्यक्ष अनुभव हुआ कि यदि मौके पर जाकर काम का निरीक्षण किया जाए, तो परिणाम संतोषजनक मिलते हैं और काम भी समय पर पूरा होता है। परियोजनाओं को पूरा करने के लिए वहाँ मैंने विभागीय कर्मचारियों के साथ ग्रामवासियों को भी शामिल किया। वह प्रयोग काफी सफल रहा।

एक और बात का जिक्र करना जरूरी है। राजस्थान में मिला अनुभव मेरे भारतीय प्रशासनिक सेवा जीवन की एक प्रकार से बुनियाद साबित हुआ। अनुभव चाहे किसी तरह के क्यों न हों, हमेशा मूल्यवान होते हैं। राजस्थान के प्रशासनिक अनुभवों का लाभ कर्नाटक में भी मिला। मुझे जिस तरह से दंगों में विवेक और विकास कार्यों में जनसामान्य की सहभागिता का अनुभव राजस्थान में मिला, उसका उपयोग मैंने कर्नाटक में विभिन्न अवसरों पर किया। कर्नाटक में कई बार हिंसक वारदातों और ऐसी ही घटनाओं को रोकने में हम सफल रहे। अनुभव हमेशा उपयोगी होता है, क्योंकि वह सही दिशा में बढ़ने के लिए प्रेरित करता है।

□

प्रथम पड़ाव : लाल बहादुर शास्त्री राष्ट्रीय प्रशासन अकादमी

भारतीय प्रशासनिक सेवा में चयन के बाद हमें मसूरी स्थित लाल बहादुर शास्त्री राष्ट्रीय प्रशासन अकादमी में प्रशिक्षण हेतु भेजा गया। प्रशिक्षण की वह अवधि कई मायनों में अविस्मरणीय रही। प्रशिक्षणार्थी अपने प्रशिक्षण काल को जीवन भर याद रखता है। वहाँ का अनुशासन, परंतु किसी प्रकार की जिम्मेदारी न होने का अनुभव स्मृतियों का सुखद हिस्सा बना रहता है। उस दौरान प्रशिक्षुओं को अनेक लोगों से मिलने का अवसर मिलता है। प्रशिक्षण में भविष्य में सँभाली जानेवाली जिम्मेदारियों के साथ ही उन अधिकारों के बारे में भी बताया जाता है, जो उन्हें प्राप्त होनेवाले हैं।

प्रशिक्षण अवधि में अनेक रोचक घटनाएँ घटीं, जिनका उल्लेख करना यहाँ प्रासंगिक है। अकादमी में प्रशिक्षण हेतु देशभर से अखिल भारतीय सेवाओं के एक हजार से अधिक प्रशिक्षु आए थे। इसी संस्थान में संघ लोक सेवा आयोग (यू. पी.एस.सी.) द्वारा चयनित विभिन्न विभागों के अधिकारियों को प्रशिक्षण दिया जाता है। यह ऐसा समय होता है, जब आप सभी सेवाओं के अधिकारियों से एक ही स्थान पर मिलते हैं। इस दौरान आप उनसे भी मित्रता कर सकते हैं, जो आई.ए.एस. वर्ग में नहीं होते। क्योंकि प्रशिक्षण के बाद कौन कहाँ नियुक्त होता है, इसका पता चलना कठिन होता है। सेवाकाल में अपने बैच के आई.ए.एस. मित्रों से तो मुलाकात यदा-कदा हो जाती है, परंतु अन्य वर्ग के मित्रों से मिलना कठिन होता है।

'क्रॉस कंट्री' दौड़ विजेता

अकादमी में प्रशिक्षण के दौरान एक 'क्रॉस कंट्री' दौड़ का आयोजन होता

है, जिसमें प्रतिभागियों को 13 कि.मी. तक मसूरी के पहाड़ी रास्तों पर दौड़ लगानी पड़ती है। इसका आयोजन प्रशिक्षण के दौरान प्राय: महीने में एक बार किया जाता है। प्रशिक्षणार्थी पूर्व तैयारी न कर सके, इसलिए दौड़ की घोषणा एक दिन पूर्व ही की जाती थी। पहाड़ी इलाकों में दौड़ना साधारण काम नहीं है। क्योंकि रास्ते में कई उतार-चढ़ाव आते हैं और यह बहुत ही थकाऊ होती है। पहाड़ी रास्तों पर जब भी चढ़ाई करनी होती है तो मैदानी इलाकों के लोगों के छक्के छूट जाते हैं। घोषणा यद्यपि दौड़ के एक दिन पूर्व की जाती है, परंतु कुछ लोग पहले से ही इस दौड़ की तैयारी करते रहते हैं। दौड़ में भाग लेने के लिए मैंने कभी सोचा भी नहीं था। परंतु जिस सुबह दौड़ होनी थी, मैं जल्दी उठा और नित्यकर्म से निवृत्त होकर दौड़ने चला गया। मेरा ग्रामीण इलाके से होना और स्वास्थ्यवर्धक भोजन करना मेरे लिए ऊर्जा का काम कर गया। मैं निरंतर दौड़ता रहा। कुछ लोग मुझसे पीछे रह गए और कुछ थककर चूर हो गए। अंततः दौड़ पूरी होने पर मैं प्रथम आया। दूसरे स्थान पर हमारे प्राध्यापक श्री जूलियस सेन रहे। दूसरी बार भी मैंने दौड़ निरंतर जारी रखी और प्रथम आया। तीसरी बार भी मैं ही प्रथम रहा। इस प्रकार अकादमी में अपने प्रशिक्षण काल में मैं तीनों क्रॉस कंट्री दौड़ का विजेता रहा। इसके अतिरिक्त प्रशिक्षु साथियों के साथ समय बिताना और ताश खेलना मुझे अच्छा लगता था। कभी-कभी तो हम पूरी रात ताश खेलते रहते थे।

प्रशिक्षण के दौरान जोड़ी बनाने का अवसर भी होता है। अविवाहित पुरुष व महिला प्रशिक्षु अपनी पसंद के अनुसार जीवनसाथी की तलाश में लग जाते हैं। हमारे समय में भी एक रोचक घटना घटी। प्रतिदिन किसी-न-किसी के बारे में कोई-न-कोई गप उड़ा दी जाती थी। किसके साथ किसका चक्कर है, यह गप कभी-कभी सच भी साबित हो जाती है। मेरे साथ अक्सर रहनेवाला एक प्रशिक्षु, जिसे बाद में पुलिस सेवा मिली, क्लास में हमारी पंक्ति से अगली पंक्ति में बैठने वाली एक लड़की को लेकर अनेक तरह की टिप्पणियाँ करता रहता था। एक दिन उसी प्रशिक्षु लड़की ने उसे स्टडी में सहयोग हेतु अपने पास बुलाया। स्टडी में सहयोग करने के लिए वह दो बार उसके पास गया और उसके बाद उसके शरीर को लेकर कई प्रकार की अभद्र टिप्पणी करने लगा। परंतु बाद में एक दिन पता चला कि दोनों ने विवाह कर लिया।

भारत-दर्शन

प्रशिक्षण के दौरान भारत-दर्शन का आयोजन होता है। प्रशिक्षणार्थियों को भ्रमण के लिए देश के विभिन्न भागों में ले जाया जाता है। मैंने उत्तर-पूर्वी राज्यों में जाना पसंद किया, क्योंकि अधिकांश लोग वहाँ नहीं जाते। कई वर्ष पहले एम.ए. पूर्ण करने के बाद मैं वहाँ गया था। मैं उत्तर-पूर्व के बारे में और अधिक जानना चाहता था। जब समूह में यात्रा की जाती है, तो उसमें कुछ ऐसे लोग भी होते हैं, जिनकी आदत हमेशा सुविधाओं का लाभ उठाने की होती है। हमारे समूह में भी ऐसे लोग थे। बस के गंतव्य पर पहुँचते ही वे गेस्ट हाउस में अच्छे-से-अच्छा कमरा कब्जाने के लिए दौड़ पड़ते थे। यहाँ तक कि अधिकारियों और महिलाओं के लिए भी वे अच्छे कमरे नहीं छोड़ते थे। कुछ ऐसे लोग भी थे, जो अपना सामान उठाना भी जरूरी नहीं समझते थे। वहाँ सामान उठाने के लिए कोई सहायक नहीं होता था। फिर भी वे अपनी आदत से बाज नहीं आते थे। हम कुछ ही लोग थे, जो सबका सामान उतारते और फिर गेस्ट हाउस में ले जाते। यह सब कार्य भी हमने भारत-दर्शन के दौरान किया।

भारत-दर्शन का मुख्य उद्देश्य लोगों के बीच आपसी समझ-बूझ विकसित करना होता है, ताकि वे अपने साथ के लोगों की भावनाओं का आदर कर सकें। भारत-दर्शन के दौरान मैंने लोगों में जिस तरह का व्यवहार देखा, उससे तो यही लगा कि गली-मुहल्ले की सड़कों पर अपनी पसंद को लेकर लड़नेवालों और हमारे साथियों की आदत में कोई अंतर नहीं था। कुछ लोगों की और भी गंदी आदत होती है। वे यात्रा के दौरान इसी बात पर लड़ने-झगड़ने लगते हैं कि गाड़ी में कौन-सा गाना बजना चाहिए और कौन-सा नहीं।

आई.ए.एस. छोड़ने का विचार

जीवन में कुछ हासिल करने की इच्छा लगभग सभी में होती है। मैं भी उन्हीं में से एक हूँ। आई.ए.एस. में चयन होना गौरव की बात मानी जाती है। भारतीय प्रशासनिक सेवा (आई.ए.एस.) मेरी चौथी नौकरी थी। कुछ बड़ा मुकाम हासिल करके, फिर उसे छोड़ देने की एक अजीब इच्छा मेरे मन में बनी हुई थी, इसलिए मैं इस सेवा में शामिल होने के बाद इसे छोड़ देना चाहता था। मैंने सोचा कि इसे उत्तीर्ण करने के बाद मैं इसे छोड़ देने की घोषणा करूँगा। ऐसा

विचार प्राय: मेरे मन में इसलिए आता रहता था कि मुझे सिस्टम को ठीक करने के लिए नौकरी से उपयुक्त स्वतंत्र रहना ज्यादा उचित लगता था। परंतु इसके बाद मैं जब शांतभाव से सोचता था कि यदि यह सेवा छोड़ दूँ, तो जीवनयापन के लिए कौन सा रास्ता चुनूँगा। आखिरकार, कहीं-न-कहीं तो काम करना ही होगा। बिना काम के कोई कैसे रह सकता है। तब मैंने महसूस किया कि यह सेवा छोड़कर कोई दूसरा काम करना मूर्खता होगी। बल्कि सिस्टम में रहकर ही समाज के लिए कुछ किया जा सकता है। यदि हम अपने कॅरियर में सफल नहीं होते हैं, तो स्वयं को जीवनभर के लिए निरर्थक बना देते हैं। इसी सोच ने मुझे आई.ए.एस. छोड़ने से रोक दिया।

वांछित परिणाम का सूत्रपात

जैसा कि मैंने पहले ही कहा है, व्यवस्था के अंदर रहकर वांछित बदलाव लाया जा सकता है। व्यवस्था में रहते हुए आप बेहतर तरीके से व्यवस्था से संघर्ष कर सकते हैं। यदि आप व्यवस्था के बाहर रहकर संघर्ष करते हैं, तो पूरी व्यवस्था आपके विरुद्ध खड़ी हो जाती है। यदि आप व्यवस्था का हिस्सा हैं, तो कम-से-कम आप अपने अधिकार क्षेत्र में तो वांछित बदलाव ला ही सकते हैं। तब, अतंत: मुझे समझ आ गई और मैंने सेवा में बने रहने का निर्णय लिया। इस समझ ने मेरे सेवाकाल के दौरान मेरी प्रत्येक जिम्मेदारी के निर्वहन में मुझे प्रेरित किया। अपने प्रत्येक दायित्व के निर्वहन के दौरान मैंने बने-बनाए ढर्रे से अलग हटकर कुछ नया करने और कुछ ऐसा करने का प्रयास किया, जो मुझे लगता था कि यह व्यवस्था को बेहतर करने में मेरा अपना योगदान है। इससे मुझे बहुत लाभ मिला। यह वह अच्छी बात थी, जो मैंने अपने सेवा काल में सीखी। अब मुझे व्यवस्था का अंग बने रहने के अपने निर्णय पर किसी प्रकार का कोई अफसोस नहीं है। मेरा मानना है कि हमें उसी दिशा में जाना चाहिए, जिधर जाने की गवाही हमारी अंतरात्मा दे, क्योंकि हम अपने अंतर्मन से झूठ नहीं बोल सकते।

□

जलसंकट

जल ही जीवन है, परंतु आज सबसे अधिक उपेक्षा और दुरुपयोग इसी प्राकृतिक संसाधन का हो रहा है। इस बात में कोई संदेह नहीं है कि जल संकट के मुख्य कारण हैं—बढ़ती जनसंख्या, जल की घोर उपेक्षा और अत्यधिक दोहन। जल संकट को लेकर आज पूरी दुनिया चिंतित है, परंतु जल की बढ़ती माँग और उच्छृंखल जीवन-शैली के कारण भारत की स्थिति ज्यादा चिंताजनक है। सरकारी आँकड़ों के अनुसार देश में 1951 में जहाँ पानी की उपलब्धता प्रतिवर्ष प्रति व्यक्ति 5,177 घनमीटर थी, वहीं 2011 में घटकर यह 1,545 घनमीटर रह गई। आशंका है कि 2025 तक पानी की उपलब्धता घटकर 1,341 घनमीटर और 2050 तक 1,140 घनमीटर रह जाएगी। यह स्थिति तब है, जबकि यहाँ औसतन 1,170 मि.मी. वर्षा हर वर्ष होती है, जो भारत को प्रकृति का अनमोल वरदान है। भारत में प्रतिवर्ष उपलब्ध मीठा पानी 4,000 अरब घनमीटर है।

अब वे आँकड़े भी देख लें, जो जल जैसे अनमोल प्राकृतिक संसाधन की उपेक्षा और उसके दुरुपयोग की कहानी कहते हैं—देश में उपलब्ध कुल जल में से 1,047 अरब घनमीटर पानी को या तो हम वाष्पीकरण की वजह से गँवा देते हैं या फिर वह व्यर्थ ही बह जाता है। 48 प्रतिशत पानी नदियों से होते हुए समुद्र में चला जाता है और हम केवल 18 प्रतिशत वर्षाजल का ही सदुपयोग कर पाते हैं। देश में प्रयुक्त होनेवाले कुल जल में से 728 अरब घनमीटर पानी धरातल पर उपलब्ध है, जबकि 395 घनमीटर पानी भू-गर्भ से निकाला जाता है।

जलाशयों का प्रदूषित होना बहुत ही चिंताजनक है। हालाँकि पाँच प्रतिशत पानी घरेलू उपयोग में काम आता है, 27 प्रतिशत गाँवों में और 4-6 प्रतिशत शहरी आबादी को शुद्ध पेयजल सुविधा उपलब्ध नहीं है। 70 प्रतिशत से अधिक ग्रामीण आबादी द्वारा प्रयुक्त किया जानेवाला पानी विश्व स्वास्थ्य संगठन के मानकों के अनुरूप नहीं है। इन सब चिंताओं के बीच, भविष्य में भारत को पानी के गंभीर संकट का सामना करना पड़ सकता है। इसलिए यह आवश्यक है कि इस संकट से निबटने के लिए उपलब्ध जलस्रोतों और तकनीक का बेहतर उपयोग किया जाए।

संयुक्त प्रयासों का सुफल

दृढ़ निश्चय, शुद्ध उद्देश्य और विश्वसनीयता एक दिन जरूर लाभकारी साबित होती हैं। ये हथियार यदि थोड़े लोगों के पास भी रहेंगे, तो वे निश्चय ही सभी बाधाओं पर पार पाने में मददगार होंगे। ("Sincerity of conviction and purity of motive will surely gain the day; and even a small minority, armed with these, is surely destined to prevail against all odds.")

स्वामी विवेकानंद का यह वाक्य मेरे लिए सदैव मार्गदर्शक बना रहा। मेरा यह दृढ़ विश्वास है कि यदि हम दृढ़ निश्चय के साथ कार्य करते हैं, तो लोग हमारी सहायता करते हैं और हम हर प्रकार की बाधाओं के बावजूद अपेक्षित परिणाम प्राप्त करने में सफल होते हैं। यही कारण है कि मैंने प्रशासन में पूर्वस्थापित दायरे से बाहर निकलकर साहसपूर्वक कई नए प्रयोग किए और उन्हें परिणाम तक पहुँचाया। इन संयुक्त प्रयासों का प्रत्यक्ष अनुभव मुझे 1987 में रायचूर जिले के सिंधनुर तालुका में अपनी पहली नियुक्ति के दौरान हुआ, जहाँ दशकों से पेयजल की समस्या बनी हुई थी, हर वर्ष मेरे पूर्व के अधिकारी केवल अस्थायी रूप से पेयजल की व्यवस्था करते थे, परंतु जब मैंने स्थायी समाधान का प्रयास किया और इस प्रयास में स्थानीय नागरिकों को भी सहभागी बनाया, तो परिणाम आश्चर्यजनक निकला। सक्रिय जनसहभागिता से लागू की गई वह पेयजल योजना राज्य के अन्य क्षेत्रों में अधिकारियों के लिए एक मॉडल बन गई। जनता और अधिकारियों ने एकजुट होकर समस्याओं के समाधान का काम शुरू कर दिया। यहाँ मैं इस घटना का उल्लेख इसलिए भी करना चाहता हूँ कि समय पर तत्काल निर्णय से पेचीदा काम को भी पूरा किया जा सकता है।

रायचूर ज़िले में सिंधनूर तालुका विकास खंड का मुख्यालय भी है। यह उत्तर और दक्षिण कर्नाटक को जोड़नेवाले बीदर–श्रीरंगपटन राष्ट्रीय राजमार्ग पर स्थित है। यह क्षेत्र अत्यधिक सिंचित और बहुत ही उपजाऊ है। यह कस्बा है। धन–धान्य की प्रचुरता और समृद्धि के बावजूद स्थानीय लोग पेयजल की गंभीर समस्या से पीड़ित रहते थे। 1987 में मेरी नियुक्ति यहीं हुई। हमने इस समस्या के समाधान के लिए शुरुआत की तो 1988 में स्थायी रूप से पेयजल आपूर्ति की व्यवस्था हो सकी। 1988 तक प्रतिदिन पेयजल की आपूर्ति यहाँ के लोगों के लिए महज एक स्वप्न थी। इस कस्बे के कुछ हिस्सों में प्राय: सप्ताह में एक बार और कभी–कभी तो 10 दिन बाद अशोधित पानी की आपूर्ति की जाती थी। इस इलाके के युवकों के लिए तो सामाजिक बहिष्कार जैसी स्थिति पैदा हो गई थी। उनका विवाह इसलिए नहीं हो पाता था क्योंकि लोग वहाँ अपनी लड़की देना ही नहीं चाहते थे। इसका प्रमुख कारण पेयजल की समस्या थी। कोई भी माता–पिता अपनी पुत्री को ऐसे संकट में नहीं डालना चाहता था।

सरकारी तंत्र की मानसिकता को बदलना

दरअसल पेयजल के स्थायी समाधान हेतु जितने धन की जरूरत थी, सरकार उतना मुहैया नहीं करा पाती थी, बस दो लाख रुपए की राशि देकर हर साल अस्थायी पेयजल की व्यवस्था करने को कहा जाता था। मेरे लिए पेयजल की अस्थायी व्यवस्था इसलिए भी अस्वीकार्य थी कि हर साल यहाँ की जनता को जिस तालाब से पेयजल दिया जाता था, उस तालाब में पशु तो पानी पीते ही थे, साथ ही लोग अपने कपड़े भी धोते थे और बरतनों को साफ करते थे। लोग खुद तो नहाते ही थे, साथ ही पशुओं को भी नहलाते थे। स्थानीय प्रशासन इस गंदे जल को बिना शुद्ध किए घरों तक पहुँचाने का काम करता था। मुझे यह रवैया पसंद नहीं था; बस मन में ठान लिया कि किसी भी तरह से यहाँ के स्थानीय निवासियों को शुद्ध पेयजल दिलाना चाहिए।

सहायक आयुक्त होने के नाते मैंने उस स्थान का निरीक्षण किया, जहाँ पानी एकत्र किया जाता था। पानी को एकत्र करने के लिए एक नाले पर प्रतिवर्ष मिट्टी का एक अस्थायी कच्चा बाँध बनाया जाता था। इस स्थिति को देखते हुए, मैंने निश्चय किया कि मैं बरसात के दिनों में किए जानेवाले

अस्थायी निर्माण के लिए कोई पैसा नहीं दूँगा। मैंने पानी के भंडारण के लिए स्थायी रूप से निर्माण कार्य किए जाने के निर्देश दिए, ताकि खर्च किया गया धन व्यर्थ न जाए। परंतु जब यह निर्णय किया, तो सबसे पहले कर्नाटक अर्बन वाटर सप्लाई एंड ड्रेनेज बोर्ड के इंजीनियरों ने ही सहयोग करने से मना कर दिया। उन्होंने तो यहाँ तक कह दिया कि इस अस्थायी व्यवस्था का कोई विकल्प ही नहीं है। इसलिए मेरे लिए यह चुनौती थी कि मैं यहाँ की जनता को शुद्ध पेयजल आपूर्ति की व्यवस्था कराऊँ। लेकिन सबसे बड़ी समस्या धन की थी, दो लाख रुपए की सरकारी धनराशि से किसी भी तरह से स्थायी पेयजल आपूर्ति की व्यवस्था नहीं हो सकती थी। हमें यह मालूम था, फिर भी संकल्प तो पूरा करना ही था।

मैंने राजस्व अधिकारियों को स्थायी जलाशय के निर्माण के लिए सरकारी जमीन ढूँढ़ने के निर्देश दिए। उन्होंने तत्परतापूर्वक कार्य करते हुए सिंधनुर में कुस्तगी रोड पर स्थित राजकीय कॉलेज के पीछे 15 एकड़ जमीन के उपलब्ध होने की जानकारी दी। वह लोक निर्माण विभाग (पी.डब्ल्यू.डी.) की बेकार पड़ी एक खदान थी। जमीन मिल जाने के बाद एक सीमित राशि (दो लाख रुपए) में और बिना किसी तकनीकी सहायता के निर्माण कार्य को अंजाम देना चुनौती थी। मुझे पता चला कि कृष्णा नदी पर नारायणपुर बाँध बनाने के लिए प्रयुक्त हुई हैवी मशीनरी सिंचाई विभाग के शिविर में बेकार पड़ी हुई है। मैंने उन मशीनों की स्थिति के बारे में जानकारी ली। मशीनों के ऑपरेटरों ने बताया कि अधिकांश चीजें अच्छी हालत में हैं। मैंने उन्हें सिंचाई विभाग से लिया और उन्हें पी.ओ.एल. खर्चे पर ठीक कराया, यह खर्चा हमने वहन किया। काम पूरे जोर–शोर से शुरू हो गया, हालाँकि इसके लिए बाकायदा कोई इंजीनियरिंग प्लान नहीं था। बस एक विचार था कि पानी एकत्र करने के लिए एक जलाशय खोदना है। जलाशय की खुदाई का काम शुरू हुआ, तो जिज्ञासावश कई प्रमुख नागरिक मौके पर आए कि आखिर गड्ढा क्यों खोदा जा रहा है, उन लोगों ने मुझसे पूछा कि आखिरकार योजना क्या है? मैंने उन्हें बताया कि मैं एक जलाशय खुदवा रहा हूँ और यह काम तब तक जारी रहेगा, जब तक कि ये दो लाख रुपए खर्च नहीं हो जाते। लेकिन इस धनराशि में जलाशय तो बन ही नहीं सकता, यह मैं भी जानता था और वे प्रमुख नेता भी, फिर मैंने उनसे पूछा कि क्या वे चाहते हैं

कि यह काम जारी रहे ? तो सबने कहा कि हाँ, हम यह काम जारी रखना चाहते हैं। तब मैंने उन्हें सुझाव दिया कि यह काम बड़ी धनराशि से ही पूरा किया जा सकता है, इसलिए वे इस काम को पूरा करने के लिए एक नागरिक समिति बनाएँ और पक्के जलाशय के निर्माण हेतु जनता से धन एकत्र करें।

पहले तो मुझे लगा कि शायद मेरी इस बात को वे सब हल्के में लेंगे, परंतु जब उन लोगों ने समिति का गठन किया, तो लगा कि मेरी सक्रिय जन-सहभागिता की सोच सच हो जाएगी।

सरकार के दो लाख और जनता से 25 लाख रुपए

लोगों ने जल संकट से उबरने के लिए अपनी वैचारिक व पार्टी लाइन को छोड़कर नागरिक समिति का गठन किया और कुछ ही दिनों में 25 लाख रुपए से अधिक एकत्र कर लिये। मैंने उन्हें सुझाव दिया कि वे वह पैसा सरकारी खाते में जमा न कराएँ। समिति इस निर्माण कार्य की देखरेख की जिम्मेदारी ले। काम होता रहा। यह घटना उस समय घटी, जब राज्य में राष्ट्रपति शासन लगा हुआ था। कुछ प्रमुख नेताओं ने इकट्ठे होकर इस मामले को राज्यपाल महोदय के समक्ष रखा और 30 किमी. दूरी पर स्थित तुंगभद्रा नदी के पानी के स्रोत पर आधारित एक योजना को स्वीकृत करा लिया। कई वर्ष में यह योजना पूर्ण हुई। उसके बाद एक अन्य जलाशय का निर्माण भी कराया गया। जनसहभागिता के इस एक उदाहरण ने जहाँ लोगों को केवल सरकारी धन पर आश्रित रहने की सोच से अलग किया, वहीं हमारे जैसे अधिकारियों का उत्साहवर्धन भी हुआ। यह योजना प्रशासन और जनसहयोग का एक अप्रतिम उदाहरण बन गई। अभी भी उस जलाशय को सुरक्षित रखा गया है और आज भी उसे 'मीणा केरे' (मीणा तालाब) नाम से जाना जाता है।

एक सहायक आयुक्त, जनता और सरकारी विभागों के संयुक्त प्रयासों से मिली इस सफलता की चर्चा आज भी वहाँ हर घर में होती है। जनसहभागिता के इस प्रयोग ने मुझे प्रोत्साहित किया और मैंने सरकारी योजनाओं में जनसहयोग जुटाने और उन्हें प्रेरित करने के लिए एक स्वयंसेवी संगठन का गठन किया। वस्तुतः विभिन्न सरकारी विभागों में तालमेल बैठाते हुए वास्तविक धरातल पर जनसहयोग से काम करना बहुत फलदायी और उपयोगी है।

जनविश्वास की धरोहर

किसी भी काम में यदि नीयत साफ हो तो उसके पूरा होने में न कोई कठिनाई आती है और न ही गुणवत्ता की कमी। मुझे यह कहने में कोई संकोच नहीं है कि हम यह सबकुछ इसलिए कर सके, क्योंकि हमारी नीयत साफ थी और हमारा लक्ष्य पवित्र था। जनहित एकमात्र एजेंडा था और काम में शुरू से लेकर अंत तक पारदर्शिता थी। जब आप कोई कार्य ईमानदारी से करते हैं और लोगों को आपकी सदाशयता और नीयत पर भरोसा हो तो वे आपकी सहायता के लिए आगे आते हैं। ऐसा मैंने अपने तीन दशकों के सेवाकाल में कई बार अनुभव किया है। लोग अपेक्षा से भी कहीं अधिक उत्साही होकर कई तरह से आपकी सहायता करते हैं। यह जनविश्वास ही मेरी सबसे बड़ी धरोहर है, जिसे मैंने अपने सेवाकाल में प्राप्त किया है। लिंगासुगुर में किए गए प्रयोगों से पता चलता है कि व्यक्तिगत प्रयासों से आप थोड़ा परिवर्तन ला सकते हैं, लेकिन संयुक्त प्रयासों से आप बड़ा और प्रभावशाली परिवर्तन खड़ा कर सकते हैं।

□

कर्मचारी संगठनों से समन्वय

मेरी नियुक्ति 17 अक्तूबर, 1989 को कर्नाटक विद्युत् बोर्ड (के.ई.बी.) में सचिव के पद पर हुई। उन दिनों के.ई.बी. विद्युत् प्रेषण और वितरण दोनों ही कार्य करता था। 1971 में कर्नाटक पावर कॉर्पोरेशन लिमिटेड (के.पी.सी.एल.) का गठन कर विद्युत् उत्पादन को विद्युत् बोर्ड से अलग कर दिया गया था। के.ई.बी. एक विशाल उपक्रम था, जिसका कार्य-क्षेत्र पूरा प्रदेश था। इसलिए हमेशा ही विद्युत् आपूर्ति और गलत बिलों को लेकर जनसमस्याएँ रहती थीं। इन समस्याओं की विभागीय जाँच भी सामान्य सी प्रक्रिया थी।

के.ई.बी. में मुख्य रूप से तकनीकी और प्रशासनिक दो विभाग थे। तकनीकी विभाग के प्रमुख अतिरिक्त सचिव थे और मुझ पर प्रशासनिक कार्य की जिम्मेदारी के साथ ही विद्युत् बोर्ड के सचिव की जिम्मेदारी भी थी। उस समय के.ई.बी. में सदस्य सचिव नहीं होता था। हालाँकि, कई अन्य राज्यों में सचिव सदस्य सचिव भी होता था, जो बोर्ड की कार्रवाई में भाग लेते हुए विभिन्न मुद्दों पर अपनी राय भी देता था। परंतु के.ई.बी. में सचिव की राय को कोई तवज्जो नहीं दी जाती थी। इसलिए वहाँ काम करने की कुछ सीमाएँ थीं।

प्रशासनिक सुधारों पर ध्यान

जिम्मेदारी संभालने के साथ ही मुझे पता लग गया कि यहाँ प्रशासनिक कार्य में कई तरह की कठिनाइयाँ हैं। मेरी इच्छा थी कि के.ई.बी. में सुधार कार्यक्रमों को वरीयता से लागू किया जाए। मैंने सुधार के पहले कदम के रूप में महीनों से पड़ी हुई फाइलों को निबटाना शुरू किया। यही नहीं, अपने साथ काम करनेवाले अन्य अधिकारियों को भी लंबित फाइलें निबटाने के लिए प्रेरित

करना आरंभ कर दिया। यह एक ऐसा विभाग था, जिसमें प्रशासन को गति देने के लिए मजदूर संगठनों का सहारा लेना जरूरी लगता था। मैंने कर्मचारी संगठनों की शिकायतों पर सकारात्मक तरीके से काम करना आरंभ किया। विभिन्न मसलों पर कर्मचारी संगठनों से उनकी माँगों को लेकर समझौता-वार्त्ताएँ शुरू कीं। इस संस्थान में हर चार साल बाद कर्मचारियों के वेतन में वृद्धि की जाती थी, जिस पर कर्मचारी संगठन कभी-कभी अड़ियल रुख अपना लेते थे, ऐसी स्थिति में उनके माँगपत्रों पर समझौता-वार्त्ता कर आम सहमति बनाकर उसे लागू किया जाता था। इस प्रक्रिया में सचिव के रूप में मेरी महत्त्वपूर्ण भूमिका होती थी।

विद्युत् बोर्ड में कंप्यूटरीकरण

मैं यहाँ इस बात का उल्लेख इसलिए करना चाहता हूँ कि जब कभी बड़े और सशक्त कर्मचारी संगठन से समझौता करना हो तो सारे मामले को बड़े ही पेशेवर ढंग से समझने की जरूरत होती है, और मामले से जुड़ी नियमावलियों और नीतियों का अध्ययन करना जरूरी होता है। के.ई.बी. में कर्मचारी संगठनों का काफी दबदबा था क्योंकि वह अपने मुद्दों को बड़े सुनियोजित तरीके से पेश करता था। ऐसा लगता था कि यह संगठन पेशेवर लोगों का है। मैं आज भी उस मजदूर नेता को नहीं भूल पाता, जिसका पूरा नाम तो याद नहीं है, लेकिन उन्हें लोग 'पंडित' कहकर संबोधित करते थे। वे के.ई.बी. के एक मजदूर संगठन के महासचिव थे, उनकी यह खूबी थी कि वे कर्मचारी हित के मामलों में अधिकारी से भी अधिक जानकारी रखते थे। वे तत्काल बता देते थे कि बोर्ड का अमुक आदेश कब और किस संदर्भ में जारी किया गया था और यह भी कि कब, क्या हुआ था। वे समझौता-वार्त्ताओं में बहुत ही कुशलतापूर्वक सौदेबाजी कर लेते थे। मुझे उनसे यह सीख मिली कि हमें समझौता-वार्ताओं में मोल-भाव करने का गुण विकसित करना चाहिए। मेरे कार्यकाल में कुछ समय तक चेयरमैन रहे महानुभाव काफी दूरद्रष्टा थे। बोर्ड में परिवर्तन को लागू करने को लेकर उनसे काफी चर्चा होती थी। वे हमेशा अच्छी पहल को लागू करने में वरीयता देने की बात करते थे। देश में तत्कालीन प्रधानमंत्री राजीव गांधी ने कंप्यूटरीकरण की प्रक्रिया आरंभ कर दी थी, परंतु कर्मचारी संगठनों की नजर में यह एक ऐसी प्रक्रिया थी, जो लोगों को बेरोजगार बना देगी। यही वजह थी कि कंप्यूटरीकरण

को जल्दी लागू करना कठिन काम था। लेकिन कर्मचारी संगठनों को विश्वास में लेकर सुधार की इस पहल को आरंभ किया गया। उन दिनों कुछ ही स्थानों पर कंप्यूटर हुआ करते थे। केंद्रीय स्तर पर आर्थिक सुधारों की अभी शुरुआत ही हुई थी और अर्थव्यवस्था में खुलापन आ रहा था। उस समय हमारे चेयरमैन का सुझाव था कि यूनियन नेताओं को सामूहिक रूप से उन देशों में ले जाया जाए, जहाँ ऐसे सुधार हो चुके हैं या कंप्यूटरीकरण हो चुका है, ताकि वे इसके प्रति जागरूक हो सकें और सुधारों की प्रक्रिया का विरोध न करें। हमने इस संबंध में पूरी योजना बना ली थी, परंतु कुछ कारणों से वह लागू न हो सकी।

विभागीय जाँचों का त्वरित निबटान

जैसा कि मैंने ऊपर भी कहा है कि के.ई.बी. में जनसमस्याओं की सुनवाई भी एक पेचीदा मामला था। जनसमस्याओं के अलावा भी अनेक विभागीय जाँचें की जा रही थीं, जिनका निपटारा करना अपने आप में एक चुनौती थी। उस समय लगभग 400 मामलों की विभागीय जाँच चल रही थी। इनमें से अधिकांश का निपटारा कर मैं इनकी संख्या 50 से भी कम पर ले आया। मैंने तय कर लिया था कि किसी भी मामले को दो सुनवाई से अधिक समय नहीं दूँगा। इसीलिए मैं प्राय: एक या दो सुनवाई में ही मामले पर निर्णय दे देता था। इससे कर्मचारियों के पेंशन और वेतन आदि मामलों को सुलझाने में काफी तेजी आई। चूँकि प्रशासनिक जिम्मेदारी मेरी थी, इसलिए अन्य अधिकारियों और कर्मचारियों के बैठने की व्यवस्था तथा फाइलों के निपटान जैसे कई सुधारात्मक कदम उठाए। हमारी दीर्घकालीन योजनाओं को लागू करने में यद्यपि हमें सफलता नहीं मिली, परंतु हमें इस बात की खुशी थी कि सुधार प्रक्रिया की शुरुआत तो हो ही गई। बहुत अधिक सफलता न मिल पाने का प्रमुख कारण था थोड़े-थोड़े समय बाद ही चेयरमैन का बदल जाना और कर्मचारी संगठनों का दबाव। उस समय सुधारों की वह प्रक्रिया एक अग्रगामी कदम थी।

बदलाव : समय की जरूरत

के.ई.बी. के अनुभव मेरे लिए उस समय बहुत उपयोगी साबित हुए, जब मेरी नियुक्ति बेंगलुरु इलेक्ट्रिक सप्लाई कंपनी (बेस्कॉम) और कर्नाटक

पावर एंड ट्रांसमिशन कंपनी लिमिटेड (के.पी.टी.सी.एल.) में हुई। वहाँ मैंने पद सँभालने के दिन से ही सुधारों की प्रक्रिया प्रारंभ कर दी, क्योंकि मैं पूरी पृष्ठभूमि जानता था। मुझे मालूम था कि बदलाव आज की जरूरत है। यही नहीं, बदलाव से जनता की आवश्यकताओं को भी सुनियोजित तरीके से पूरा किया जा सकता है। मुझे यह भी मालूम था कि विद्युत् उपभोक्ताओं को मुहैया कराई जा रही सेवाएँ बहुत ही असंतोषजनक स्थिति में हैं। इसका एक प्रमुख कारण इसका विशालकाय उपक्रम होना भी था।

कर्मचारी यूनियनों का विरोध

लेकिन कर्मचारी किसी भी तरह के परिवर्तन के लिए मानसिक रूप से तैयार नहीं दिख रहे थे, उनके मन में यह भय था कि परिवर्तन के इस दौर में कर्मचारियों की संख्या घट जाएगी। वे यह भी मानने लगे थे कि जो कर्मचारी परिवर्तन को स्वीकार नहीं करेंगे, उनकी छँटनी कर दी जाएगी, नई नियुक्तियों पर प्रतिबंध लगा दिया जाएगा और बचे हुए कर्मचारियों से ही काम कराया जाएगा। कर्मचारी संगठनों ने इस पर कभी विचार ही नहीं किया कि इससे कर्मचारियों की कार्यक्षमता के साथ ही दक्षता में भी सुधार होगा। वे छोटे-छोटे मुद्दों पर भी हड़ताल पर जाने की धमकियाँ देते थे। सरकार से कर्मचारियों की हमेशा कोई न कोई शिकायत रहती ही थी। लेकिन उनकी बात हमेशा सुनी जाती थी, क्योंकि प्रदेश के प्रत्येक व्यक्ति का इससे सरोकार था। इसलिए उस समय उनकी स्थिति बहुत मजबूत थी। हालाँकि, कभी-कभी वे अधिकारियों के साथ अपमानजनक व्यवहार भी कर बैठते थे। आमतौर पर उन दिनों सभी यूनियनों का रवैया ऐसा ही रहता था। परंतु बाद में स्थितियाँ बदली हैं। मेरे लिए वह नया सीखने का मौका था। मैंने गहराई से समझने का प्रयास किया कि उस अलग प्रकार की व्यवस्था में कैसे काम होता है; क्योंकि वह एक बोर्ड न होकर सार्वजनिक उपक्रम था और दोनों के कामकाज में काफी अंतर होता है।

कुल मिलाकर मैंने यह सीखा कि व्यक्ति को हमेशा ही विद्यार्थी रहना चाहिए और सीखने की प्रवृत्ति छोड़नी नहीं चाहिए। हमें जीवन के प्रत्येक क्षण से कुछ न कुछ सीखना ही चाहिए।

□

कैलाश मानसरोवर

एक यात्रा स्वयं की खोज के लिए

प्रशासनिक जिम्मेदारियों से अलग कभी-कभी ऐसी रोचक घटनाएँ घट जाती हैं, जो जीवनभर शारीरिक और मानसिक तौर पर ऊर्जा का काम करती हैं। जैसा कि मैंने बताया कि मेरी नियुक्ति 1989 में कर्नाटक विद्युत् बोर्ड में सचिव के पद पर हुई और मैं प्रशासनिक मामलों का प्रभारी था। वहाँ मैंने प्रशासनिक व्यवस्था में कई प्रकार के सुधारों को लागू करने के प्रयास किए। एक दिन अखबार पढ़ते हुए मेरी नजर एक विज्ञापन पर पड़ी, मैंने बड़ी गंभीरता से उसे पढ़ा। यद्यपि विज्ञापनों को पढ़ने का न तो हमारे पास समय होता है और न ही मन में उन्हें पढ़ने की ललक। परंतु उस विज्ञापन ने मुझे पढ़ने के लिए मजबूर कर दिया। विज्ञापन में कैलाश मानसरोवर यात्रा के संबंध में जानकारी दी गई थी। विदेश मंत्रालय द्वारा जारी इस विज्ञापन में मानसरोवर यात्रा में भाग लेने के लिए संक्षिप्त रूप से बताया गया था। विस्तृत जानकारी के लिए जब मैंने विदेश मंत्रालय से संपर्क किया, तो पता चला कि प्रतिवर्ष यात्रा में 'ग्रुप लीडर' के सभी खर्चे विदेश मंत्रालय द्वारा ही वहन किए जाते हैं। सामान्यत: भारतीय विदेश सेवा के किसी अधिकारी को यह अवसर मिलता है। दूसरों के लिए इस हैसियत से यात्रा करने की बहुत कम संभावनाएँ होती हैं। हालाँकि, मानसरोवर यात्रा करने के बारे में मैंने कभी प्रयास नहीं किया था, परंतु मेरे मन में विचार आया कि क्यों न इस बार यात्रा में भाग लिया जाए।

और मैं पर्वतारोही बन गया

सरकारी कर्मचारियों के लिए नियम है कि यदि वे सरकारी काम से इतर

किसी यात्रा में भाग लेना चाहें, तो उन्हें अपने विभाग के वरिष्ठ अधिकारी से अनुमति लेनी पड़ती है। मुझे इस सरकारी प्रक्रिया की जानकारी थी। इसलिए जब मैंने मानसरोवर यात्रा में भाग लेने का मन बनाया तो के.ई.बी. के चेयरमैन से अनुमति माँगी। परंतु उन्होंने यात्रा को धार्मिक यात्रा बताकर अनुमति देने से मना कर दिया। उनका तर्क था कि सरकारी कर्मचारी किसी भी धार्मिक यात्रा पर नहीं जा सकता। उन्हें इसके लिए सरकार से अनुमति लेनी पड़ेगी। जब मैंने महसूस किया कि चेयरमैन मुझे यात्रा की अनुमति नहीं देंगे, तो मैंने इस संबंध में डी.पी.ए.आर. को यह स्पष्टीकरण देते हुए पत्र लिखा कि मैं इस यात्रा में एक तीर्थयात्री के रूप में नहीं वरन् एक खिलाड़ी के रूप में भाग लेना चाहता हूँ, क्योंकि पर्वतारोहण मेरा शौक है। जब मैंने यह पत्र डी.पी.आर. को लिखा तो चेयरमैन ने सोचा कि मुझे अनुमति नहीं मिलेगी। लेकिन मुझे डी.पी.आर. से अनुमति मिल गई। और इस प्रकार कैलाश मानसरोवर यात्री बनने का सुअवसर मिल गया। तब तक मुझे इस यात्रा के महत्त्व के विषय में कोई विशेष जानकारी नहीं थी। मैंने इसके बारे में बस सुना भर था। मैं ऐसे किसी व्यक्ति से भी नहीं मिला था, जिसने पहले यह यात्रा कर रखी हो।

विस्मयकारी अनुभव

करीब 8 से 10 दिन की बस यात्रा के बाद यह हिमालय में 22 दिन लंबी पैदल यात्रा थी, जो पिथौरागढ़ से प्रारंभ होती थी। पिथौरागढ़ अब उत्तराखंड में है। हम हर रोज 10 से 15 किलोमीटर चलते थे। रास्ता बहुत ही मनोहारी था। हिमालय की पर्वत-श्रेणियों से होकर चलना रोमांचकारी था। मार्ग में कई बेस कैंप थे, जिनमें यात्रियों को आराम करने की सुविधा मुहैया कराई गई थी। हमें यात्रा के दौरान सैनिकों से मुलाकात का अवसर भी मिला। मुझे तब आश्चर्य हुआ, जब यात्री सेना के किसी कैंप में पहुँचते थे तो सैनिक सबसे पहले अपने-अपने इलाके के बारे में जानकारी हासिल करते थे। सच भी है, जब हम अपने इलाके से दूर हो जाते हैं और अचानक हमारे इलाके का कोई व्यक्ति वहाँ मिल जाता है, तो हमारा अपनत्व उसके लिए बढ़ जाता है। बर्फीली चोटियों पर तैनात सैनिक भी इसी अपनत्व की तलाश में रहते थे। मुझे राजस्थान के कई जवान मिले और हमने कई सांस्कृतिक कार्यक्रमों में भाग लिया। उन्होंने हमारी आवभगत

अपने घर के मेहमान की तरह की। समुद्र-तल से 10 हजार फुट से अधिक की ऊँचाई पर जवानों से मिलना बिल्कुल घर की तरह लगा। प्रत्येक ग्रुप में 30 से 32 यात्री शामिल थे और उस वर्ष कुल 7 ग्रुपों को यात्रा की अनुमति दी गई थी। हम अभी भारतीय क्षेत्र में ही पैदल यात्रा कर रहे थे। मानसरोवर चीन के तिब्बत स्वायत्तशासी क्षेत्र के अंतर्गत आता है।

ॐ पर्वत की अनोखी छटा

जिन लोगों को वीसा नहीं मिलता, वे छोटा कैलाश तक ही जाते हैं। यह अपेक्षाकृत कम ऊँचाई पर भारतीय क्षेत्र में स्थित है। यात्रा में हम हिमालय क्षेत्र की कई पर्वत-शृंखलाओं से होकर गुजरे। यहाँ एक स्थान है, जो ॐ पर्वत नाम से विख्यात है। वहाँ पहुँचने पर नदी के दूसरी ओर पर्वत पर ॐ की संरचना दिखाई देती है। सामान्यतः वहाँ बादल छाए रहते हैं, परंतु जब आकाश साफ होता है, उस संरचना पर बर्फ पड़ी होने से दूर से वह ऐसे दिखाई देती है, जैसे प्रकृति ने वहाँ ॐ उकेर दिया हो। बहुत ही मनोहारी दृश्य था वह।

भगवान् शिव के रूपाकार में कैलाश

जब हम उस स्थान पर पहुँचे, जहाँ भारतीय सीमा समाप्त होती है और चीन की सीमा प्रारंभ होती है, तो एकदम गहरी ढलान दिखी। वहाँ बहुत बर्फ रहती है, इसलिए चलना बहुत आसान नहीं है। अतः लोग एक-दूसरे का हाथ पकड़ धीरे-धीरे, सावधानी के साथ एक-एक कदम आगे बढ़ा रहे थे। कई बार अपना सामान खुद ले जाना पड़ता है। वहाँ 'पोर्टर' होते हैं, फिर भी कुछ सामान लेकर तो चलना ही पड़ता है। इसके बाद हम एक छोटे-से चीनी कस्बे में पहुँचे जहाँ हमें बस मिली, जो बहुत ही साधारण थी। वह बस हमें कैलाश ले गई। वहाँ किसी प्रकार की पक्की सड़क नहीं है। यह एक पहाड़ी इलाका है, जहाँ कोई सड़क नहीं है। नदियों की कई धाराओं को पार कर हम चीन में स्थित बेस कैंप पहुँचे। जब हम कैलाश पर्वत के पास पहुँचे, तो अन्य दूसरे पर्वत भी देखे, जिन पर बर्फ नहीं जमी थी। हिमालय में बिना बर्फ के पर्वत नंगे दिखाई दे रहे थे। केवल कैलाश पर्वत पर ही बर्फ दिखाई देती है। इसके बावजूद वह दृश्य बहुत ही आकर्षक और मनोहारी था।

उन्हीं पर्वत-शृंखलाओं में एक ऐसा पर्वत है, जहाँ हमें भगवान् शिव की

छवि दिखाई दी—पर्वत पर केशों की रचना और नेत्रों की संरचना। दूर से स्पष्ट रूप से लगता है कि यह भगवान् शिव की प्रतिमा है। बहुत ही मनोहारी दृश्य था। यह देख मेरे आश्चर्य का ठिकाना न रहा कि ऐसा भी हो सकता है। इससे पहले हम ॐ पर्वत के दर्शन कर चुके थे, अब हमें दर्शन हुए भगवान् शिव के रूप के। रास्ते में बाईं ओर रावण ताल है। पौराणिक कथा है कि यह वही स्थान है, जहाँ रावण ने तपस्या की थी। उसके बाईं ओर है मानसरोवर झील। यहाँ यदि हिमपात हो रहा हो और हर चीज जम जाए, तो भी इस सरोवर का जल कभी नहीं जमता। इस मनोहारी दृश्य का आनंद लेने के बाद हम चीन स्थित पहले बेस कैंप में वापस लौट आए।

चीनी क्षेत्र में निराशाजनक दृश्य

चीन में जिस स्थान पर बेस कैंप बनाया गया था, उसे देखकर हम बहुत निराश हुए। जहाँ हमें ठहराया गया, वह चीन का एक छोटा सा गाँव था। वहाँ यह देखकर दिल को बहुत ठेस पहुँची कि स्थानीय युवक मांसाहारी खाना पका और खा रहे हैं, खुलेआम शराब बेच रहे और उसका सेवन कर रहे हैं। इतना ही नहीं, वे कई प्रकार के अन्य अनैतिक कार्यों में भी लिप्त थे। यह देखकर हमें बहुत दुःख हुआ कि उस पवित्र स्थान की शुचिता का कोई ध्यान नहीं रखा जा रहा था। जिस चीन ने तिब्बत में इस स्थान पर कब्जा किया हुआ है, उसने इसके सांस्कृतिक मामलों में भी हस्तक्षेप किया है। इस दृष्टि से वहाँ की युवा पीढ़ी पूरी तरह बरबाद हो गई है। मैं नहीं जानता कि राज्य की नीति क्या है, लेकिन वह वास्तविक तिब्बत नहीं था, जिसके बारे में हमने पढ़ा या समझा है। खैर, हमें वहाँ कुछ समय बिताना पड़ा।

कैलाश पर्वत का स्पर्श

अगले दिन हमें कैलाश की परिक्रमा करनी थी; इसलिए हम अगले बेस कैंप पहुँच गए। यह शिविर पिछले शिविर से 12 कि.मी. दूर और कैलाश पर्वत के पीछे की ओर था। हम वहाँ दोपहर के भोजन से पूर्व ही पहुँच गए थे तथा भोजन के उपरांत हमें कोई दूसरा काम नहीं करना था। मेरे मन में यह भावना उत्पन्न हुई कि मुझे कैलाश पर्वत का स्पर्श करना ही चाहिए। मेरे अंतस में कोई

मुझसे कह रहा था कि मुझे इस पवित्र पर्वत का स्पर्श करना ही चाहिए और वहाँ से पवित्र जल लेकर आना चाहिए। मैंने इस संबंध में कुछ सहयात्रियों से चर्चा की और पूछा कि क्या वे मेरे साथ चलना पसंद करेंगे, लेकिन उन्होंने इनकार कर दिया। इस सबके बावजूद मैं प्लास्टिक की एक कैन लेकर अकेला ही वहाँ के लिए चल पड़ा। एक छोटी नदी के प्रवाह को पार करने के बाद, जब मैं आगे बढ़ा तो मैंने कैलाश पर्वत को अपने सम्मुख पाया। वहाँ आगे बढ़ने के लिए कोई रास्ता नहीं था, क्योंकि वर्षों से वहाँ कोई नहीं गया था। आगे बढ़ने के लिए एक पत्थर पर चढ़कर अगले पत्थर पर छलाँग लगानी होती थी। अचानक मैंने पर्वत के दर्शन किए। सामान्यत: पर्वत ढालू होते हैं, परंतु यह 90 डिग्री की सीधी ढलान थी। यह एक तरह से फिसलन भरी घाटी थी।

करीब आधे घंटे में मैं कैलाश पर्वत के पिछवाड़े पहुँच गया था। जब मैंने पर्वत की ओर देखा तो मेरे आश्चर्य का ठिकाना न रहा, सामने की ओर से देखने पर भगवान् शिव की छवि के दर्शन हो रहे थे और पीछे की ओर से देखने पर स्पष्ट लग रहा था कि पर्वत की दरारों पर बर्फ पड़ने से एक महिला की आकृति उभरती थी, मानों देवी पार्वती का चित्र बना हुआ है, जिसे प्रकृति ने पर्वत पर स्वयं अपने हाथों से उकेरा है। मुझे यह देखकर आश्चर्य हुआ कि पर्वत के शिखर पर बर्फ जमी थी और जल पिघलकर नीचे आ रहा था। वहाँ मैंने जी भरकर जल पिया और कैन में जल लेकर अपने बेस कैंप में लौट आया। जब मैंने अपने सहयात्रियों से इसका वर्णन किया, तो उन्होंने और पोर्टरों ने कहा कि वहाँ अकेले जाना खतरे से खाली नहीं था, क्योंकि वहाँ जंगली जानवर रहते हैं और बहुत से सर्प भी हैं। लेकिन मैं सुरक्षित वापस आ गया था। ऐसी जोखिमपूर्ण और दिलचस्प घटना का आनंद लिया मैंने।

मानसरोवर की परिक्रमा

हमारे ग्रुप के लीडर एक आई.एफ.एस. अधिकारी थे, उन्होंने दैनंदिन कामकाज के देखरेख की जिम्मेदारी सौंपते हुए मुझे ग्रुप का लीडर बना दिया था। पूरी टीम बहुत अच्छी थी, इसलिए मैं उस जिम्मेदारी को भली प्रकार निभा सका। सब बहुत खुश थे। इसके बाद हम अगले शिविर में पहुँचे, जो अबतक की चढ़ाई में सबसे अधिक ऊँचाई पर था। जो लोग चल नहीं पा रहे थे, उन्होंने याक की सवारी की। तत्पश्चात् हमने एक पर्वत पार किया, जिसे 'रिज' कहा

जाता था। यह 19,000 फुट की ऊँचाई पर स्थित है। वह सबसे ऊँचा स्थान था और ऑक्सीजन की कमी के कारण हममें से कई लोगों को साँस लेने में परेशानी अनुभव हो रही थी। हालाँकि मुझे कोई समस्या नहीं हुई। इसके पश्चात् हम बेस कैंप लौट आए। वहाँ हम एक दिन रुके और एक बार फिर मानसरोवर की परिक्रमा की। परिक्रमा-स्थल तक बस नहीं जाती, इसलिए वहाँ यात्रा पैदल ही करनी होती है। इसके बाद हम चीन के उस गाँव में लौट आए, जहाँ से हमने चीन में प्रवेश किया था।

परम आनंद की अनुभूति

पर्वतीय क्षेत्र की यह पदयात्रा इतनी जीवंत और आनंददायक थी कि यह मेरे स्मृति-पटल पर आज भी उसी प्रकार ताजा है, जैसे कि कल की ही बात हो। यात्रा से लौटने के बाद पता चला कि मानसरोवर यात्रियों ने एक एसोसिएशन बना रखी है। वे कैलाश यात्रियों का पूरा विवरण रखते हैं। उस एसोसिएशन की एक शाखा बेंगलुरु में भी है। कुछ लोग ऐसे भी हैं, जो वहाँ प्रतिवर्ष जाते हैं। मैं ऐसे यात्रियों से भी मिला, जो सात-आठ बार यात्रा कर चुके हैं। वहाँ से वापस लौटने पर उन्होंने मुझे अपने संस्मरण साझा करने के लिए आमंत्रित किया।

चमत्कारी क्षेत्र में पदयात्रा

उस चमत्कारी क्षेत्र में यात्री कुछ अलग-अलग सा अनुभव करते हैं—आध्यात्मिकता, स्पंदन, अंतर्ज्ञान आदि। यह स्थान पूर्णतः अलग प्रकार का है। वहाँ परमानंद की अनुभूति होती है। यदि आप ईश्वर में विश्वास नहीं करते, तो भी आपको वहाँ अंत:चेतना की अनुभति होगी। ऐसा पवित्र स्थल है यह! अब यात्रा के मार्ग कुछ परिवर्तित हो गए हैं। अब हिमाचल प्रदेश होकर भी जा सकते हैं। वहाँ के लिए अब तो हेलिकॉप्टर सेवा भी उपलब्ध है। जिन्होंने अभी तक इस यात्रा का आनंद नहीं लिया है, मैं खासतौर से उनसे कहना चाहूँगा कि एक बार जरूर प्रयास करें। जिस अपूर्व आनंद की अनुभूति वहाँ जाकर होती है, वह कहीं और जाकर नहीं हो सकती।

□

जन-सहभागिता का सच

शीर्ष से नीचे की ओर चलनेवाला विकास का मॉडल समाज के सभी वर्गों तक शासकीय योजनाओं का लाभ समान रूप से पहुँचाने में पूरी तरह असफल रहा है। गरीबी उन्मूलन और विकास कार्यक्रमों का पूरा लाभ समाज के अनेक वर्गों को नहीं मिल पाया है। अब इस बात को सभी स्वीकार करने लगे हैं कि विकास कार्यक्रमों की योजनाएँ बनाने और उन्हें लागू करने में जन-सहभागिता के बिना संतुलित विकास नहीं हो सकेगा। स्थानीय स्तर पर योजनाएँ बनाने से धरातल पर जन-सहभागिता को प्रोत्साहन मिलता है। सहभागी नियोजन (Participatory Planning) से जनता समस्याओं को चिह्नित करने, प्राथमिकता निर्धारण और योजना बनाने में शामिल होती है। इससे पारदर्शिता और जवाबदेही की भावना बढ़ती है। पूरे देश में ग्राम पंचायतों को काफी हद तक वित्तीय अधिकार देकर उन्हें सुदृढ़ बनाया गया है। लेकिन इससे न तो नियोजन और क्रियान्वयन में लोगों की यथार्थ में सहभागिता सुनिश्चित की जा सकी है और न ही उस भ्रष्टाचार को ही समाप्त किया जा सका है, जिसके बारे में '80 के दशक में तत्कालीन प्रधानमंत्री स्व. राजीव गांधी ने कहा था कि आम आदमी के लिए भेजे गए एक रुपए में से सिर्फ 17 पैसे ही उस तक पहुँचते हैं। इन तमाम वर्षों में स्थितियाँ सुधरने के बजाय और बिगड़ी ही हैं। नियोजन और क्रियान्वयन करनेवाली सभी एजेंसियों के लिए यह बहुत बड़ी चुनौती है।

आदर्श स्थिति वह होगी, जब लोग पूर्ण मनोयोग से सरकारी योजनाओं से जुड़ें और इन योजनाओं से कुछ चुराने के स्थान पर उनमें अपना कुछ-न-कुछ योगदान करने के बारे में सोचें—फिर यह योगदान चाहे नगद में हो, किसी वस्तु के रूप में या समय के रूप में। जो लोग आर्थिक रूप से सहयोग नहीं कर सकते, वे श्रमदान के रूप में सहभागी हो सकते हैं। इस दृष्टि से कर्नाटक का मॉडल अनुकरणीय है, जहाँ पिछले दो-तीन दशकों में कई स्थानों पर इसे सफलतापूर्वक कार्यान्वित किया जा चुका है।

जन-सहयोग से विकास

कर्नाटक विद्युत् बोर्ड में सचिव की जिम्मेदारी सँभालते हुए मैंने प्रशासनिक सुधार के संदर्भ में कई कदम उठाए, परंतु उसके बाद 1991 में जब मेरी नियुक्ति बेलगाम जिला परिषद् के प्रशासक के पद पर हुई, तो लगा कि सुधार कार्यक्रम का विस्तार सार्वजनिक तौर पर किया जा सकता है। अब यह केवल प्रशासनिक नहीं रहेगा। मेरी नियुक्ति के समय निर्वाचित परिषद् का कार्यकाल 6 माह में पूर्ण होनेवाला था। इसलिए मैं निर्वाचित जन–प्रतिनिधियों के साथ केवल 6 माह तक ही कार्य कर सका। निर्वाचित जन–प्रतिनिधियों के साथ काम करने का यह मेरा पहला अनुभव था। परिषद् के अध्यक्ष और अधिसंख्य निर्वाचित सदस्य बहुत ही शिष्ट और मित्रवत् व्यवहार के थे।

जन-सहभागिता से स्कूलों में 300 कमरों का निर्माण

अक्सर किसी भी अधिकारी के सामने यह समस्या रहती है कि वह योजना के लिए आवंटित धनराशि का उपयोग केवल उसी मद में कर सकता है, जिसका उल्लेख किया गया है। मेरे लिए जनहित के कामों को बढ़ावा देने का यह पहला बड़ा अवसर था। जिला परिषद् के प्रशासनिक मुखिया के सामने कई तरह की चुनौतियाँ रहती हैं। शुरुआती दौर में सरकारी योजनाओं में जन–सहभागिता को लेकर मेरे मन में कोई कल्पना नहीं थी, लेकिन इसमें बदलाव तब आया, जब मैंने देखा कि सरकार की योजनाएँ जमीनी स्तर पर जरूरतों के हिसाब से नहीं बनाई गई हैं। जब हमने इलाके में लोगों से उनकी आवश्यकताओं को लेकर मिलना शुरू किया, तो पता लगा कि सरकारी योजनाओं में जनता की जरूरतों के हिसाब से धन का आवंटन नहीं किया गया है। यह एक ऐसी परिस्थिति थी जिसमें हमें

व्यावहारिक तौर पर निर्णय करना था। मैंने देखा कि नीतियों के अनुसार जिस कार्य-योजना के अंतर्गत राशि का निर्धारण किया गया है, उसी मद में राशि को खर्च करना पड़ेगा, परंतु इससे जनता की जरूरतें तो पूरी नहीं होंगी। जनता से मैं यही कहता था कि आवश्यकताओं के मद्देनजर आप लोगों के लिए यदि अमुक कार्य महत्त्वपूर्ण है, तो सब सामूहिक रूप से कुछ-न-कुछ योगदान करें—चाहे वह नगद हो, वस्तु हो या श्रमदान के रूप में हो। मेरी सलाह पर जनता ने सकारात्मक रुख अपनाया तो मैंने भी प्रशासनिक तौर पर मिले विवेकाधीन धन से 5 से 10 प्रतिशत तक की राशि स्वीकृत करने का मन बना लिया। इस प्रकार हमने कई प्रकार के कार्यों, जैसे आँगनवाड़ी, दुग्ध सोसाइटी और स्कूल भवनों के लिए स्वीकृति प्रदान की। इस पहल के माध्यम से हमने अकेले बेलगाम जिले के स्कूलों में 300 कमरों का निर्माण कराया। यह बहुत ही रोचक प्रयोग बन गया। जन-सहभागिता को लेकर मेरे मन में जो बात आई.ए.एस. बनने से पहले थी, मैंने उसका सबसे पहला प्रयोग सिंधनूर में पेयजल की समस्या को निपटाने में किया था। अब बेलगाम जिला मेरे लिए दूसरा कार्यक्षेत्र बन गया था। मैं यह विचार करने लगा था कि जन-सहभागिता को नया रूप देने के लिए किसी स्वयंसेवी संगठन के गठन की आवश्यकता है। और इसे आकार मिला बेलगाम में। ऐसे कार्यों के लिए जन-सामान्य को प्रेरित करने के लिए ही मैंने 'अपना देश' एसोसिएशन को पंजीकृत कराया। समान विचारों के अधिकारी भी हमारे साथ एकजुट हुए। हमने कार्यालय के लिए एक स्थान की व्यवस्था की, जहाँ प्राय: कार्यालय समय के बाद बैठकर हम आगामी कार्य-योजनाओं पर विचार करते थे। हमने सड़कों के किनारे पौधारोपण जैसे कार्य भी प्रारंभ किए।

श्रमदान से तालाब को नवजीवन

बेलगाम में 'फोर्ट केरे' (किले से जुड़ा हुआ एक तालाब) है, मैं रोज उस रास्ते से होकर आता-जाता था। शहर के गंदे नाले का पानी इसी तालाब में जाता था। इसलिए गंदगी की वजह से दुर्गंध फैल रही थी। इस समस्या से निपटने के लिए एक सुझाव यह दिया गया कि उस स्थान को रिहाइशी और व्यावसायिक स्थल के रूप में विकसित कर दिया जाए। उस मनोभावना के पीछे बिल्डर्स को बड़े पैमाने पर लाभ पहुँचाने की योजना थी। मुझे लगा कि हमें

इस पर विचार नहीं करना चाहिए, इसीलिए मैं इस सुझाव से सहमत नहीं था, क्योंकि यह स्थल फोर्ट (किला) और सर्किट हाउस (सरकारी अतिथिगृह) से लगा हुआ था। चूँकि उस समय परिषद् में निर्वाचित जनप्रतिनिधि नहीं थे, इससे हमें जनहित में कोई भी निर्णय लेने की स्वतंत्रता थी। यद्यपि यह इलाका जिला परिषद् के अंतर्गत नहीं आता था, परंतु इस जनहितकारी कार्य के लिए मैंने एक प्रस्ताव पारित कर पाँच लाख रुपए स्वीकृत किए। हालाँकि तालाब शहरी क्षेत्र में पड़ता था, परंतु इसका कमांड एरिया ग्रामीण था। गाँव वाले इससे लाभान्वित होते थे। हमने इस तालाब से गाद निकलवाने का काम प्रारंभ कर दिया। जब गाद निकालने का काम आरंभ हुआ तो बहुत से स्थानीय लोगों ने स्वेच्छा से इस कार्य में सहयोग दिया। कई लोगों ने श्रमदान किया। हमने लोगों से श्रमदान के लिए अपना नाम लिखवाने हेतु समाचार-पत्रों में एक अपील भी जारी की। हमारे लिए यह आश्चर्य की बात थी कि हजारों लोगों ने अपने नाम लिखवाए। तब हमने उनके लिए अलग-अलग समयावधि निर्धारित की। तालाब से गाद बाहर निकालना बहुत कठिन कार्य था, इसलिए तालाब के अंदर ही एक टापू बना दिया गया। तालाब में गिरने वाले सीवर के पानी को अस्थायी रूप से रोक दिया गया। इसके बाद अशोधित पानी के तालाब में जाने पर रोक लगा दी गई, यद्यपि बरसात के पानी को तालाब में जाने दिया गया।

यह वास्तव में ऐसा प्रयास था, जिसने स्थानीय जनता को सरकारी तालाब से जोड़ा। इसके बाद तो सेना ने भी सहायता करने की बात कही। इस प्रकार गैर-सरकारी संगठनों और विभिन्न बैनरों तले हजारों स्वयंसेवक काम में जुट गए। इसने एक आंदोलन का रूप धारण कर लिया। तत्कालीन संसद सदस्य और उपायुक्त भी इस काम को देखने पहुँचे। पूरी तरह विकसित होने के बाद यह पिकनिक के लिए लोकप्रिय स्थल बन गया। आज भी लोग तालाब के साथ उद्यान के सौंदर्यीकरण की सराहना करते हैं।

मुख्यमंत्री ने भी की सराहना

मेरे स्थानांतरण के बाद अगले उपायुक्त ने भी इस कार्य को जारी रखा। लोगों ने तालाब के चारों ओर सड़क बनाने, पार्क विकसित करने और बैंच लगाने जैसे कई कार्य किए। यह तालाब आज भी पर्यटकों के आकर्षण का प्रमुख केंद्र है। बेंगलुरु के अतिरिक्त बेलगाम में भी विधानसभा सत्र का आयोजन होता

है। 2009 में विधानसभा सत्र के दौरान मुख्यमंत्री येद्दियुरपा ने इस कार्य की सराहना करते हुए कहा कि जिस प्रकार तालाब का जीर्णोद्धार किया गया, वह प्रशंसनीय है। हालाँकि उन्हें इस कार्य से जुड़ी पृष्ठभूमि की जानकारी नहीं थी। उन्हें स्थानीय नेताओं और लोगों ने तालाब के सौंदर्यीकरण और उद्यान-विकास के संबंध में हमारे प्रयास की जानकारी दी थी।

अन्य स्थानों पर सफल प्रयोग

दूसरे शहरों में भी किए गए इसी प्रकार के प्रयोगों के कई उदाहरण हैं, जिनमें सरकारी योजनाओं को पूरा करने के लिए स्थानीय लोगों को शामिल किया गया। हुक्केरी शहर में भी ऐसी ही एक योजना स्वीकृत की गई। वहाँ एक तालाब था, परंतु उसकी राइजिंग लाइन नहीं थी। जब मैंने इंजीनियरों से पूछा कि क्या समस्या है, तो उन्होंने बताया कि श्रमिक उपलब्ध नहीं हैं। तब हमने वही फॉर्मूला अपनाया, जिसे हम बेलगाम में सफलतापूर्वक अपना चुके थे। हमने इस काम में सहयोग के लिए स्थानीय स्वयंसेवी संस्थाओं और अन्य विभिन्न संस्थाओं से बात की और वे इस कार्य को पूरा करने के लिए सहमत हो गए। हमने तालाब को विभिन्न हिस्सों में बाँटकर काम के लिए विभिन्न एसोसिएशनों और एन.जी.ओ. को उनकी क्षमता के अनुसार दे दिया। जन-सहयोग से तालाब की 9 कि.मी. की राइजिंग लाइन बनाई गई। भोज तथा दूसरे अन्य शहरों में भी ऐसे ही प्रयोग किए गए। सैकड़ों नई इमारतें बनाई गईं। 'स्कूल बेटरमेंट' कमेटियों को सक्रिय किया गया और स्थानीय स्तर पर जनसहयोग को प्रोत्साहित किया गया। बड़ी संख्या में वृक्षारोपण भी किया गया। ये वृक्ष स्थानीय लोगों के लिए नए 'एवेन्यू' सिद्ध हुए।

वो करामाती ग्यारह महीने

बेलगाम में विकास कार्यों के अलावा लोगों का जुड़ाव इतना मजबूत हो गया कि 'अपना देश' का अच्छा आधार बन गया। यह कोई कागजी संगठन नहीं रहा, इसने जमीनी स्तर पर बहुत काम किया। हमें स्थानीय मीडिया का भी भरपूर सहयोग मिला। बेलगाम में आपसी सहयोग की सुदृढ़ परंपरा है। लोग परिश्रमी हैं और स्टाफ भी काफी प्रोफेशनल था। उन्हें काम करने के लिए बार-बार कहने की जरूरत नहीं पड़ती थी। वहाँ काम करना एक सुखद अनुभव रहा। मैं वहाँ

केवल 11 माह रहा, परंतु उस दौरान वहाँ जो कुछ किया, वह 11 वर्ष के समान है। जिस दिन अखबारों में मेरे स्थानांतरण की खबर छपी, उसी दिन तत्कालीन मुख्यमंत्री श्री एस. बंगारप्पा वहाँ आनेवाले थे। जब वे सर्किट हाउस में थे, तब कुछ विधायकों ने उनसे पूछा कि ऐसे अच्छे अधिकारी का तबादला उन्होंने क्यों कर दिया? मुख्यमंत्री ने कहा, चूँकि वे एक अच्छे अधिकारी हैं, इसीलिए मैं उन्हें अपने जिले में ले गया। (श्री बंगारप्पा शिमोगा जिले के थे।) यद्यपि यह बात उन्होंने लोगों के सामने मजाकिया तौर पर कही थी, परंतु मुझे बाद में पता चला कि कुछ राजनीतिक लोगों द्वारा मेरी कार्यप्रणाली के कारण, जो प्रसिद्धि मुझे मिल रही थी, उसके विरुद्ध मुख्यमंत्री से शिकायत की थी। लेकिन मुझे पूरा विश्वास था कि हमारी पहचान हमारे अच्छे कामों की वजह से ही होगी और हमने वही मंत्र जपना शुरू कर दिया था। हमने मान लिया था कि एक अधिकारी के लिए स्थानांतरण एक चुनौती होती है। वह नई जगह पर भी अपने अधिकारों का उपयोग जनहित के लिए ही करे। शिमोगा मेरे लिए तब नया कर्मक्षेत्र बननेवाला था। इसलिए मैं शिमोगा चला गया।

बेलगाम के प्रयोगों ने मेरे इस विश्वास को और भी दृढ़ किया कि जन–सहभागिता से लोगों को अपना विकास स्वयं करने के लिए प्रेरित किया जा सकता है। वास्तव में जिस सरकारी प्रकल्प में लोगों की सहभागिता होती है, उससे वे दिल की गहराइयों से जुड़ जाते हैं और उसे सरकारी नहीं, बल्कि अपना ही प्रकल्प मानने लगते हैं। मानसिकता में आया यह बदलाव ही स्थायी परिवर्तन का आधार है।

□

सामूहिकता से बदलाव का प्रयोग

बेलगाम में 'अपना देश'

कर्नाटक की राजधानी बेंगलुरु से बेलगाम की दूरी लगभग 500 कि.मी. है। यह जिला महाराष्ट्र के साथ सटा हुआ है, यहाँ कन्नड़ के अतिरिक्त मराठी और हिंदी भाषा भी बोली जाती हैं। यह एक ऐसी महानगरपालिका है, जिसमें महाराष्ट्र एकीकरण समिति के बैनर तले लोग चुनकर आते हैं। कन्नड़ और मराठी संस्कृति में रचे-बसे इस जिले में जब मेरी नियुक्ति हुई तो पता चला कि जिले के कई गाँवों में पेयजल की गंभीर समस्या रहती है। यहाँ विकास की काफी संभावनाएँ हैं। बेलगाम के लोग बड़े ही मिलनसार हैं और सार्वजनिक कामों में काफी रुचि लेते हैं। बेलगाम में मेरी नियुक्ति मेरे कॅरियर और विकास की प्रक्रिया को आरंभ करने की दृष्टि से निर्णायक मोड़ साबित हुई। लेकिन इस बदलाव के पार्श्व में जो साधन था, वह था 'अपना देश' एसोसिएशन। 'अपना देश' की भावना को बेलगाम में ही मूर्तरूप मिला। जिला परिषद् का कामकाज देखने के दौरान, मुझे इस बात का एहसास हुआ कि वहाँ कई तरह की कार्य-योजनाएँ तो थीं, परंतु उनसे जनता का जुड़ाव नहीं के बराबर था। लोग तो चाहते थे कि काम हो, परंतु वहाँ जिस काम की जरूरत थी, उसे कार्य-योजना का हिस्सा ही नहीं बनाया जाता था। हमें लगा कि लोग जिस काम की माँग कर रहे हैं, उसी काम की जरूरत है। लेकिन जब योजना का निर्धारण किया जाता था, तब जरूरी काम को उसमें शामिल ही नहीं किया जाता था। इसे सही मायने में कार्य-योजना की असफलता ही माना जाना चाहिए। हमारे सामने समस्या यह थी कि जनहित और जरूरी कामों को कैसे कार्य-योजनाओं के अंतर्गत लाया जाए और उसे व्यावहारिक रूप दिया जाए।

प्रशासन में लोगों की सहभागिता

सैद्धांतिक रूप से हम सब मानते हैं कि विकास प्रक्रिया में जनता की भागीदारी होनी चाहिए, लेकिन व्यवहार में ऐसा नहीं हो पाता था। मेरे मन में हमेशा यह प्रश्न बना रहता था कि ऐसा क्यों होता है ? जनता के लिए किए जाने वाले विकास कार्यों में जनता की भागीदारी क्यों नहीं बन पाती, इसके क्या कारण हैं ? सिंधनूर में जनता के जिस उत्साह और सहभागिता का दर्शन हुआ वह बेलगाम में भी क्यों न हो ? प्रश्न और उत्तर खोजने की ऊहापोह से गुजरता हुआ मैं दिसंबर के प्रथम सप्ताह की एक रात को ठीक से सो नहीं पाया। मैंने जैसे-तैसे सोने की कोशिश की, लेकिन रात में एक बजे ही उठ गया। मैं सोचता रहा कि प्रशासन में लोगों की सहभागिता को कैसे सुदृढ़ किया जा सकता है, लोगों को शासन के साथ जुड़ने के लिए कैसे प्रेरित किया जा सकता है, और कैसे सरकारी धन को पूरी पारदर्शिता और जवाबदेही के साथ, सही तरह से खर्च किया जा सकता है ? मुझे लगा कि यदि हम इक्के-दुक्के व्यक्ति को सहभागिता के रास्ते पर चलने के लिए कहें, तो हम अपने उद्देश्यों की पूर्ति में पूरी तरह सफल नहीं हो सकेंगे, तो क्यों न एक ऐसे संगठन का निर्माण किया जाए, जिसमें जनता की सहभागिता सदस्यता राशि के आधार पर नहीं, बल्कि सेवा और समर्पण के आधार पर हो। और यही विचार विधिवत रूप से एक संगठन बनकर उभरा। नाम भी हमने 'अपना देश' रखने की सोची। हमने यह निश्चय किया कि सोसाइटी एक्ट के तहत एसोसिएशन का गठन किया जाए। इस प्रकार 1991 में 'अपना देश' संगठन अस्तित्व में आया। फिर तो लोग 'अपना देश' के नाम पर एकत्र होने लगे और सरकारी काम में जनसहयोग की मिसाल बनने लगे।

जन-सामान्य के स्वैच्छिक प्रयास

'अपना देश' की कार्यशैली में सरकारी कर्मचारियों, अधिकारियों का खुलकर सहयोग मिला, जिससे जनता की सहभागिता को व्यावहारिक रूप दिया जा सका। समान विचार के लोग और अधिकारी इसमें स्वैच्छिक रूप से शामिल होते गए। हम लोगों ने कार्य को गति देने के लिए हर सप्ताह बैठना शुरू किया। गहन चर्चा के दौरान कई तरह के विचार और सुझाव सामने आते थे। कुछ लोगों का सुझाव था कि छात्रावासों में कोचिंग शुरू की जाए, जबकि कुछ का सुझाव था

कि नगर में वृक्षारोपण पर ध्यान केंद्रित किया जाए। इस प्रकार व्यावहारिक रूप से कई प्रकार की गतिविधियाँ प्रारंभ की गईं। धीरे-धीरे स्कूल बैटरमेंट कमेटियों और जनता की तरफ से सैकड़ों माँगें सामने आईं, जिनमें स्वैच्छिक रूप से योगदान करने की इच्छा भी व्यक्त की गई। हमने इसे प्रोत्साहित किया। स्वीकृत बजट के अलावा हमने इस प्रकार की गतिविधियों के लिए भी लगभग 10 प्रतिशत धन रखा। जब लोग स्वैच्छिक रूप से आगे आते थे, हम उस कोष से उन्हें धन उपलब्ध कराते थे। इससे लोगों का आत्मविश्वास बढ़ा। उन्होंने अपना योगदान करना शुरू किया और हम भी नई योजनाओं को स्वीकृति देने लगे।

पेयजल की समस्या का समाधान

प्रारंभ में हमें स्वाभाविक रूप से दो अवसर ऐसे मिले, जिसमें लोगों को स्वैच्छिक रूप से कार्य करने के लिए प्रेरित किया जा सका। इनमें से एक था बेलगाम स्थित फोर्ट केरे। जब मैंने उस तालाब के जीर्णोद्धार और उसमें एक टापू बनाने के लिए पाँच लाख रुपए स्वीकृत किए, तो उसके लिए जनता से श्रमदान की अपील की। यह देखकर हमारे आश्चर्य का ठिकाना न रहा कि सैकड़ों एन.जी.ओ. ने श्रमदान के लिए आगे आकर पंजीकरण कराया। इससे 'अपना देश' और दूसरे एन.जी.ओ. साथ आए। इसके बाद हुक्केरी में भी पेयजल की समस्या सामने आई। यहाँ भी एन.जी.ओ. और पड़ोसी इलाके के लोगों ने एकजुट होकर काम शुरू किया। इसके बाद हम दूसरी जगह, जैसे भोज और चिकोड़ी आदि में भी गए, जहाँ पेयजल की समस्या बहुत गंभीर थी। सभी कार्य अलग-अलग तरह के थे।

'मैं' की भावना का 'हम' में परिवर्तन

'अपना देश' का मूल उद्देश्य ही रहा है लोगों में 'मैं' की भावना को 'हम' की भावना में बदलना और उनमें खुद के स्थान पर सामुदायिक कार्य करने की सोच विकसित करना। ऐसा तभी हो सकता है, जब लोगों की सोच बदले। सोच में परिवर्तन होगा, तो मानसिकता अपने आप बदलने लगेगी, इसलिए हमने सोच को बदलना शुरू किया। इससे केवल जागरूकता ही नहीं पनपी, वरन् जो लोग काम से जुड़े, उनमें नागरिक भावना (सिविक सैंस) भी बढ़ा। हमारे संपर्क में

जो भी व्यक्ति आया, हमने उसे स्वयं से यह प्रश्न करने के लिए प्रेरित किया कि देश और समाज निर्माण में मेरा क्या योगदान है? हम समाज से हर चीज लेते हैं, परंतु हमने उसे क्या लौटाया? धीरे-धीरे लोगों ने स्वयं अपने आप से यह प्रश्न पूछना शुरू कर दिया। इस तरह हम लोगों को प्रेरित कर सके। प्राय: देखा गया है कि जब भी किसी को, कोई काम करने के लिए कहा जाता है, तो सबसे पहले वह यही कहता है कि धन के बिना कोई काम नहीं हो सकता। इसका अनुभव मुझे तब हुआ, जब मैं प्रारंभ में किसी से स्वैच्छिक रूप से कुछ करने के लिए कहता था। तब वे संकोचपूर्वक कहते थे, धन के बिना कुछ नहीं हो सकता। लेकिन 'अपना देश' के प्रयोग ने यह साबित कर दिया है कि बहुत से ऐसे काम हैं, जिन्हें बिना धन के भी किया जा सकता है। यदि लोगों की ओर से कुछ और सहयोग हो जाए, तो और भी अधिक काम किया जा सकता है। यदि कोई आर्थिक सहयोग नहीं कर सकता तो भी वह अपना योगदान श्रमदान के रूप में कर सकता है।

बनाए रखा लचीलापन

सरकारी कर्मचारी बिना सरकारी अनुमति के किसी तरह के स्वयंसेवी संगठनों की न तो स्थापना कर सकते हैं और न ही उनसे जुड़ सकते हैं। इस बात को ध्यान में रखकर ही मैंने 'अपना देश' से जुड़ने से पहले सरकार से नियमानुसार अनुमति ली, ताकि भविष्य में किसी प्रकार का कोई विवाद उत्पन्न न हो। एक एन.जी.ओ. होने के नाते हम चंदा प्राप्त कर सकते हैं, परंतु हमने निर्णय लिया कि हम 'अपना देश' में ऐसा नहीं करेंगे। इसी कारण हम किसी भी प्रकार के विवाद से मुक्त रहे। हम कभी भी सरकारी अनुदान नहीं लेते और न ही किसी सरकारी योजना में सीधे भाग लेकर सरकार या किसी अन्य से कोई धन लेते हैं। जैसा कि पहले भी मैंने कहा कि 'अपना देश' का सदस्य बनने के लिए किसी तरह के सदस्यता शुल्क की आवश्यकता नहीं है। लोग व्यक्तिगत रूप से काम करें, सामूहिक रूप से करें या फिर सरकार के साथ। संगठन में हमने यह लचीलापन बनाए रखा है। लोगों ने इस व्यवस्था को पसंद किया है। यही कारण है कि हमने सरकार के साथ तो काम किया ही, एन.जी.ओ. और समान सोचवाले लोगों के साथ भी काम किया है। इसी कारण निरंतर 25 साल

से इस एसोसिएशन की गतिविधियाँ चल रही हैं। कई क्षेत्र ऐसे हैं, जहाँ हम किसी सदस्य के संपर्क में नहीं हैं, लेकिन जब हम लोगों से बात करते हैं, तो उनमें से कई प्रेरित होते हैं। वे उस क्षेत्र में अपनी क्षमताओं के अनुसार काम कर रहे हैं। मुझे यह देखकर आश्चर्य होता है कि 25 वर्ष के बाद आज भी ऐसे लोग मिलते हैं, जो ग्रामीण क्षेत्रों में काम कर रहे हैं। यह बहुत महत्त्वपूर्ण बात है।

एकजुटता की भावना का विकास

'अपना देश' का महत्त्वपूर्ण योगदान है संबद्धता, सामूहिकता और एकजुटता की भावना को विकसित करना। इसका एक अन्य लाभ यह हुआ कि जो भी काम कराए गए, उनकी गुणवत्ता पर कोई असर नहीं हुआ। सरकारी कामों में जिस तरह से धन का अपव्यय होता है, वह नहीं हुआ; साथ ही जनता को यह भी पता चल गया कि अधिकारियों के अधिकार की सीमा क्या है। इस प्रयोग में स्वार्थी लोगों मसलन, ठेकेदारों आदि ने रुचि नहीं दिखाई, लेकिन जनता खुले तौर पर काम में शामिल हुई। इस प्रयोग से यह भी पता चला कि लोगों के मन में भी समाज के लिए कुछ करने की इच्छा है, बस आवश्यकता है उनके अंदर जागृति उत्पन्न करने की। इस प्रयोग से यह भी मालूम हुआ कि सामूहिक रूप से काम करने के बहुत लाभ हैं। 'अपना देश' ने यही प्रदर्शित किया है।

आज कर्नाटक के कई इलाकों में 'अपना देश' घर-घर में जाना-पहचाना नाम है। इस प्रयोग के माध्यम से ऐसे प्रयोगधर्मी तैयार हुए हैं, जो अपने-अपने क्षेत्रों में बिना किसी प्रसिद्धि और अपेक्षा के वास्तविक धरातल पर काम करते हुए परिवर्तन के सूत्रधार बने हैं। यह शुद्ध रूप से निःस्वार्थ सेवा है।

□

एक संगठन ने बदल दी सोच

'अपना देश' एक ऐसा मंच है, जो बेहतर समाज के निर्माण और सरकारी योजनाओं के क्रियान्वयन में यथार्थ स्तर पर जन-सहभागिता सुनिश्चित करने के लिए सामान्य जन और प्रशासन को व्यावहारिक रूप से एक साथ लाता है। यह एक ऐसा स्वयंसेवी संगठन है, जिसने निःस्वार्थ समाज-सेवा के उच्च मानदंड स्थापित किए हैं और 'मैं' की भावना को सफलतापूर्वक 'हम' की भावना में बदला है, जिसे कई लोग अकल्पनीय मानते हैं।

'अपना देश' का अर्थ

'अपना देश' का तात्पर्य है—हमारा देश, वह स्थान, जिससे हमारा संबंध है। इसका यह अर्थ भी है—अपना परिवार, फिर पड़ोस, ब्लॉक, जिला, राज्य, राष्ट्र और विश्व अर्थात् 'वसुधैव कुटुंबकम्'।

अपना देश का उद्देश्य है स्वार्थ और अहंकार की भावना को नियंत्रित कर निःस्वार्थ भाव और समाज की व्यापक भलाई के लिए त्याग और बलिदान की भावना को प्रोत्साहित करना। 'अपना देश' सबके लिए भलाई का प्रतीक है। यहाँ स्वार्थ और व्यक्तिगत हित साधने के लिए कोई स्थान नहीं है। हालाँकि अपनी खुशियों के पीछे भागना व्यक्ति की सहज प्रवृत्ति है, जो अधिकांश लोगों को, अकेले अपने स्वयं के लिए, कुछ भी करने के लिए उकसाती है। व्यक्ति जीवन में अधिकांश संघर्ष सामान्यतः खुद अपने लिए करता है। यह मूलतः पाशविक प्रवृत्ति है। परंतु मनुष्य इससे अलग है। उसकी प्रवृत्ति सामाजिक है और वह समूह में रहता है, जिसका लक्ष्य और उद्देश्य समान होता है, जिसके लिए सब एक साथ आते हैं। यह मूलतः

हम की भावना है, जो अलग-अलग व्यक्तियों को एक बंधन में बाँधती है, ठीक एक माला के धागे की तरह। इसी बात का प्रतीक है 'अपना देश'।

आवश्यकता और औचित्य

आजकल गैर-सरकारी संगठन (एन.जी.ओ.) हर कहीं कुकुरमुत्ते की तरह उग रहे हैं। हर संगठन यह दावा करता है कि वह मानवता की भलाई के लिए कार्यरत है। परोपकार (चैरिटी) के बारे में बहुत कुछ कहा गया है—परोपकार अपने घर से शुरू होता है, उपदेश से बेहतर होता है उदाहरण, आदि। हर स्वयंसेवी संगठन की अपनी ताकत के साथ ही कमजोरी भी होती है, फिर भी दावा यही है कि वे समाज में व्याप्त समस्याओं का सबसे अच्छा समाधान करते हैं। इसके बावजूद अधिसंख्य एन.जी.ओ. या उनसे जुड़े लोग अकेले ही काम करना पसंद करते हैं। ऐसा या तो व्यक्तित्वों के टकराव के कारण होता है या फिर किसी छुपे हुए एजेंडे के कारण। लेकिन 'अपना देश' अकेले चलने में विश्वास नहीं करता। यह उन सभी स्वयंसेवी संगठनों और व्यक्तियों के लिए एक 'अंब्रेला ऑर्गेनाइजेशन' की तरह काम करता है, जो कहीं भी और कभी भी, देश या मानवता के लिए कुछ अच्छा करने में विश्वास करते हैं। इसका यह भी मानना है कि किसी को कुछ अच्छा करने के लिए किसी ग्रुप, एन.जी.ओ. या संस्था की जरूरत नहीं होती। जिस चीज की आवश्यकता है, वह है दृढ़ इच्छाशक्ति, संकल्प और अच्छा करने की भावना।

जब भी समाज के लिए कुछ अच्छा करने की बात होती है, तो सबसे पहला प्रश्न, जिसका हमें सामना करना पड़ता है, वह है संसाधनों का। आम धारणा यह है कि कुछ भी अच्छा करने के लिए व्यक्ति को संसाधनों की जरूरत होती है। परंतु 'अपना देश' का विश्वास है कि कुछ अच्छा करने के लिए संसाधन कहीं बाधा नहीं बनते। ऐसे सौ से अधिक कार्य हैं, जो बिना धन के किए जा सकते हैं। ये कार्य सामाजिक ताने-बाने को सुदृढ़ करने के लिए बहुत महत्त्वपूर्ण हैं। जिस बात की आवश्यकता है, वह है केवल लोगों का जुड़ाव।

सामाजिक कार्य : धन नहीं मन की जरूरत

1. पूर्ण साक्षर गाँव—गाँवों को 100 प्रतिशत साक्षर बनाने के लिए

साक्षरता कक्षाएँ चलाना। यदि लोग एकजुट होकर निर्णय कर लें, तो इस लक्ष्य को प्राप्त करना कोई कठिन कार्य नहीं है। 'अपना देश' कर्नाटक में कई स्थानों पर सफलतापूर्वक ऐसे प्रयोग कर चुका है।

2. बचत के लिए प्रोत्साहन—गाँववालों को बचत के महत्त्व के बारे में समझाया जा सकता है। ऐसी मनोवृत्ति बनानी चाहिए, जिससे वे बचत के बाद, जो कुछ शेष रहे, उसे खर्च करें, न कि खर्च करने के बाद, जो कुछ शेष रहे, उसे बचाएँ।

3. शून्य कर बकाया गाँव—ऐसा गाँव, जिसके निवासियों पर कोई कर बकाया न हो (No Due Village)। लोगों को इस बाबत जागरूक किया जाना चाहिए कि वे अपने अधिकारों की बात करने से पहले अपने कर्तव्यों को पूरा करें। उन्हें समझाया जाना चाहिए कि वे समय पर करों का भुगतान करें और उसके बाद ही प्रशासन से बदले में कुछ अपेक्षा करें। समय पर चुकाया हुआ राजस्व ही गाँवों और शहरों में विकास कार्यों में लगाया जाता है।

4. छोटा परिवार—गाँव में प्रत्येक दंपती को छोटे परिवार के प्रति प्रेरित किया जाना चाहिए। उन्हें बताया जाए कि छोटा परिवार ही सुखी और सुंदर है।

5. गाँव की प्रतिभा का सम्मान—किन्हीं कारणों से पढ़ाई में पिछड़ रहे छात्रों को विशेष कोचिंग दी जा सकती है, जिससे वे कठिनाइयों को पार कर सकें। पाठ्येत्तर गतिविधियों के लिए भी प्रोत्साहित किया जा सकता है और जो छात्र क्षमतावान हैं, उन्हें राज्य, राष्ट्रीय और अंतरराष्ट्रीय मंचों पर भाग लेने के लिए प्रेरित किया जा सकता है।

6. हरित गाँव—लोगों को अपने घर-आँगन में या गाँव में उपलब्ध जमीन पर विभिन्न किस्म के पेड़ लगाने के लिए प्रेरित किया जा सकता है। 2-3 वर्ष तक इनकी अच्छी देखभाल किए जाने के बाद पूरा गाँव हरियाली से आच्छादित हो जाएगा, जो शांति और समृद्धि का प्रतीक है।

7. विवाद मुक्त गाँव—शहरों की अपेक्षा गाँवों में लड़ाई-झगड़ों आदि की समस्या कम होती है। गाँववालों को इस बात के लिए प्रेरित किया जा सकता है कि वे अपने विवाद गाँव में ही निपटा लें, क्योंकि किसी मामले को पुलिस या कोर्ट में ले जाना स्वयं उन्हें ही आर्थिक व सामाजिक रूप

से कमजोर करता है।

8. श्रमदान संस्कृति—गाँववालों को श्रमदान की पुरानी परंपरा को पुनर्जीवित करने के लिए प्रेरित किया जा सकता है। उन्हें किसी भी सामुदायिक कार्य के लिए साप्ताहिक श्रमदान के लिए समझाया जा सकता है। यह कार्य सप्ताह में किसी भी दिन किया जा सकता है।

9. दानियों का गाँव—गाँव में दानदाताओं को चिह्नित कर उन्हें गाँव में स्कूल, आँगनवाड़ी और अस्पताल जैसी मूलभूत सुविधाओं के निर्माण के लिए सहायता करने के लिए प्रेरित किया जा सकता है। दानदाताओं द्वारा दिए गए सहयोग के लिए उन्हें यथोचित रूप से सम्मानित किया जाना चाहिए।

10. धुआँ रहित गाँव—गाँववालों को उपले और लकड़ियाँ जलाने के स्थान पर बायोगैस प्लांट और उन्नत चूल्हे का प्रयोग करने के लिए प्रेरित किया जा सकता है। इससे जंगलों पर बोझ कम होगा। लोगों को धुएँ और जंगल कटने के दुष्प्रभावों के बारे में भी जागरूक किया जाना चाहिए।

11. बँधुआ व बाल-मजदूरी मुक्त गाँव—बँधुआ और बाल-मजदूरों के बारे में जिला प्रशासन को अवगत कराना गाँववालों की सामूहिक जिम्मेदारी है। मुक्त कराए गए बच्चों का पुनर्वास एक महत्त्वपूर्ण काम है। बँधुआ और बाल-मजदूरी को रोकने के लिए जागरूकता अभियान चलाने की जरूरत है।

12. स्वच्छ गाँव-स्वस्थ गाँव—गाँववालों को स्वच्छता के महत्त्व के बारे में जागरूक किया जा सकता है। उन्हें समझाया जाना चाहिए कि लोगों के अच्छे स्वास्थ्य के लिए उपयुक्त पोषण, नियमित स्वास्थ्य जाँच, व्यायाम, सकारात्मक सोच, स्वच्छता और पास-पड़ोस की सफाई आदि का कितना महत्त्व है। इसके लिए सामुदायिक कार्यों को सामूहिक रूप से किया जा सकता है।

13. जागरूक मतदाता गाँव—किसी भी राजनीतिक दल को गाँववालों को हल्के में नहीं लेना चाहिए। गाँववालों को अपने अमूल्य वोट का इस्तेमाल कुशलतापूर्वक ऐसे उम्मीदवार के लिए करना चाहिए, जो उनकी समस्याओं के प्रति जवाबदेह हो। चुनाव पूर्ण होने के बाद जो पार्टी सत्ता में आए, गाँववालों को अपने क्षेत्र के विकास के लिए उसका लाभ उठाना चाहिए। चुनावों के दौरान, जो एकता बने, उसे चुनावों के बाद भी बनाए रखा जाना चाहिए।

14. सामूहिक विवाह ग्राम—शादी-विवाह जैसे समारोहों पर होनेवाली फिजूलखर्ची को रोकने के लिए लोगों को समझाया जा सकता है और उन्हें सामूहिक विवाह के फायदे बताए जा सकते हैं।

15. पूर्ण पक्का गाँव—गाँव में प्रत्येक घर पक्का होना चाहिए। इसलिए छप्परवाले घरों को चिह्नित कर उन्हें पक्का बनवाने के प्रयास किए जा सकते हैं।

16. प्लास्टिक मुक्त गाँव—प्लास्टिक प्रत्येक जीव-जंतु के लिए घातक है। गाँव को प्लास्टिक मुक्त करने के लिए लोगों को समझाया जाना चाहिए, जिससे गाँव में प्लास्टिक का उपयोग पूरी तरह बंद हो सके।

17. शराब मुक्त गाँव—शराब समाज और व्यक्ति के लिए अभिशाप है। इससे पूरा परिवार बरबाद हो जाता है। अत: लोगों को शराब के स्वास्थ्य, परिवार और समाज पर होने वाले दुष्प्रभावों के बारे में समझाया जाना चाहिए और उन्हें शराब छोड़ने के लिए प्रेरित किया जा सकता है।

18. किसानों में आत्मविश्वास जाग्रत करना—यह दुर्भाग्य की बात है कि पिछले कुछ वर्षों से किसान आत्महत्या कर रहे हैं। इसके कई कारण हो सकते हैं। वास्तव में वे हताशा में यह सोच लेते हैं कि उनकी सब समस्याओं का समाधान केवल आत्महत्या ही है, उनकी यह सोच पूरी तरह गलत है। इस गंभीर समस्या के निदान के लिए यह जरूरी है कि किसानों को हताशा की स्थिति से उबारा जाए। उनमें आत्मविश्वास पैदा करने के लिए आशा का संचार किया जा सकता है।

19. गाँव में सूचना क्रांति—गाँवों में बदलाव के लिए सूचना और संचार साधनों का उपयोग किया जा सकता है। कोई भी गाँव तकनीकी विकास के लाभ से वंचित नहीं रहना चाहिए। शिक्षित बेरोजगार युवकों को कंप्यूटर का बुनियादी प्रशिक्षण दिया जा सकता है, ताकि गाँव के लोगों को वे सब जानकारियाँ मिल सकें, जो उनके लिए उपयोगी हैं। अंतत: उद्देश्य यह होना चाहिए कि किस प्रकार गाँवों में शहरी सुविधाएँ उपलब्ध कराई जाएँ।

चंदा संग्रह का निषेध

'अपना देश' ऐसा संगठन है, जो चंदा या धन इकट्ठा करने में विश्वास

नहीं करता। इसका विश्वास है कि यदि कहीं किसी काम की जरूरत है, तो लोग स्वयं धन एकत्र कर उसे आम आदमी के हित में प्रयोग करें। इसकी किसी प्रकार की कोई सदस्यता नहीं है। कोई भी व्यक्ति या ग्रुप कभी भी और कहीं भी अच्छे काम के लिए इससे जुड़ सकता है। इस प्रकार इसकी कार्य-पद्धति में लचीलापन है। हम व्यक्तिगत स्तर पर या एक ग्रुप के रूप में रोज एक अच्छा काम कर सकते हैं। 'अपना देश' की अपेक्षा रहती है कि प्रत्येक स्वयंसेवक रोज एक अच्छा काम करे। वे सभी अच्छे व्यक्ति, जिनकी भावना स्वेच्छा से दूसरों के लिए काम करने की रहती है, अपना देश के स्वयंसेवक हैं। 'अपना देश' का मानना है कि अच्छाई और बुराई दोनों ही खुद हमारे अंदर हैं। हालाँकि यह प्रत्येक व्यक्ति में कम या ज्यादा हो सकती हैं। 'अपना देश' का प्रयास है कि व्यक्ति में अच्छाई की भावना का जितना अधिक संभव हो, उतना विस्तार हो।

'अपना देश' की स्थापना

एक प्रश्न यह है कि 'अपना देश' की स्थापना कब हुई? अपना देश का विचार शाश्वत है और अनादि काल से विद्यमान है। औपचारिक रूप से 'अपना देश' की शुरुआत दिसंबर 1991 में कर्नाटक के बेलगाम जिले में हुई, जहाँ विधिवत रूप से एक एसोसिएशन के रूप में इसका पंजीकरण हुआ। इसके लक्ष्य और उद्देश्य बहुत श्रेष्ठ हैं। इन उद्देश्यों को पूरा करने के लिए कोई भी स्वयंसेवक, व्यक्तिगत अथवा संस्थागत रूप से कार्य कर सकता है। 'अपना देश' का विश्वास है कि कोई भी व्यक्ति समान विचारों वाले लोगों को संगठित करने के लिए नेतृत्व कर सकता है, जो बड़ी संख्या में हैं, हालाँकि दिखने में नहीं आते।

'अपना देश' का यह दृढ़ विश्वास है कि इस समाज का अस्तित्व अच्छे लोगों के कारण ही बना हुआ है। समाचार-पत्रों के पहले पृष्ठ पर जो समाचार छपते हैं, यदि वे सही हैं, तो संसार का अब तक अंत हो जाना चाहिए था। यह विश्व अच्छे लोगों से भरा पड़ा है। जरूरत इस बात की है कि उन्हें सही तरह से देखा जाए। वस्तुतः आवश्यकता ऐसी पहल की है, जिससे दूसरे लोग भी एक माला के धागे की तरह आपस में जुड़ें। अच्छे

लोग अपने आसपास घट रही घटनाओं से घुटन महसूस करते हैं। वे अच्छाई पर डटे रहना चाहते हैं। उन्हें संगठित किए जाने की आवश्यकता है। 'अपना देश' दृढ़तापूर्वक सकारात्मक कार्यों में विश्वास करता है।

जब अच्छी नीयत वाले लोग सरकार या किसी संस्थान से जुड़ते हैं, तो उसके निम्नलिखित सुपरिणाम आने सुनिश्चित हैं—

- प्रत्येक स्तर पर संबद्धता की अनुभूति।
- एकजुटता की अनुभूति, और हम की भावना पनपती है।
- संसाधनों का प्रभावी नियोजन और उनका उपयोग।
- जवाबदेही और पारदर्शिता स्पष्टत: परिलक्षित होती है।
- सकारात्मकता का प्रसार और नकारात्मकता की समाप्ति। दान लोगों को प्रेरणा देता है सभी की भलाई की, जिससे भविष्य की संभावनाएँ भी बढ़ती हैं।
- विवाद समाप्त होते हैं और सामूहिकता पुष्ट होती है।
- सामाजिक सद्भाव प्रबल होता है।
- जनता और सरकारी अधिकारी एक साथ आते हैं, जिससे दोनों में आपसी समझ बढ़ती है।

'अपना देश' की गतिविधियों की अनिवार्यताएँ

- स्वयंसेवक के मन में कुछ कर गुजरने की इच्छा होनी चाहिए।
- स्वयंसेवकत्व की भावना किसी पर थोपी नहीं जा सकती। स्वयंसेवक बनना, नि:स्वार्थ भाव और स्वप्रेरणा से ही संभव है।
- गतिविधियों का चयन स्थानीय स्तर पर ही किया जाना चाहिए।
- जिन कार्यों में धन/संसाधनों की आवश्यकता न हो, उनका ही चयन किया जाना चाहिए।
- स्वयंसेवक को कभी दान स्वीकार नहीं करना चाहिए। सहभागियों को स्व समूह बनाकर काम करने की प्रेरणा देनी चाहिए। यदि धन का सहयोग लिया गया है, तो पारदर्शितापूर्वक उसका हिसाब-किताब रखें।
- संसाधन का 5 प्रतिशत 'अपना देश' के उद्देश्यों/गतिविधियों के लिए सुनिश्चित करें।

- महत्त्वपूर्ण व्यक्तियों की टिप्पणियों को लिखित में सुरक्षित रखें।
- दूसरे व्यक्तियों या संस्थाओं द्वारा किए गए अच्छे कार्यों का भी लिखित दस्तावेज रखें।
- स्वयंसेवक अपने कार्य-व्यवहार से दूसरों के लिए आदर्श बनें।
- स्वयंसेवकों को अच्छे कार्यों के लिए पुरस्कार की अपेक्षा नहीं करनी चाहिए। यह सच है कि जब भी वे इस प्रकार के काम करेंगे, तो उनके मन में शांति और खुशी मिलेगी। इस प्रकार की शांति और खुशी से दूसरे लोग वंचित रहते हैं। 'अपना देश' का लक्ष्य आज भी बहुत ही प्रासंगिक है और इसकी पहले से कहीं अधिक आवश्यकता है। हमें दूसरों से इस बात की अपेक्षा नहीं करनी चाहिए कि वे हमारे चारों ओर घट रही बुराइयों से हमें बचाने आएँगे। हम अपनी क्षमता के अनुरूप जो कुछ कर सकते हैं, उसके लिए हमें अपनी ओर से पहल करनी चाहिए। हम जो भी अपनी ओर से थोड़ा-सा प्रयास कर रहे हैं, वह मातृभूमि के ऋण से मुक्ति दिलाने का मार्ग ही है। अच्छे काम को कल पर नहीं टालना चाहिए।

मिलकर काम करने के लिए लोगों की मानसिकता में आया बदलाव अब एक हकीकत है। सोच में आए इस बदलाव को कर्नाटक के सुदूर ग्रामों, शहरों, कस्बों और यहाँ तक कि महानगरों में भी विभिन्न गतिविधियों के रूप में साफ देखा जा सकता है। इसका असर करीब एक लाख ग्रामीण नागरिकों तथा करीब तीन हजार सफल प्रयोगों के रूप में दिखाई देता है। आज सुदूर ग्रामों में भी ग्रामवासी विकास की अपनी छोटी जरूरतों के लिए सरकारी विभागों की प्रतीक्षा करने की बजाय स्वयं मिलकर निर्णय लेते हैं और सामूहिक रूप से काम पूरा कर लेते हैं। इस सोच को पूरे देश में प्रसारित करने के लिए 'अपना देश' ने करीब 200 समविचारी स्वैच्छिक संगठनों के साथ हाथ मिलाया है। सहयोग की यह सोच अब लगातार विस्तृत होती जा रही है और परिवर्तन के सूत्रधारों को साथ जोड़कर राष्ट्रीय एवं अंतरराष्ट्रीय सीमाओं को पार करके पूरी दुनिया में बदलाव की जमीन तैयार कर रही है। असल जरूरत इस बात की है कि लोग जो परिवर्तन अपने आसपास देखना चाहते हैं, उस परिवर्तन के कारक वे स्वयं बनें। यदि अपने पास-पड़ोस को स्वच्छ रखने अथवा ऊर्जा बचाने की जरूरत है, तो इसके लिए लोग

सरकार की प्रतीक्षा करने की बजाय स्वयं पहल करें, क्योंकि आखिरकार इसका लाभ उन्हें ही तो मिलनेवाला है। 'अपना देश' बदलाव के इसी सूत्र को आगे बढ़ाने का प्रयास कर रहा है।

□

सोशल ऑडिट : परिकल्पना और वास्तविकता में अंतर

सोशल ऑडिट यानी सामाजिक परीक्षण की सोच एक ऐसे प्रभावी तंत्र के रूप में उभरकर सामने आई है, जिससे सरकारी योजनाओं में कार्य की गुणवत्ता सुनिश्चित होती है और भ्रष्टाचार पर अंकुश लगता है। हालाँकि यह अवधारणा भारत में अभी अधिक प्रचलन में नहीं है, लेकिन यह निश्चित रूप से एक ऐसा तंत्र है, जिससे परिकल्पना और वास्तविकता के बीच तथा कार्यक्षमता और वास्तविक कार्य के बीच का अंतर कम हो सकता है। यह किसी भी सरकारी कार्य का मूल्यांकन व सत्यापन कर उस पर प्रतिवेदन देने की अनुमति देता है, जिससे उसके सामाजिक प्रभाव में सुधार होता है। सैद्धांतिक रूप से इसकी पहुँच परंपरागत लेखा परीक्षण के क्षेत्र से कहीं ज्यादा व्यापक है; क्योंकि यह जागरुकता, शिकायतों के निवारण और काम की प्रगति जैसे मुद्दों पर केंद्रित रहता है।

सोशल ऑडिट की अवधारणा के प्रवर्तक चार्ल्स मेडावर हैं, जिन्होंने 1972 में इसकी रूपरेखा प्रस्तुत की। भारत में पहली बार 2005 में ग्रामीण रोजगार अधिनियम में इसे संवैधानिक रूप से अनिवार्य किया गया और सरकार ने मनरेगा अधिनियम के अंतर्गत 2011 में सामाजिक ऑडिट नियमों की घोषणा की। आंध्र प्रदेश, छत्तीसगढ़, गुजरात, कर्नाटक, मिजोरम, सिक्किम, तेलंगाना, तमिलनाडु, त्रिपुरा और उत्तर प्रदेश ने 2011 के सोशल ऑडिट कानून के तहत इसे लागू किया और मध्य प्रदेश, ओड़िशा, मणिपुर, मेघालय, राजस्थान तथा जम्मू और कश्मीर में इसे लागू करने की प्रक्रिया चल रही है।

भारत के नियंत्रक और महालेखा परीक्षक (सी.ए.जी.) ने 13 अप्रैल, 2015 को सभी राज्यों के महालेखा परीक्षकों को राज्य में सोशल ऑडिट की उचित व्यवस्था करने और जिला स्तर पर चल रही विभिन्न योजनाओं के आँकड़े एकत्र करने के निर्देश दिए। अधिकांश भारतीयों की समस्या यह है कि आजादी के 70 वर्ष बाद भी वे जनता के लिए, जनता की और जनता के द्वारा सरकार की अवधारणा को नहीं समझते।

सरकारी काम-काज में पारदर्शिता

शिमोगा में मेरी नियुक्ति 1992 में जिला परिषद् के मुख्य कार्यकारी अधिकारी के रूप में हुई। वहाँ काम करने का अनुभव बिल्कुल भिन्न रहा। राजनीतिक दृष्टि से शिमोगा बहुत जागरूक क्षेत्र है। इसे समाजवादियों का गढ़ भी कहा जा सकता है, यहाँ से कई राजनीतिक और सामाजिक आंदोलन प्रारंभ हुए। श्री एस. बंगारप्पा और कामप्पा गोरडीप्पा जैसे अनेक बड़े नेता इसी क्षेत्र से थे। जब मेरी नियुक्ति हुई, तब श्री डी.बी. चंद्रगौडा विधानसभा में यहाँ का प्रतिनिधित्व कर रहे थे। वे उस समय विधानसभा अध्यक्ष भी थे।

तत्कालीन नेता विपक्ष श्री बोकनाकेरे सिद्धलिंगप्पा येद्दियूरप्पा (बी.एस. येद्दियूरप्पा) भी इसी क्षेत्र से थे, जो बाद में राज्य के मुख्यमंत्री बने। उन दिनों सिरीकोप्पा बंगारप्पा (एस. बंगारप्पा) मुख्यमंत्री थे। इस क्षेत्र से एक और प्रभावी राजनेता थे श्री जयदेवप्पा हलप्पा पटेल (जे.एच. पटेल)। मुझे लगता है कि शिमोगा ने प्रदेश को सर्वाधिक मुख्यमंत्री दिए हैं।

रैयत संघ (किसान संघ) आंदोलन की जन्मभूमि

यह जिला कई प्रकार की विभिन्नताओं वाला है। कई तालुकों, जैसे—तीर्थहल्ली, होसनगर, सागरा आदि में मलनाड (पहाड़ी) का प्रभाव दिखाई देता है, तो चाँदगिरी में मैदानी क्षेत्र का असर दिखाई पड़ता है। सांस्कृतिक दृष्टि से भी यह बहुत उन्नत क्षेत्र है। यह जिला राष्ट्रकवि कुवेम्पु का जन्मस्थान भी है। विभिन्न क्षेत्रों के कई नेता इस क्षेत्र की देन हैं। शिमोगा कई अन्य महत्त्वपूर्ण बातों के लिए भी जाना जाता है। रैयतसंघ आंदोलन की शुरुआत यहीं से हुई थी। मुझे इस आंदोलन के कुछ प्रमुख नेताओं से बातचीत करने का मौका मिला।

जब मैं यहाँ आया, तब जिला परिषद् में कोई निर्वाचित प्रतिनिधि नहीं था। उन दिनों सर्व शिक्षा अभियान अपने चरम पर था। इसलिए कुछ बदलाव लाने की दृष्टि से यह मेरे लिए चुनौती थी। ऐसी स्थिति में, सभी विभागों की देखरेख की जिम्मेदारी मेरी ही थी। जिला परिषद् के अंतर्गत सभी विकास योजनाएँ आती थीं। मैंने इस चुनौती को बड़े उत्साह से स्वीकार किया। बेलगाम में मुझे इसका पर्याप्त अनुभव मिल चुका था—अधिकारी कैसे हैं, वे क्या करते हैं और क्या नहीं करते, आदि। मैं पूरे तंत्र को गहराई से समझता था, जो मेरे लिए बहुत सहायक सिद्ध हुआ। इसीलिए मैंने शिमोगा में आते ही पहले दिन से ही काम करना शुरू कर दिया। यह एक प्रकार से बेलगाम के काम के क्रम को जारी रखने जैसा था—आगे बढ़ते हुए सभी पक्षों को साधना। मैंने 'अपना देश' की अवधारणा के अनुरूप जिले का गहन दौरा शुरू किया, लोगों से मिला, उनके साथ बैठकें कीं, ग्राम पंचायत स्तर पर भावी योजनाएँ बनाईं और जो काम हो चुके थे, उनकी सोशल ऑडिट सुनिश्चित की। मैंने कुछ प्रगतिशील किसानों से भी बातचीत की। कुल मिलाकर मैंने यहाँ बहुत काम किया और बहुत कुछ सीखा भी—विभिन्न विभागों के साथ काम करना, प्रशासन में सामंजस्य बैठाना, तालमेल सुनिश्चित करना और स्टाफ को प्रेरित करना, आदि। हर दृष्टि से वहाँ काम करने का अनुभव बहुत ही संतोषप्रद और बहुत कुछ सिखाने वाला था।

निचले स्तर से योजना बनाना और सोशल ऑडिट

जिला पंचायत में कोई निर्वाचित मंडल नहीं था, इसलिए हमें ही विभिन्न दायित्वों का निर्वहन करना था—योजनाओं को बनाना और उनका प्रभावी तथा समय पर कार्यान्वयन आदि। प्रारंभ में मैंने व्यापक स्तर पर निरीक्षण किया। मैंने यह निश्चय किया कि मैं जिले के सभी गाँवों का दौरा करूँगा। मैंने निचले स्तर से योजना बनाने की अवधारणा का भी परीक्षण किया—निचले स्तर तक पहुँच और सोशल ऑडिट को प्रारंभ करना। मैंने अधिकारियों से कहा कि वे उन सभी परियोजनाओं की सूची बनाएँ, जिन पर काम पूरा हो गया है और जिन पर काम चल रहा है। हमने अधिकारियों की कई टीमें बनाईं और उनके साथ ग्राम पंचायतों का दौरा किया। ग्राम पंचायतों के साथ बैठकों में जिला परिषद् के पूर्व सदस्यों, ग्राम पंचायत सदस्यों और गाँवों के बुजुर्गों को भी आमंत्रित किया। उन सबके समक्ष अधिकारियों ने उन सभी कार्यों की जानकारी दी, जिन

पर काम चल रहा है और जिन पर काम पूरा हो चुका है। इसके बाद उन सब कार्यों के बारे में जनता की राय माँगी। कुछ मामलों में उन्होंने बताया कि काम वास्तव में हुआ है, जबकि कुछ मामलों में कहा कि काम नहीं हुआ, काम की क्वालिटी अच्छी नहीं है या काम की खामियों को गिनाया। उन्होंने जो कुछ बताया, उसे विधिवत रिकॉर्ड किया गया। ऐसा इसलिए किया गया, क्योंकि निरीक्षकों के लिए सभी स्थानों पर जाना संभव नहीं था। यदि आप लोगों के समक्ष पूरी जानकारी रखें, तो वे उस पर अपनी स्पष्ट राय देते हैं। यदि काम की क्वालिटी खराब है, तो वे साफ कह देते हैं कि काम की क्वालिटी अच्छी नहीं है। यदि काम नहीं हुआ है, तो वे कह देते हैं कि काम नहीं हुआ है। जिस-जिस काम पर संदेह व्यक्त किए गए, अधिकारियों की टीम ने उनका पुनः निरीक्षण किया। हमने यह काम सभी ग्राम पंचायतों में किया। मैंने स्वयं अनेक कुछ बैठकों में भाग लिया। सहायक कमिश्नरों (ACs) व तहसीलदारों आदि ने इन बैठकों में भाग लिया। हमने उन मंचों का उपयोग गाँवों की भावी जरूरतों के बारे में लोगों की राय जानने के लिए भी किया। कार्यों को उनकी प्राथमिकता के आधार पर सूचीबद्ध किया गया। यह नियोजन की प्रक्रिया बन गई। यह बहुत ही सफल प्रयोग रहा। इसके साथ ही हमने सर्व शिक्षा अभियान जारी रखा। इसके लिए हमने स्वयंसेवकों को प्रोत्साहित किया। इस संबंध में पूरे जिले में बहुत जागृति आई। अधिकारियों ने जनता को प्रेरित किया। कुछ सेवानिवृत्त व्यक्ति और एन.जी.ओ. भी इस प्रक्रिया में शामिल हुए।

स्कूल सुधार समितियाँ

पूरे जिले में नए काम की बहुत अधिक माँग थी और जनता इसमें सहयोग के लिए तैयार थी। मेरे पास कुछ विवेकाधीन धन था, अतः मैंने इस मद में उन कार्यों को स्वीकृति प्रदान की। यहाँ मैं यह भी उल्लेख करना चाहता हूँ कि उस समय आर.टी.आई. जैसे कानून नहीं थे, जिसके आधार पर लोगों को काम की जानकारी मिले या उसकी खामियों पर कोई बहस हो सके। परंतु सार्वजनिक रूप से सरकारी योजनाओं में जनसहभागिता ने काम की गुणवत्ता और समय-सीमा सुनिश्चित की। लोगों को बिना किसी कानून के ही योजनाओं की जानकारी मिलती थी और उसे सार्वजनिक किया जाता था।

□

श्रमदान : राष्ट्रयज्ञ में आहुति

श्रमदान चिरकाल से भारतीय परंपरा का अभिन्न अंग रहा है। लेकिन स्वतंत्रता के बाद शासन पर निर्भरता का जो मॉडल हमने अपनाया, उससे स्वेच्छा एवं स्वयंसेवीभाव से काम करने के प्रयासों को ठेस पहुँची है और प्रत्येक कार्य के लिए सरकार पर निर्भर रहने की मानसिकता मजबूत हुई है। ग्राम विकास के कार्यों में सरकार का हस्तक्षेप बढ़ने के कारण वहाँ भी लोग स्वैच्छिक कार्यों से स्वयं को दूर रखने लगे हैं। इसके परिणामस्वरूप किसी भी योजना में सरकारी बजट का एक बड़ा भाग श्रमिकों की दिहाड़ी के भुगतान में ही खर्च होने लगा है।

श्रमदान की सदियों पुरानी परंपरा के महत्त्व को देखते हुए प्रधानमंत्री नरेंद्र मोदी ने 25 सितंबर, 2016 को अपने 'मन की बात' संबोधन में लोगों से स्वच्छ भारत अभियान में अपने कुछ घंटे का योगदान करने की अपील की थी। उनकी इस अपील पर देश के विभिन्न भागों में लोगों ने स्वच्छता अभियान में भाग लिया। स्वेच्छा से काम करने के हजारों तरीके हैं—आवासहीन लोगों के आश्रयों में स्वेच्छापूर्वक काम करना, अपने पड़ोस में वृक्षारोपण, गलियाँ साफ करना, ट्रेन में ऐसे लोगों के लिए सीट छोड़ना, जिन्हें हम से अधिक जरूरत है। श्रमदान कर गंदे स्थलों, प्रदूषित तालाबों, झीलों आदि की सफाई सामूहिक प्रयास से की जा सकती है। यही नहीं, अपने क्षेत्र में पौधारोपण कर पर्यावरण को बचाने के साथ ही हरित क्रांति पैदा की जा सकती है। लेकिन जनता को प्रेरित कैसे और कौन कर सकता है, यह एक प्रमुख प्रश्न है। आज तो जनता पर राजनेताओं के भाषण का कोई प्रभाव दिखाई नहीं देता। लोगों के मानस में यह बात जमकर बैठ गई है कि राजनेता और कुछ मामलों में अधिकारी भी भ्रष्ट होते हैं। वे केवल स्वार्थ के लिए ही काम करते हैं। इसीलिए भ्रष्ट राजनेता या अधिकारी के आह्वान पर लोग कोई प्रतिक्रिया व्यक्त नहीं करते। परंतु यदि अधिकारी या राजनेता ईमानदार हैं और निष्ठापूर्वक प्रयास करते हैं, तो लोग उनकी बातों पर ध्यान देते हैं। इसका उदाहरण कर्नाटक के शिमोगा जिले में देखा गया, जहाँ 26 जनवरी, 1993 को स्वेच्छा से हजारों लोगों ने एक ही दिन में 1,200 सरकारी भवनों पर सफेदी की।

पहल जो आंदोलन बन गई

शिमोगा में मेरी नियुक्ति के बाद विभिन्न अधिकारी अपने-अपने विभागों के भवनों की मरम्मत हेतु धनराशि मुहैया कराने का आवेदन करने लगे। किंतु बेलगाम और सिंधनूर में जनसहभागिता से जो प्रयोग शुरू किए गए थे, उन्हें यहाँ भी व्यावहारिकता प्रदान करने के लिए मेरे मन में विचार चल रहा था। मुझे नहीं मालूम था कि शिमोगा के लोग मेरी सहभागिता की बात को किस हद तक स्वीकार करेंगे। परंतु प्रयोग तो प्रयोग ही है, उसे केवल कागजी खानापूरी तक तो सीमित नहीं रखा जा सकता। और यही मैंने शिमोगा में भी किया।

सार्वजनिक भवनों का रखरखाव और सरकारी भूमि की घेराबंदी सरकार के लिए एक बड़ा काम है। वास्तव में इस तरह के काम के लिए सरकार द्वारा आवंटित राशि कम पड़ जाती है, क्योंकि इस तरह के कार्यों में बहुत खर्च होता है। जब हमने पूरे जिले में इस तरह के काम का सर्वेक्षण कराया, तो पता चला कि इस काम के लिए कई करोड़ रुपयों की जरूरत है। जिला परिषद् के लिए इतनी बड़ी धनराशि उपलब्ध कराना कठिन था। इसलिए हमने इस काम को कुछ अलग तरीके से करने की योजना बनाई। हमने निश्चय किया कि स्कूलों के सभी कमरों और बस शैल्टरों सहित सभी सरकारी भवनों पर एक ही दिन 26 जनवरी को सफेदी की जाए। हमने साथी अधिकारियों से चर्चा कर दिसंबर में एक व्यापक योजना बनाई। सबसे पहले हमने जिले के स्कूलों और सरकारी भवनों की सूची बनाई। इसके बाद इस काम के लिए आवश्यक चूने की मात्रा और इसकी खरीदारी के लिए जरूरी धन का आकलन कर व्यवस्था की गई। अधिकारियों को पर्याप्त मात्रा में चूना खरीदने के निर्देश दिए और इसके साथ ही इसे भवनों की जरूरत के अनुसार छोटे-छोटे डिब्बों में पैक कराया गया। एक

सप्ताह पूर्व चूने के वे डिब्बे संबंधित अधिकारियों को दिए गए और उनसे यह अनुरोध किया कि वे स्थानीय लोगों को श्रमदान के लिए प्रेरित करें, ताकि 26 जनवरी को ध्वजारोहण के बाद सफेदी की जाए। हमारे लिए यह आश्चर्यजनक घटना बन गई, क्योंकि पूरे जिले में एक ही दिन में 1,200 सरकारी भवनों पर सफेदी हो गई। सभी अध्यापकों, कर्मचारियों, जनता, युवा और महिला स्वयंसेवकों ने उत्साहपूर्वक इस अभियान में भाग लिया। पूरे जिले के लिए यह एक बड़ी खबर बनी। जो काम कई करोड़ रुपए में होनेवाला था, वह केवल कुछ लाख रु. में ही पूरा हो गया। हमें केवल सामग्री खरीदने में खर्च करना पड़ा और इससे सभी सरकारी भवन एक ही दिन में नए रूप में निखर आए।

स्वैच्छिक प्रयासों से आमूल-चूल परिवर्तन

श्रमदान और स्वैच्छिक प्रयासों से जिले में कई अन्य काम किए गए। वन्यजीव संरक्षण के लिए भी कई काम किए। शिमोगा के समीप स्थित सिंहधाम में पर्यटन–स्थल के विकास हेतु काफी धन दिया गया। हालाँकि यह वन विभाग के अंतर्गत आता था, लेकिन जिला परिषद् ने भी इसमें सहायता की। इसके साथ ही स्कूल सुधार समितियों को भी सक्रिय किया गया। इसी दौरान कई छोटी दुग्ध समितियों ने भी धन की माँग की। हालाँकि दुग्ध समितियाँ स्व–पोषित हैं और उनके लिए किसी धन का प्रावधान नहीं है, फिर भी हमने उन्हें प्रोत्साहित करने के लिए कुछ धन दिया। इसी प्रकार आँगनवाड़ियों को भवन हेतु धन उपलब्ध कराया गया। इन सब कामों से श्रमदान और स्वैच्छिक कार्यों की पहचान जिले में एक समानांतर विभाग के रूप में होने लगी। उस समय सर्व शिक्षा अभियान शीर्ष पर था। उस समय चल रही सरकारी योजनाओं, जैसे आश्रय, विश्व और आई.आर.डी.पी. आदि के क्रियान्वयन में शिमोगा सभी जिलों में शीर्ष स्थान पर रहा। आश्रय योजना तभी प्रारंभ हुई थी। 'विश्व' तकनीकी कौशल उन्नयन की योजना थी जिसके तहत प्रत्येक ग्राम पंचायत में एक कार्यशाला बनाई जानी थी। इस योजना के अंतर्गत काफी काम हुआ। शिमोगा विकास और जनसहभागिता दोनों ही मामलों में राज्य में एक आदर्श बन गया। इस सबको मीडिया ने प्रमुखता से स्थान दिया। उसी समय 'अपना देश' को बड़े पैमाने पर स्वीकृति मिली और 'सर विश्वेश्वरैया पुरस्कार' भी मिला।

विकास कार्यों की जन निगरानी

यदि जनता की निगरानी में सरकारी काम कराए जाएँ, तो निश्चित ही उनकी गुणवत्ता पर कोई सवाल खड़े नहीं कर सकता। हम सार्वजनिक कामों में जनसहयोग की बात को तीन श्रेणी में रखते हैं। यह सही है कि बड़ी योजनाओं को केवल सरकार ही कार्यान्वित कर सकती है, क्योंकि पेयजल, बड़े बैराज और बड़ी सड़कों के निर्माण आदि जैसी बड़ी परियोजनाओं में बहुत अधिक धनराशि खर्च होती है, जो सरकार ही खर्च कर सकती है। जनता एक सीमा से आगे इनमें भागीदारी नहीं कर सकती। यह कार्य की वह श्रेणी है, जिनमें जनता की भागीदारी कम-से-कम होती है।

दूसरी श्रेणी ऐसे कार्यों की है, जिनमें अधिक धन खर्च नहीं होता, परंतु जनता इनमें सहभागी हो सकती है। यदि किसी क्षेत्र में बड़े भवन या सड़क बनाने की स्वीकृति मिली है, तो जनता को निर्माण कार्य में भागीदारी करने की आवश्यकता नहीं, लेकिन लोग इसकी निगरानी का काम कर सकते हैं। वे यह जाँचने के लिए एक समिति बना सकते हैं कि काम ठीक से हो रहा है या नहीं और ठेकेदार सही तरह से काम कर रहा है या नहीं। इस प्रकार की जन-सहभागिता 'अपना देश' की गतिविधियों का एक अंग है। सरकार धन उपलब्ध कराती है, लेकिन जनता उसमें भागीदारी निभा सकती है।

तीसरी श्रेणी ऐसे कार्यों की है, जिनमें धन की कोई आवश्यकता नहीं होती। सामान्यतः लोग सोचते हैं कि धन के बिना कोई कार्य नहीं किया जा सकता। परंतु हमारा अनुभव है कि कई कार्य ऐसे हैं, जिनके लिए धन की कोई आवश्यकता नहीं होती। जब लोग सार्वजनिक कामों में सहभागिता निभाते हैं, तो सामुदायिकता और भाईचारे की भावना पनपती है। हमने शिमोगा में ऐसा ही किया है। हमने ऐसे कई कार्यों का चयन किया, जिनके लिए धन की जरूरत नहीं होती और जो व्यक्तिगत रूप से समूह में या स्वैच्छिक संगठनों द्वारा किए जा सकते हैं। ये ऐसे कार्य हैं, जो किसी भी समाज के लिए आवश्यक हैं। इतना ही नहीं, ये वास्तव में राष्ट्र-निर्माण के कार्य हैं। साक्षरता बढ़ाना, परिवार नियोजन के लिए जागरूकता पैदा करना, बचत खाता खुलवाने के लिए लोगों को प्रेरित करना, पौधारोपण, एक-दूसरे की सहायता करना, स्थानीय विवादों का समाधान करना, शराब और नशा छोड़ने के लिए लोगों को प्रेरित करना आदि ऐसे कार्य

हैं, जिनके लिए लोगों को व्यक्तिशः प्रेरित करने की जरूरत होती है। इन कार्यों के लिए न तो धन की आवश्यकता होती है और न ही अन्य संसाधन की।

संसाधनों का अधिकतम उपयोग

ये सभी ऐसे काम हैं, जिन्हें करने के लिए 'अपना देश' द्वारा लोगों को जागरूक किया गया। 'अपना देश' ने लोगों को अंतिम दो प्रकार की श्रेणियों के काम पर ध्यान केंद्रित करने के लिए प्रेरित किया। एक बार जो लोग 'अपना देश' के संपर्क में आए, वे हमसे जुड़ गए। ऐसा हमने शिमोगा में सफलतापूर्वक किया। सच्चाई यह है कि अगर जनता सरकारी योजनाओं से नहीं जुड़ती, तो कार्यों का कार्यान्वयन केवल ठेकेदारों के माध्यम से होता है, जिनके लिए टैंडर जारी किया जाता है, एजेंसी को छाँटा जाता है, वे काम करते हैं और उन्हें भुगतान कर दिया जाता है। इस प्रकार के कार्यों में काम की गुणवत्ता विभागीय लोगों के भरोसे होती है। लेकिन जब हम इसमें जनता को जोड़ते हैं, तो उनकी निगरानी से संसाधनों का क्षरण कम हो सकता है। वे घटिया काम नहीं होने देंगे। क्योंकि वे जानते हैं कि काम पूरा होने पर इससे वे ही लाभान्वित होंगे। यदि अभी काम की गुणवत्ता पर ध्यान नहीं दिया, तो इससे वे ही प्रभावित होंगे। जिस प्रकार हम अपने घर में काम कराते हैं, उसी प्रकार से सार्वजनिक काम में भी सावधानी बरतने की जरूरत है।

अधिकारियों और जनता में सहयोग की भावना

सरकार और जनता के संयुक्त प्रयासों से सरकारी कर्मचारियों और जनता में आपसी सहयोग की भावना सुदृढ़ होती है। इससे जनसामान्य को अधिकारियों की वास्तविक समस्याओं को समझने में मदद मिलती है और अधिकारी जनता की भावनाओं को समझते हैं। इससे समान विचारों के लोग एक साथ जुटते हैं। शिमोगा के कार्यकाल में मुझे इसे पहचानने का अवसर मिला। यदि आप ईमानदारी से प्रयास कर रहे हैं, तो लोग साथ खड़े होते हैं और वह एकजुटता कभी-कभी इतिहास रच देती है।

□

मेंगलुरु : भारत का सिंगापुर

कहा जाता है कि 'जहाँ चाह है, वहीं राह है'। मैं इस कहावत को हकीकत मानता हूँ। मेरे लिए हर जिम्मेदारी कोई-न-कोई अनुभव हासिल करने का जरिया बनती रही। मुझे दक्षिण कर्नाटक जिले का उपायुक्त या कहा जाए जिलाधिकारी बनाया गया। मैं जिले के मुख्यालय मेंगलुरु में अप्रैल 1994 से जुलाई 1996 तक रहा।

मेंगलुरु की भौगोलिक स्थिति को देखते हुए कहा जा सकता है कि इस शहर में बेंगलुरु के बाद कर्नाटक के दूसरे बड़े शहर के रूप में विकसित होने की क्षमताएँ हैं। बंदरगाह होने के साथ ही यह रेलवे-हवाई मार्ग से भी जुड़ा हुआ है। यही नहीं, तीन राष्ट्रीय राजमार्ग यहाँ से गुजरते हैं और यहाँ कोंकण रेलवे भी है। इन सब संपर्क मार्गों और उच्चस्तरीय शिक्षा व्यवस्था तथा स्थानीय लोगों में जागरुकता के बावजूद यह शहर औद्योगिक व व्यावसायिक दृष्टि से अपनी पूर्ण क्षमताओं के अनुरूप विकसित नहीं हो सका है। इसमें हांगकांग और सिंगापुर की तरह एक बड़े तटीय शहर के रूप में विकसित होने की पूरी संभावनाएँ हैं। लेकिन दुर्भाग्य की बात है कि विभिन्न कारणों से यह शहर अपनी सामर्थ्य के अनुरूप आगे नहीं बढ़ सका।

सांप्रदायिक संघर्ष को टाला

मेंगलुरु को राज्य का संवेदनशील क्षेत्र भी माना जाता है। मेरे कार्यकाल के दौरान 1994 में, एक बड़ा प्रोजेक्ट, मेंगलुरु रिफाइनरी एंड पेट्रो कैमिकल लि. (एमआरपीएल) वहाँ स्थापित होना था। इसके लिए भूमि का अधिग्रहण किया जा रहा था। लेकिन कुछ लोगों ने इस परियोजना के विरोध में आंदोलन

शुरू कर दिया। इसके विरोध में मछुआरों ने भी एक बार बंद का आह्वान किया। वे अपने घरों से बाहर आए और राष्ट्रीय राजमार्ग–17 (एन.एच–17) पर जाम लगा दिया। यह राष्ट्रीय राजमार्ग समुद्रतट पर है और केरल से होते हुए गोवा तक जाता है। पहले उडुपी भी मेंगलुरु का ही हिस्सा था। आंदोलनकारियों को नियंत्रित करने के लिए हल्का लाठीचार्ज करना पड़ा और गोली भी चलानी पड़ी। परंतु कुछ मछुआरे कुछ विधायकों के साथ उपायुक्त कार्यालय के बाहर धरने पर बैठ गए। पूरा दिन इसी तरह बीत गया। मध्याह्न में करीब 3.30 बजे मुझे जानकारी मिली कि कुछ लोगों ने उपायुक्त कार्यालय के पीछे स्थित एक धार्मिक स्थान पर चप्पल फेंक दी है। चूँकि आंदोलन जारी था, ऐसे में अगर सांप्रदायिक दंगा भड़क जाता तो स्थिति भयंकर हो सकती थी। मैंने तत्काल मछुआरों के नेताओं को वार्त्ता के लिए बुलाने हेतु पुलिस अधिकारियों को भेजा। कुछ समय बाद वे आए। पुलिस अधीक्षक भी वहाँ बैठे थे। मैंने आंदोलकारी नेताओं के ऊपर जोर से चिल्लाते हुए कहा कि आपके आंदोलन की वजह से लोग परेशान हो रहे हैं। आपने आंदोलन कर लिया, अब इसे वापस लीजिए। उन्होंने कहा कि वे ऐसा नहीं कर सकते। मैंने कहा कि आप का समय पूरा हो गया है। आप लोगों ने धार्मिक स्थल पर चप्पल फेंकी है और हम आप पर सांप्रदायिक दंगा भड़काने के आरोप में मामला दर्ज करते हैं। इससे वे भयभीत हो गए और कहने लगे कि यह सब हमने नहीं किया है। हमने कहा कि इस तनावपूर्ण स्थिति के लिए केवल आप लोग ही जिम्मेदार हैं। अच्छा यही है कि आप आंदोलन वापस ले लें, अन्यथा जेल जाएँ। मेरी यह धमकी काम कर गई, यद्यपि मेरे मन के कोने में यह भी छिपा हुआ था कि यदि मछुआरों के नेता जिद पर अड़ गए, तो मामला गंभीर हो सकता है। परंतु अँधेरे में तीर चलाना भी जरूरी था और वह तीर निशाने पर लगा। अंततः नेता आंदोलन वापस लेने पर राजी हो गए। परंतु एक जिलाधिकारी होने के कारण मैं किसी प्रकार का रिस्क लेने के लिए तैयार नहीं था। मुझे मालूम था कि नेता कभी भी पलट सकते हैं, इसीलिए हमने उन्हें उसी समय पुलिस की एक खुली जीप में बैठाया और माइक थमा दिया। उन्होंने शहर में घूमकर आंदोलन वापस लेने की घोषणा की और राष्ट्रीय राजमार्ग से जाम हट गया।

संभावनाएँ बहुत, परंतु विकास में पिछड़ा

मुझे इस तरह के कई आंदोलनों का सामना करना पड़ा। कुछ पर्यावरणवादी औद्योगिकीकरण के खिलाफ आंदोलन कर रहे थे। समस्या यह है कि लोग रचनात्मक औद्योगिकीकरण में भी भेद नहीं करते। प्रदूषणकारी उद्योगों का विरोध तो समझा जा सकता है, परंतु आप प्रत्येक उद्योग का विरोध नहीं कर सकते। आखिरकार उद्योगों से रोजगारों का सृजन होता है। विडंबना है कि लोग रोजगार की तलाश में मेंगलुरु से पलायन कर रहे हैं। यदि शहर में उद्योग होंगे, तो लोगों को यहीं पर अधिक रोजगार मिलेगा। लेकिन उन्होंने अपना आंदोलन जारी रखा। कभी-कभी ऐसे प्रदर्शनकारियों से सख्ती से भी निपटना पड़ता है। कहने का तात्पर्य यह है कि शहर की जनसंख्या अधिक है, तो वहाँ संभावनाएँ भी बहुत हैं, परंतु उसका विकास नहीं हो रहा है। इसका विकास होना चाहिए और यह विभिन्न गतिविधियों का केंद्र बनना चाहिए।

यहाँ मैं एक अन्य घटना का उल्लेख करना चाहता हूँ। प्रशासनिक अधिकारी के सामने कभी-कभी विचित्र समस्या उत्पन्न हो जाती है। जैसा कि मैंने ऊपर भी कहा है कि उडुपी, जो श्रीकृष्ण मंदिर के लिए उसी तरह प्रसिद्ध है, जिस तरह मथुरा स्थित श्रीकृष्ण जन्मस्थान। यहाँ भी वर्ष में लाखों यात्री दर्शन के लिए आते हैं। अब यदि उनके लिए संसाधन उपलब्ध न कराए जाएँ, तो यह एक बड़ी समस्या का कारण भी बन सकता है। राजनीतिक और धार्मिक दृष्टि से यह जागरूक क्षेत्र है, यहाँ के मठाधीशों का भी बहुत प्रभाव है। हमने यातायात व्यवस्था को सुगम बनाने के लिए मुख्य सड़क को चौड़ी करने की योजना पर काम शुरू किया और सड़क के दोनों ओर की जमीन को जरूरत के मुताबिक अधिग्रहीत करने के लिए निशान लगवा दिये। यह इसलिए भी जरूरी था क्योंकि हर दो साल में आयोजित 'पर्याय' उत्सव में आनेवाले श्रद्धालुओं की संख्या में लगातार बढ़ोत्तरी हो रही थी। यह सड़क मणिपाल को जोड़ती है। 'पर्याय' उत्सव में उडुपी श्रीकृष्ण मंदिर की पूजा और अन्य उत्सवों के आयोजन का दायित्व, दो वर्ष के लिए, आठ मठों में से क्रमानुसार, दूसरे मठ के स्वामीजी को सौंपा जाता है। जिस मठ पर यह दायित्व आता है, उसे 'पर्याय मठ' और उस मठ के स्वामीजी को 'पर्याय स्वामी' कहा जाता है। इसलिए उडुपी में दूसरे वर्ष बड़ा उत्सव आयोजित होता है। हमने इसी बात को ध्यान में रखते हुए सड़क चौड़ी करने की योजना बनाई थी, परंतु स्थानीय नेताओं ने इसमें टाँग अड़ानी

शुरू कर दी। वे इस मामले में आंदोलन कर राजनीतिक फायदा उठाना चाहते थे। उन्होंने कहा कि आप ऐसा नहीं कर सकते, इस योजना को ठंडे बस्ते में डाल दें। मुझे लगा कि किसी भी अधिकारी को राजनीतिक हथियार बनने से बचना चाहिए और मैंने योजना ठंडे बस्ते में डाल दी। जब उडुपी अलग जिला बना तब वह सड़क चौड़ी हुई।

शहर के लिए मास्टर प्लान

समुद्रतटीय क्षेत्र होने के कारण समुद्र से निकलनेवाले नालों (बैक वॉटर) की वजह से मेंगलुरु की खूबसूरती बढ़ जाती है। पहाड़ियों पर स्थित इस शहर के लिए हमने मास्टर प्लान बनाया—बृहत्तर मेंगलुरु योजना (ग्रेटर मेंगलुरु प्लान) । मैंने इसमें अगले 25 साल में विकास की संभावनाओं को शामिल किया। मेंगलुरु विस्तार की इस योजना में हमने मुल्की, बी.सी. रोड और विश्वविद्यालय एरिया को भी शामिल किया। हमने इसकी योजना बृहत क्षेत्र के रूप में बनाई। हालाँकि मेरे कार्यकाल में यह प्लान पूरी तरह कार्यान्वित नहीं हो पाया। हमने कई अन्य दूसरे कार्य भी किए। लंबित मामलों को कम किया, पिलिकुला विज्ञान और वन्यजीव क्षेत्र का विकास, पुराने राजस्व मामलों का निपटान आदि कार्यों को द्रुतगति से किया गया।

अधिकारों के प्रति जागरूकता

अपने अधिकारों को लेकर लोगों में जागरूकता से जुड़ी एक घटना मुझे आज भी हँसाने के साथ ही गंभीरता से सोचने पर मजबूर करती है। एक दिन मैं अपने कार्यालय में कुछ जरूरी फाइलों को देख रहा था, इतने में एक व्यक्ति आया और उसने मुझसे पूछा कि क्या मैं समाचार-पत्रों के लिए पंजीकरण अधिकारी हूँ। मेरे हाँ कहने पर उसने कहा कि वह एक शिकायत दर्ज कराना चाहता है। मैंने पूछा कि शिकायत क्या है? उसने कहा, आज मेरे घर अखबार देनेवाले ने अखबार नहीं डाला जबकि मैं अखबार का नियमित ग्राहक हूँ। हॉकर ने बिना किसी नोटिस के अखबार देना बंद कर दिया। उसकी शिकायत को सुनकर मैं मन ही मन हँस पड़ा। फिर भी मैंने कहा कि यदि आपको अखबार नहीं मिला तो आप उसे एक दिन का भुगतान न करें। मेरी बात सुनकर उसने कहा कि

शिकायत एक दिन के भुगतान की नहीं है, यदि अखबार छपा है, तो मुझे वह मिलना चाहिए, क्योंकि मैं एक दिन समाचारों से वंचित हो गया। उसका तर्क सुनकर मैं कोई समाधान तो नहीं कर पाया, परंतु यह जरूर समझ गया कि इस जिले के लोग अपने अधिकारों के प्रति कितने जागरूक हैं।

मेंगलुरु में जिलाधिकारी रहते हुए मुझे यह पता चला कि लोग नेताओं के यहाँ बार-बार दस्तक देना नहीं चाहते। वे अधिकारियों से यही कहते हैं कि आप मसले का निपटारा करें। आप जो चाहे निर्णय करें, लेकिन जल्दी-से-जल्दी इसका निपटारा करें। यह अच्छी बात है। वे चाहते हैं कि मामला लटके नहीं। एक और अच्छी बात यह है कि एक विधायक दूसरे विधायक के क्षेत्र में विकास कार्य को कराए जाने का विरोध नहीं करता। वे यह भी नहीं कहते कि आपने अमुक विधायक या नेता के क्षेत्र में काम क्यों कराया? बल्कि उनकी माँग होती है कि उनके इलाके में भी विकास के काम कराए जाएँ। जबकि अन्य जिलों में विधायक और नेता दूसरे के इलाके में किए जानेवाले काम को लेकर झगड़े पर उतारू हो जाते हैं। यही नहीं, वे यह भी प्रयास करते हैं कि दूसरे के इलाके में आवंटित किया गया काम रद्द हो जाए। इस घटना से साफ है कि दक्षिण कन्नड़ जिले में राजनीतिक परिपक्वता कहीं अधिक है। यह सीखने की बात है।

□

और सड़क चौड़ीकरण बन गया आंदोलन

शिमोगा से मेरा स्थानांतरण 1994 में दक्षिण कन्नड़ जिला उपायुक्त पद पर हुआ। दक्षिण कन्नड़ जिले का मुख्यालय मेंगलुरु है। उपायुक्त का दायित्व पिछले दायित्वों की तुलना में कुछ भिन्न हैं, क्योंकि उपायुक्त जिले में पूरे प्रशासन का प्रभारी होता है। वह जिला स्तर पर राज्य सरकार का प्रवक्ता भी होता है। अतः जिला स्तर पर जो भी मुद्दे उठते हैं, उपायुक्त को प्रत्येक स्थिति में नेतृत्व प्रदान करना होता है, चाहे वह कानून-व्यवस्था का मामला हो या फिर विकास का विषय अथवा विभिन्न विभागों के बीच समन्वय बनाना, चुनावों का संचालन और विपदाओं से निपटना, आदि।

उद्यमशील लोगों की भूमि

मेंगलुरु कई मामलों में विलक्षण है। उस समय वहाँ महिला और पुरुष साक्षरता दर प्रदेश में सबसे ज्यादा थी, टेलीफोन कनेक्टिविटी सबसे ज्यादा थी और लोग बड़ी संख्या में यहाँ से रोजगार के लिए खाड़ी देशों, मुंबई और देश के अन्य भागों में गए हुए थे। यहाँ के लोग बहुत उद्यमशील हैं। पाँच बैंकों का प्रारंभ दक्षिण कर्नाटक से हुआ। यह एक बंदरगाहयुक्त शहर है, जहाँ से तीन राष्ट्रीय राजमार्ग होकर गुजरते हैं और कोंकण रेलवे भी यहाँ से होकर गुजरती है। किंतु इसके बावजूद यहाँ विकास उतना नहीं हुआ था, जितनी यहाँ संभावनाएँ हैं। इस शहर को हांगकांग, सिंगापुर आदि की भाँति विश्वस्तरीय तटीय शहर के रूप में विकसित किया जा सकता था।

ऐसे परिदृश्य में, जब वहाँ मेरी नियुक्ति हुई, मैं निरंतर यह विचार करता रहा कि वहाँ क्या-क्या करना है। उस समय मैं जिला परिषद, निगम तथा कई

अन्य संस्थानों का भी प्रभारी था। मैंने सोचा कि कुछ अलग हटकर करना होगा। इसलिए मैंने स्थितियों का विश्लेषण करना शुरू किया। इस शहर की एक सबसे बड़ी समस्या थी—यहाँ की बेढंगी सड़कें। हर बरसात में यहाँ सड़कों की हालत बदतर हो जाती थी। कई इलाकों में भीड़-भाड़ व ट्रैफिक जाम की समस्या रहती थी। सड़कें बहुत सँकरी थीं और उन पर ही ढेर सारी प्राइवेट बसें चलती थीं। बसों की सघनता बहुत ही ज्यादा थी। अधिक बसों के कारण सड़कों पर पैदल चलनेवालों और छोटे वाहनों के लिए बहुत कम जगह बचती थी। उस स्थिति में मैंने विचार किया कि सड़कों को चौड़ा किया जाए और बदहाल सड़कों का कोई स्थायी समाधान निकाला जाए।

शीर्ष से शुरू होता है अनुशासन

अपनी योजना में हमने निजी संपत्तियों के अधिग्रहण को प्रथम चरण में शामिल नहीं किया ताकि हमें योजना के विरोध का सामना न करना पड़े। सबसे पहले हमने सार्वजनिक स्थानों और सरकारी भवनों से सड़कों को चौड़ा करने का काम प्रारंभ किया, क्योंकि इसके लिए हमें किसी से कुछ पूछने की जरूरत नहीं थी। हमने चारदीवारी को पीछे किया। वहाँ कई शैक्षणिक संस्थान भी थे। हमने उनसे जमीन देने का आग्रह किया। इनमें से कई ने हमारा अनुरोध इस शर्त पर मान लिया कि चारदीवारी का काम प्रशासन द्वारा कराया जाएगा। इस प्रकार काम शुरू हुआ। जब कुछ संस्थान सहमत हो गए, तो दूसरों को भी सहमत होना पड़ा। हमने कॉर्पोरेशन क्षेत्र के सामने से पोर्ट जानेवाली सड़क पर काम प्रारंभ किया। जो इमारतें नियमों का उल्लंघन कर बनाई जा रही थीं, उनके खिलाफ कार्रवाई शुरू की गई। जहाँ नियमों के उल्लंघन के बहुत गौण मामले थे, वहाँ उनसे कहा गया कि वे अपने घर के बाहर सड़क और फुटपाथ बनाने में सहयोग करें। वे इसके लिए तैयार हो गए। वहीं सौंदर्यीकरण के लिए कुछ विज्ञापनदाता काम को प्रायोजित करने के लिए आगे आए।

छह महीने में ही इसने आंदोलन का रूप ले लिया। स्थिति यह थी कि हम किसी से भी बात करते, उसकी प्रतिक्रिया सकारात्मक होती थी। वहाँ पर लोगों का यह रुख देखकर मुझे भी आश्चर्य हुआ। क्योंकि दक्षिण कर्नाटक के लोग अपने अधिकारों के प्रति इतने अधिक जागरूक हैं कि जल्दी

से मामले को नहीं छोड़ते। जब आप किसी से अपनी जमीन देने की बात कहते हैं (किसी भी व्यक्ति के लिए बहुत ही अनमोल वस्तु) तो वह बिना किसी मुआवजे के उसे देने के लिए आसानी से तैयार नहीं होगा। उन दिनों टी.डी.आर. (TRANSFER OF DEVELOPMENT RIGHTS—TDR) की अवधारणा भी मौजूद नहीं थी। लेकिन हमारे मामले में वे इसके लिए भी तैयार हो गए। इसका एकमात्र कारण यह था कि हम केवल जनहित में ही उनसे जमीन माँग रहे थे।

स्थानीय जनता से जिस प्रकार सहयोग मिला, वह बहुत ही उत्साहवर्धक था। कुछ क्षेत्रों, जैसे वेनलोक अस्पताल और पब्लिक इंस्टीट्यूशन एरिया में हमने सड़क चौड़ी करने के लिए जमीन ली थी। एक मामले में मेरे पास स्वास्थ्य सचिव का फोन आया, उन्होंने अस्पताल की जमीन लेने के संबंध में पूछताछ की। मैंने कहा कि हमने यह जमीन जनहित में ली है, अपने स्वयं के उपयोग के लिए नहीं। उनकी औपचारिक अनुमति की प्रतीक्षा किए बिना ही हम आगे बढ़े और वहाँ दीवार बना दी। इस प्रकार उस क्षेत्र को भीड़-भाड़ से छुटकारा मिला।

बस अड्डा कराया स्थानांतरित

हैमपनकट्टा प्राइवेट बस अड्डे पर भीड़ की स्थिति बहुत ही गंभीर थी। कड़ी कार्रवाई करते हुए रात के समय बस अड्डा जानेवाली सड़क पूरी तरह खोद दी गई और वहाँ यातायात रोक दिया। इससे बसवालों ने हड़ताल कर दी और बसें नहीं चलाईं। हमने निजी वाहनों को चलवाया। कुछ घंटे बाद ही उन्होंने मामला निपटाते हुए बसें चलानी शुरू कर दीं। क्योंकि यह अस्थायी स्थिति थी, इसलिए बसें सर्कुलर रास्ते से चलीं और पूरी तरह रुकी नहीं।

ट्रांसपोर्टरों की तरफ से दबाव

वहाँ बस लॉबी बहुत मजबूत थी। उन्होंने हम पर दबाव डलवाने की बहुत कोशिश की। लेकिन उन दिनों, जब तक काम पूरा नहीं हो गया, मैंने फोन उठाना ही बंद कर दिया था। लेकिन कुछ समय बाद उन्होंने हमारी भावनाओं को समझा। कई बसवालों ने इस बात को स्वीकार किया कि सड़कों को चौड़ा किया जाना बहुत जरूरी था और एक स्थायी बस अड्डा भी आवश्यक

था। लेकिन वे वैकल्पिक बस अड्डे पर जाने के लिए तैयार नहीं थे। वर्तमान कॉर्पोरेशन कार्यालय के पास, जो जमीन इन्फोसिस को दी गई थी, उसे बस अड्डे के लिए प्रयुक्त किया जाना था। वहाँ नौ एकड़ जमीन थी, हम चाहते थे कि वहाँ वैकल्पिक व्यवस्था की जाए। फिर मामला सुलझा और हम ट्रैफिक को व्यवस्थित कर पाए। आज शहर का इतना विकास होने के बाद भी वहाँ कहीं भीड़भाड़ नजर नहीं आती। हमने इस काम के लिए न तो राज्य सरकार से और न ही केंद्र से धन की माँग की। सारा काम स्थानीय सहायता से ही संपन्न हुआ। हमने स्थानीय लोगों और एजेंसियों को साथ लेकर कंक्रीट की सड़कें तक बनवाईं।

□

पुलिस हिरासत में मौत

पुलिस हिरासत में आरोपी की मौत ऐसा संवेदनशील मसला होता है, जो प्रशासन के सभी अंगों को कठघरे में खड़ा कर देता है। हर आदमी प्रशासन को संदेह की नजर से देखने लगता है। यदि मामले को सावधानीपूर्वक न सँभाला जाए, तो पूरे सरकारी तंत्र की बदनामी होती है और प्रशासन पर से लोगों का विश्वास उठ जाता है। नेशनल क्राइम रिकॉर्ड्स ब्यूरो द्वारा जारी आँकड़ों के अनुसार वर्ष 2001 से 2013 के बीच भारत में प्रतिवर्ष पुलिस हिरासत में 98 मौतें हुई। इस अवधि में कुल 1,275 मौतें पुलिस हिरासत में हुईं, लेकिन इनमें से 50 प्रतिशत से भी कम मामलों में पुलिसकर्मियों के विरुद्ध मामले दर्ज किए गए। हालाँकि राष्ट्रीय मानवाधिकार आयोग द्वारा संग्रहीत जानकारी के अनुसार पुलिस, न्यायिक हिरासत अथवा जेलों में हुई मौतों की संख्या इससे कहीं ज्यादा है। आयोग का कहना है कि वर्ष 2001 से 2010 के बीच ही 12,727 मौतें न्यायिक हिरासत में हुई हैं।

वर्ष 2001 से 2013 के बीच हिरासत में सबसे ज्यादा मौतें महाराष्ट्र, आंध्र प्रदेश और गुजरात में दर्ज की गईं। जबकि इस दौरान बिहार में सिर्फ ऐसी छह मौतें ही दर्ज की गईं। बड़े राज्यों की बात करें, तो हरियाणा में हिरासत में हुई प्रत्येक मौत के लिए आरोपी पुलिसकर्मियों के विरुद्ध मामला दर्ज किया गया। इसी प्रकार मणिपुर और झारखंड में भी प्रत्येक मामले में केस दर्ज किया गया। इसके विपरीत महाराष्ट्र में हिरासत में हुई मौतों के महज 11.4 प्रतिशत मामलों में ही केस दर्ज किए गए। वैसे केस दर्ज होने से आरोपी पुलिसकर्मी अथवा पुलिस अधिकारी को सजा मिलेगी, इसकी कोई गारंटी नहीं होती। सरकारी आँकड़ों के अनुसार प्रत्येक 100 दर्ज मामलों में से सिर्फ 43 पुलिसकर्मियों के विरुद्ध ही आरोप-पत्र दाखिल किया गया। उनमें से भी महज 12 प्रतिशत आरोपियों को ही सजा मिली। हिरासत में हुई मौतों को रोकने के लिए कानूनी प्रावधानों को मजबूत करने के साथ-साथ संपूर्ण प्रशासनिक तंत्र को संवेदनशील बनाने की जरूरत है। हर काम न्यायालय के आदेश पर ही करने के बजाय इसके लिए पुलिस को स्वयं पहल करनी चाहिए।

हिरासत में मौत, कटघरे में प्रशासन

प्रशासनिक अधिकारी के लिए कभी-कभी ऐसी घटना घट जाती है, जो उसके लिए धैर्य और समझदारी दिखाने का अवसर साबित होती है। मेंगलुरु जिले में घटी ऐसी ही एक घटना में मुझे अपने धैर्य और प्रशासनिक चातुर्य की परीक्षा देनी पड़ी। हुआ यह कि मेंगलुरु के तटीय कस्बे कुंदापुर में पुलिस हिरासत में एक व्यक्ति की मौत हो गई। रात में जैसे ही मुझे सूचना मिली, मैं और पुलिस अधीक्षक तत्काल थाने पर पहुँचे। स्थिति बहुत तनावपूर्ण और गंभीर थी। लोगों ने थाने का घेराव कर रखा था। हम पूरी रात थाने में ही रहे। हमने स्थानीय विधायक से संपर्क करने का प्रयास किया, लेकिन वे वहाँ नहीं थे। किसी तरह उनसे संपर्क हुआ, हमने उनसे अनुरोध किया कि वे स्थानीय लोगों को शांत करने में सहायता करें। शव को पोस्टमार्टम के लिए अस्पताल ले जाया गया था, हजारों लोगों ने वहाँ भी घेराव किया। वे सरकारी अस्पताल के डॉक्टरों पर विश्वास करने के लिए तैयार नहीं थे और इस बात पर जोर दे रहे थे कि पोस्टमार्टम बाहर के डॉक्टरों से कराया जाए। हमने माहौल को समझा और पोस्टमार्टम के लिए उडुपी से डॉक्टरों को बुलाया। पोस्टमार्टम हो गया और पोस्टमार्टम रिपोर्ट भी आ गई। लेकिन भीड़ अभी भी वहाँ जमा थी और पुलिस के खिलाफ नारे लगा रही थी। उसकी मंशा पुलिस थाने और अस्पताल पर हमला करने की थी। जिस युवक की पुलिस हिरासत में मौत हुई थी, वह अपने घर में रोजी-रोटी कमानेवाला अकेला व्यक्ति था। पुलिस का कहना था कि उसने आत्महत्या की है, परंतु लोगों को पुलिस के कथन पर विश्वास नहीं था। अंततः विधायक ने आकर लोगों को समझाया, तब लोग अपने घर गए। भीड़ को नियंत्रित करने के लिए जनप्रतिनिधि को शामिल करना हमारे लिए सफल कुंजी साबित हुआ।

धैर्यपूर्वक काम लेना

दरअसल पुलिस लॉकअप में किसी वजह से भी आरोपी का मर जाना पुलिस को संदेह के घेरे में खड़ा कर देता है। देश में इस तरह की अनेक घटनाएँ घटती रहती हैं। उसमें पुलिस का दोष है या नहीं, यह जाँच का विषय हो सकता है लेकिन जनता तत्काल पुलिस को ही दोषी ठहराती है और पुलिसकर्मियों के विरुद्ध कार्रवाई की माँग करती है। किसी प्रशासनिक अधिकारी के लिए इस प्रकार की घटनाएँ चुनौतीपूर्ण होती हैं। वस्तुतः ऐसी घटनाएँ हमारी असावधानी की वजह से भी घटती हैं। पुलिस हिरासत में हुई कोई भी मौत एक गंभीर मामला होती है—केवल मानवाधिकार के दृष्टिकोण से ही नहीं, वरन् प्रत्येक दृष्टि से। ऐसी परिस्थिति में कानून-व्यवस्था को बनाए रखना बहुत कठिन काम होता है; क्योंकि ऐसे में आप भीड़ को तितर-बितर करने के लिए न तो लाठीचार्ज कर सकते हैं और न ऐसा कोई अन्य तरीका अपना सकते हैं। कोई छोटी सी बात, जिससे लोग उत्तेजित हो जाएँ, स्थिति को नियंत्रण से बाहर कर सकती है। हमने बहुत ही धैर्यपूर्वक स्थिति को सँभाला। जब थाने में किसी की मौत हो जाती है, तो लोग पूरे प्रशासन को संदेह की दृष्टि से देखते हैं। प्रशासन का मुखिया निष्पक्ष हो तो भी लोगों को संदेह रहता है कि वह पुलिस या जिस विभाग पर आरोप लगा होता है, उसको सपोर्ट कर रहा है। ऐसी स्थिति को सँभालना बहुत कठिन होता है, खासतौर पर कानून व्यवस्था को बनाए रखना। इस घटना से मुझे यह सबक मिला। पुलिस हिरासत में हुई मौत का मामला किसी भी प्रशासक के लिए बहुत ही चुनौतीपूर्ण होता है। प्रशासन से यह अपेक्षा की जाती है कि वह लोगों के जीवन की रक्षा करेगा और कानून की गरिमा को बनाए रखेगा। पुलिस हिरासत में मौत के मामले में पूरा प्रशासन रक्षात्मक हो जाता है। वह लोगों को यह बताने का नैतिक अधिकार खो देता है कि ऐसा क्यों हुआ। यदि उसका कोई दोष न हो, तो भी उसे संदेह से देखा जाता है। किसी भी प्रशासक के लिए यह परीक्षा की घड़ी होती है।

जब प्रशासन रक्षात्मक होता है, तब सामान्य प्रशासक के लिए जनता को समझ पाना बहुत कठिन होता है। ऐसे मामलों में नेताओं और अधिकारियों से नाराज लोगों द्वारा मौके का फायदा उठाया जाना कोई नई बात नहीं है। इससे उन्हें नई-पुरानी या व्यक्तिगत-सामूहिक सभी प्रकार की खुन्नस निकालने का मौका मिल जाता है। इसलिए स्थिति और भी संवेदनशील हो जाती है। ऐसे आक्रोश

का निशाना किसी एक व्यक्ति तक सीमित नहीं रहता वरन् यह पूरे विभाग के खिलाफ होता है। ऐसी स्थिति में किसी को भी बहुत संवेदनशील और धैर्यवान होना चाहिए। यदि किसी प्रकार से कोई भड़काने वाला कृत्य हो या उस समय वहाँ भड़काऊ बातें हो रही हों, तो भी स्थिति को सँभालने वालों को किसी भी प्रकार से उत्तेजित नहीं होना चाहिए। उत्तेजना में स्थितियाँ बिगड़ सकती हैं। ऐसे समय में वास्तविक मुद्दा गौण हो जाता है और नये विवाद पैदा हो जाते हैं।

सूझ-बूझ से काम करना

यह कोई सामान्य घटना नहीं थी। ऐसे समय हमें अपनी सूझ–बूझ से मामले को समाप्त करने के लिए समाज के प्रभावी व्यक्तियों, जैसे विधायक, सांसद आदि का सहयोग लेना चाहिए। यदि प्रशासन के मुखिया की छवि अच्छी है, तो वह मामले को सुलझाने में बहुत सहायक होता है। ऐसी स्थिति में पुलिस या प्रशासन के वरिष्ठतम अधिकारी को तत्काल घटनास्थल पर पहुँचना चाहिए, क्योंकि वरिष्ठ अधिकारियों की उपस्थिति से बातें बहुत सहज हो जाती हैं।

त्वरित कार्रवाई का असर

आपदा की स्थिति में यदि प्रशासन का वरिष्ठ अधिकारी मौके पर पहुँच जाता है, तो मामले के समाधान में तेजी आती है। जनता को आज भी प्रशासनिक अधिकारियों पर भरोसा है। ऐसा पहले भी था। इस संदर्भ में मुझे मंगलुरु की एक घटना याद आती है। मुझे रात में 2 बजे एक विधायक का फोन आया। उन्होंने चक्रवात जैसी प्राकृतिक आपदा के आने के बारे में बताया। मैंने वहाँ सुबह पहुँचने की बात कही, तो उन्होंने रात में ही पहुँचने की सलाह दी। मैं तत्काल घटनास्थल पर पहुँचा, वहाँ जाकर देखा कि पूरा राष्ट्रीय राजमार्ग अवरुद्ध हो गया था। चक्रवात में हवा की गति इतनी अधिक थी कि जो कुछ उसके रास्ते में आया, उसने उखाड़ फेंका। वैसे चक्रवात बहुत ही सँकरे मार्ग से होकर गुजरा, परंतु इसने अपने रास्ते में आई हर चीज को तबाह कर दिया। केवल पेड़ ही नहीं उखड़े, मकानों की छतों से टाइल्स भी उड़ गई थीं। इससे बहुत अधिक क्षति हुई। चूँकि मैं जगा हुआ था, इसलिए हमने पूरी मशीनरी को सतर्क कर दिया। अगले दिन 11 बजे जब तत्कालीन मुख्यमंत्री श्री वीरप्पा मोइली वहाँ पहुँचे, तब

तक हर चीज अपनी वास्तविक स्थिति में बहाल हो गई थी। गिरे हुए पेड़ों को राजमार्ग से हटा दिया गया था, छतों की टाइल्स लोगों को उपलब्ध करा दी गई थीं और उन्हें अपनी जगह लगा दिया गया था। यहाँ तक कि लोगों को मुआवजा भी बाँटा जा चुका था। ऐसी आपदा की स्थिति में, कोई पूरी क्षति की पूर्ति तो नहीं कर सकता, लेकिन प्रशासन की छवि पर लगनेवाले संभावित धब्बे से तो बचा ही जा सकता है। ऐसे ही एक बार बाढ़ आने पर हम नगद धनराशि और चेक अपने साथ ले गए और बाढ़ पीड़ितों को मौके पर ही मुआवजा बाँटा। जब हम देखते हैं कि क्षति हुई है, तो क्षति का रिकार्ड बनाकर मुआवजा बाँट देना चाहिए।

पुलिस हिरासत में हुई मौत के मामले में, जब हम घटना स्थल पर जाते हैं, तो यह आकलन कर सकते हैं कि मौत पुलिस के 'थर्ड डिग्री ट्रीटमेंट' से हुई या किसी अन्य कारण से। सामान्यत: हार्ड कोर क्रिमिनल पुलिस के थर्ड डिग्री ट्रीटमेंट से नहीं मरते। फिर भी, थर्ड डिग्री ट्रीटमेंट को सही नहीं ठहराया जा सकता। जब किसी महिला, बच्चे या दबे-कुचले वर्ग के किसी ऐसे व्यक्ति की मौत हो जाती है, जिसे पुलिस किसी स्थानीय झगड़े में उठा लाती है, तो इससे संदेह उत्पन्न होता है। ऐसे में पुलिस के खिलाफ कार्रवाई होनी ही होती है।

अपने प्रशासनिक कार्यकाल में मुझे इस तरह के कई अनुभव हुए। मैं दावे के साथ कह सकता हूँ कि किसी भी आपदा की स्थिति में, घटनास्थल पर वरिष्ठ प्रशासनिक अधिकारियों की उपस्थिति से बातें बहुत सहज हो जाती हैं। यदि वे अनुपस्थित रहते हैं, तो लोगों का गुस्सा और बढ़ जाता है कि वे यहाँ क्यों नहीं आए? उन पर असंवेदनशील होने का आरोप लगता है। इससे असंतोष दोगुना बढ़ जाता है। यदि वे मौके पर मौजूद रहते हैं, तो लोगों को लगता है कि प्रशासन अपनी तरफ से पूरा प्रयास कर रहा है और उनकी कोई गलती नहीं है। जनता में इस प्रकार के विश्वास का बनना बहुत महत्त्वपूर्ण होता है। मैंने कई मौकों, जैसे—बाढ़ आदि की स्थिति में ऐसा महसूस किया है। किसी भी प्राकृतिक आपदा की स्थिति में प्रशासन को सबसे पहले घटनास्थल पर पहुँचना चाहिए। हम इसे नजरअंदाज नहीं कर सकते। जिस आदमी ने गलती की है, उसे परिणाम भुगतने ही पड़ेंगे। हमारी तरफ से ऐसा प्रयास होना चाहिए कि पुलिस कानून व्यवस्था सुनिश्चित करते हुए मानवाधिकारों का सम्मान करे और जनता का विश्वास अर्जित करने के लिए भी सतत प्रयास होने चाहिए।

□

पिलिकुला निसर्गधाम, मेंगलुरु

इको-टूरिज्म का अनूठा प्रकल्प

भारत के पश्चिमी तटीय छोर पर पश्चिम घाट में स्थित सांस्कृतिक रूप से समृद्ध एक जीवंत शहर है मेंगलुरु, जहाँ के निवासी अत्यधिक शिक्षित और जागरूक हैं। हरियाली व सदाबहार वनों से घिरा होने के बावजूद यहाँ ऐसा कोई स्थान नहीं था, जहाँ जाकर लोग पश्चिमी घाट की प्राकृतिक छटा का आनंद ले सकें और यहाँ की वनस्पति, जीव-जगत् और संस्कृति को समझ सकें। मनोरंजन के साथ ही ज्ञानवर्धन और विज्ञान के व्यावहारिक पहलुओं आदि के बारे में जानकारी प्राप्त करने की दृष्टि से 'पिलिकुला निसर्गधाम' एक आदर्श स्थान के रूप में विकसित हुआ। लेकिन इससे भी ज्यादा महत्त्वपूर्ण है इस वृहत् योजना को वास्तविकता में बदलने के लिए जिस संजीदगी, कुछ नया करने की चाह, सहभागिता और ताल-मेल की जरूरत थी, वह प्रशासन में दिखा। पिलिकुला निसर्गधाम जनता और सरकार की एक मिली-जुली परियोजना बन गई।

मेंगलुरु : टूलू भूमि का केंद्र

लगभग पाँच लाख की आबादी वाला मेंगलुरु कर्नाटक का प्रमुख बंदरगाह नगर है। यह बेंगलुरु से 350 कि.मी. पश्चिम में स्थित है। पश्चिमी घाट और अरब सागर के बीच स्थित यह दक्षिण कन्नड़ जिले का मुख्यालय है। इसका नामकरण स्थानीय देवी 'मंगलादेवी' के नाम पर हुआ है। रातभर चलनेवाली नृत्य नाटिका 'यक्षगान' का उद्‌भव इसी क्षेत्र में हुआ। धान के खेतों में आयोजित की जानेवाली भैंसों की दौड़ 'कांबला' यहाँ का परंपरागत खेल है। साक्षरता

के मामले में इस नगर का देश में शीर्ष पर होना प्रत्येक नगरवासी के लिए गर्व की बात है।

1995 में जब मैं कारवार का उपायुक्त था, तब राज्य सरकार ने एक परिपत्र जारी कर, बड़े शहरों के लिए एक ऐसा स्थल, जहाँ पर शहरी लोग स्वास्थ्य विहार कर सकें, स्थापित करने की आवश्यकता पर जोर दिया था। इस परिपत्र से प्रोत्साहित होकर मैंने राजस्व अधिकारियों से इसके लिए उपयुक्त स्थल का पता लगाने को कहा। स्थान की तलाश शुरू कर दी गई और साथ ही यह भी निश्चय किया गया कि इसे एक ऐसे पर्यटन स्थल के रूप में विकसित किया जाए, जो लोगों को मनोरंजन के साथ ही शिक्षित भी करे, प्रकृति से साक्षात्कार कराए और उन्हें इस क्षेत्र की समृद्ध सांस्कृतिक विरासत की अनुभूति भी कराए। हमने इस क्षेत्र को 'Large Urban Lung Spaces' (वृहत् नगरीय फेफड़ा क्षेत्र) नाम दिया।

इस संदर्भ में आयोजित जिला स्तरीय अधिकारियों की बैठक में बहुद्देशीय पार्क बनाने के लिए कई स्थानों के सुझाव आए। निरीक्षण के उपरांत शहर से लगभग 11 कि.मी. दूर स्थित वन विभाग की एक नर्सरी को उपयुक्त पाया गया। यह नर्सरी लगभग 20 एकड़ क्षेत्र में थी। उसके आसपास की जमीन जंगली झाड़ियों से अँटी पड़ी थी। मैंने उसका अच्छी तरह घूम-फिरकर जायजा लिया। बाद में पता चला कि जमीन के स्वामित्व की स्थिति बहुत अस्पष्ट है। यही नहीं, वहाँ कई अनधिकृत कब्जे होने के अलावा एक जर्जर तालाब और बेकार पड़ी खदान भी थी। साथ ही यह भी पता चला कि वहाँ क्षय रोगियों का एक अस्पताल भी था। मैंने सारी जमीन का विस्तृत सर्वे करने का आदेश दिया। रिकॉर्ड की जाँच-पड़ताल में पता चला कि इस क्षेत्र में 350 एकड़ जमीन है, जो सरकार की है। हमने विचार किया कि मेंगलुरु में इको-पार्क बनाने के लिए यह जगह उपयुक्त रहेगी।

उपलब्ध जमीन वास्तव में ऐसी स्वर्ण खान थी, जहाँ इको-पार्क के सपने को साकार किया जा सकता था। लेकिन उस जमीन को सरकारी अधिकार में लेना कोई आसान काम नहीं था, क्योंकि वहाँ कई झोंपड़ियाँ बनी हुई थीं और इसका स्वामित्व कई सरकारी एजेंसियों के पास था। मैंने सबसे पहला कदम यह उठाया कि भू-राजस्व अधिनियम के अंतर्गत प्राप्त शक्तियों के तहत, उस

जमीन को 'थीम पार्क' के लिए आरक्षित कर दिया। इससे विभिन्न एजेंसियों के अलग-अलग तरह के आधे-अधूरे प्रस्ताव जहाँ के तहाँ रुक गए। इस प्रकार इस पूरी भूमि के लिए केवल एक उद्देश्य निर्धारित हो गया। इस तरह इस परियोजना का बीजारोपण हुआ। अब तत्काल प्रभाव से इस जमीन को किसी भी प्रकार के अवैध कब्जे या किसी अन्य कार्य में प्रयुक्त किए जाने से रोकने की प्राथमिकता थी। इसके लिए विभिन्न योजनाओं से प्राप्त ब्याज के रूप में जो धन उपलब्ध था, उससे वहाँ चारों तरफ तारबंदी कर दी गई।

विस्तृत योजना

मोटे तौर पर योजना यह थी कि वहाँ एक वन्य जंतु पार्क के साथ ही क्षेत्र की वनस्पति को प्रदर्शित करनेवाला पार्क, मनोरंजन पार्क, जिसमें मुख्यतः वाटर पार्क हो, एक ऐसा विज्ञान केंद्र, जहाँ खेल-खेल में सीखा जा सके और लुप्त होते स्थानीय शिल्प को प्रोत्साहित करने के लिए शिल्प ग्राम बनाया जाए। पूरे क्षेत्र को इन विविध क्रियाकलापों के अनुरूप बाँटा गया। वहाँ एक ऐसा तालाब था, जिसमें पूरे इलाके का फालतू पानी एकत्र होता था, परंतु यहाँ गाद जमा थी और लोग इस पर अवैध कब्जा किए हुए थे। वहाँ वन्यजीव पार्क बनाने का विचार इसलिए आया, क्योंकि शहर में सर्किट हाउस के पास स्थित पुराने डियर पार्क को वहाँ से स्थानांतरित किया जाना था, क्योंकि वहाँ हिरणों को रखने के लिए पर्याप्त स्थान नहीं था। इस पूरी योजना को अमलीजामा पहनाना हमारे लिए अगली बड़ी चुनौती थी।

कार्यसमूह का गठन

इस प्रकार की बड़ी परियोजनाओं को पूरा करने और इनके स्थायित्व के लिए सतत निगरानी की व्यवस्था बहुत आवश्यक होती है। हमने सोचा कि इस बहुआयामी परियोजना के लिए एक साधारण कमेटी काम नहीं कर पाएगी। इसलिए यह निश्चय किया गया कि इसके लिए एक स्वायत्तशासी संस्था की स्थापना की जाए। इसके फलस्वरूप एक सोसाइटी पंजीकृत कराई गई, जिसके सदस्य सरकारी अधिकारी और नागरिक बनाए गए। इस परियोजना के कई घटक थे, इसलिए प्रत्येक घटक के लिए अलग उपसमिति बनाई गई, जिसमें संबंधित अधिकारियों के साथ ही विशेषज्ञों और प्रबुद्ध नागरिकों को शामिल

किया गया। ये उप समितियाँ नियमित रूप से मिलती थीं और आगे की कार्य योजना बनाती थीं। साथ ही कार्य की प्रगति की समीक्षा करने के लिए उपायुक्त प्रति माह एक साथ सभी उपसमितियों की बैठक बुलाते थे।

यदि इस तरह की परियोजनाएँ एक बार में ही लागू हो जाएँ, तो उसे हम आदर्श स्थिति कह सकते हैं। परंतु इसके लिए संसाधन जुटाना एक बड़ा काम था। इसलिए यह विचार किया गया कि पूरी योजना को एक ही बार में शुरू करने के स्थान पर चरणबद्ध तरीके से अमल में लाया जाए। इसके कई घटक अलग-अलग एकक के रूप में शुरू किए गए और प्रत्येक के लिए विस्तृत प्रोजेक्ट रिपोर्ट तैयार की गई।

इस प्रकार की विस्तृत परियोजनाओं के लिए बहुत अधिक धन की आवश्यकता होती है। इतना धन उपायुक्त (जिलाधिकारी) के पास उपलब्ध सीमित संसाधनों से नहीं जुटाया जा सकता। इसलिए पूरी परियोजना को अलग-अलग विभिन्न उप-घटकों में वर्गीकृत किया गया।

सरकार की नियमित योजनाओं के अंतर्गत फंड

विज्ञान केंद्र और क्षेत्रीय विज्ञान केंद्र के प्रस्ताव को भारत सरकार के पास भेजा गया, जिसे केंद्र से स्वीकृति मिल गई। मनोरंजन से संबंधित कई घटकों के लिए प्रदेश के पर्यटन विभाग से धन मिला। वृक्षारोपण के लिए प्रदेश के वन विभाग से धन मिला। वन विभाग और उद्यान विभाग की जो नर्सरियाँ यहाँ-वहाँ थीं, उन्हें इस परियोजना स्थल पर स्थानांतरित किया गया।

निजी क्षेत्र की सहभागिता—इस परियोजना का एक महत्त्वपूर्ण घटक वाटर पार्क भी था। इससे राजस्व आमदनी की बहुत अधिक संभावनाएँ थीं। इसलिए यह विचार किया गया कि इसे स्थापित करने और चलाने का जिम्मा किसी प्रोफेशनल एजेंसी को दिया जाए। लिहाजा निवेशक को ढूँढ़ने में पारदर्शी प्रक्रिया अपनाई गई और इसके लिए उपयुक्त जमीन लीज पर दी गई। इसी प्रकार संभावित प्रयोगकर्ताओं के सहयोग से गोल्फ कोर्स बनाया गया। इसके साथ ही वहाँ ऐसी 'लक्जरी हट्स' की संभावनाएँ भी थीं, जहाँ पर्यटक लंबी अवधि के लिए रह सकें। इस कार्य के लिए कर्नाटक सरकार के एक उपक्रम 'द जंगल लॉजेस एंड रिसोर्ट्स लि.' से अनुरोध किया गया।

सी.एस.आर. के तहत आर्थिक सहयोग—इस परियोजना के कई छोटे-छोटे काम कराने के लिए क्षेत्र की कई बड़ी कंपनियाँ आगे आईं जिन्होंने वन्यजीवों के लिए बाड़े और उन्हें अपनाने जैसे काम किए। एक तालाब का जीर्णोद्धार किया जाना था, जिसमें से काफी मात्रा में गाद निकाली जानी थी। एक बड़ी कंपनी ने हैवी मशीनरी उपलब्ध कराई और जिला प्रशासन को केवल इसके ईंधन की व्यवस्था करनी थी।

पुनर्वास करना था चुनौती

जमीन को अपने अधिकार में लेने के बाद वहाँ से लगभग 250 घरों को स्थानांतरित करना था। इन परिवारों ने वहाँ अनधिकृत रूप से मकान बना लिए थे। इस काम के लिए शहर के पास ही एक जमीन का चयन किया गया। यह जमीन विधिवत् रूप से विस्थापित होनेवाले परिवारों को सौंपी गई और सरकार की विभिन्न योजनाओं के अंतर्गत वहाँ उनके लिए मकान बनाए गए। सर्वे और पुनर्वास के काम में ग्राम पंचायत को सहभागी बनाया गया। इस बात का पूरा ध्यान रखा गया कि स्कूल जानेवाले सभी बच्चों को निकटवर्ती स्कूलों में दाखिला मिल जाए। वहाँ रहनेवाले अधिकांश लोगों को पार्क के कामों में प्रत्यक्ष या परोक्ष रूप से काम मिल गया।

निजी क्षेत्र के सहयोग से तालाब का जीर्णोद्धार

जैसा कि मैंने बताया है कि इस इलाके में एक बड़ा तालाब था, परंतु उसमें काफी गाद भर गई थी, जिसे निकालने की आवश्यकता थी। यह तालाब पार्क में होने वाली सभी गतिविधियों के केंद्र में था। तालाब भूमि के सबसे निचले भाग में था, इसलिए पूरे पार्क से बहकर आनेवाले पानी को तालाब तक ले जाने के लिए नालियाँ बनी थीं। तालाब में गाद भरी थी और इसकी दीवारें गिर गई थी। गाद को निकालना बहुत महँगा काम था, इसके लिए हैवी मशीनों की जरूरत थी। सौभाग्यवश, पता चला कि एक खनन कंपनी के पास हैवी मशीनरी है। उनसे उन मशीनों के लिए अनुरोध किया गया। वे इस शर्त पर सहमत हो गए कि ईंधन परियोजना के अधिकारियों द्वारा उपलब्ध कराया जाएगा। मशीनें उस कंपनी से ली गई और एक दूसरी कंपनी ईंधन खर्च वहन करने के लिए तैयार हो

गई। इस तरह गाद निकालने का काम पूरा हुआ। वहाँ से निकाली गई गाद पार्क के दूसरे हिस्से में पौधारोपण में काम आई। तालाब को मनोरंजन गतिविधियों के लिए तैयार किया गया। इस दृष्टि से नौकायन के लिए बोटिंग जैटी बनाई गई और पैडल व मोटर से चलनेवाली नावें ली गईं।

वन्यजीव पार्क

लगभग 100 एकड़ जमीन अपनी तरह के एक विशिष्ट वन्यजीव पार्क के लिए निर्धारित की गई। इसके पीछे पूरी सोच यह थी कि 'जू अथॉरिटी ऑफ इंडिया' द्वारा निर्धारित मानकों के अनुसार वन्यजीवों को बड़े अहातों में रखा जाए, जिससे वन्यजीवों को बंद पिंजरों के बजाय खुले स्थान में रहने की अनुभूति हो। इन अहातों का निर्माण कई कंपनियों ने अपने सी.एस.आर. धन से कराया। राज्य सरकार से भी इसके लिए धन लिया गया। वन्यजीवों को भीड़ भरे चिड़ियाघरों से वहाँ स्थानांतरित किया गया। इसका रखरखाव प्रवेश शुल्क से प्राप्त धन से किया जाता है। इसके लिए स्टाफ पार्क के अधिकारियों ने उपलब्ध कराया। कुछ वन्यजीवों को दानदाताओं ने गोद लिया।

इन सब प्रयासों से सेंट्रल जू अथॉरिटी ऑफ इंडिया ने पिलिकुला जीव पार्क को एक बड़े जीव पार्क के रूप में मान्यता दी। यह अकेला ऐसा पार्क है, जिसे किंग कोबरा के प्रजनन केंद्र के रूप में मान्यता प्राप्त है। इस पार्क में लगभग 400 जीव-जंतु, सरीसृप (reptiles) और चिड़ियाँ हैं। यहाँ एक अन्य विशेष बात यह है कि वन्यजीव पार्क एक ऐसा पार्क है, जो वन विभाग अथवा जू-विभाग की देख-रेख में नहीं है, इसकी देखभाल की व्यवस्था एक सोसाइटी करती है, जो देश में ऐसी पहली सोसाइटी है।

निजी-सार्वजनिक भागीदारी में वाटर पार्क

ऊपर मैंने एक तालाब की बात कही है जिसके अत्यधिक वर्षा वाले जलग्रहण क्षेत्र में होने की वजह से यहाँ जल बहुतायत में था। हम लोग ऐसा मानते थे कि यहाँ आनेवाले लोगों के लिए वाटर पार्क आकर्षण का मुख्य केंद्र होगा। परंतु समस्या यह थी कि इसके निर्माण में भारी निवेश की आवश्यकता थी, परंतु यह आकलन किया गया कि इस पार्क से राजस्व संग्रह की संभावनाएँ

भी अधिक थीं, इसलिए इसका दायित्व किसी निजी कंपनी को देने का निर्णय किया गया। निवेशक को लंबी अवधि के लिए जमीन लीज पर दी गई, जिसके बदले में उसने यहाँ पार्क बनाने की जिम्मेदारी ली।

धरोहर ग्राम

इस परियोजना में इस क्षेत्र की तेजी से लुप्त हो रही परंपरागत शिल्प कला के संरक्षण और संवर्धन पर भी विचार किया जा रहा था। इसी संबंध में पिलिकुला पार्क में धरोहर ग्राम की स्थापना करने का निर्णय लिया गया, जिसमें शिल्पी परिवार रहें, अपने शिल्प पर काम करें और उसे दर्शकों के समक्ष प्रदर्शित कर इससे अपनी आजीविका कमाएँ। यहाँ इनके शिल्प को प्रदर्शित करने के अतिरिक्त शहर के बाजार में भी एक शोरूम उपलब्ध कराया गया। यहाँ 25 शिल्पी परिवारों को बसाया गया, तब से वे यहाँ पर अपना काम कर रहे हैं। इस गाँव में प्रदर्शनी की सभी सुविधाओं से युक्त परंपरागत कुटियाँ भी बनाई गई हैं। प्रत्येक कुटिया एक विशिष्ट प्रकार की कला को समर्पित है। इसके अतिरिक्त यहाँ एक 'गुत्तू मने' भी बनाया गया है, जिससे यहाँ आनेवाले लोगों को ग्रामीण परंपरा, रहन-सहन की जानकारी दी जाती है। दक्षिण कन्नड़ जिले में साँड़ों के खेल (कंबला) की परंपरा है। जिसके लिए साँड़ों की दौड़ के लिए एक कंबला फील्ड भी बनाई गई, जहाँ समय-समय पर साँड़ों की दौड़ का आयोजन होता है।

विज्ञान केंद्र

साक्षरता दर में शीर्ष पर होने के बावजूद मेंगलुरु नगर एक विज्ञान केंद्र से वंचित था। विज्ञान केंद्र की स्थापना के पीछे केवल एक ही कारण था कि मेंगलुरु के विद्यार्थियों को वैज्ञानिक जानकारी दी जाए और नागरिकों को मनोरंजन के माध्यम से इनका ज्ञान कराया जाए। इसी दिशा में दोहरे लाभ देनेवाले विज्ञान केंद्र का निर्माण कराया गया। एक तो यहाँ वैज्ञानिक प्रयोगों के माध्यम से लोगों का मनोरंजन हो और दूसरे विद्यार्थियों का विज्ञान के प्रति आकर्षण बढ़े। इसके लिए धन की व्यवस्था राजकोष से की गई। हमारे इस प्रयोग की सफलता से प्रेरित होकर कर्नाटक सरकार ने क्षेत्रीय विज्ञान केंद्र और नेशनल काउंसिल ऑफ

साइंस म्यूजियम की सहायता की। भारत स्काउट्स और गाइड्स की सहायता से बच्चों की ऊर्जा का उपयोग समाज निर्माण की गतिविधियों के लिए किया गया।

चुनौतियों का सामना

- यह प्रकल्प शिक्षण, मनोरंजन, प्राकृतिक संरक्षण और सांस्कृतिक धरोहर के परिरक्षण की दृष्टि से अद्वितीय था।
- इस प्रकल्प की संरचना इस प्रकार की गई कि इसकी सफलता कुछ व्यक्तियों पर निर्भर न हो। इस प्रकल्प का ढाँचा कुछ इस प्रकार तैयार किया गया कि यह स्वायत्त तो रहे, परंतु इसकी जबावदेही भी बनी रहे।
- यह प्रकल्प संसाधनों के सम्मिलन का उत्कृष्ट उदाहरण है।
- यह प्रकल्प जन-सहभागिता और कंपनियों की सामाजिक जिम्मेदारियों के सहयोग से टिकाऊ बना रहे, इसका ध्यान रखा गया।
- यह प्रकल्प फील्ड निरीक्षण के मूलभूत सिद्धांतों पर अमल करने, अपनी विरासत की जाँच करने, गहराई से पर्यवेक्षण करने के अलावा पारदर्शिता और जवाबदेही का अच्छा उदाहरण है।
- विभिन्न घटकों की समितियों को पर्याप्त प्रतिनिधित्व प्रदान किया गया, जिससे प्रत्येक घटक की सफलता सुनिश्चित हुई।
- संकल्पना से लेकर क्रियान्वयन और अंततः उपयोग में आने तक जनसहभागिता से यह प्रकल्प अपरिर्वतनीय और अचल बन गया।
- यह प्रकल्प इस बात का भी श्रेष्ठ उदाहरण है कि यदि किसी बड़ी योजना को पूरी ईमानदारी से लागू किया जाए, तो उसके विभिन्न पक्षकारों के बीच किसी प्रकार का कोई टकराव नहीं हो सकता।

□

नवीन पर्यटन-स्थलों की ब्रांडिंग

अगस्त 1996 में मुझे पर्यटन विभाग में निदेशक पद की जिम्मेदारी दी गई। यहाँ मैं यह उल्लेख करना चाहूँगा कि कर्नाटक उन राज्यों में प्रमुख है, जहाँ पर्यटन की भरपूर संभावनाएँ हैं। पर्यटकों के लिए यहाँ बर्फ और रेगिस्तान के अतिरिक्त सब कुछ है। हमारे पास सर्वश्रेष्ठ वन्यजीव संपदा है, समुद्रतट है और दो विश्व धरोहर केंद्र हैं। धरोहर नगरी मैसूर पर्यटकों को अत्यधिक आकर्षित करती है। पट्टडकल और हंपी विश्व धरोहर स्थल हैं। पर्यटकों में बहुत ही लोकप्रिय गोवा और केरल यहाँ से बहुत नजदीक हैं। पर्यटन विभाग के निदेशक का दायित्व सँभालने के बाद मैंने यह अनुभव किया कि राज्य में पर्यटन की इतनी अधिक संभावनाएँ होने के बावजूद पर्यटन की दृष्टि से राज्य की ब्रांडिंग उतनी अधिक नहीं हुई है। दूसरे राज्य अपने पर्यटन स्थलों का बहुत अधिक प्रचार करते हैं। गोवा सुविख्यात पर्यटन गंतव्य है। केरल भी पर्यटन मानचित्र पर बड़े पैमाने पर उभर रहा है, क्योंकि यह पर्यटन की दृष्टि से आक्रामक रूप से प्रचार और ब्रांडिंग करता है।

पर्यटन सर्किट

हमने राज्य को एक ब्रांड के रूप में स्थापित करने पर ध्यान केंद्रित किया। परामर्शदाता नियुक्त किए, प्रतीक चिह्न और प्रचार साहित्य को पुनः डिजाइन किया। साथ ही पर्यटन सर्किट (Tourism Circuits) बनाये और उनके अनुरूप पर्यटकों के लिए उपयोगी सूचनाएँ व प्रचार साहित्य तैयार किया। पर्यटन–स्थलों का वर्गीकरण धार्मिक, तटीय, धरोहर, वन्यजीव सर्किट आदि के रूप में किया गया। होटलों एवं रेस्टोरेंट्स के लिए प्रोत्साहन नीति

बनाई गई और नए उद्यम प्रारंभ किए गए। परंतु हमारे पास इन सबके लिए पर्याप्त बजट राशि नहीं थी। जब मैं विभाग में आया, तब इसका बजट मात्र 10 करोड़ रुपए था। कई प्रतिवेदनों और संघर्ष के बाद अगले बजट में केवल 2 करोड़ रुपए की वृद्धि हो पाई। हालाँकि यह वृद्धि पिछले वर्ष की तुलना में 20 प्रतिशत थी, परंतु फिर भी पर्याप्त नहीं थी। तब हमने केंद्र सरकार से धन लेने के प्रयास किए, क्योंकि तत्कालीन प्रधानमंत्री श्री एच.डी. देवेगौड़ा हमारे राज्य से थे। हमने धन के लिए विषय आगे बढ़ाया, परंतु उसमें अधिक सफलता नहीं मिली।

स्वच्छता व स्वास्थ्यवर्धक माहौल

जब हमने इस बात पर मंथन किया कि हमारे पर्यटन-स्थलों की पहचान राज्य के बाहर क्यों नहीं है, तो महसूस हुआ कि हम प्रचार करने में बहुत पीछे हैं। यही वजह है कि हमारे पर्यटन-स्थलों की राज्य के बाहर कोई पहचान नहीं है। इसलिए हमने दूसरे राज्यों में अपने पर्यटन कार्यालय खोलने और उनके साथ एक्सचेंज कार्यक्रम या पारस्परिक सहयोगात्मक व्यवस्था प्रारंभ करने का निश्चय किया। दिल्ली में, जहाँ हमारा एंपोरियम और सूचना विभाग था, वहाँ हमने बहुत सुधार करने का निर्णय किया। हमने दिल्ली में फूड फेस्टीवल आयोजित किया जिसमें बहुत लोग आए। हमारा ध्यान केंद्र से अधिक धन प्राप्त करने और अपने पर्यटन-स्थलों का प्रचार पर्यटन सर्किट के अनुसार करने की रणनीति पर केंद्रित था। इसके साथ ही हमने पर्यटन-स्थलों को स्वच्छ रखने और उन तक आसानी से पहुँचने के लिए सड़कों के निर्माण और उनकी मरम्मत पर जोर दिया। हम उन स्थानों पर पी.डब्ल्यू.डी. की सड़कें बनवाना चाहते थे, ताकि पर्यटकों की यात्रा आरामदायक हो सके। पर्यटकों का मुख्य सरोकार स्वच्छता और स्वास्थ्यवर्द्धक माहौल से होता है। इसलिए हमने यह सब सुनिश्चित करने का निर्णय किया।

गोवा, कर्नाटक और केरल का स्वर्णिम पर्यटन त्रिभुज

उन दिनों हमारी पर्यटन नीति बहुत प्रगतिशील थी। किन्तु सीमित संसाधनों को देखते हुए हम बहुत अधिक हासिल नहीं कर सके। हम केरल और राजस्थान

की तरह आक्रामक प्रचार नीति नहीं अपना सकते थे। चूँकि अधिकांश पर्यटक स्वर्णिम त्रिभुज यानी दिल्ली, आगरा और जयपुर जाते हैं, उसी तर्ज पर हमने कर्नाटक, केरल और गोवा को शामिल करते हुए एक अन्य स्वर्णिम त्रिभुज बनाने पर विचार किया। यदि हम इन राज्यों को जोड़ सकें तो पर्यटन में बहुत सुधार होगा। गोवा से हंपी और दूसरे स्थानों तक आने-जाने की सुविधा उपलब्ध कराना एक विकल्प हो सकता था। हंपी वास्तव में एक भव्य और आकर्षक स्थल है और यह संयुक्त राष्ट्र संघ की धरोहरों की सूची में भी शामिल है। हालाँकि यहाँ संपर्क व्यवस्था ठीक नहीं है, फिर भी यह हजारों विदेशी पर्यटकों को आकर्षित करता है। वे यहाँ इन स्थलों को देखने और अध्ययन करने आते हैं। यह संपूर्ण स्थान मंत्रमुग्ध कर देने वाला है।

कर्नाटक में कई जलाशय और नदियाँ हैं, जहाँ जल-क्रीड़ा को प्रोत्साहित किया जा सकता है। इन जलाशयों के पास काफी जमीन उपलब्ध है, जिसे उद्यानों और पर्यटन की दृष्टि से सहायक स्थलों के रूप में विकसित किया जा सकता है। हमने मेंगलुरु के पिलिकुला में जिस प्रकार पर्यटन को प्रोत्साहित किया और शिक्षाप्रद-मनोरंजन के लिए व्यवस्था की, ऐसा ही कुछ इन स्थानों पर भी विकसित करने का विचार मेरे मन में था। मेरी यह भी सोच थी कि कर्नाटक को पर्यटन के क्षेत्र में प्रचार की आक्रामकता को अपनाना पड़ेगा जिससे अन्य राज्यों से तीर्थयात्री हमारे यहाँ स्थित तीर्थ-स्थलों के दर्शन के लिए पहुँचें और उन्हें पूरी सुविधा उपलब्ध कराई जाए।

रोजगार की संभावनाओं का दोहन

राज्य पर्यटन विभाग को जिस युद्धस्तर पर अपनी धरोहरों के लिए यात्रियों और पर्यटकों को आकर्षित करने वाली योजनाओं पर अमल करना चाहिए था, वैसा नहीं हो सका। हमारा मानना है कि पर्यटन में निवेश से रोजगार सृजन की बहुत अधिक संभावनाएँ हैं। यदि आप किसी उद्योग में एक करोड़ रुपए के निवेश से एक रोजगार सृजित करते हैं, तो आप पर्यटन में उतना ही निवेश कर उससे दस गुना रोजगार सृजित कर सकते हैं। इन संभावनाओं के दोहन की जरूरत है। केरल, गोवा और राजस्थान जैसे राज्यों में पर्यटन से होनेवाली आय मुख्य आधार है। लेकिन कर्नाटक में विश्व स्तरीय पर्यटन-स्थल होने के बावजूद ऐसा नहीं है।

हमने ईको टूरिज्म पर विशेष बल दिया और जंगल लॉज एंड रिसोर्ट्स की काफी सहायता की। जहाँ से भी प्रस्ताव मिले, हमने उनकी सहायता की ताकि वे अपने वर्तमान ढाँचे का नवीनीकरण करें और उसमें कुछ नया जोड़ भी सकें। पर्यटकों के लिए एक अन्य सरकारी कंपनी कर्नाटक राज्य पर्यटन विकास निगम (के.एस.टी.डी.सी.) की आर्थिक स्थिति अच्छी नहीं थी, अतः हमने सरकार से उसे सहायता दिलाने के प्रयास किए। कर्नाटक में पर्यटन विकास की असीमित संभावनाएँ हैं। मैसूर का दशहरा उत्सव पूरे विश्व में प्रसिद्ध है। इसी प्रकार बेंगलुरु शिक्षा, अनुसंधान और आई.टी. सेक्टर के लिए जाना-पहचाना नाम है।

स्वास्थ्य और मनोरंजन के क्षेत्र में अपार संभावनाएँ

पर्यटन की दृष्टि से जो क्षेत्र तेजी से उभर रहे हैं, वे हैं स्वास्थ्य और मनोरंजन। तटीय क्षेत्रों का भी बड़े पैमाने पर विकास किया जा सकता है। जो कुछ केरल के तटीय इलाकों में उपलब्ध है, वह सब कुछ कर्नाटक में भी उपलब्ध है। कृषि पर्यटन की भी संभावनाएँ हैं। पर्यटकों को खेतों पर ले जाकर उन्हें कृषि गतिविधियों के बारे में शिक्षित किया जा सकता है।

कुल मिलाकर यहाँ विकास की असीमित संभावनाएँ हैं। आनेवाले समय में, यदि दूरदृष्टि से काम किया जाए, तो कर्नाटक अत्यधिक लोकप्रिय पर्यटन गंतव्य बन जाएगा। यह निश्चित है कि अधिकांश आय विदेशी पर्यटकों से होती है, परंतु घरेलू पर्यटकों की उपेक्षा नहीं की जा सकती, क्योंकि बड़ी संख्या में घरेलू पर्यटकों का रुख भी कर्नाटक की ओर मोड़ा जा सकता है। बंगाल और महाराष्ट्र से बड़ी संख्या में पर्यटक दूसरे स्थानों पर जाते हैं। उन्हें कर्नाटक आने के लिए आकर्षित किया जा सकता है।

□

अप्रतिम रेतीले समुद्र तट

पर्यटन विभाग से मैं 1997 में कारवार जिले में उपायुक्त (जिलाधिकारी) के पद पर गया। यह गोवा-कर्नाटक सीमा पर स्थित, उत्तर कन्नड़ जिले का अत्यंत सुंदर समुद्र तटीय शहर है। पश्चिमी तट पर स्थित यह सुरम्य स्थल अनोखे वनों से भरपूर है। यहाँ की अभिभूत कर देनेवाली प्राकृतिक छटा, अप्रतिम रेतीले समुद्री तट, भू-दृश्य, ऊँची-नीची पहाड़ियाँ और निर्मल बैकवाटर विस्मयकारी दृश्य प्रस्तुत करते हैं। अरब सागर से उभरते हुए पहाड़ों का दृश्य मंत्रमुग्ध कर देनेवाला है। कभी ब्रिटिश सरकार का मुख्यालय रह चुका कारवार ऐतिहासिक दृष्टि से अरब सागर से होनेवाले समुद्री व्यापार का केंद्र रहा है। यहाँ से अरब, डच, पुर्तगाली, फ्रेंच और अंग्रेज व्यापार किया करते थे।

मछुआरों को उचित मुआवजा

चूँकि यह वन बहुल क्षेत्र है, इसलिए यहाँ पर्यावरणीय मुद्दे बहुत अधिक हैं। नदी के पास एक परमाण्विक बिजलीघर बन रहा था। वहाँ कुछ जलविद्युत् बिजली घर भी थे। सुरक्षा की दृष्टि से रक्षा मंत्रालय की ओर से सी-बर्ड प्रोजेक्ट (Sea Bird Project) के लिए भूमि अधिग्रहण का काम चल रहा था। स्थानीय मछुआरे इसके विरोध में आंदोलन कर रहे थे। उनकी अपनी चिंताएँ थीं। इनमें से प्रमुख चिंता थी कि उन्हें जमीन का कम मुआवजा दिया जा रहा था। रक्षा मंत्रालय के अधिकारियों द्वारा जिस मुआवजे का प्रस्ताव दिया गया था, वह वास्तव में बहुत कम था—मात्र कुछ हजार रुपए प्रति एकड़। आंदोलित मछुआरों ने उसे लेने से इनकार कर दिया था। समस्या वास्तव में बहुत गंभीर और दयनीय थी। आंदोलित मछुआरे अपनी जमीन के अधिग्रहण के विरुद्ध

नहीं थे। उनका कहना था कि यह रक्षा परियोजना है, इसलिए इसके विरोध का तो कोई कारण ही नहीं, लेकिन उन्हें उचित मुआवजा दिया जाए। उनकी माँग न्यायोचित थी। पूरी स्थिति को समझने के उपरांत मैंने यह मामला तत्कालीन मुख्यमंत्री श्री जे.एच. पटेल के समक्ष विस्तार से रखा। वे भी यह सुनकर हैरान रह गए कि किस लापरवाही से मुआवजा निर्धारित और घोषित किया गया।

मुख्यमंत्री की अनुमति मिलने के बाद मैंने अधिकारियों को अपर कृष्णा प्रोजेक्ट (UKP) का अध्ययन करने के लिए भेजा, जहाँ पर लोगों को पुनर्वास के लिए एक अच्छा पैकेज दिया गया था। हमने उसका विस्तृत विश्लेषण किया और फिर कारवार के लिए इसका प्रस्ताव रखा। हमारा प्रस्ताव था कि जो कुछ यू.के.पी.के. मामले में दिया गया है, वही यहाँ भी दिया जाना चाहिए। हमने प्रस्ताव राज्य सरकार को भेजा, जो तत्काल उस पर सहमत हो गई। फिर वह प्रस्ताव केंद्र सरकार को भेजा गया। तत्कालीन रक्षा मंत्री जार्ज फर्नाडीज ने व्यक्तिगत रूप से परियोजना का दौरा किया और पूरे मामले को देखा। अंततः हम उन लोगों को उचित मुआवजा दिलाने में सफल रहे। इसके बाद परियोजना के खिलाफ चल रहा आंदोलन धीरे-धीरे मंद पड़ गया।

पुनर्वास के पुराने मामलों को सुलझाया

सी-बर्ड प्रोजेक्ट के मामले में अपनाई गई असंवेदनशीलता ने हमें बहुत कुछ समझने के लिए प्रेरित किया। इसके बाद हमने निश्चय किया कि हम दूसरी परियोजनाओं, जैसे—अद्रा, कार सल्ली और काली से जुड़े मामले भी देखेंगे। वहाँ भी पुनर्वास से जुड़े कुछ मामले थे। विस्थापितों की बहुत सी माँगें मानी नहीं गई थीं। कुछ लोगों को वैकल्पिक प्लॉट नहीं मिले थे, इसलिए मैंने उन सभी मामलों को गहराई से देखा। जहाँ भी, किसी भी स्तर पर कोई विसंगति मिली, हमने उसका समाधान करने का प्रयास किया। हमने पूरे प्रयास किए कि वैयक्तिक शिकायत का भी समाधान किया जाए। पुनर्वास कॉलोनियों के विकास हेतु भी जिला परिषद् और दूसरे सरकारी विभागों से अनुदान स्वीकृत कराया गया।

रेतीले समुद्रतट का विकास

पर्यटन को प्रोत्साहन देने के लिए भी कई कदम उठाए गए। वहाँ काली नदी

के किनारे एक दुर्ग था। हमने वहाँ जानेवाले रास्ते के किनारे सुविधाएँ उपलब्ध कराईं। वह ऐतिहासिक दुर्ग वास्तव में मराठा कालीन किला था। उसके ठीक नीचे एक रिजोर्ट्स था। एक अन्य महत्त्वपूर्ण काम था तट का विकास। कारवार का रेतीला समुद्री तट बहुत गंदा रहता था। इसकी सफाई के लिए एक अभियान चलाया गया। मेंगलुरु की पिलिकुला परियोजना मेरे मन में थी, मैंने इस क्षेत्र के लिए भी ऐसी ही एक योजना पर विचार किया। समुद्रतट के निकट हमें एक जमीन मिली, जिसमें हमने रेतीले समुद्रतट क्षेत्र में एक टॉय ट्रेन चलाने की योजना बनाई। वहाँ एक तारामंडल और संगीतमय फव्वारा भी बनाया गया। वहाँ एक छोटा मछलीघर था, जिसका नवीनीकरण किया गया। यह सब बहुत ही लोकप्रिय हुआ। काफी वृक्षारोपण किया गया। हम वहाँ एक स्वीमिंग पूल बनाना चाहते थे, क्योंकि कारवार में कई तैराक थे, जिन्होंने राष्ट्रीय स्तर की प्रतियोगिताओं में भाग लिया था। लेकिन कुछ कारणों से ऐसा किया नहीं जा सका।

गुमनाम शिकायतें

हमने कोंकण रेलवे से संबद्ध मुद्दों को सुलझाया। कुछ मामले वन विभाग से भी संबंधित थे, जैसे—वनभूमि पर अवैध कब्जे, वन उपज की तस्करी, जंगल में पेड़ों का अवैध कटान, आदि। इस प्रकार की शिकायतें भी आईं कि कुछ लोग पड़ोसी राज्य, जैसे केरल आदि से आकर यहाँ जगल के अंदरूनी इलाकों में बस गए हैं और अवैध रूप से पेड़ों की कटाई कर रहे हैं। कारवार में एक रोचक बात यह थी कि (जिसका ब्रिटिश काल में गजट में भी उल्लेख किया गया था) आप गुमनाम शिकायतों पर विश्वास नहीं करेंगे। मैंने स्वयं यह बात देखी है कि 50 प्रतिशत शिकायतें गुमनाम होती थीं, जिनमें व्यक्तिगत मामले होते थे। यहाँ लोगों की यह आदत थी कि वे व्यक्तिगत मामलों की शिकायतें भी प्रशासन से करते थे।

अप्राप्य को पाने का प्रयास

कारवार में बहुत से लोग जेवरात बनाने के काम में लगे हुए थे। हमने उनके लिए भी कुछ योजनाएँ बनाई थीं, लेकिन इन्हें क्रियान्वित नहीं किया जा सका। मेरा विचार है कि इस जिले का विकास जिस प्रकार होना चाहिए था, वैसा

हुआ नहीं। यह गोवा के निकट है। यहाँ एक बंदरगाह है, सी-बर्ड प्रोजेक्ट है, रेतीला समुद्रतट है, रिवर राफ्टिंग के लिए कई नदियाँ हैं, जल विद्युत् परियोजना और बैक वाटर आदि बहुत कुछ है। परंतु जिस तरह से विकास होना चाहिए था, वैसा नहीं हुआ। केरल और गोवा का अतिशय दोहन हो चुका है। इन दोनों के मध्य हमारे पास, कारवार में श्रेष्ठ समुद्रतट हैं। परंतु वे उस प्रकार लोकप्रिय नहीं हैं जैसे कि होने चाहिए। ओम् समुद्रतट है यहाँ, जहाँ बहुत अधिक संख्या में विदेशी पर्यटक आते हैं।

हमने व्यापक स्तर पर साक्षरता अभियान प्रारंभ किया, जिसमें सिद्दि आदि स्थानीय लोगों को शामिल किया गया। हमें जो अनुभव शिमोगा और मेंगलुरु में हुआ था, उसे हमने यहाँ दुहराने का प्रयास किया। कारवार के लोगों का स्वभाव दूसरे शहरों से अलग है। सुस्ती बहुत है यहाँ। परंतु लोग शिकायतें करने में बहुत सक्रिय थे। स्टाफ ठीक था, लेकिन अधिकांश पद रिक्त पड़े थे, क्योंकि लोगों की यहाँ आने में रुचि नहीं थी।

'जीवन और शांति' का सृजन

मुझे कारवार में मिले अनुभव ने बहुत कुछ सिखा दिया। यहाँ अन्य जिलों की अपेक्षा आराम था। उस आरामतलबी में मेरी रचनात्मकता ने नया मोड़ ले लिया। अभी तक जहाँ मैं जन-सहभागिता से सरकारी योजनाओं को सफलतापूर्वक लागू कर रहा था, वहीं मेरे अंदर एक विचार कुलबुला रहा था, जो इस जिले में आकर बाहर निकल पड़ा। मेरे अंदर की रचनात्मक छटपटाहट को यहाँ के प्राकृतिक वातावरण ने मूर्त रूप देना शुरू कर दिया था। यह वही स्थान है, जहाँ मैंने अपनी पुस्तक (लाइफ एंड पीस) 'जीवन और शांति' की रचना की। इस पुस्तक के नाम से लोग भ्रम में पड़ सकते हैं कि यह कहीं आध्यात्मिक पुस्तक तो नहीं है, लेकिन इसे विभिन्न प्रशासनिक अनुभवों और मानवीय भावनाओं के बीच से गुजरती जिंदगी का लेखा-जोखा कहा जा सकता है। हम इसे आध्यात्मिकता और संसार के बीच की धुरी कह सकते हैं। एक वर्ष कारवार में रहने के दौरान मैं अपने कुछ अनुभव लिखने के लिए समय निकाल पाया। तभी मुझे उच्चशिक्षा हेतु विदेश जाने की अनुमति मिली।

□

जरूरत मानसिकता बदलने की

महिला एवं बाल विकास विभाग को 1994 में समाज कल्याण विभाग से अलग किया गया। इस विभाग का दायित्व महिलाओं, बच्चों, बुजुर्गों और दिव्यांगों का विकास और कल्याण है। विभाग का काम विकास कार्यक्रमों को कार्यान्वित करने के अलावा आवश्यक नीतियों, कार्यक्रमों व योजनाओं को बनाना और महिलाओं, बच्चों, बुजुर्गों व दिव्यांगों के उन्नयन में लगे सरकारी और गैर-सरकारी संगठनों के प्रयासों में समन्वय स्थापित करना है। आँगनवाड़ी कार्यकर्ता इसी विभाग के अंतर्गत आती हैं। इस विभाग में मुझे अतिरिक्त सचिव के पद पर 11 से 14 सितंबर, 1998 तक चार दिन के लिए भेजा गया। सहायक आयुक्त से प्रारंभ कर, इसके बाद जिला परिषद् का मुख्य अधिकारी और फिर उपायुक्त (जिलाधिकारी) रहते हुए मैं सदैव महिला और बाल कल्याण के कार्यों से जुड़ा रहा हूँ। इसलिए मैं इस विभाग की समस्याओं के साथ ही इसकी क्षमताओं को भली प्रकार जानता था। इसी कारण, मेरी सदैव यह इच्छा रही है कि मैं इस विभाग में लंबी अवधि के लिए काम कर सकूँ, ताकि महिलाओं का वास्तव में सशक्तीकरण किया जा सके।

सामाजिक सोच में बदलाव

किसी भी समुदाय में महिलाओं का सशक्तीकरण वास्तव में एक चुनौती है। हमारी आधी आबादी महिलाओं की है। यदि वे सशक्त नहीं होंगी, तो देश का वास्तविक विकास नहीं हो सकता। उनकी साक्षरता दर अभी भी कम है। उनकी स्वास्थ्य संबंधी समस्याएँ भी हैं और उन्हें घरेलू मामलों में प्राथमिकता नहीं मिलती। जब-तब लड़कियों से काफी भेदभाव होता है। केंद्र और राज्य सरकारें

लड़कियों के प्रति बड़े पैमाने पर जागरूकता अभियान चला रही हैं। इसके बावजूद हमारे समाज में यह समस्या बनी हुई है। ऐसे मामलों को समाचार-पत्रों में प्रमुखता से उठाया जाता है। मैं इस विभाग में काम करना चाहता था। एक प्रशासनिक अधिकारी को महिलाओं का सशक्तीकरण कर उन्हें उत्पीड़ित होने से बचाने के लिए काम करना चाहिए, इसका अनुभव मुझे अपने छोटे-से कार्यकाल में हुआ। इस विभाग में आमूल-चूल परिवर्तन की जरूरत थी ताकि नीतियों को पारदर्शिता के साथ लागू कराया जाए, परंतु ऐसा नहीं हो सका। इस विभाग में आने के बाद, जब मैं राज्य के विभिन्न क्षेत्रों में दौरा करने के लिए गया, तो महिलाओं के साथ उत्पीड़न के कई मामले सामने आए। यह सही है कि हमें कार्यालय में बैठकर काम करते समय बहुत सारी घटनाओं का पता ही नहीं चलता। जब हम फील्ड में होते हैं, तो हमें प्राय: कई घटनाओं का पता चलता है। प्रभावशाली गुटों और गाँवों में निहित स्वार्थी तत्त्वों द्वारा महिला कर्मियों के शोषण की शिकायतें भी मिलती हैं। कई मामलों में स्टाफ का शोषण, खासतौर पर सुपरवाइजरों द्वारा किया जाता है। इस विभाग में रहकर मैं इन सब समस्याओं का समाधान करना चाहता था। हालाँकि, मुझे अधिक समय नहीं मिला, लेकिन ये मुद्दे बहुत ही संवेदनशील और प्रासंगिक हैं। यह ऐसा क्षेत्र है, जहाँ समाज के एक बड़े वर्ग की वास्तविक सेवा की जा सकती है। आँगनवाड़ी जानेवाली बच्चियों की वहाँ पर नींव रखी जाती है। यदि स्टाफ और सुपरवाइजर समर्पित हों, तो समाज में बड़ा बदलाव लाया जा सकता है। ऐसा मैं समझता हूँ और आज भी इसे अनुभव करता हूँ।

देवदासियाँ : सामाजिक क्रांति की आवश्यकता

इस विभाग में समाज और व्यक्तियों से जुड़े कई महत्त्वपूर्ण मुद्दों से सामना होता है। कर्नाटक में देवदासियों से जुड़ी बड़ी सामाजिक समस्या है। शासन में महिला और समाज कल्याण विभाग इसे देखता है। जब हम समस्या का अध्ययन करते हैं, तो समस्या की भयावहता समझ में आती है। उत्तर कर्नाटक के कुछ हिस्सों में जो लड़कियाँ देवदासी के नाम पर ईश्वर को समर्पित की जाती हैं, वे एक खास अनुसूचित जाति से होती हैं। मूलत: वे गरीब लोग हैं और समाज ने कुछ ऐसी व्यवस्था बना दी है कि प्रभावशाली लोग उनका शोषण करना चाहते हैं। इसलिए वे ईश्वर के नाम पर समर्पित की जाती हैं और उनका यौनशोषण होता है। विभाग इस परंपरा को समाप्त कर उनका उन्नयन करना चाहता है।

हालाँकि, अभी तक ऐसा नहीं हो सका। कई योजनाएँ प्रारंभ की गईं और उनके लिए कई प्रकार की सुविधाओं और हितकारी उपायों की घोषणाएँ की गईं, परंतु कोई अधिक सुधार नहीं हुआ। ऐसा नहीं है कि दूसरी जातियों के लोग उन्हें इस काम के लिए उकसाते हों, वरन् स्वयं उनके अभिभावक भी इस सामाजिक बुराई में लिप्त हैं। इस प्रकार यह सामाजिक बुराई अभी तक जारी है। लेकिन इसे किसी भी कीमत पर रोकने की जरूरत है।

घातक है पश्चिम का अंधानुकरण

इस विभाग में काम करने लिए मेरे मस्तिष्क में कई योजनाएँ थीं, लेकिन समय की कमी के कारण उनपर काम न हो सका। इस विभाग में मेरी नियुक्ति केवल कुछ दिन के लिए ही हुई। कुछ समय के उपरांत मैं ग्रामीण विकास विषय में उच्च शिक्षा के लिए यूनाइटेड किंगडम (यू.के.) गया। चूँकि मैं महिला एवं बाल कल्याण विभाग में रहते हुए ही यू.के. गया था, तो मेरे मन में यह बात बैठी हुई थी कि मैं अपने देश में महिलाओं और बच्चों की समस्या और यू.के. में महिलाओं और बच्चों की समस्या को जानने की कोशिश करूँ। वहाँ एक बात मुझे जरूर नजर आई, यू.के. में एक उन्नत समाज है। इसीलिए वहाँ महिलाओं की स्थिति बहुत अच्छी है। उनके साथ हर स्थिति में समानता का व्यवहार होता है। वहाँ आर्थिक स्वतंत्रता है। वे जीवन के हर क्षेत्र में आगे बढ़ रही हैं। उनका समाज कुछ अलग तरह का है और हमारा समाज उससे अलग है। दोनों में फर्क स्पष्ट देख सकते हैं। वहाँ जिस किसी की भी काम करने की उम्र है, वह कहीं भी, जो वह चाहता है, काम कर सकता है। वहाँ शिक्षा करीब-करीब निशुल्क है। वहाँ म्युनिस्पिल स्कूलों में भी उच्च गुणवत्तायुक्त शिक्षा दी जाती है। वहाँ मैं यह जान सका कि उनकी और हमारी मान्यताओं में क्या अंतर है। वे वर्तमान का आनंद उठाना चाहते हैं। वे जो कुछ बीत चुका है, उसकी और भविष्य की चिंता नहीं करते। हमें उनसे अच्छी बातें सीखनी चाहिए। लेकिन अभी तक हमने उनकी कालबाह्य बातें ही अधिक सीखी हैं। पश्चिम में सबकुछ अच्छा नहीं है। हम कई मामलों में पश्चिम से कहीं ज्यादा बेहतर हैं। उनका अंधानुकरण करने के स्थान पर हमें अपनी मान्यताओं पर गर्व करना चाहिए।

□

22 वर्ष बाद विद्यार्थी जीवन का आनंद

ग्रामीण विकास विषय में मास्टर डिग्री प्राप्त करने हेतु मैं सितंबर 1998 में ईस्ट अंगलिया, इंग्लैंड, गया। मैंने बचपन से ही गाँवों की स्थिति देखी है, इसलिए ग्रामीण विकास मेरा प्रिय विषय रहा है। मैं यह जानना चाहता था कि ग्रामीण विकास के संवर्धन के लिए विदेशी विश्वविद्यालय में क्या पढ़ाया जाता है। विश्वविद्यालय में इस दौरान मैंने विभिन्न देशों के विद्यार्थियों के साथ अपने अनुभव साझा किए। शिक्षकों ने कक्षा में ग्रामीण विकास के संबंध में कई केस स्टडी बताई। अधिकांश अध्ययन या तो एशियाई क्षेत्र से थे या फिर अफ्रीकी क्षेत्र से। कोई भी अध्ययन विकसित देशों से नहीं था। ऐसा संभवत: इस कारण था कि ग्रामीण विकास की वैसी अवधारणा उन देशों में नहीं है, जैसी विकासशील देशों में है।

मैंने बेलगाम और शिमोगा में जिला परिषद् के मुख्य कार्यकारी अधिकारी रहते हुए ग्रामीण क्षेत्र में विकास का काम किया और मेंगलुरु एवं कारवार में जिलाधिकारी रहते हुए ग्रामीण विकास की विभिन्न योजनाओं को लागू किया, इसलिए इस क्षेत्र में मुझे व्यावहारिक अनुभव है। जब मैं उन अनुभवों की तुलना उससे करता हूँ, जो हमें इंग्लैंड में पढ़ाया जाता था, तो मुझे लगता है कि वे जो कुछ पढ़ाते हैं, उसका प्रभाव बहुत ही सीमित है। उसमें उन समस्याओं का कोई प्रभावी समाधान नहीं है, जिनसे भारत के गाँवों को दो-चार होना पड़ता है। हमारी मुख्य चिंता गरीबी और ग्रामीण विकास योजनाओं के लाभों का वास्तविक लाभार्थियों तक न पहुँचना हैं। हमारे यहाँ संसाधनों की कोई कमी नहीं है। समस्या है वितरण की, डिलीवरी व्यवस्था, लाभार्थियों का चयन करना और डिलीवरी व्यवस्था में पारदर्शिता आदि। यह ऐसे प्रश्न थे, मैं जिनका

उत्तर जानना चाहता था, लेकिन इनमें से अधिकांश का कोई उत्तर नहीं मिला।

वहाँ अध्ययन के अलावा दूसरी बातें भी काफी रोचक थीं। हम दूसरे शहरों में जा सकते थे। मैं अपने परिवार के साथ पेरिस गया। पेरिस के पास डिज्नीलैंड देखा। हम पानी के जहाज से फ्रांस गए। एक क्रिकेट मैच देखने के लिए मैं एक और शहर में गया, वहाँ भारत की टीम इंग्लैंड के साथ मैच खेल रही थी। वहाँ कुछ पाठ्येतर गतिविधियाँ भी थीं। मैंने वहाँ यह समझा कि लोग कैसे दूसरे काम करते हैं। हम प्रायः अपने मकान-मालिक को विभिन्न उपकरणों में आई खराबियों की स्वयं ही मरम्मत करते देखते थे। पानी की टोंटी आदि की मरम्मत करने के लिए उनके पास सभी प्रकार के औजार थे। उस बुजुर्ग व्यक्ति को प्लंबिंग आदि सभी तरह के काम करते देखकर हमें आश्चर्य होता था।

उत्कृष्ट कार्यकुशलता

इंग्लैंड के शहरी क्षेत्रों में जो रोचक बात दिखी, वह थी सड़कों की मरम्मत। एक व्यक्ति एक वाहन लेकर आता, जहाँ सड़क खराब होती, उसे काटता या खराब हिस्से को हटाता, खराबी को ठीक करता, उस हिस्से को भरता और सड़क की मरम्मत कर चला जाता। वह यह सब एक ही दिन में करता। ऐसी कार्यकुशलता के बारे में हमारे देश में सोचा भी नहीं जा सकता। हमारे यहाँ होता यह है कि सामान्यतः सड़क की खुदाई करने के लिए लोगों का एक दल आता है, सड़क खोदने के बाद वे चले जाते हैं, कुछ दिन बाद निर्माण कार्य करने के लिए दूसरा दल आता है, यह दल कुछ काम करता है, परंतु इस स्थान को भरता नहीं। कई दिन के बाद दूसरी एजेंसी उसे भरने के लिए आती है और फिर एक अन्य एजेंसी आकर सड़क की मरम्मत करती है। कई एजेंसियों में तालमेल स्थापित करने में ही महीनों लग जाते हैं। एक बार जब सड़क ठीक हो जाती है, तो फिर कोई दूसरा व्यक्ति आकर किसी दूसरे काम को करने के लिए सड़क खोद डालता है। यहाँ विभिन्न विभागों के बीच कोई तालमेल ही नहीं है।

उत्तम सेवा

विभिन्न परिस्थितियों और संस्थानों में काम करने के बावजूद इंग्लैंड में

मैंने जो कुछ देखा, वह बहुत ही आश्चर्यजनक था। वहाँ पर्वतीय क्षेत्र हैं। इसके बावजूद पानी के नलों में पानी का दबाव एक समान रहता है। इससे कोई फर्क नहीं पड़ता कि आप पहली मंजिल पर रहते हैं या दूसरी पर या फिर तीसरी पर। इसके विपरीत, अपने देश में हम देखते हैं कि यदि कोई व्यक्ति पहली मंजिल पर नल की टोंटी खोल दे, तो उसी भवन की ऊपर की मंजिलों पर पानी नहीं पहुँचता।

पत्नी ने किया फैक्टरी में काम

मेरी पत्नी ने उच्च शिक्षा प्राप्त नहीं की है। लेकिन उसने कुछ फैक्टरियों में काम करने का अनुभव लिया। जब वह फैक्टरी जाती थी, तो मैं बच्चों के साथ कुछ अधिक समय व्यतीत करता। मैं बच्चों को स्कूल छोड़कर आता और जब स्कूल बंद होता, तब उन्हें लेकर आता। यह बहुत ही आनंददायक था और कुछ दूसरी तरह का जीवन था। मैं परिवार और मित्रों के साथ अधिकतम समय बिताता। उस इमारत में हम चार-पाँच परिवार थे। विश्वविद्यालय में भी जब विद्यार्थियों से बातचीत करते, चर्चा करते और उनसे अपने अनुभव साझा करते, तब भी बहुत कुछ सीखते। यह सब एक बार फिर से विद्यार्थी जीवन जीने जैसा था। विश्वविद्यालय में इन्फ्रास्ट्रक्चर सुविधाएँ बहुत अच्छी थीं। वह 1999-2000 का समय था। पूरे 22 वर्ष बाद, मैंने एक बार फिर विश्वविद्यालय में छात्र जीवन का आनंद लिया।

परंतु मैंने वहाँ जो कुछ सीखा, उसके बाद मुझे उसका उपयोग करने का अवसर नहीं मिला। सरकार में ऐसा भी होता है। आपको किसी एक काम के लिए प्रशिक्षित किया जाता है, परंतु ऐसा हमेशा नहीं होता कि नियुक्ति के दौरान उस प्रशिक्षण का कोई उपयोग हो। नियुक्ति का निर्णय करते समय प्राय: इस बात का ध्यान नहीं रखा जाता।

□

भारत और यू.के. की शिक्षा में अंतर

इंग्लैंड की यूनिवर्सिटी ऑफ ईस्ट अंगलिया, नार्विच में उच्चशिक्षा के लिए जाना बहुत अच्छा अनुभव था। मुझे पहले ही भारत में प्राथमिक स्तर से लेकर विश्वविद्यालयी शिक्षा के बारे में पूरी जानकारी थी। इससे मुझे वहाँ की शिक्षा व्यवस्था के बारे में जानने का अवसर मिला। मुझे वहाँ के स्कूलों की शिक्षा व्यवस्था के बारे में जानने का मौका मिला, क्योंकि मैंने अपने बच्चों को वहाँ पढ़ाया। मैंने विश्वविद्यालयी शिक्षा व्यवस्था को भी समझा, क्योंकि मैंने स्वयं वहाँ से ग्रामीण विकास में मास्टर डिग्री ली। इस प्रकार मैं यह समझ सका कि वहाँ स्कूल किस प्रकार काम करते हैं, शिक्षक किस प्रकार पढ़ाने में रुचि लेते हैं, और वे कक्षा में क्या पढ़ाते हैं।

तनावमुक्त शिक्षा

यू.के. की शिक्षा व्यवस्था में प्राथमिक और माध्यमिक स्तर तक बच्चों पर ज्यादा दबाव नहीं डाला जाता। इसलिए, वहाँ स्कूल में पाठ्यपुस्तकों और कॉपियों से भरे बस्ते को ले जाने का प्रश्न ही नहीं, जैसा कि भारत में अधिकांश विद्यार्थियों को रोज स्कूल ले जाते हुए देखा जा सकता है। विद्यार्थी अपनी पुस्तकें स्कूल में ही छोड़कर तनावमुक्त होकर घर जाते हैं। गृहकार्य का भी वहाँ कोई तनाव नहीं है। जब हम विद्यार्थियों और अध्यापकों से मिले, तो शिक्षा के प्रति उनका समर्पण महसूस किया। वे बच्चों के साथ समय व्यतीत करते हैं और शिक्षक प्रत्येक छात्र की पढ़ाई में रुचि लेते हैं। शिक्षा के प्रति उनका समर्पण उससे कहीं ज्यादा है, जो हम भारत के अधिकांश स्कूलों में देखते हैं। वे छात्र को तब तक उदाहरण देकर समझाते रहते हैं, जब तक कि वह विषय को स्पष्ट रूप से

समझ न ले और उसकी सभी शंकाओं का समाधान न हो जाए। वे छात्रों को अधिक-से-अधिक प्रश्न पूछने के लिए प्रेरित करते हैं।

नवोन्मेष और रचनात्मकता पर फोकस

मैंने ग्रामीण विकास के अपने अध्ययन के दौरान विश्वविद्यालयी शिक्षा व्यवस्था के बारे में जो अनुभव किया, वह भारत में मौजूद व्यवस्था से बिल्कुल भिन्न है। जब शिक्षक कक्षा में पढ़ाते हैं, तो वे अपने स्वयं के अनुभव बताते हैं और अपनी प्रोजेक्ट रिपोर्ट को छात्रों से साझा करते हैं। सामान्यत: वे जो कुछ गृहकार्य देते हैं, वह संदर्भों के रूप में ही होता है। अत: छात्रों को पुस्तकालय में जाकर उन संदर्भों को ढूँढ़ना होता है और इस प्रकार उनका काम पूरा होता है। छात्रों को ज्ञान प्राप्त करने हेतु तैयार करने और इसमें उनकी सहायता करने पर अधिक ध्यान दिया जाता है। प्रत्येक छात्र प्रयत्न करता है। छात्र पुस्तकालय में ज्यादा समय व्यतीत करते हैं, समूह में चर्चा करते हैं और प्रोजेक्ट बनाते हैं। जब वे किसी प्रोजेक्ट पर काम करते हैं, तो वे नवोन्मेषी बनते हैं, रचनात्मक होते हैं, विषयों का विश्लेषण करते हैं, सूचना को सही परिप्रेक्ष्य में रखते हैं और केस स्टडी करते हैं। ये सब बातें शिक्षण व्यवस्था में अंतर स्पष्ट करती हैं।

खारिज की जा चुकी पद्धति को अपना रहा है भारत

इसके विपरीत भारत में चाक से ब्लैक बोर्ड पर लिखने और व्याख्यान देने की पद्धति अपनाई जाती है। अधिकांश मामलों में शिक्षक कक्षा में व्याख्यान देते हैं, जो एकतरफा होता है। छात्रों ने विषय को कितना समझा, यह कितना व्यावहारिक है, प्रोजेक्ट कैसे बनाएँ, इन सब बातों में यहाँ कोई तालमेल नहीं होता। वहाँ हम ग्रुप चर्चा में भाग लेते थे और खेलों में अलग-अलग भूमिका निभाते थे। इस प्रकार शिक्षण की दोनों पद्धतियाँ एक-दूसरे से एकदम भिन्न हैं। हालाँकि, हमारी प्राचीन गुरुकुल शिक्षा पद्धति इस तरह की थी। लेकिन अब उन्होंने हमारी प्राचीन शिक्षा पद्धति को अपना लिया है और हम उनके द्वारा खारिज की जा चुकी पद्धति की नकल कर रहे हैं। हमें अपनी शिक्षा पद्धति में बहुत सुधार करने हैं।

जीवन-शैली में अंतर

एक अन्य बात जो मैंने खासतौर पर महसूस की, वह है कॉलोनियों और घरों का जीवन। यहाँ भारत में हम लोगों के पास जाते हैं और दोस्त बनाते हैं तथा सामान्य रूप से किसी के भी घर चले जाते हैं। परंतु वहाँ कोई किसी के घर आमंत्रण के बिना नहीं जाता। जब किसी को आमंत्रित किया जाता है, तो वह अपने साथ ऐसे ड्रिंक आदि ले जाता है, जो मेजबान को पसंद होते हैं। तब वे डिनर करते हैं और साथ-साथ समय बिताते हैं। वहाँ जीवन बहुत ही मशीनी तरह का है, जो भारत में नहीं है।

जिस बात ने मुझे बहुत प्रभावित किया, वह है जन-शिकायतों के निवारण और सार्वजनिक कार्यों के करने की व्यवस्था। यदि हम कहीं कोई रिसाव या कहीं सड़क टूटी हुई देखते हैं, तो कोई व्यक्ति, कम-से-कम समय में, अपने वाहन को स्वयं चलाते हुए आता है, उसके पास सभी आवश्यक औजार होते हैं। वे सड़क काटते हैं, खराबी की मरम्मत करते हैं और इतनी सफाई से काम करते हैं, जैसे कुछ हुआ ही नहीं। वे बहुत ही सतर्कतापूर्वक चीजों पर नजर रखते हैं।

जब आप बाजार जाते हैं, तो वहाँ सभी चीजें बहुत ही व्यवस्थित मिलती हैं। यह संस्कृति अब भारत के बाजारों में भी, मॉल्स और विदेशी खुदरा स्टोरों की श्रृंखला के रूप में आ रही है।

सीखा डिजिटल कैसे बनें

उन दिनों हमने कंप्यूटर का प्रयोग करना और ई-मेल करना सीखा। इससे पहले, इन सब चीजों की इतनी जानकारी नहीं होती थी। मैंने यह जाना कि किस प्रकार तकनीक को विभिन्न तरह से इस्तेमाल किया जा सकता है। इसका मुझे बाद में बेस्कॉम, उच्चशिक्षा विभाग आदि में नियुक्ति के दौरान बहुत लाभ हुआ। मैंने प्रशासन में पारदर्शिता और जवाबदेही लाने के लिए तकनीक के उपयोग पर बहुत जोर दिया। आज हम कैशलेस युग में प्रवेश कर चुके हैं। तकनीक में इतनी तेजी से बदलाव आ रहे हैं कि कल क्या होगा, यह आज बताना मुश्किल है।

□

शत-प्रतिशत साक्षरता की चुनौती

देश में शत–प्रतिशत साक्षरता सुनिश्चित करने के लिए स्वतंत्रता के बाद से ही अनेक प्रयोग किए गए, जिनके अंतर्गत कई योजनाएँ व कार्यक्रम चलाए गए, लेकिन हम अभी भी यह लक्ष्य प्राप्त करने से बहुत दूर हैं। सर्वशिक्षा अभियान और शिक्षा का अधिकार कानून से स्कूलों में अधिक नामांकन सुनिश्चित हुआ है, लेकिन प्रौढ़–शिक्षा के मामले में परिणाम अभी उत्साहवर्धक नहीं हैं। 15 से 35 आयुवर्ग के अनपढ़ लोगों को, समयबद्ध रूप में, व्यावहारिक दृष्टि से साक्षर बनाने के उद्देश्य से 1988 में राष्ट्रीय साक्षरता मिशन (एन.एल.एम.) प्रारंभ किया गया था; जिसमें दावा किया गया कि 10वीं पंचवर्षीय योजना के अंत तक 12.74 करोड़ लोगों को साक्षर बनाया गया। इसी प्रकार साक्षरता दर को 80 प्रतिशत तक बढ़ाने और लैंगिक अंतर को 10 प्रतिशत तक कम करने के उद्देश्य से 11वीं पंचवर्षीय योजना में साक्षर भारत अभियान प्रारंभ किया गया था।

2011 की जनगणना के अनुसार, भारत की साक्षरता दर 72.98 प्रतिशत है। पिछले एक दशक में साक्षरता दर में 8.14 प्रतिशत की वृद्धि हुई है, (2001 में 64.84 प्रतिशत और 2011 में 72.98 प्रतिशत)। साक्षरता के राष्ट्रीय औसत (72.98 प्रतिशत) और 90 प्रतिशत से नीचे के राज्य हैं—त्रिपुरा (87.22 प्रतिशत), गोवा (88.70 प्रतिशत), दमन एवं दीव (87.10 प्रतिशत), पुद्दुचेरि (85.85 प्रतिशत), चंडीगढ़ (86.05 प्रतिशत), दिल्ली (86.21 प्रतिशत), अंडमान व निकोबार (86.63 प्रतिशत), हिमाचल प्रदेश (82.80 प्रतिशत), महाराष्ट्र (82.34 प्रतिशत), सिक्किम (81.42 प्रतिशत), तमिलनाडु (80.09 प्रतिशत), नगालैंड (79.55 प्रतिशत), मणिपुर (76.94 प्रतिशत), उत्तराखंड (78.82 प्रतिशत), गुजरात (78.03 प्रतिशत), दादरा व नगर हवेली (76.24 प्रतिशत), प. बंगाल (76.26 प्रतिशत), पंजाब (75.84 प्रतिशत), हरियाणा (75.55 प्रतिशत), कर्नाटक (75.36 प्रतिशत) और मेघालय (74.43 प्रतिशत) हैं। ग्रामीण क्षेत्रों में साक्षरता दर 67.67 प्रतिशत है, जिसमें ग्रामीण पुरुष साक्षरता दर 77.15 प्रतिशत और ग्रामीण महिला साक्षरता दर 57.93 प्रतिशत है; जबकि शहरी साक्षरता दर 84.11 प्रतिशत है, जिसमें शहरी पुरुष साक्षरता दर 88.76 प्रतिशत और शहरी महिला साक्षरता दर 79.11 प्रतिशत है। 100 प्रतिशत साक्षरता दर हासिल करने के लिए समाज की वास्तविक भागीदारी जरूरी है।

धन के बिना भी सामाजिक परिवर्तन

यू.के. से लौटने के बाद मैंने जनशिक्षा विभाग में निदेशक का दायित्व सँभाला। मुझे नहीं मालूम था कि इस विभाग में कितने दिन रहना है, फिर भी पद की जिम्मेदारी सँभालने के साथ ही मैंने विभाग की योजना पर तीव्र गति से काम करना आरंभ कर दिया। यहाँ मुझे अपने उन अनुभवों का उपयोग करने का पर्याप्त अवसर मिला, जो मैंने उपायुक्त अथवा मुख्य कार्यकारी अधिकारी के रूप में केंद्र और राज्य सरकार के विभिन्न विभागों में प्राप्त किया था। उन दिनों संपूर्ण साक्षरता अभियान जन–आंदोलन बन चुका था। कई कार्यक्रमों के माध्यम से समाज में काफी जागरूकता पैदा की गई। यद्यपि साक्षरता अभियान लंबे समय से चल रहा था, लेकिन मैंने उसे सतत, स्थायी और अधिक संगठित बनाने का निर्णय लिया, ताकि अधिक सार्थक परिणाम प्राप्त हो सकें।

समर्पित कार्यकर्ताओं की शृंखला

बेलगाम और शिमोगा में जब मैं संपूर्ण साक्षरता अभियान की देख–रेख कर रहा था, तब मैं इस अभियान में जुटे कार्यकर्ताओं के करीब आया। प्रत्येक जिले में हजारों समर्पित कार्यकर्ता थे। वे अपने काम के प्रति समर्पित और निष्ठावान थे। उन्होंने इस कार्यक्रम को सफल बनाने के लिए हरसंभव प्रयास किए। उनमें से कुछ उदाहरण बहुत ही प्रेरक, रोचक और मर्मस्पर्शी थे।

अभियान में जिला सचिव से लेकर अंतिम कार्यकर्ता तक नि:स्वार्थ भाव से काम करने वाले कार्यकर्ताओं की एक शृंखला बन गई थी। उन्हें जिन समस्याओं का सामना करना पड़ता था उनसे मैं वाकिब था, विशेषकर निहित स्वार्थों के चलते पार्टियों का असहयोगात्मक रवैया, लोगों में उदासीनता, कुछ लोगों द्वारा

बेहूदी टिप्पणियाँ, आदि। इस कार्यकाल के दौरान मैं उनकी सहायता करना चाहता था और एक ऐसी व्यवस्था बनाना चाहता था जिससे उनकी निरंतरता निर्बाध रूप से बनी रहे और वे विकास प्रक्रिया के अंग बन सकें। हम सबसे यह अपेक्षा नहीं कर सकते कि वे सदैव नि:स्वार्थ भाव से सेवा करते रहेंगे। हर व्यक्ति को अपना भला-बुरा भी सोचना पड़ता है। इसकी उपेक्षा नहीं की जा सकती। इस कीमत पर स्वैच्छिक कार्य नहीं किया जा सकता। इसलिए हम यह चाहते थे कि इन स्वयंसेवकों को उनकी योग्यता के अनुसार सरकार की विभिन्न योजनाओं से जोड़ दिया जाए ताकि वे अपने हितों की उपेक्षा न करें।

कार्यकर्ताओं का प्रशिक्षण

इस दौरान हमने उन्हें प्रशिक्षित किया और यह सुझाव दिया कि वे सरकार की योजनाओं का लाभ उठाएँ। हमने अधिकारियों से कहा कि वे जो भी रास्ता निकाल सकते हैं, निकालें। ऐसा नहीं था कि वे कुछ चाहते थे या उनकी कोई अपेक्षा थी, लेकिन सरकार के प्रतिनिधि होने के नाते, हमें उन लोगों के प्रति सदिच्छा व्यक्त करनी चाहिए, जो वास्तव में समाज सेवा करते हैं। हमने विभाग के लोगों की मानसिकता में ऐसे परिवर्तन किए। इस कड़ी में हमने कई कार्यशालएँ आयोजित की और उस दिशा में कार्य करना शुरू किया। उस दौरान, मैंने राज्य के सभी जिलों का दौरा किया, विभिन्न टीमों के साथ गया और लोगों, कार्यकर्ताओं, गैर-सरकारी संगठनों के प्रतिनिधियों और अधिकारियों से मिला और उन्हें प्रेरित किया। इससे पूरा माहौल पुनः जोशीला हो गया। स्वयंसेवकों को इस बात पर पूरा विश्वास था कि हम कुछ ठोस काम करेंगे। जिला और तालुक स्तर पर कार्यशालाएँ आयोजित हुईं। यहाँ तक कि हमने ब्लॉक स्तर पर भी ब्लॉक अधिकारियों और कार्यपालक अधिकारियों से विचार-विमर्श करना प्रारंभ किया।

कार्यकर्ताओं में अभूतपूर्व जोश

उन चर्चाओं के दौरान हमने बड़ी संख्या में स्वयंसेवकों, स्वयंसेविकाओं और नव-साक्षरों से भी बातचीत की। उनकी गाथाएँ रोचक थीं और वे अपने-अपने क्षेत्र में सफल थे। इनमें से कई तो बाद में ग्राम पंचायत सदस्य, अध्यक्ष,

तालुक पंचायत सदस्य, यहाँ तक कि जिला परिषद् सदस्य भी बने। ऐसे किस्सों के बारे में जानना वास्तव में बहुत ही दिलचस्प होता है। मेंगलुरु में एक 80 वर्षीय व्यक्ति था, जो काफी शराब पीता था। उसने शराब पीना छोड़ दिया और जिले या प्रदेश में जहाँ कहीं भी कार्यक्रम आयोजित होता था, वहीं जाकर प्रत्येक कार्यक्रम में भाग लेता था। उसके भाषणों और अनुभवों ने कई लोगों को प्रेरित किया। कई महिलाएँ भी ऐसी थीं, जिन्होंने अपने पियक्कड़ पति की पीने की आदत छुड़वा दी। वे दूसरों के लिए प्रेरणास्रोत बन गईं। नव-साक्षरों के क्लब बनाए गए। इनमें से कइयों ने स्थानीय उत्पाद बनाने शुरू कर दिए। मेंगलुरु में आज, हम देखते हैं कि नव-साक्षरों के अनुभव बहुत अच्छे हैं और वे अत्यधिक संगठित हैं। इस प्रकार पूरे राज्य में चेतना की एक लहर पनपी।

प्रत्येक–एक को पढ़ाए

मेरा कार्यकाल बहुत सीमित था, क्योंकि मुझे अपनी अगली नियुक्ति पर भारत सरकार की सेवा में जाना था। लेकिन साक्षरता अभियान के अनुभव वास्तव में मेरे लिए भी बहुत अनोखे थे। खासकर, जब हम किसी से स्वेच्छा से कुछ करने के लिए कहते हैं, तो उसकी तत्काल यह प्रतिक्रिया होती है कि धन के बिना कुछ भी नहीं किया जा सकता। लेकिन हम उन्हें समझाते हैं कि धन के बिना भी क्या-क्या किया जा सकता है। ऐसी चर्चाओं के बाद व्यक्ति स्वयं ही ऐसे-ऐसे कार्य बताने लगता है जिनके लिए धन की आवश्यकता नहीं होती। संपूर्ण साक्षरता एक ऐसा ही मुद्दा है, जिसमें एक व्यक्ति दस लोगों को पढ़ा सकता है—प्रत्येक दस को पढ़ाए या हर एक-एक को पढ़ाए। यहाँ तक कि वृक्षारोपण के लिए भी धन की आवश्यकता नहीं होती। बचत की आदत बनाना भी ऐसा ही काम है।

स्कूलों के नामांकन में असाधारण वृद्धि

संपूर्ण साक्षरता अभियान केवल व्यक्ति को साक्षर बनाना या उसे अपने हस्ताक्षर करना भर सिखाना नहीं है। यह इससे भी कहीं अधिक है। नव-साक्षरों में शिक्षा की महत्ता के प्रति जागरूकता पैदा करना बहुत महत्त्वपूर्ण बात है। बहुत से अभिभावक, बिना किसी अपवाद के, अपने बच्चों को पढ़ाने या स्कूल भेजने के लिए प्रेरित हुए। इससे स्कूलों में नामांकन बढ़ा। कोई भी अभिभावक

यह नहीं चाहेगा कि उसका बच्चा अनपढ़ रहे। वे सोचते हैं कि वे तो अनपढ़ रह गए, परंतु अब उनके बच्चे ऐसे नहीं रहेंगे।

वे अपने बच्चों को पढ़ाने के लिए कठोर परिश्रम करेंगे या पैसा उधार लेंगे। इससे लोगों के सोचने की प्रक्रिया में बड़ा भारी परिवर्तन आता है। इसका सर्वाधिक योगदान गंदी आदतों को छोड़ने, सामाजिक कार्यों के लिए एकजुट होने, वृक्षारोपण, परिवार नियोजन के प्रति जागरुकता, सामाजिक वानिकी के प्रति चेतना, श्रमदान करने, पुस्तकें भेंट करने, पुराने खिलौनों को एकत्र करने, पुराने अखबारों के पुनः वितरण, पुस्तक क्लब, गाँव को प्लास्टिक मुक्त बनाने और मॉडल ग्राम बनाने के रूप में देखने में आता है। जब हम बात करना शुरू करते थे, तो लोग विश्वास करते थे और अच्छी संख्या में जुटते थे। बिना धन के काम करने का विचार प्रारंभ में अव्यावहारिक लगता था, परंतु जब हम वास्तव में इसके बारे में समझाते थे, तो प्रत्येक व्यक्ति इसे स्वीकार करता है। इस योजना का यह सबसे बड़ा लाभ था।

□

केंद्रीय सचिवालय के अनुभव

जन शिक्षा विभाग के बाद मुझे केंद्र सरकार में प्रति-नियुक्ति पर केंद्रीय इस्पात मंत्रालय में उपसचिव के पद पर नियुक्ति मिली। वह कालावधि काफी ज्ञानवर्धक थी। यहाँ आने से पूर्व मैंने कर्नाटक के सभी तरह के विभागों में काम किया और उच्चशिक्षा के लिए यू.के. भी गया, वहाँ के कई अनुभवों को मैंने पिछले अध्याय में लिपिबद्ध किया है। लेकिन दिल्ली में नियुक्ति के बाद पता चला कि यह तो प्रशासनिक समुद्र की तरह है, राज्यों के सचिवालय तो मात्र एक बूँद की तरह हैं। कर्नाटक में विभिन्न पदों का अपना अलग रुतबा था, लेकिन ठीक इसके विपरीत केंद्र सरकार के सचिवालय में माहौल बेंगलुरु सचिवालय से पूरी तरह अलग था—डिप्टी सेक्रेटरी के लिए ही नहीं, उससे ऊपर के अफसरों के लिए भी एक छोटा सा कैबिन, अपर्याप्त और समय की पाबंदी न माननेवाला स्टाफ। वे हमेशा देर से आते और कभी भी चाय पीने जैसे छोटे-मोटे बहाने बनाकर ऑफिस से गायब हो जाते।

कार्य संस्कृति में अंतर

जैसा कि राज्यों के सचिवालय में होता है, मंत्रियों से मिलने के बाद जनप्रतिनिधि और लोग सीधे अधिकारियों से मिलने पहुँच जाते हैं। कर्नाटक में भी ऐसा ही होता था, परंतु दिल्ली सचिवालय में, हमारे पास आनेवाले आगंतुक ज्यादा नहीं होते थे, क्योंकि प्रवेश द्वार पर आंगतुकों की कड़ी जाँच की जाती थी और सुरक्षाकर्मियों द्वारा अवांछित लोगों को सचिवालय में प्रवेश नहीं करने दिया जाता। फाइलों का काम मुख्यत: उपसचिव और संयुक्त सचिव स्तर पर होता था, किन्तु अवर सचिव से लेकर नीचे अनुभाग अधिकारी तक अधिकांश

समय मिलते ही नहीं थे। उनसे काम कराना बहुत कठिन था। फाइलों की व्यवस्था भी एकदम अलग तरह से की जाती थी, नोट शीट अलग रखी जाती और पत्र-व्यवहार की मुख्य फाइल अलग रखी जाती। कर्नाटक में हम दोनों को एक साथ रखते हैं। दिल्ली सचिवालय में मैं सार्वजनिक उपक्रमों का काम देखता था। वहाँ दूसरे उपसचिव भी थे, जो अलग-अलग राज्यों और सेवाओं से आए थे। हम लंच के दौरान मिलते और अपने-अपने अनुभव साझा करते। भारत सरकार के अधिकारियों में एक विशेष बात यह थी कि वे अपने नाम और पद के साथ अपनी सेवा के नाम का उल्लेख नहीं करते थे। कोई यह नहीं जानता था कि अमुक किस सेवा से है—भारतीय प्रशासनिक सेवा या किसी अन्य सेवा से। यह अच्छी बात थी। यह अधिकारियों के आपसी मेलजोल को बढ़ाने में सहायक थी।

फाइलों के रखरखाव की उत्तम व्यवस्था

केंद्रीय सचिवालय में फाइलों के रखरखाव की व्यवस्था बहुत अच्छी थी। वे पुराना रिकॉर्ड रखते थे, विशेष रूप से तब, जब मामला संसदीय प्रश्नों से संबंधित होता था। वे कम-से-कम पिछले पाँच वर्ष का संदर्भ रखते थे—क्या प्रश्न था और क्या उत्तर दिया गया ताकि दोनों प्रश्नों और उत्तरों को एक-दूसरे से संबद्ध किया जा सके। वे प्रश्नों से जुड़ी सभी सूचनाएँ पूरे देश से एकत्र करते, जिससे पूरे देश का परिदृश्य मिल जाता। केंद्रीय सचिवालय में काम करते समय समानता का विशेष ध्यान रखना होता है। संसाधनों के आवंटन को लेकर, हालाँकि कोई लिखित निर्देश नहीं था, तो भी सभी राज्यों को समान महत्त्व दिया जाता था। ऐसा नहीं होता कि पूरे-के-पूरे बजट का एकतरफा आवंटन कर दिया जाए। वहाँ निश्चित रूप से संतुलन कायम किया जाता है। सचिवालय में व्यवस्था और कार्यप्रणाली बेहतर है। यही नहीं, जनप्रतिनिधियों-सांसदों का हस्तक्षेप उपसचिव स्तर पर नगण्य है। वे सामान्यतः सचिव और संयुक्त सचिव स्तर पर ही बात करते हैं।

फिर भी मुझे कुछ चीजें पसंद नहीं थीं। मैं सुपर टाइम स्केल में प्रोन्नत हुआ था। ऐसी स्थिति में, यह चयन करने का विकल्प होता है कि कोई दिल्ली में रहे या अपने राज्य में वापस चला जाए। वहाँ कुछ वित्तीय लाभ भी थे। लेकिन मैंने डेढ़ वर्ष के बाद कर्नाटक वापस आने को प्राथमिकता दी।

अच्छी परिपाटियों को साझा करने की जरूरत

दरअसल केंद्र और राज्य की कार्य-पद्धति में बहुत अंतर है। केंद्र में जब आप कोई निर्णय लेते हैं, तो इस बाबत सुनिश्चित नहीं होते कि इस पर अमल होगा या नहीं। यह राज्यों को जाएगा और वहाँ कोई दूसरा उस पर अमल करेगा। अतः निर्णय लेनेवाले व्यक्ति और इसे लागू करनेवाले या इस पर पुनरीक्षण करनेवाले में कोई संबंध नहीं होता। राज्यों की कार्य पद्धति में ऐसा नहीं है। यहाँ आप चीजों को देख-समझ सकते हैं, निर्णय लेते हैं, निर्णय को नीचे भेजते हैं और उस पर निगरानी रखते हैं कि अमल हुआ है या नहीं। राज्य प्रशासन में ऐसी संबद्धता है, जो केंद्र में नहीं है।

लेकिन राज्यों में राजनीतिक या कहें आधिकारिक हस्तक्षेप बहुत ज्यादा है। लोग जानते हैं कि निर्णय ले लिया गया है, इसलिए भी वे उसके कार्यान्वयन को लेकर पूछताछ शुरू कर देते हैं। कभी-कभी वे निर्णय प्रक्रिया को भी प्रभावित करने का प्रयास करते हैं। मंत्री भी फीडबैक के बारे में पूछते रहते हैं। यहाँ आपने जो निर्णय लिया और जो कुछ लागू कर रहे हैं, उसमें संबद्धता है। इसके साथ ही, आप प्रभाव अथवा दबाव मुक्त या उनसे अलग नहीं हैं, जैसा कि भारत सरकार में है। केंद्र में पुरानी फाइलों को बहुत अधिक महत्त्व दिया जाता है, राज्यों में ऐसा नहीं है, जहाँ बहुत सी पुरानी फाइलें मिलती ही नहीं। केंद्र की तुलना में राज्यों में कंप्यूटरीकरण कम हुआ है। कमोवेश केंद्र और राज्यों की व्यवस्था की अपनी अच्छाई और खामियाँ दोनों ही हैं। आवश्यकता इस बात की है कि दोनों व्यवस्थाओं की अच्छाइयों को अपनाया जाए। राज्य केंद्र की अच्छी परिपाटियों को अपनाएँ और केंद्र राज्यों की।

निजी अनुभव

निजी तौर पर मेरा समय अच्छा रहा। केंद्र ऐसा स्थान है, जहाँ हम बहुत अधिक संपर्क बना सकते हैं। यदि हम चाहें तो मंत्रियों, राजनेताओं, सत्ता में बैठे व्यक्तियों, वरिष्ठ नौकरशाहों और राष्ट्रीय प्रेस से संपर्क विकसित कर सकते हैं। हालाँकि इस मामले में बेंगलुरु अन्य राज्यों से बेहतर है, क्योंकि यह एक बड़ा शहर है। छोटे राज्यों में कोई गतिविधि शायद ही दिखाई दे। प्रशासन की दृष्टि से नई दिल्ली का अनुभव मेरे लिए अच्छा रहा। लेकिन परिवार में दिल्ली की जिंदगी

से कोई भी खुश नहीं था। बच्चे अक्सर पूछते थे कि हम दिल्ली में ही रुकेंगे या बेंगलुरु वापस लौटेंगे। तब मैंने लौटकर राज्य सरकार में कार्यभार ग्रहण किया।

राज्य में निदेशक विभाग का मुखिया होता है, परंतु केंद्र में ऐसा नहीं है। निदेशक का पद संयुक्त सचिव और अवर सचिव के बीच में होता है। इसे उपसचिव कहा जाता है। कुछ अधिकारी, जो एक खास जिम्मेदारी को पूरा कर चुके होते हैं, उन्हें निदेशक कहा जाता है। दिल्ली में, निदेशक सचिवालय का केवल एक हिस्सा होता है। लोगों से जुड़ाव, राज्यों में ज्यादा है, जबकि केंद्र में यह नगण्य है। भारत सरकार का विस्तार इतना व्यापक है कि यहाँ कोई भी खो जाता है। यह एक सागर की तरह है। सागर में डुबकी लगाना, वास्तव में रोचक भी है और ज्ञानवर्धक भी।

अराजक ट्रैफिक व्यवस्था

दिल्ली की उबाऊ ट्रैफिक व्यवस्था के कारण कई बार समय पर कार्यालय पहुँचना एक चुनौती बन जाती थी। केंद्र सरकार में उपसचिव स्तर के अधिकारियों को वाहन सुविधा उपलब्ध नहीं कराई जाती थी। उन्हें अपनी खुद की व्यवस्था करनी पड़ती थी। अत: मैंने पहली बार ऋण लेकर मारुति 800 कार खरीदी। मैं प्राय: स्वयं ही कार चलाता था। वहाँ वाहन चलाना निश्चित रूप से चुनौतीपूर्ण था, क्योंकि लोग जिस प्रकार गाड़ी चलाते थे, वह आत्मघाती था। भले ही आप गाड़ी ठीक प्रकार से चलाते हों, परंतु कोई कब और कहाँ आपको टक्कर मार दे, कोई नहीं जानता। जब तक गाड़ी को गाड़ी से सटा न दें, वे नहीं रुकते थे। दिल्ली के लोग बहुत आक्रामक हैं। हम सड़कों पर होनेवाले झगड़ों की खबरें प्राय: रोज ही समाचार-पत्रों में पढ़ते थे। कुछ मामलों में तो लोग छुटपुट बातों को लेकर भी दूसरों पर गोली चला देते थे। यदि कोई किसी को साइड न दे तो भी वे किसी भी सीमा तक जाने के लिए तैयार हो जाते। मैं लक्ष्मीबाई नगर में दो बेडरूम के क्वार्टर में रहता था। अधिकांश समय अपने परिवार के साथ ही व्यतीत करता था, क्योंकि मेरी कोई अन्य आदतें नहीं थीं। सप्ताहांत में या एक पखवाड़े में, मैं सामान्यत: अपने परिवार के साथ राजस्थान में अपने गाँव कार से चला जाता था। केंद्रीय सचिवालय में पाँच कार्य दिवस का सप्ताह होता था और मुझे अपने लिए काफी समय मिल जाता था।

□

लैंड आर्मी : ठेकेदारों से मुक्ति

कर्नाटक लैंड आर्मी कॉर्पोरेशन में प्रबंध निदेशक के पद पर मेरी नियुक्ति बहुत ही कम समय (16 जून, 2001 से 27 जुलाई, 2001 तक) रही, लेकिन विभाग में यह अल्पकालीन समय बहुत ही रोचक रहा। कर्नाटक सरकार के ग्रामीण विकास विभाग के अंतर्गत 1971 में लैंड आर्मी निदेशालय के रूप में प्रारंभ होकर यह उपक्रम 1974 में कर्नाटक लैंड आर्मी कॉर्पोरेशन के नाम से एक कंपनी के रूप में निगमित हुआ। अगस्त 2008 में इसका नाम बदलकर कर्नाटक रूरल इन्फ्रास्ट्रक्चर डेवलपमेंट लिमिटेड (KRIDL) किया गया। यह कर्नाटक सरकार का एक ऐसा विशिष्ट उपक्रम है, जो राज्य में सिविल इंजीनियरिंग निर्माण और संपदा सृजन में संलग्न है।

ग्रामीणों को रोजगार

के.आर.आई.डी.एल. का ध्यान श्रम प्रधान ढाँचागत कार्य पर केंद्रित रहता है जिससे ग्रामीण बेरोजगारों और अर्ध-रोजगार प्राप्त लोगों को रोजगार के अवसर उपलब्ध कराए जाएँ, ताकि उनकी आर्थिक स्थिति में सुधार हो सके। यह ठेकेदार जैसे बिचौलियों को हटाकर सीधे ही ग्रामीण विकास के निर्माण कार्यों को अपने हाथ में लेता है ताकि ग्रामीण क्षेत्रों के गरीबों का शोषण बंद हो और योजना कार्य पर व्यय किए जा रहे धन का पूरा लाभ जनता को मिले।

विभाग में नई ऊर्जा का संचार

जब मैं इस विभाग में नियुक्त हुआ, तभी कर्नाटक ट्रांस्परेंसी इन प्रोक्युरमेंट

(KTPP) एक्ट लागू हुआ था। इससे पूर्व, जो भी सरकारी विभाग टेंडर जारी करता था, प्राय: विभाग को सीधे ही काम मिल जाता था। लेकिन इस एक्ट के लागू होने के बाद प्रत्येक विभाग के लिए टेंडर प्रक्रिया को अपनाना आवश्यक हो गया। कोई भी विभाग किसी को सीधे काम नहीं दे सकता था, जब तक कि उस विभाग को छूट प्राप्त न हो। यह छूट भी कम अवधि, जैसे एक वर्ष आदि, के लिए ही होती थी। मैंने कार्यभार ग्रहण करने के तत्काल बाद, इंजीनियरों से इस विषय पर चर्चा की कि निगम के समक्ष क्या-क्या चुनौतियाँ हैं और इसमें कैसे नई ऊर्जा भरी जाए और कैसे इसे दीर्घ काल के लिए समर्थ बनाया जाए। मैं चाहता था कि विभाग केवल सरकारी काम पर निर्भर न रहे।

लैंड आर्मी कॉर्पोरेशन का इतिहास काफी रोचक है। इसके नाम से ऐसा आभास होता है कि इसका संबंध सेना और भूमि से है। लेकिन वास्तव में इसका न तो कोई संबंध सेना से है और न ही भूमि विकास से। इससे यह अपेक्षा थी कि यह जनता की सेना की तरह होगा, जो जनसामान्य पूर्व सैनिकों और अन्य लोगों को काम उपलब्ध कराएगा और इसे जो भी काम दिया जाएगा, उसे ठेकेदारी से मुक्त रखा जाएगा। इसके तहत स्कूलों, आँगनवाड़ी भवनों, जनता हाउसों आदि जैसे छोटे निर्माण कार्य लिए गए। ये कार्य सीधे इस विभाग को दिए जाते थे। इससे यह अपेक्षा नहीं की जाती थी कि यह कोई टेंडर जारी करेगा, क्योंकि यह कोई ठेकेदारी एजेंसी नहीं थी। इससे यह अपेक्षा की गई थी कि यह सीधे लोगों को जुटाकर काम करेगी, सामान खरीदेगी और सस्ती लागत पर काम पूरा करेगी। इसका एक उद्देश्य ग्रामीणों को रोजगार उपलब्ध कराना भी था। इसकी शुरुआत सदिच्छा से की गई थी। हालाँकि अब यह ठेकेदारी एजेंसी जैसी संस्था बन गई है। वित्त विभाग इसे समय-समय पर छूट प्रदान करता रहता है। उस छूट के आधार पर यह विभिन्न विभागों से काम प्राप्त करती रहती है।

देशभर में उपस्थिति दर्ज कराने का संकल्प

कार्यभार सँभालते ही इंजीनियरों के साथ बैठकर इस बात पर गंभीर विचार-विमर्श किया कि लैंड आर्मी के काम में कैसे विविधता लाई जाए। यहाँ तक कि हमने उन इंजीनियरों के लिए प्रोत्साहनों की घोषणा की, जो निजी

पार्टियों से सिविल निर्माण का काम लेकर आएँगे। इस अवधारणा के आधार पर हमने सुधार प्रक्रिया प्रारंभ की। हमने उन्हें प्राइवेट कंसेल्टेंसी के लिए भी प्रोत्साहित किया। यदि किसी को भवन निर्माण, डिजाइन, आर्किटेक्ट आदि विषय में परामर्श चाहिए, तो एजेंसी वह कार्य भी करेगी। सामान्यत: निजी कंसल्टेंट अधिक पैसा लेते हैं, परंतु हम कम पैसा लेकर वह काम कर देते थे। हमने इंजीनियरों को इस प्रकार प्रोत्साहित किया।

के.आर.आई.डी.एल. केवल कर्नाटक में ही काम करता था। हमने उसे इस बात के लिए प्रेरित किया कि वह देश में कहीं भी टेंडर में भाग लें, जैसे कि उत्तर प्रदेश ब्रिज कंस्ट्रकशन कॉर्पोरेशन कहीं भी भाग लेता है। उनमें बहुत उत्साह था। काम शुरू हुआ और दो माह में ही टर्नओवर अचानक बढ़ गया। मैंने विभाग में काम करनेवाले सभी लोगों को नई चुनौतियों का सामना करने के लिए प्रेरित किया। हालाँकि, हाउसिंग बोर्ड में मेरा स्थानांतरण होने के बाद वहाँ अधिक कुछ नहीं हुआ और वे पुराने ढर्रे पर आ गए। लैंड आर्मी की अवधारणा वास्तव में बहुत अच्छी थी—बिचौलियों का उन्मूलन कर काम को सस्ती दर पर करना।

एकमात्र ध्येय गुणवत्तापरक निर्माण

लैंड आर्मी के खिलाफ शिकायतें निर्माण कार्य के गुणवत्तापरक न होने की होती थीं। यह एक गंभीर चुनौती थी और संस्थान की छवि को बदलना बहुत आवश्यक था। जहाँ निचले स्तर तक अच्छे अधिकारी होते थे, वहाँ निर्माण कार्य अच्छा होता था। यदि निरीक्षण का काम लाभार्थी एजेंसी द्वारा किया जाता था, तब भी निर्माण कार्य अच्छा होता था। यदि कहीं इस प्रकार का निरीक्षण नहीं होता और अधिकारी भी अच्छे नहीं होते, तो निर्माण कार्य खराब होता था। हमारे सम्मुख इस छवि को बदलने की चुनौती थी और यह सुनिश्चित करना था कि यदि कहीं कोई निरीक्षण व्यवस्था नहीं है, तो भी निर्माण कार्य अच्छा होगा। कॉर्पोरेशन की छवि को सुधारने के लिए यह आवश्यक था। उपयुक्त निरीक्षण न होने की स्थिति में, भवन बाहर से तो सुंदर दिखता था, परंतु बरसात में या तो भवन में रिसाव होता था या वह मजबूत नहीं होता था। लकड़ी का काम भी खराब होता था। कॉर्पोरेशन के खिलाफ अधिकांश शिकायतें इसी तरह की होती थीं।

मूल अवधारणा को लोकप्रिय बनाने की आवश्यकता

इस प्रकार की कुछ शिकायतों के बावजूद विभाग द्वारा अच्छा काम किया जाता रहा है। वास्तव में दिल्ली में भी किसी से इसकी कोई तुलना नहीं है। वहाँ नेशनल बिल्डिंग कंस्ट्रक्शन कॉर्पोरेशन (एन.बी.सी.सी.) और कई अन्य बड़े संगठन हैं, लेकिन वे केवल बड़े ठेके लेते हैं। उनकी कार्य पद्धति और के.आर.आई.डी.एल.के. काम में बहुत अंतर है। के.आर.आई.डी.एल. बड़े काम नहीं लेता, केवल छोटे काम लेता है। लैंड आर्मी की छवि मुख्यत: अधिकारियों पर निर्भर है। यदि अधिकारी अच्छे हैं, तो काम अच्छा होगा और इससे छवि अच्छी होगी। यदि अधिकारी खराब हैं, तो पूरे संगठन पर दाग लगता है।

मेरा मानना है कि के.आर.आई.डी.एल. की मूल अवधारणा को लोकप्रिय बनाने की आवश्यकता है। ऐसे समय में, जब ठेकेदार काम बीच में छोड़कर भाग जाते हैं, सरकार और व्यवस्था ठीक तरह से काम करे, तो कई समस्याओं का बेहतर समाधान हो सकता है।

□

सभी के लिए उत्कृष्ट एवं सस्ता आवास

सरकारों द्वारा आवासीय निगमों के गठन का मुख्य उद्देश्य जनता को सस्ती दर पर उत्कृष्ट आवास मुहैया कराना होता है। बेंगलुरु में आवासीय आवंटन को लेकर बेंगलुरु विकास प्राधिकरण और राज्य स्तर पर कर्नाटक आवास बोर्ड की स्थापना की गई। मुझे कर्नाटक हाउसिंग बोर्ड में कमिश्नर के पद पर भेजा गया। जैसा कि मेरा स्वभाव रहा है, किसी भी विभाग में पहुँचने के बाद कुछ नया किया जाए। किसी भी प्रशासनिक अधिकारी को जनहित में कुछ नये प्रयोग करते ही रहना चाहिए। जब कर्नाटक लैंड आर्मी कॉर्पोरेशन से मुझे 2001 में कर्नाटक हाउसिंग बोर्ड (के.एच.बी.) में हाउसिंग कमिश्नर के पद पर नियुक्त किया गया, उस समय उसकी वित्तीय स्थिति बहुत खराब थी। यों कहें कि वह बंद होने के कगार पर था। कुछ क्षेत्रों में इसे बंद कर देने की चर्चा बहुत गंभीरता से चल रही थी, क्योंकि यह अपनी उपयोगिता खो चुका था और ऐसी स्थिति में पहुँच गया था कि जहाँ यह मान लिया गया था कि इसे पुनर्जीवित करना कठिन है। फिर भी मेरे से पूर्व अधिकारी, जो बाद में मुख्य सचिव बने, ने प्रदेश में विभिन्न स्थानों पर 100 हाउसिंग योजना की रूपरेखा तैयार की थी। इससे संबंधित सौ से अधिक स्थानों पर बोर्ड की संपत्ति थीं, परंतु उन पर आवासीय योजनाएँ विकसित करने के लिए कोई ठोस कदम नहीं उठाया जा सका था। कहा जाए तो योजना केवल कार्यालय की फाइलों में ही सिमटी हुई थी।

जब मैं यहाँ आया, तो मेरे सामने यह चुनौती थी कि फाइलों में दबी हुई इस योजना को कार्यान्वित कैसे किया जाए। परिकल्पना के स्तर पर ठहरी इस योजना को मैंने आगे बढ़ाने का निश्चय किया। इसलिए, हमने आर्किटेक्टों का

एक पैनल बनाया और उन्हें प्रोजेक्ट मॉनिटरिंग कंसल्टेंट (पी.एम.सी.) नियुक्त किया और टर्न-की बेसिस पर काम दिया। इसमें वेरीएशन का कोई नियम नहीं रखा गया। टेंडर वैल्यू अंतिम थी। मैं साप्ताहिक आधार पर पूरी परियोजना की समीक्षा करता था। प्रारंभ से ही इसे फास्ट ट्रैक पर रखा गया। शीघ्र ही इसका स्वरूप उभरने लगा। हमने क्योंकि श्रेष्ठ आर्किटेक्टों को पैनल में रखा था, इसलिए आवासों का डिजाइन कल्पना से भी अच्छा था, इसमें यह ध्यान रखा गया था कि योजना पर्यावरण के अनुकूल हो। मतलब, यह इको-फ्रेंडली और एनर्जी एफीसिएंट हो।

हमारे सामने मुख्य चुनौती थी, बोर्ड की खराब छवि को जनता के बीच ठीक करना। बोर्ड की अच्छी छवि न होने के कारण इसके कई आवासीय समूहों में मकानों की बिक्री नहीं हुई थी। नेशनल हाउसिंग गेम प्रोजेक्ट, यलहंका सेटैलाइट टाउनशिप, जैसी अन-बिकी आवासीय परियोजनाएँ थीं। कई क्षेत्रों में एक विशिष्ट श्रेणी के अधिकांश आवास खाली पड़े थे। मुख्य शिकायत इनकी क्वालिटी को लेकर थी। जो थोड़े बहुत लोग हाउसिंग बोर्ड के इन आवासों को खरीदने आते थे, वे इनके निर्माण की गुणवत्ता की वजह से नहीं, बल्कि इसलिए आते थे कि इनकी जमीन का मालिकाना अधिकार स्पष्ट था। हमने पुराने आवासों को बेचने के लिए, एक एजेंसी को साथ लिया, विज्ञापन अभियान चलाया और पुराना स्टाक निपटाना शुरू किया। ऐसा केवल यलहंका (बेंगलुरु) में ही नहीं, वरन् हासन जैसे अन्य जिला केंद्रों पर भी किया गया। हमने 'पहले आओ, पहले पाओ' आधार पर आवास बेचे। जिसने भी आवेदन किया, उसे आवास दिया गया। इस प्रकार पुराने आवासों के स्टाक के साथ ही हाउसिंग बोर्ड का पुराना ऋण भी चुकाया।

निजी क्षेत्र को लिया साथ

हाउसिंग बोर्ड की योजनाओं में हमने निजी क्षेत्र को साथ लेकर संयुक्त विकास योजनाओं पर भी काम शुरू किया। यहाँ तक कि प्रमोटरों व हाउसिंग बोर्ड के संयुक्त नाम से परियोजनाएँ बनाने पर भी विचार किया गया। हमने खुले मन से काम किया। उन दिनों आवास निर्माण की अच्छी गुणवत्ता के चलते हाउसिंग बोर्ड की छवि बहुत सुधरी। बीदर, मांडया, मैसूर और मेंगलुरु आदि स्थानों पर तो माँग इतनी ज्यादा हो गई कि हमारे पास पर्याप्त भूमि ही नहीं थी। कुछ स्थानों पर अतिक्रमण की गई जमीन को मुक्त कराया गया।

पुराने विवादों का समाधान

बोर्ड में स्वामित्व के विवाद संबंधी बहुत सारे पुराने मामले लंबित पड़े थे, जिनका निपटारा नहीं किया गया था। मैंने उन्हें साप्ताहिक आधार पर सुना। यही नहीं, जैसा कि होता रहा है, मैं जहाँ कहीं भी गया, मैंने लोगों की शिकायतों को सुना और उनका समाधान किया। हाउसिंग डेवलपमेंट कॉर्पोरेशन (हुडको) के साथ हमारे अच्छे संबंध थे। वह हमें बड़े पैमाने पर सहायता देना चाहते थे। हाउसिंग बोर्ड की छवि धीरे-धीरे अच्छी होने लगी और उसने विशेषज्ञता हासिल कर ली, ऐसा इसलिए संभव हो सका, क्योंकि हमने अच्छे आर्किटेक्टों को अपने साथ जोड़ा था। मैंने एक पहल और की, जो आगे चलकर मील का पत्थर सिद्ध हुई। वह पहल थी दूसरे विभागों से भवन निर्माण का काम लेना। उदाहरण के लिए, मैंने तत्कालीन राजस्व मंत्री से संपर्क किया। तब 7 नए जिले बनाए गए थे और उन्हें उन जिलों के लिए जिला कार्यालय कॉम्प्लेक्स बनाने थे। प्रारंभ में हमें उडुपी और गदग के अलावा 5 जिलों का काम मिला। हमने उन कार्यालय कॉम्प्लेक्स के लिए उत्तम आर्किटेक्ट योजना बनाई और उनके भवन का डिजाइन देश के प्रतिष्ठित आर्किटेक्टों से बनवाया। उपायुक्तों के फीडबैक के बाद उस काम का टेंडर हमें दिया गया। इसके बाद उन दोनों जिलों का काम भी हमें दिया गया। इस प्रकार कुल मिलाकर सभी सातों जिलों के कार्यालय कॉम्प्लेक्स का निर्माण हाउसिंग बोर्ड ने किया। यह कार्य उत्कृष्ट था। इन भवनों के निर्माण से बोर्ड की प्रतिष्ठा और अधिक बढ़ गई।

लीक से हटकर काम

'100 हाउसिंग योजना' पर काम जारी था और आवास समय पर बनकर तैयार होनेवाले थे। जब हमने उन आवासों के लिए आवेदन आमंत्रित किए, तो लोगों ने बहुत उत्साहपूर्वक इनमें रुचि दिखाई। इनके निर्माण की गुणवत्ता ने सबको चकित कर दिया। निर्माण कार्य के बीच ही हमने आवास आवंटित कर दिए। प्रत्येक अलॉटी जानता था कि उसे किस संख्या का आवास अलॉट किया गया है। इसलिए आवास निर्माण के दौरान उन्होंने भी इन पर निगरानी रखी। वे काम को देख सकते थे। वे कोई 'वैल्यू एडीशन' करा सकते थे या बदलाव के लिए अपने सुझाव दे सकते थे। हमने इस बात की अनुमति दी। यदि कोई

अलॉटी यह चाहता था कि रसोईघर अमुक स्थान पर न हो तो वह उसमें बदलाव करा सकता था। इसी प्रकार शयनकक्ष दूसरी दिशा में हो या कोई छोटा-मोटा बदलाव कराना हो तो उसकी भी अनुमति दी गई। क्योंकि हमारा मानना था कि जिस व्यक्ति को वहाँ रहना है, वह उस घर में रहकर प्रसन्न रहे। हमने संभावित खरीदारों के सुझावों को मान लिया, ताकि आवास पूरा बनने के बाद उन्हें उसमें कोई बड़ा फेर-बदल न कराना पड़े।

प्रगतिशील निर्णय प्रक्रिया

यह हमारी सोच में एक बड़ा परिवर्तन था। आवासों में जो भी बदलाव होना था, वह घटक आधारित (factored) था। अर्थात् यदि बदलाव में किसी महँगे सामान की जरूरत थी, तो उसकी कीमत 'अलॉटी' से ली गई और यदि उसमें कोई बड़ा फेर-बदल नहीं हुआ, तो उसके लिए कुछ भी अतिरिक्त पैसा नहीं लिया गया। लोगों ने इसको बहुत सराहा। जब लोगों को हमारी सोच में इतने बड़े परिवर्तन की जानकारी मिली, तो उन्होंने कई अन-बिके आवास भी खरीद लिये। वे आज भी हमें धन्यवाद देते हैं। हम लोगों से अपनी लेनदारी वसूल कर सके और हमें हुडको व दूसरे संस्थानों को जो देना था, उसको भी निपटाया। हमने अपने ऋणों का पुनःआकलन कराया, क्योंकि बोर्ड ने कई संस्थानों से ऊँची ब्याज दर पर ऋण लिया हुआ था। हमने हुडको और बैंकों से समझौते किए। हमने अपने डिपॉजिट उस बैंक को दिए, जिसने हमें कम ब्याज दर पर ऋण उपलब्ध कराया। हाउसिंग बोर्ड को इस मद में काफी बचत हुई। उन दिनों, विकासोन्मुखी सोच के साथ प्रबंधन किया गया और निर्णय लिए गए। एक और रोचक बात यह थी कि जन शिकायतों का समाधान तीव्रता से किया गया। किराया आवास योजना पर भी काम हुआ।

घर से हर किसी को बहुत प्यार होता है। इसीलिए बकायेदारों का प्रतिशत बहुत कम था। यह एक अन्य रोचक बात थी। वे समय पर किस्त का भुगतान करते थे, इसके लिए उन्हें भले ही कहीं दूसरे खर्चों में कटौती करनी पड़े। स्लम इलाकों में भी हमने विकास कार्य किए। वहाँ स्लम क्लीयरेंस बोर्ड के आवास थे और हाउसिंग बोर्ड ने उनकी भी सहायता की। कुल मिलाकर यह मेरे लिए बहुत ही रचनात्मक अनुभव रहा।

□

ट्रेड यूनियन नेता ने बदल दी मेरी सोच

हाउसिंग बोर्ड से मुझे दिसंबर 2003 में बेंगलुरु इलेक्ट्रिक सप्लाई कंपनी लि. (BESCOM) में प्रबंध निदेशक के पद पर स्थानांतरित कर दिया गया। यह उन पाँच विद्युत् आपूर्ति कंपनियों में से एक थी, जो पूर्ववर्ती कर्नाटक इलेक्ट्रिसिटी बोर्ड (KEB) का पुनर्गठन कर बनाई गई थी। कर्नाटक पावर ट्रांसमिशन कॉर्पोरेशन लि. (KPTCL) विद्युत् प्रेषण कंपनी बनी और बेस्कॉम तथा अन्य आपूर्ति कंपनियाँ बनीं। के.ई.बी. में सचिव के रूप में मेरा पूर्व का कार्य-अनुभव प्राय: प्रशासनिक मामलों तक सीमित था। लेकिन बेस्कॉम में मुझे तकनीकी मामले भी देखने थे। इसका मुख्य कार्य सब-स्टेशन या उपभोक्ता स्तर तक विद्युत् की आपूर्ति करना था। हालाँकि यह और भी कई प्रकार के कार्य करती थी।

विद्युत् आपूर्ति, राजस्व मॉडल, जन शिकायतों आदि की पूरी अवधारणा को समझना मेरे लिए बिल्कुल नया विषय था और रोचक भी। विद्युत् एक ऐसी वस्तु है, जो अदृश्य है। हाउसिंग बोर्ड में आप निर्माणाधीन मकान या फ्लैट को देख सकते हैं या उस जगह को देख सकते हैं जो आवंटित हुई है। परंतु यहाँ किसी चीज को नहीं देख सकते। केवल उपभोक्ता को जानते हैं, जो उस वस्तु का उपभोग करता है और राजस्व देता है। अत: उपभोक्ता उस अदृश्य वस्तु के लिए भुगतान करता है, जिसका वह उपभोग कर चुका है।

घाटे को लाभ में बदलना

विभिन्न विभागों से यहाँ की कार्यप्रणाली अलग थी, यह एक ऐसी कंपनी थी, जिसमें पुराने संसाधनों का नवीनीकरण करना जरूरी था, यह मेरे लिए एक

चुनौती थी। लो टैंशन और हाईटैंशन की लाइनें बरसों पहले बिछाई गई थीं। इनका नवीनीकरण करना एक बड़ी चुनौती थी, क्योंकि बेस्कॉम की आर्थिक स्थिति अच्छी नहीं थी। इसलिए बेंगलुरु में विद्युत् आपूर्ति का निजीकरण करने के बारे में गंभीरता से चर्चाएँ हो रही थीं। बेस्कॉम को वित्तीय दृष्टि से सुदृढ़ बनाना मेरे लिए एक चुनौती थी। मेरा मानना था कि अगर बेंगलुरु में कोई कंपनी अपनी आर्थिक स्थिति को नहीं सुधार सकती, तो अन्य शहरों में यह नामुमकिन ही है। मुख्य चुनौती थी ट्रांसमिशन और वितरण घाटे को कम करना। इसके साथ ही बड़ी संख्या में उपभोक्ता तमाम तरह की शिकायतें लेकर विभिन्न दफ्तरों में आते थे। एक और चुनौती थी कि इन सबकी समस्याओं का समाधान कैसे किया जाए और कैसे व्यवस्था में सुधार किया जाए। कई उपभोक्ताओं की शिकायत रहती थी कि उन्होंने नए कनेक्शन के लिए आवेदन किया, परंतु स्वीकृत नहीं हुआ। यहाँ तक कि उद्योगों को भी प्राथमिकता नहीं दी जाती थी। सिद्धांतत: जो वर्ग अधिक राजस्व देता है, उसे प्राथमिकता दी जानी चाहिए। लेकिन अक्सर ऐसी शिकायतें रहती थीं कि ट्रांसफार्मर अधिक लोड वहन नहीं कर सकते। पूरा तंत्र पहले से ही ओवर-लोडेड था। इसलिए नए उपभोक्ताओं को जोड़ना संभव नहीं था। वास्तव में वहाँ हर मोर्चे पर चुनौतियाँ-ही-चुनौतियाँ थीं।

उस समय तक कंपनी में कंप्यूटर का उपयोग नहीं होता था और बिल हाथ से ही बनाए जाते थे। इसलिए बिलों को लेकर बहुत सी शिकायतें थी। बिल बनाने वाले कर्मचारी प्राय: पैंसिल से रकम भरकर बिल में बढ़ोतरी कर देते थे। जब उपभोक्ता आता, तो वे उसे ठीक कर देते (बिल राशि ठीक करने के एवज में उपभोक्ताओं से प्राय: कुछ रकम वसूलकर) और उसे उपभोक्ता को वापस कर देते। उचित हिसाब-किताब नहीं रखा जाता था। इसीलिए यूनिट और राजस्व को लेकर भारी घाटा होता था।

पूरी व्यवस्था का उन्नतीकरण

बेस्कॉम राज्य की राजधानी में एक अग्रणी कंपनी थी, इसलिए मुझे परिणाम दिखाना था। मैंने तत्परतापूर्वक वहाँ के काम करने के तौर-तरीकों को समझा। मैंने इंजीनियरों के साथ बैठकें करनी प्रारंभ कीं। लोगों से बातें करने लगा और जनता की शिकायतें सुनने लगा। मैंने हमेशा की तरह ही जनता से मिलने के लिए कोई

निश्चित समय निर्धारित नहीं किया। कोई भी व्यक्ति अपनी शिकायत लेकर, किसी भी समय मेरे पास आ सकता था। कर्नाटक में अधिकारियों से मिलने का समय शाम 3 बजे से 5 बजे तक निर्धारित किया गया था, लेकिन मैंने उस परंपरा से अलग चलने की ठान ली थी, क्योंकि मुझे मालूम था कि यदि जनता से मिलने के समय मैं बैठकों में व्यस्त हो गया, तो दूर-दूर से आनेवाले लोगों को परेशानी होगी। इसीलिए मैंने 'कभी भी, किसी भी समय' जनता से मिलने की परंपरा को यहाँ भी जारी रखा। मैंने कर्मचारी यूनियनों से वार्त्ता करना शुरू किया और कंप्यूटरीकरण आदि अन्य मुद्दों पर चर्चाएँ कीं। हमें एक्सीलरेटेड पावर डेवलपमेंट रिफोर्म प्रोग्राम (APDRP) के लिए कई प्रोजेक्ट प्लान बनाने थे। यह भारत सरकार द्वारा वित्त पोषित स्कीम थी। इसके अंतर्गत हमें पूरी व्यवस्था के उन्नयन के लिए योजनाएँ बनानी थीं। हमें स्कीमों की स्वीकृति मिल गई। लेकिन मौजूदा कर्मचारियों के रहते उन्हें लागू करना फिर से एक चुनौती थी। चुनौतियाँ और भी कई थीं—प्रशासनिक, लोगों को साथ लेना और प्रोजेक्ट को समय पर लागू करना। यहाँ के.ई.बी. की तरह कर्मचारियों को बाँटा नहीं गया था। के.ई.बी. के कर्मचारी थे, लेकिन वे आपूर्ति कंपनियों को अंतरित नहीं किए गए थे। उन दिनों कर्मचारी यूनियनें बहुत प्रभावी थीं और प्रशासनिक मामलों में उनका बहुत अधिक हस्तक्षेप रहता था। इससे कोई भी सुधारात्मक निर्णय लेना बहुत कठिन था। यदि वे उसका विरोध करने लगे तो यह एक समस्या बन जाता था। पूरे तंत्र की खामियों को दूर करने, सुधारात्मक कदम उठाने और घाटे को कम कर राजस्व बढ़ाने तथा जनता की शिकायतों का समाधान करते समय उनसे उचित व्यवहार करने की दिशा में स्टाफ को प्रवृत्त करने आदि की दृष्टि से दक्षतापूर्ण प्रबंधन बड़ी चुनौती थी।

अनौपचारिक बैठकें

लिहाजा मैंने साप्ताहिक बैठकें करने की परंपरा प्रारंभ की। मैं प्रत्येक सप्ताह मुख्यालय के प्रमुख इंजीनियरों और फील्ड में कार्यरत इंजीनियरों से मिलता था। सामान्य रूप से लोग महत्त्वपूर्ण बैठकों में ही मिलते हैं। परंतु वहाँ हम प्रति सप्ताह मिलते थे—उनसे मिलना और अनौपचारिक रूप से बातचीत करना। मेरा काम करने का अपना तरीका रहा है। मैं अपनी आधिकारिक शक्तियों का इस्तेमाल करने में विश्वास नहीं करता। इसके बजाय मैं व्यक्तिगत प्रभाव

का उपयोग करने में विश्वास करता हूँ। यदि आप किसी को व्यक्तिगत रूप से जानते हैं, तो उससे अधिक काम करा सकते हैं। हमारे पास इस्तेमाल करने के लिए शक्तियाँ हैं, हम किसी को भी दंडित कर सकते हैं। परंतु वह अंतिम उपाय होना चाहिए। ऐसा मेरा विश्वास है। मैंने कार्रवाई करने की चेतावनियाँ जरूर दी हैं, लेकिन अधिकारियों के खिलाफ कभी भी दंडात्मक कार्रवाई (उनका निलंबन या अनुशासनात्मक कार्रवाई) नहीं की। स्टाफ को आतंकित करके उनसे काम कराना भी मेरी शैली नहीं रही है।

कर्मचारी यूनियनों के मुद्दे

मैं यहाँ एक प्रसंग का उल्लेख करना चाहता हूँ, जिससे यह स्पष्ट होता है कि सामान्यत: हम किस प्रकार अपनी रणनीति में बदलाव करते हैं। कुछ शिकायतों के आधार पर मैंने कुछ लोगों के स्थानांतरण के आदेश जारी किए। इससे कर्मचारी यूनियन के तत्कालीन महासचिव, जिन्हें मैं काफी समय से जानता था, मेरे पास आए। उन्होंने मुझे स्थानांतरण आदेशों में से कुछ पर पुनर्विचार करने के लिए कहा। मैंने उन्हें कहा कि मैंने जो आदेश पारित कर दिए हैं, उनमें एक शब्द भी नहीं बदलूँगा। तब वे चले गए। अगले दिन वे पुन: आए और कहा कि सर, मैं आपसे कुछ बात करना चाहता हूँ। मैंने कहा, बताओ, क्या मामला है? उन्होंने पुन: कहा कि कम-से-कम कुछ लोगों से संबंधित आदेशों में तो बदलाव कर दें। मैंने पुन: उनकी बात मानने से इनकार कर दिया। तब उन्होंने कहा, एम.डी. के नाते आप क्या चाहते हैं—क्या आप बस इन आदेशों को लागू कराना चाहते हैं या कंपनी के लिए कुछ अच्छा काम करना चाहते हैं। मैंने कहा कि मैं कंपनी के लिए कुछ अच्छा काम करना चाहता हूँ। तब उन्होंने कहा कि आपको इस आदेश पर नहीं अड़ना चाहिए। आदेश महत्त्वपूर्ण नहीं है। क्योंकि यदि आप यहाँ रहे, तो एम.डी. होने के नाते आप कई अच्छे काम करेंगे। यदि हम आंदोलन पर उतर आए और आपने केवल अपने मुद्दे पर जोर दिया, तो महत्त्वहीन (स्थानांतरण) मुद्दा मुख्य हो जाएगा। आप जिस गति से बेस्कॉम को लाभदायक बनाना चाहते हैं और अपनी रचनात्मकता की छाप छोड़ना चाहते हैं, वह उद्देश्य तो पूरा ही नहीं होगा। यदि आपको कहीं और भेज दिया गया, तो आप अपनी योजनाओं

को लागू नहीं कर पाएँगे। जिस तरह से उन्होंने तर्कसंगत ढंग से अपनी बात कही, वह मुझे बहुत अच्छी लगी। तब मुझे यह एहसास हुआ कि इस तरह उलझने का कोई मतलब नहीं है। यदि वे बड़े मुद्दों पर सहयोग करते हैं, तो ऐसे छोटे मुद्दे महत्त्वहीन हो जाते हैं। इस प्रकार मैंने बात को सँभालते हुए आदेश में कुछ बदलाव कर दिए। वे इससे खुश हुए और भविष्य में उन्होंने मुझे पूरा सहयोग दिया।

कुछ भी व्यक्तिगत नहीं

यूनियन के उस नेता से मैंने यह सीख ली कि हमें अपनी बात पर अड़ना नहीं चाहिए। किसी बड़ी उपलब्धि के लिए छोटे मुद्दों को समायोजित करना बेहतर होता है। इससे लोगों को अधिक लाभ होता है। यहाँ कुछ भी वैयक्तिक नहीं है। उन्होंने जो कुछ कहा, वह मुझे आज भी स्मरण है। वे बहुत ही व्यावहारिक और व्यवहार कुशल व्यक्ति थे। वे प्राय: वेतन आदि मामलों पर समझौता वार्त्ताएँ करते थे। कर्मचारी यूनियन अपनी माँगों के लिए हमेशा दबाव बनाती रहती है, लेकिन एक अधिकारी को किसी भी माँग को स्वीकार करने से पहले बहुत कुछ देखना पड़ता है। किंतु जायज माँगों को स्वीकार करने में अधिक समय भी नहीं लगाना चाहिए।

□

बिजली चोरी पर नियंत्रण

जैसे-जैसे तकनीक जीवन के प्रत्येक क्षेत्र में प्रवेश कर रही है, वैसे-वैसे बिजली की माँग अनपेक्षित रूप से बढ़ रही है। हर कोई निर्विघ्न विद्युत् आपूर्ति चाहता है, परंतु कई लोग इसके लिए भुगतान करना जरूरी नहीं समझते, जिससे विद्युत् एजेंसियों को भारी घाटा होता है। कई रिपोर्टों से यह रहस्योद्‌घाटन हुआ है कि विद्युत् क्षेत्र में केवल आधा राजस्व ही संग्रहित होता है। 'अमर्जिंग मार्केट्स स्मार्ट ग्रिड : आउट लुक 2015' के अनुसार विद्युत् क्षति के मामले में भारत पहले स्थान पर है (16.2 अरब डॉलर), दूसरे स्थान पर है ब्राजील (10.5 अरब डॉलर) और तीसरे स्थान पर है रूस (5.1 अरब डॉलर)। राज्यों में महाराष्ट्र में अकेले 2.8 अरब डॉलर की बिजली हर वर्ष चोरी होती है, जो दुनिया के आठ देशों में होनेवाली बिजली चोरी से भी ज्यादा है। पूरे देश में बिजली के पारेषण और वितरण में क्षति 23 प्रतिशत है और कई राज्यों में तो यह 50 प्रतिशत से भी अधिक है।

अंधाधुंध बिजली चोरी को रोकने की दृष्टि से केंद्र सरकार ने शहरों में बिजली के मीटर लगाने और पुरानी वितरण प्रणाली के उन्नयन हेतु नवंबर 2014 में 253 अरब रुपए खर्च करने की घोषणा की थी। केंद्र का अनुमान है कि कुछ राज्यों में 40 प्रतिशत तक बिजली का भुगतान नहीं किया जाता। ऐसा विशेषकर वहाँ होता है, जहाँ कुछ राजनीतिक दल वोटों के लालच में सस्ती या मुफ्त बिजली देने की घोषणाएँ करते हैं। अब न्यायालय भी बिजली चोरों के खिलाफ कड़ी कार्रवाई करने के पक्ष में हैं। बंबई उच्च न्यायालय ने बिजली चोरी को रोकने के लिए 26 अगस्त, 2014 को एक स्पेशल सेल का गठन करने के आदेश दिए थे, जिसमें बृहन् मुंबई इलेक्ट्रिक सप्लाई एंड ट्रांसपोर्ट अंडरटेकिंग (BEST) के मुख्य सतर्कता अधिकारी और डिप्टी कमिश्नर ऑफ पुलिस (ऑपरेशन) को शामिल करने के लिए कहा गया था। देश विद्युत् उत्पादन पर भारी धनराशि खर्च करता है। यदि लोग उस बिजली के लिए भुगतान नहीं करेंगे, जिसका उन्होंने उपभोग किया है, तो बिजली कंपनियों का अस्तित्व कैसे बचेगा? कोई भी सरकार इसे वहन नहीं कर सकती।

मुनाफे में आ गई घाटे में रहनेवाली बेस्कॉम

बेंगलुरु इलेक्ट्रिक सप्लाई कंपनी लि. (BESCOM) में मैंने 2003 में प्रबंध निदेशक के पद पर कार्यभार ग्रहण किया। वहाँ मेरे तमाम कार्यों का मुख्य जोर सुधार पर रहता था। हाथ से बिल बनाने की व्यवस्था न केवल ईमानदार उपभोक्ताओं के शोषण का एक तरीका थी वरन् इससे कंपनी को भी भारी नुकसान होता था। 2002 तक बिल हाथ से ही बनाए और उपभोक्ताओं को वितरित किए जाते थे। इसके समाधान के रूप में मैंने बिल बनाने की पूरी प्रक्रिया का कंप्यूटरीकरण करने का निर्णय लिया। यह पहला ऐसा सुधार था, जो कंपनी में आने से पहले ही मेरे मन में था। जैसे ही मैंने कंप्यूटरीकरण पर काम करना शुरू किया और पूरी प्रक्रिया को समझने लगा, उसी दौरान मेरी जानकारी में आया कि टी.सी.एस. कंपनी ने कंप्यूटरीकरण पर कुछ काम किया था, परंतु वे किसी कारण इसे पूरा नहीं कर सके। यह काम करीब आधा हो चुका था। सॉफ्टवेयर तैयार नहीं था, इसलिए तात्कालिक चुनौती थी—बदली हुई परिस्थितियों के अनुरूप सॉफ्टवेयर तैयार करना।

बिल बनाने की प्रक्रिया का कंप्यूटरीकरण

जैसे ही कंप्यूटरीकरण की चर्चा शुरू हुई, जैसी कि अपेक्षा थी, कर्मचारियों की तरफ से विरोधी प्रतिक्रिया मिली। हमने उन्हें समझाया और यकीन दिलाने की कोशिश की कि उनके हितों की रक्षा की जाएगी। तब भी वे इस बात पर जोर देते रहे कि वे लेजर हाथ से ही लिखेंगे। मैंने उन्हें इस बात की अनुमति

दे दी और इस काम के लिए उन्हें कुछ समय तक पारिश्रमिक भी दिया। इसके साथ ही हमने सॉफ्टवेयर तैयार करने और कंप्यूटरों को लगाकर आधुनिकीकरण करने का काम शुरू कर दिया। साथ ही इन्हें ठीक से चलाने के लिए स्टाफ को प्रशिक्षण देना भी शुरू कर दिया। सॉफ्टवेयर के बन जाने और पूरी व्यवस्था का कंप्यूटरीकरण हो जाने के बाद भी कर्मचारी इस पर निर्भर रहने के लिए राजी नहीं थे। इसलिए हमने कुछ समय के लिए दोनों व्यवस्थाओं—कंप्यूटर व हाथ से काम करने—की अनुमति दे दी। इस प्रकार काम करना प्रारंभ हुआ। स्टाफ को नई व्यवस्था का अभ्यस्त होने में तीन-चार महीने लग गए। इसके बाद हमने केवल कंप्यूटरीकृत बिल बनाना और भेजना शुरू कर दिया। बाद में और अधिक आधुनिकीकरण हेतु हमने कुछ 'हैंड हेल्ड' मशीनें खरीदी। स्टाफ उन मशीनों में यूनिट्स को हाथ से दर्ज कर उपभोक्ताओं को बिल तत्काल ही तैयार करके देने लगे।

ऊर्जा ऑडिट

दूसरा महत्त्वपूर्ण सुधार था ऊर्जा ऑडिट प्रारंभ करना। यह एक प्रकार से बिजली की बैलेंस शीट थी, जो यह बताती थी कि कितने यूनिट बिजली प्राप्त हुई, कितनी बेची और कितना राजस्व संग्रह हुआ। हम बिजली एक स्रोत से लेते हैं और इसे उपभोक्ता को बेचते हैं। इस प्रक्रिया में कुछ वितरण ह्रास होता है और जो शेष रहता है, उससे राजस्व प्राप्त करते हैं। ऊर्जा ऑडिट कराना हमारे लिए एक बड़ी चुनौती थी। कंप्यूटरीकरण की प्रक्रिया के दौरान मुझे अचानक विचार आया कि क्यों न ऊर्जा ऑडिट को पूरी व्यवस्था का एक अंग बना दिया जाए। सामान्यत: ऊर्जा ऑडिट किसी बाहरी एजेंसी से कराया जाता है। उनके लोग आते हैं, क्षति का आंकलन करते हैं और तब परिणाम बताते हैं। लेकिन यह विश्वसनीय नहीं था। मैंने विचार किया कि कंप्यूटरीकरण के बाद अब इसे ज्यादा व्यावहारिक बनाया जाना चाहिए।

विद्युत् नेटवर्क का मानचित्रीकरण

आंतरिक ऊर्जा ऑडिट के लिए, पूरे विद्युत् नेटवर्क का मानचित्रीकरण करने का विचार मन में आया। हमने उस पूरी विद्युत् ऊर्जा को रिकॉर्ड करने का

निर्णय किया, जिसे हम विद्युत् उत्पादन स्टेशन से प्राप्त कर अपने सब-स्टेशन तक देते हैं। उस स्टेशन पर एक मीटर लगाया गया, जहाँ से हम विद्युत् लेकर अपने 11 के.वी. फीडर को भेजते हैं। यह मीटर रिकॉर्ड करता है कि कितनी ऊर्जा भेजी गई। वितरण ट्रांसफार्मर वह केंद्र है, जहाँ तक 11 केवी विद्युत् ऊर्जा हाईटेंशन लाइनों से आती है। इसके बाद इसे लो-टेंशन के निचले स्तर पर लाया जाता है। लो-टेंशन ट्रांसफार्मर से इसे उपभोक्ताओं तक पहुँचाने का काम किया जाता है। इसलिए हमने ट्रांसफार्मर के प्वॉइंट पर मीटर लगाने और विद्युत् ऊर्जा को नापने का निर्णय किया। इससे उस स्तर पर कितनी विद्युत् ऊर्जा प्राप्त हुई और उस ट्रांसफार्मर से कितने उपभोक्ता जुड़े हुए हैं, इसका पता चलने लगा। इस व्यवस्था से पहले मीटर रीडिंग करनेवाले लोग मनमाफिक तौर पर मीटर रीडिंग करते थे, लेकिन इस व्यवस्था को लागू करने के बाद यह तय किया गया कि मीटर रीडिंग मानचित्र के आधार पर की जाएगी। पहले मीटर रीडर प्राय: रोज 300 से 400 मीटरों की रीडिंग लेते थे। हमने उनसे कहा कि वे इतनी ही रीडिंग लें, लेकिन अब रीडिंग मानचित्र के अनुसार और एक ही दिन लें। एक ट्रांसफार्मर के अंतर्गत आनेवाले सभी उपभोक्ताओं की मीटर रीडिंग एक ही दिन में ली जानी चाहिए। तब यह भी रिकॉर्ड किया गया कि उपभोक्ताओं ने कितनी बिजली का उपभोग किया। इसके बाद हम इसका मिलान करते कि कितनी यूनिट प्राप्त हुई और कितनी क्षति हुई।

इस प्रकार हम बेंगलुरु के सभी दस हजार ट्रांसफार्मरों पर नजर रख सके। अब स्वाभाविक रूप से हम यह पता कर सकते थे कि कहाँ कितनी बिजली चोरी हो रही है—10 प्रतिशत, 20 प्रतिशत, 30 प्रतिशत, 50 प्रतिशत या 100 प्रतिशत। कुछ स्थानों पर तो वास्तव में 100 प्रतिशत बिजली चोरी होती थी। हमने विचार किया कि 70 या 100 प्रतिशत बिजली की चोरी कैसे संभव है। सबसे पहले, हमने उन ट्रांसफार्मरों को मॉनीटर किया, जहाँ 20 प्रतिशत से ज्यादा बिजली की चोरी होती थी। हमने जाँच दस्ते बनाकर प्रत्येक संस्थान की जाँच की। इस प्रकार हर महीने स्वत: ही ऊर्जा ऑडिट होने लगा—ट्रांसफार्मर स्तर पर कितनी बिजली आई, कितनी उपभोक्ताओं को आपूर्ति की गई और इन दोनों का अंतर कितना है ?

मॉनीटरिंग के दौरान पता चला कि कई घरों में लगे मीटर या तो खराब हैं,

या फिर उनमें छेड़छाड़ की गई है या वे बंद पड़े हैं। हमने ऐसे सभी मीटरों को बदल दिया। हमारे लिए यह आश्चर्य की बात थी कि ऐसा होते ही न केवल राजस्व में भारी वृद्धि हुई वरन् जन शिकायतें भी नगण्य रह गईं। इससे उपभोक्ता और मीटर रीडर के बीच, जो लेन-देन होता था, वह भी नियंत्रित हो गया। हम उन क्षेत्रों की भी पहचान कर सके, जहाँ बिजली चोरी ज्यादा होती थी। चार-पाँच माह में ही हम पूरी व्यवस्था को सुव्यवस्थित कर सके और विद्युत् क्षति कम होकर मात्र 9 प्रतिशत रह गई, जबकि पहले वह 17 प्रतिशत थी। इससे प्रति वर्ष 500 करोड़ रुपए का राजस्व अधिक प्राप्त होने लगा—बिना कुछ किए। यह सब जिस फॉर्मूले के परिणामस्वरूप हो सका, वह था पूरे नेटवर्क का कागज पर मानचित्रीकरण और उसके अनुरूप काम करना। अन्यथा इसके अतिरिक्त ऐसा कोई उपाय नहीं था, जिससे प्रत्येक मीटर पर हर महीने नजर रखी जा सके।

बेंगलुरु मॉडल

ऊर्जा चोरी रोकने के बेंगलुरु मॉडल ने कई राज्यों का ध्यान आकर्षित किया। इसलिए इसे सब जगह अपनाया गया। शहरी क्षेत्रों में तो यह बहुत सफल रहा। इस पद्धति से हम प्रत्येक ट्रांसफार्मर स्तर तक क्षति का पता लगा सकते हैं। इसके बाद हमने एच.टी. और एल.टी. स्तर के प्रत्येक ट्रांसफार्मर की रीडिंग लेने की स्वचालित व्यवस्था कर दी। वहाँ अब मीटर रीडर के जाने की जरूरत ही नहीं रही। वे अब यह काम रिमोट कट्रोल से किसी भी समय कर सकते हैं। इसके बाद हमने पूरे तंत्र का उन्नतीकरण कर दिया। इसके तहत तकनीकी खामियों को दूर करने, ओवर लोडिंग की समस्या का समाधान करने और एच.टी. व एल.टी. लाईनों का उन्नयन करने जैसे कई काम किए। कुल मिलाकर कई सुधार कार्यक्रम लागू किए गए। जो बेस्कॉम कभी भारी घाटा दे रही थी और इसी वजह से उसके निजीकरण की चर्चा की जा रही थी, जिसको बंद किया जा रहा था, वही मेरे कार्यकाल में लाभ कमानेवाली सर्वश्रेष्ठ विद्युत् कंपनी बन गई। इसके बाद इसने दूसरी विद्युत् आपूर्ति कंपनियों की भी सहायता की।

तकनीकी आधुनिकीकरण और प्रक्रिया में सुधार से बेस्कॉम के उपभोक्ता भी संतुष्ट हुए और कंपनी को मुनाफा होने लगा। जिस तथ्य ने इस पूरे प्रयास में हमारी सहायता की, वह था उपलब्ध सर्वश्रेष्ठ तकनीक का उपयोग और

ऊर्जा क्षेत्र में उपलब्ध श्रेष्ठ कार्य प्रणाली को अपनाना। मेरा मानना है कि उपभोक्ताओं की संतुष्टि के लिए बेहतर नहीं, बल्कि बेहतरीन सुविधाएँ उपलब्ध करानी चाहिए, क्योंकि पैसा तो उन्हीं से आना है। अब बेस्कॉम पर कर्नाटक के आठ जिलों में विद्युत् आपूर्ति की जिम्मेदारी है। इनमे प्रमुख हैं बेंगलुरु शहर और देहात, कोलार, तुमकुर, रामनगर, चिक्काबल्लापुरा, चित्रदुर्गा और दावनगेरे। यह 41,092 वर्ग कि.मी. क्षेत्र में 207 लाख आबादी की सेवा कर रहा है। करीब 93 लाख उपभोक्ताओं की सेवा की जाती है। इसकी सेवाओं में विस्तार इसके द्वारा प्रदान की जानेवाली बेहतर सेवा के कारण ही हुआ है। मेरा मानना है कि जब तक आपका प्रत्येक उपभोक्ता संतुष्ट नहीं हो जाता, आपको सुधार के लिए प्रयास करते ही रहना चाहिए।

□

शिकायत निवारण हेतु अनूठे प्रयोग

किसी भी जनोपयोगी सेवा संस्थान में जन शिकायतों का निराकरण और उन्हें कम करना, किसी भी प्रशासक के लिए चुनौतीपूर्ण काम होता है। बेस्कॉम, जहाँ मैं 2003 में प्रबंध निदेशक के पद पर आया, इसका अपवाद नहीं था। इसका कार्यक्षेत्र बेंगलुरु महानगर होने के नाते, इसके उपभोक्ता बहुत ही प्रबुद्ध और अभिजात वर्ग के थे, जिनकी इससे बहुत अधिक अपेक्षाएँ थीं। वे सर्वश्रेष्ठ विद्युत् आपूर्ति व्यवस्था चाहते थे। इनमें से कई पूरी दुनिया घूमे थे और वे वहाँ उपलब्ध सेवा से इसकी तुलना करते थे। दूसरी ओर, ग्रामीण क्षेत्र भी थे, विद्युत् आपूर्ति और बिलों को लेकर, जहाँ लोगों की समस्याएँ स्थायी रूप से थीं। बेस्कॉम में अपने कार्यकाल के दौरान मैंने इन पर पहले दिन से ही ध्यान केंद्रित किया। शिकायतों का विश्लेषण करने पर पता चला कि अधिकांश शिकायतें, 80 प्रतिशत से अधिक, गलत बिलों से संबंधित थीं। लगभग 15 प्रतिशत शिकायतें सिस्टम की खराबी से संबंधित थीं और 5 प्रतिशत विविध प्रकार की थीं। इतनी अधिक शिकायतों के बाद भी लोगों को अपनी समस्याएँ दर्ज कराने में परेशानियों का सामना करना पड़ता था। इसके समाधान के पहले कदम के रूप में हमने तत्काल इंटरेक्टिव वाइस रेस्पांस सिस्टम (IVRS) का उन्नयन किया। शिकायतों को 24 घंटे दर्ज करने के लिए स्टाफ नियुक्त किया और कंट्रोल रूम में टेलीफोन लाइनों की संख्या बढ़ाई गई। उनकी ड्यूटी थी कि वे 24 घंटे शिकायतों को सुनें, रिकॉर्ड करें और उनका समाधान करें।

आकाशवाणी पर फोन-इन कार्यक्रम

बिलों के कंप्यूटरीकरण से शिकायतें बहुत कम हो गईं, हमने इसमें

और सुधार किए। हमने सभी शिकायतों का साप्ताहिक आधार पर आकलन कर आगे की कार्रवाई की। एक अन्य महत्त्वपूर्ण कदम, जिससे शिकायतों को कम करने में बहुत सफलता मिली, वह था आकाशवाणी पर फोन-इन कार्यक्रम। मैंने शिकायतों को 24 घंटे दर्ज करने के बारे में आकाशवाणी से अनुरोध किया। बड़ी संख्या में लोगों ने आकाशवाणी पर और हमारे कार्यालय में अपनी शिकायतें दर्ज कराईं। फोन-इन कार्यक्रम के लिए कुछ फोन लाइनें खासतौर पर ली गई थीं।

इस कार्यक्रम के उद्घाटन के लिए हमने प्रसार भारती बोर्ड के तत्कालीन मुख्य कार्यकारी अधिकारी को आमंत्रित किया था। चर्चा के दौरान उन्होंने मजाक में कहा, 'आप क्यों स्वयं अपने लिए समस्याएँ पैदा कर रहे हैं ? लोग सीधे आपसे बात करने लगेंगे और हर कोई आपसे समस्या के समाधान की अपेक्षा करने लगेगा।' मैंने कहा, 'हम यही तो चाहते हैं। यदि वे हमें फोन कर परेशान करते हैं, तो भी हमें इस पर आपत्ति नहीं और हम यह परेशानी भी सहने को तैयार हैं।' उन्होंने कहा, 'ठीक है, आगे बढ़ो'। इस प्रकार हमने फोन-इन कार्यक्रम प्रारंभ किया। इस कार्यक्रम के लिए मैं स्वयं सप्ताह में एक बार आकाशवाणी कार्यालय जाता था। अपने साथ अधिकारियों को भी लेकर जाता था। हम सभी फोनकॉल रिकार्ड करते—किसने फोन किया और समस्या क्या है। इस रिकॉर्ड को सुरक्षित रखते, उसी दिन या अगले दिन उसका लिखित विवरण तैयार करते और संबंधित अधिकारी को ई-मेल या फैक्स द्वारा भेजते। एक सप्ताह के अंदर उन्हें उसका समाधान कर, उस पर की गई कार्रवाई के बारे में बताना होता था। उस समय फोन पर प्रति घंटे 25 से 30 शिकायतें आती थीं। हम इनका अनुपालन करते। कुछ समय में ही 90 प्रतिशत तक शिकायतों पर सकारात्मक कार्रवाई होने लगी। बाद में इसमें 95 प्रतिशत तक का सुधार हुआ।

जीता जनता का विश्वास

'फोन-इन' कार्यक्रम से जनता में यह विश्वास जगा कि उनकी शिकायत पर कोई कार्रवाई अवश्य होगी। यदि लोगों को शिकायत के अनुपालन के बारे में कोई सूचना नहीं मिलती, तो वे प्रायः सीधे ही अधिकारियों से यह पूछना

शुरू कर देते कि उनकी शिकायत पर क्या कार्रवाई हुई है। कुछ महीने में ही यह कार्यक्रम इतना लोकप्रिय हुआ कि कार्यक्रम के दौरान प्रति घंटे सैकड़ों कॉल प्रतीक्षा में रहती थीं। हर कोई शिकायत के निवारण के लिए मुझ से बात करना चाहता था। इस कार्यक्रम में हम नौकरी से संबंधित और व्यक्तिगत मामलों को नहीं लेते थे, इसमें केवल बिजली से संबंधित शिकायतें ही ली जाती थीं।

जवाबदेही बढ़ी

इस कार्यक्रम की विश्वसनीयता इतनी अधिक हो गई कि लोग अधिकारियों से कहने लगे कि उनकी शिकायत पर ध्यान नहीं दिया तो वे मामले को एम.डी. के समक्ष फोन-इन कार्यक्रम में उठाएँगे। इसलिए अधिकारी भी शिकायतों पर कोई हीला-हवाली नहीं करते थे। इससे अधिकारी अधिक उत्तरदायी बने। किसी अन्य तरीके से इतनी जिम्मेदारी का भाव नहीं आ सकता था। राज्य से कोई भी व्यक्ति किसी भी समय मुझे फोन कर सकता था। अधिकारी भी यह बात जानते थे कि कोई भी फोन कहीं से भी और किसी भी समय आ सकता है। इससे हर अधिकारी सतर्क रहता था। लोग आज भी उस व्यवस्था को याद करते हैं। यदि मैं किसी अन्य कार्यक्रम के लिए भी आकाशवाणी जाता हूँ, तो लोग आज भी उस समय के अनुभवों का स्मरण करते हैं। यहाँ मैं एक कर्मचारी द्वारा रिश्वत लिये जाने की घटना का उल्लेख कर रहा हूँ। एक मामले में एक कर्मचारी ने किसी काम के लिए रिश्वत ली थी। उसकी शिकायत फोन-इन कार्यक्रम से हम तक पहुँची। उससे उक्त कर्मचारी इतना भयभीत हुआ कि वह खुद शिकायतकर्ता के पास गया और माफी माँगते हुए उसे पैसे लौटा दिए और उससे अनुरोध किया कि कृपया मामले को आगे न बढ़ाए। उसने यह सब अपने आप किया।

झट रीडिंग पट बिल

आई.वी.आर. सिस्टम के उन्नयन (ऐसी स्वचालित टेलीफोन व्यवस्था, जो फोन करनेवालों से संवाद करती है और जानकारी एकत्र करती है) और उपयुक्त व्यक्ति को कॉल हस्तांतरित करने की व्यवस्था काफी सहायक सिद्ध हुई। बिलों के कंप्यूटरीकरण के बाद हमने मौके पर ही बिल बनाने और उसे उपभोक्ता को तत्काल देने की व्यवस्था प्रारंभ की, जिसमें मीटर रीडर को मीटर

रीडिंग लेकर, वापस कार्यालय आकर उसका बिल बनाने और फिर उपभोक्ता को बिल देने के लिए वापस जाने की जरूरत नहीं होती। जो हैंड-हेल्ड मशीन प्रत्येक मीटर रीडर को उपलब्ध कराई गई थी, उसमें मीटर रीडिंग रिकॉर्ड करने के बाद, बिल तत्काल बन जाता था। उससे उपभोक्ता को तत्काल बिल उपलब्ध करा दिया जाता था और यदि कोई उपभोक्ता तभी बिल का भुगतान करना चाहे तो उससे वह भी प्राप्त कर लिया जाता था।

कर्मचारी बीमा

हमने अपने कर्मचारियों की समस्याओं और शिकायतों का भी समाधान किया। विद्युत् विभाग में लाइनमैन ऐसा व्यक्ति होता है, जो सबसे खतरनाक क्षेत्र में काम करने जाता है। हमने उन्हें सुरक्षा के लिए किट उपलब्ध कराए। इससे मृत्यु दर में कमी आई। किसी संभावित दुर्घटना होने की स्थिति में उनके लिए 10 लाख रुपए तक का बीमा भी कराया। यह दूसरों के लिए भी मॉडल बन गया।

चौबीसों घंटे भुगतान के लिए बूथ

एक और महत्त्वपूर्ण पहल थी, चौबीसों घंटे भुगतान प्राप्त करनेवाली सुविधा से युक्त भुगतान-बूथ खोलना। पहले बिलों का भुगतान केवल सुबह 10 बजे से शाम 5 बजे तक ही लिया जाता था, जो कामकाजी लोगों के लिए बहुत ही असुविधाजनक था। देश में पहली बार हमने किसी भी समय भुगतान बूथ योजना के बारे में सोचा और उस पर अमल किया, जहाँ पर लोग किसी भी प्रकार से नगद, चेक, डी.डी. या डेबिट कार्ड आदि से भुगतान कर सकते थे। भुगतान प्राप्त करने पर उन्हें रसीद भी तत्काल दे दी जाती थी। लोग प्रातःकाल की सैर के दौरान या रात को खाना खाने के बाद घूमते समय कभी भी अपने बिल का भुगतान कर सकते थे। यह प्रयोग भी काफी लोकप्रिय हुआ। इससे भी शिकायतों में कमी आई। पहले भुगतान केंद्रों पर कभी जो लंबी-लंबी लाइनें लगी रहती थीं वह अब बीते जमाने की बात हो गई थीं। आज जब मानव जीवन में उलझनें बढ़ती जा रही हैं प्रशासन से अपेक्षा रहती है कि वह जितना हो सके, उलझने बढ़ाने की बजाय उन्हें कम करे।

□

सिंचाई के तौर-तरीकों में बदलाव

गाँव में रहनेवाले व्यक्ति को यदि सिंचाई जैसे विभाग मिल जाएँ, तो संभवत: वह उस क्षेत्र में कुछ नया कर किसानों को लाभ पहुँचाने की कोशिश तो करेगा ही। जब मुझे बेंगलुरु इलेक्ट्रिक सप्लाई कंपनी (बेस्कॉम) से कावेरी नीरावरी निगम लि. में प्रबंध निदेशक बनाकर भेजा गया, तो लगा कि किसानों की सिंचाई संबंधी समस्याओं के समाधान हेतु मुझे अच्छा अवसर मिला है। वर्ष 2005 में मैंने कावेरी नीरावरी निगम लि. के प्रबंध निदेशक का कार्यभार सँभाला, जिसके अंतर्गत कावेरी बेसिन क्षेत्र में आनेवाली परियोजनाएँ आती हैं। निगम वास्तव में ऐसा कॉर्पोरेशन है, जिसका गठन कावेरी बेसिन क्षेत्र की सिंचाई परियोजनाओं को बेहतर बनाने के लिए किया गया था। प्रारंभ में मुझे लगता था कि यह एक छोटी सी परियोजना है, लेकिन जब मैंने सभी परियोजनाओं का दौरा किया, तो मुझे पता चला कि यह विस्तृत नेटवर्क वाला बड़ा संगठन है। वहाँ काम करने की बहुत अधिक संभावनाएँ थीं।

वर्षाजल संचयन पर आम सहमति

सबसे पहले मैं पूरे क्षेत्र के लिए एक मास्टर प्लान और जल के बेहतरीन उपयोग हेतु योजना बनाना चाहता था। मैंने सोचा कि यदि मैं यहाँ ज्यादा समय टिका, तो हर जगह वर्षा जल-संचयन को सुनिश्चित करूँगा। वर्षा के दौरान प्रत्येक इंच भूमि को जल मिलता है। यह जल भूमि में फैल जाता है, जिससे कम पानी ही बेसिन क्षेत्र में जा पाता है और शेष जलाशयों में चला जाता है। मेरी योजना थी कि सभी क्षेत्रों—सिंचित क्षेत्र, वन क्षेत्र और दूसरे क्षेत्रों—में

वर्षाजल संचयन की व्यवस्था होनी चाहिए। इसके लिए लोगों में जल के प्रति जागरुकता पैदा होनी चाहिए।

लागत-लाभ का आकलन

मेरा दूसरा जोर कमांड एरिया पर था—वह क्षेत्र, जहाँ जलाशय थे और पानी सिंचाई के काम आता था। मैं चाहता था कि किसान पानी के महत्त्व को समझें। केवल इसलिए कि वहाँ डैम बन गया है और पानी संग्रहीत कर लिया गया है, इसलिए वे पानी का अवैज्ञानिक तरीके से उपयोग न करें। केवल उतने ही पानी का उपयोग किया जाना चाहिए जितना फसल के लिए आवश्यक हो। इसलिए पानी अधिक चाहने वाली फसलों के स्थान पर, कम पानी चाहनेवाली फसलों की खेती करने की ओर ध्यान दिया गया। हमने किसानों के साथ लागत-लाभ का आकलन करना शुरू किया। वे प्राय: धान और गन्ने की खेती ही करते थे, जिसमें बहुत अधिक पानी की जरूरत होती है। वे उनकी खेती करना ज्यादा आसान समझते हैं। लेकिन मेरा मानना है कि उतने ही पानी से कहीं अधिक बागबानी फसलें उगाई जा सकती हैं।

लिफ्ट इरीगेशन का छलावा

मैंने सभी सिंचाई परियोजनाओं का निरीक्षण किया, जो योजनाएँ पूरी होने को थीं, वहाँ भी गया। मैंने देखा कि विभाग में मुझसे पूर्व के अधिकारियों ने कई लिफ्ट इरीगेशन योजनाएँ बनाई थीं। इनमें से कई योजनाएँ अव्यावहारिक थीं। बड़ी परियोजनाएँ बनाई गई जिनमें काफी धन खर्च कर विद्युत् सब स्टेशन स्थापित किए गए। लेकिन उन योजनाओं का उपयोग वास्तव में बहुत कम होता था और इनमें से कई काम नहीं कर रही थीं। पानी को पंप से खींचने और सिंचाई में काफी बिजली खर्च होती थी। यह अव्यावहारिक थी, इसलिए मैंने 'लिफ्ट इरीगेशन' योजनाओं को हतोत्साहित किया, विशेषकर ऐसी बड़ी योजनाओं को, जिनमें बिजली के बिलों पर भारी धनराशि खर्च होती थी।

बाँधों के निकट पर्यटन स्थल

मैंने देखा कि कई बाँधों के नीचे काफी जमीन खाली पड़ी थी, जिसमें से

कुछ पर अवैध कब्जे थे। यहाँ तक कि वहाँ वृक्षारोपण भी नहीं किया गया था। कर्नाटक में मैसूर के पास स्थित कृष्ण सागर बाँध एक मॉडल के रूप में है। इस बाँध के नीचे की भूमि में कई उद्यान विकसित किए गए हैं, जो पर्यटकों के आकर्षण के केंद्र हैं। इसी प्रकार के पर्यटन केंद्रों को डैम के नीचे की ओर, पब्लिक-प्राइवेट पार्टनरशिप में विकसित करने की योजना बनाई गई। कई ऐसे डैम हैं, जो इस तरीके से विकसित किए जा सकते हैं। कई स्थानों जैसे, हारंगी डैम, गोरुर डैम और मैसूर में गुंडलुपेट डैम आदि पर इस प्रकार की संभावनाएँ हैं। कई डैम के नीचे बंजर जमीन भी पड़ी थी। हम इसे भी पी.पी.पी. मॉडल पर विकसित करना चाहते थे। इसके लिए टैंडर जारी किए गए और कई उद्यमियों ने इनमें गंभीर रुचि भी दिखाई।

इन सब बातों को ध्यान में रखते हुए हमने प्रोजेक्ट रिपोर्ट बनाने के प्रयास किए। परंतु मेरे पास समय बहुत कम था। जल के सही उपयोग, लोगों को जल की उपयोगिता के बारे में जागरूक करने, वर्षाजल के संरक्षण और इसके अधिकतम उपयोग के संबंध में लोगों को जाग्रत करने की बहुत अधिक संभावनाएँ हैं। इस क्षेत्र में संभावनाएँ आज भी हैं। किसानों से संवाद स्थापित करने की इस विभाग में बहुत संभावनाएँ हैं। कुछ किसान तंबाकू की खेती करते हैं, इसके स्थान पर दूसरी फसलें उगाने को लेकर बहुत जोर है, ताकि वे अपनी खेती-किसानी के जरिए समाज के लिए कुछ रचनात्मक योगदान कर सकें।

समझाया जल का महत्त्व

खेती-किसानी की पृष्ठभूमि से होने के कारण यह मेरे मन माफिक योजना थी। राजस्थान से होने के कारण मैं जल के महत्त्व को जानता हूँ। वहाँ लोग कुएँ से पानी खींचकर लाते हैं, प्रायः महिलाएँ ही यह काम करती हैं। वे रोज नहाते नहीं हैं, कई दिन में एक बार नहाते हैं। ऐसा नहीं है कि वे साफ-सफाई में विश्वास नहीं करते हैं, बल्कि इसका कारण है पानी की किल्लत। नहाए हुए पानी का उपयोग अन्य काम के लिए कैसे किया जाए, इसके लिए वे नहाने के लिए एक चारपाई पर बैठ जाते हैं, चारपाई के नीचे एक बड़ा बरतन रखते हैं, जिसमें नहाया हुआ पानी इकट्ठा हो जाता है, जिसका उपयोग वे कपड़े धोने में करते हैं, यही नहीं, इस पानी को वे पशुओं को पिलाने के लिए भी इस्तेमाल

करते हैं। पशुओं को पानी पिलाने के बाद बचे हुए पानी से वे पौधों की सिंचाई करते हैं। इस प्रकार एक दिन में वे एक ही पानी से चार काम लेते हैं। यह है पानी का महत्त्व। जल ही जीवन है। जल के बिना कुछ भी संभव नहीं है। पानी के इस महत्त्व को समझने की जरूरत है। विशेष रूप से आज इसकी ज्यादा आवश्यकता है।

कावेरी से बेंगलुरु को काफी मात्रा में पानी की आपूर्ति की जाती है। इस नदी से शहर तक पानी पहुँचाने के लिए 100 कि.मी. से अधिक लंबी पाइप लाइन बिछाई गई है। इससे शहर को पानी उपलब्ध कराने के लिए किए गए प्रयासों की एक झलक मिलती है। वे लोग पानी का महत्त्व ज्यादा बेहतर समझते हैं, जिन्होंने पेयजल के संकट का सामना किया है। जल के महत्त्व के विषय में प्रत्येक व्यक्ति को बताए जाने की जरूरत है। यदि हम आज जल बचाने में असफल रहे, तो आने वाली पीढ़ियों के लिए पानी नहीं बचेगा। इसलिए बड़े पैमाने पर जल संरक्षण किए जाने की जरूरत है और प्रत्येक नागरिक को इसमें अपना योगदान करना चाहिए।

□

विद्युत् आपूर्ति में क्रांतिकारी सुधार

कावेरी नीरावरी निगम से मुझे एक बार फिर विद्युत् आपूर्ति कंपनी का महानिदेशक बनाया गया। सरकार ने कर्नाटक पावर ट्रांसमिशन कॉर्पोरेशन लि. (KPTCL) का गठन एक ट्रांसमिशन कंपनी के रूप में किया था। इस कंपनी के गठन का उद्देश्य विद्युत् क्षेत्र में व्यापक सुधारों को लागू करना था। कंपनी का निर्माण कर्नाटक इलेक्ट्रिसिटी बोर्ड (KEB) को दो भागों में बाँटकर किया गया था। वस्तुत: इसकी जिम्मेदारी उत्पादन केंद्र से उत्पादित विद्युत् को सब-स्टेशन स्तर तक पहुँचाना है। जब मुझे अगस्त 2005 में इसके प्रबंध निदेशक की जिम्मेदारी दी गई, तो उस समय स्थिति बहुत ही दयनीय थी। हमारे सामने कई चुनौतियाँ थीं। जैसे कि कई स्थानों पर ट्रांसफार्मरों और सब-स्टेशनों पर उनकी क्षमता से अधिक बोझ होना। यहाँ तक कि वे एच.टी. उपभोक्ताओं को भी बिजली आपूर्ति करने की स्थिति में नहीं थे। यहाँ का तंत्रजाल इतना कमजोर था कि उपभोक्ताओं को विद्युत् आपूर्ति नहीं हो पाती थी। ऐसा लगता था मानों कंपनी की प्राथमिकता उपभोक्ताओं का हित नहीं है। इस कंपनी में आने के बाद मुझे बेस्कॉम की समस्याओं की याद ताजा हो गई। वास्तव में बेस्कॉम में मैंने इस तरह की समस्याओं का सामना किया था। मेरे मन में इन समस्याओं का कुशलतापूर्वक समाधान करने का उपाय करना था।

रोज एक नया सब-स्टेशन प्रारंभ करने का लक्ष्य

पहले दिन से ही हमने लक्ष्य को प्राप्त करने के लिए द्रुत गति से काम करने का मन बना लिया। मैंने अधिकारियों को वर्तमान नेटवर्क के उन्नयन और उच्च क्षमता के नए स्टेशन स्थापित करने के लिए महत्त्वाकांक्षी योजनाएँ बनाने

को कहा। अपने प्रारंभिक आकलन में मुझे पता चला कि अधिकारी एक साल में केवल 20 से 25 स्टेशन ही प्रारंभ कर पाते हैं। जिन स्टेशनों का निर्माण कार्य प्रारंभ किया जाता था, उनकी संख्या भी अधिक नहीं थी। इसलिए मैंने सभी स्थानों की आवश्यकताओं की पूर्ण समीक्षा की और यह भी आकलन किया कि कहाँ-कहाँ पर स्टेशन क्षमता से अधिक काम कर रहे हैं। इससे पता चला कि स्थिति बहुत ही निराशाजनक है। नेटवर्क इस स्थिति में नहीं था कि उसकी क्षमता को बढ़ाया जा सके। लेकिन नए उपभोक्ताओं की संख्या में बढ़ोतरी हो रही थी। अत: हमारे सम्मुख तात्कालिक काम था, नए स्टेशन स्थापित करना, जिससे पूरे नेटवर्क को ठप हो जाने से बचाया जा सके। मैंने इंजीनियरों को युद्ध स्तर पर योजना बनाने के लिए कहा। मैंने उन्हें एक महत्त्वाकांक्षी लक्ष्य दिया—एक वर्ष बाद एक सब-स्टेशन रोज प्रारंभ करना, इस प्रकार एक वर्ष में 365 स्टेशन प्रारंभ करना। इंजीनियरों ने इसे असंभव करार दे दिया। वे इस प्रकार की बड़ी चुनौती को स्वीकार करने के अभ्यस्त नहीं थे। मैंने उन्हें कुछ बड़ा सोचने के लिए प्रेरित किया। इससे उन्होंने नई उमंग के साथ यथानुरूप योजना बनाई।

विभिन्न कार्यों में सामंजस्य

जब हमने इस बात की समीक्षा की कि नए स्टेशन तेजी से क्यों प्रारंभ नहीं होते, तो पता चला कि लोगों को कई समस्याओं का सामना करना पड़ता है। इनमें से एक तथ्य यह था कि एक नए स्टेशन को प्रारंभ करने के काम में कई एजेंसियाँ जुटती हैं। एक एजेंसी स्टेशन का निर्माण करती है, दूसरी लाइनें बिछाती है, तीसरी कोई अन्य काम करती है और चौथी कोई और काम। इन सबके बीच कोई सामंजस्य नहीं था। एक अन्य समस्या यह भी थी कि जो ठेकेदार स्टेशन बनाता था, उसे ही ट्रांसफार्मर का ऑर्डर देना होता था और आपूर्तिकर्ता उसे कोई प्राथमिकता नहीं देता था। कई स्टेशनों पर यह देखने में आया कि सबकुछ तैयार था, लेकिन ट्रांसफार्मर उपलब्ध नहीं था। अत: स्टेशन को प्रारंभ नहीं किया जा सकता था। कुछ स्थानों पर भूमि अधिग्रहण की समस्या थी, जबकि कुछ जगह लाइनें बिछाने में देरी हो रही थी। इसलिए हमने यह निर्णय लिया कि आगे से एक स्टेशन के सभी काम केवल एक ही ठेकेदार को दिये जाएंगे—स्टेशन और ट्रांसमिशन लाइन, दोनों काम एक साथ पूरे हों।

ट्रांसफार्मर खरीद के लिए सबसे बड़ा टेंडर

इस पहल से कई समस्याएँ समाप्त हो गईं। ट्रांसफार्मरों की खरीद में देरी होती थी, इसलिए हमने यह निर्णय किया कि कंपनी खुद ही ट्रांसफार्मर खरीदेगी। हमने अगले एक वर्ष की जरूरत का आकलन कर ट्रांसफार्मरों की आपूर्ति के लिए अलग से टेंडर आमंत्रित किए। उस समय ट्रांसफार्मरों की आपूर्ति के लिए देश में वह सबसे बड़ा टेंडर था। इस प्रकार जहाँ भी स्टेशन प्रारंभ होने की स्थिति में होता, हम वहाँ ट्रांसफार्मर उपलब्ध करा देते, इससे विलंब को टाला जा सका। जब स्टेशन के निर्माण और ट्रांसमिशन लाइन का काम एक ही ठेकेदार को दिया गया, तो इससे भी विलंब होना बहुत कम हो गया। मैं स्वयं पूरी स्थिति की साप्ताहिक समीक्षा करता था। जब मैंने दो वर्ष के बाद यह निगम छोड़ा, तब मुझे यह जानकर आश्चर्य हुआ कि 250 से अधिक स्टेशन प्रारंभ हो चुके थे। इससे परेशानियाँ कम हुईं और विद्युत् क्षति कम हो गई। जो विद्युत् क्षति पहले 8 प्रतिशत थी, वह घट कर 4 प्रतिशत रह गई थी। यह सब पूरे तंत्र में सुधार के कारण हो सका। यह काम उसी स्टाफ ने किया।

विद्युत् स्टेशनों को आपस में जोड़ना

इसके साथ ही एक अन्य बड़ा काम जो हुआ, वह था 400 के.वी. स्टेशनों को एक-दूसरे से जोड़ना, जो पहले इस प्रकार आपस में जुड़े हुए नहीं थे। 220 के.वी. के भी कुछ स्टेशन थे। वे भी शहरी क्षेत्र में आपस में जुड़े हुए नहीं थे। इसलिए किसी समय कुछ अनहोनी अथवा बिजली आपूर्ति में व्यवधान उत्पन्न होने पर एक क्षेत्र से दूसरे क्षेत्र में विद्युत् आपूर्ति करना संभव नहीं था। एक बड़ी पहल के तौर पर इनमें से अधिकांश को आपस में जोड़ दिया गया। बेंगलुरु में 400, 220 और 66 के.वी. के सभी स्टेशन आपस में जुड़ गए। इससे यदि किसी विद्युत् स्रोत से आपूर्ति में बाधा उत्पन्न होती थी, तो बिना किसी विलंब के दूसरे स्रोत से आपूर्ति प्रारंभ कर दी जाती थी।

मानवरहित स्टेशन

के.पी.टी.सी.एल. में एक अन्य क्रांतिकारी काम जो किया गया, वह था सुपरवाइजरी कंट्रोल एंड डाटा एक्वीजिशन (SCADA) स्कीम को प्रारंभ

करना। इस स्कीम से संपूर्ण विद्युत् आपूर्ति हाई–टेक हो गई, जिससे मानवीय दखल कम हो गया और मानव रहित स्टेशन का सपना साकार हो गया। प्रत्येक जानकारी कंप्यूटर पर उपलब्ध हो गई। किस स्टेशन पर बिजली है और किस पर नहीं, यह सब सूचना कंप्यूटर की स्क्रीन पर उपलब्ध होने लगी। इससे हम किसी भी क्षेत्र में ओवर लोडिंग को कंट्रोल कर सकते थे अथवा विद्युत् आपूर्ति प्रारंभ या बंद कर सकते थे। बिना किसी मानवीय सहायता के हम तकनीक के सहारे पूरे स्टेशन का प्रबंधन करने में समर्थ थे। यह सब रिमोट मॉनिटरिंग की भाँति है। उस समय बेंगलुरु पहला शहर बना, जहाँ सभी विद्युत् स्टेशन एस.सी.ए.डी.ए. सिस्टम के माध्यम से स्वनियंत्रित हुए। हमने इस सीमा तक तकनीक का उन्नयन किया।

इन सब प्रयासों से दो वर्ष में ही के.पी.टी.सी.एल. की छवि बदल गई। जो कंपनी बंद होने के कगार पर थी, वह तकनीक का उपयोग करने में अग्रणी बन गई। इससे यही बात साफ होती है कि असाधारण परिणाम प्राप्त करने के लिए हमारी सोच बड़ी होनी चाहिए और उसी के अनुरूप काम करना चाहिए।

□

गुणवत्तायुक्त : ग्राहक सेवा

के.पी.टी.सी.एल., बेस्कॉम और कर्नाटक की अन्य विद्युत् आपूर्ति कंपनियों की ग्राहक सेवा में उच्च गुणवत्तायुक्त बदलाव कर्मचारियों के सामूहिक प्रयास से ही लाया जा सका। इन कंपनियों के अधिकतर कर्मचारी पहले कर्नाटक इलेक्ट्रिक बोर्ड में काम करते थे। मैं आरंभ से ही इस बात में विश्वास करता था कि कर्मचारियों को प्रोत्साहन और प्रशिक्षण देना संस्थान के लिए लाभकारी होगा। इसीलिए जब मैंने के.पी.टी.सी.एल. और बेस्कॉम में नई योजनाओं को लागू करने पर विचार किया, तो उसी के साथ कर्मचारियों को आवश्यक प्रशिक्षण दिलाने की ओर भी ध्यान दिया। हमने यह व्यवस्था की कि प्रशिक्षण में उन्हें उनके कर्तव्य और जिम्मेदारियों के बारे में भी बताया जाए। इसी के साथ पारदर्शिता और जवाबदेही को भी प्राथमिकता दी गई। ग्राहकों की समस्याओं के निवारण हेतु दोषरहित तंत्र की व्यवस्था की गई। बेस्कॉम के ग्राहकों की समस्याओं के निवारण के लिए हमने आकाशवाणी में फोन-इन-प्रोग्राम की शुरुआत की। यह प्रोग्राम अत्यधिक लोकप्रिय हुआ।

शिकायत निवारण तंत्र

इस व्यवस्था के तहत किसी ग्राहक को किसी प्रकार की भी समस्या होती थी तो वह फोन पर बता देता था, उसके बाद हम उसे संबंधित विभाग व अधिकारी तक पहुँचा देते थे। हम यह ध्यान रखते थे कि शिकायतों की सुनवाई कर, उनका समाधान संतोषजनक ढंग से किया जाए। हमने राज्य की अन्य विद्युत् कंपनियों में भी इस व्यवस्था को लागू किया। इसी के साथ हमने जिस ऊर्जा ऑडिट की शुरुआत बेस्कॉम में की थी, उसका विस्तार करते हुए उसे राज्य की अन्य विद्युत्

आपूर्ति कंपनियों में भी लागू किया। हमारा अधिक जोर इस बात पर था कि ग्राहकों की शिकायतों को सुना जाए। और उन पर क्या कार्रवाई की जा रही है, उसकी जानकारी उसी दिन दी जाए। किसी भी शिकायत पर सुनवाई अगले दिन पर टाली न जाए। हमने कर्मचारियों को जवाबदेह बनाया, ताकि ग्राहकों में उनकी विश्वसनीयता बढ़े। शिकायतों पर सुनवाई वाले कार्यक्रम, प्रणाली में सुधार आदि योजनाओं को शुरू करने में भारत सरकार से त्वरित विद्युत् विकास और सुधार कार्य Accelerated Power Development and Reforms Programme (APDRP) के तहत मिलनेवाली राशि सहायक सिद्ध हुई। संस्थान में लाइनमैन, जूनियर इंजीनियर और असिस्टेंट इंजीनियरों के काफी पद रिक्त थे। हमने उन पदों पर भर्ती शुरू की। के.पी.टी.सी.एल. और अन्य विद्युत् कंपनियों में भर्तियों का काम ईमानदारी से किया गया। चूँकि मैं सभी विद्युत् कंपनियों का अध्यक्ष था, इसलिए मुझे उन कंपनियों को सुचारु रूप से चलाने में बड़ी सुविधा हुई। यदि किसी एक विद्युत् कंपनी में कोई अच्छा काम किया जाता, तो उसे अन्य कंपनियों में भी लागू किया जाता था। कंपनियों के बीच परस्पर सीखने और जानने का काम किया जाता था। सभी कंपनियाँ निजी कंपनियों की तरह काम कर रही थीं। कंपनियों के प्रबंध-तंत्र के काम करने का तरीका पारदर्शी, तेज गति वाला और अनूठा था। हम कर्मचारियों को सलाह देने के लिए प्रोत्साहित करते रहते थे।

कर्मचारियों को प्रेरणा

फोन-इन-प्रोग्राम पहले आकाशवाणी पर और उसके बाद दूरदर्शन पर शुरू किया गया। ए.पी.डी.आर.पी. की पूरे कार्यसूची को बेहतर ढंग से लागू किया गया। नई लाइनों का प्रस्ताव कर, पुरानी लाइन के क्षमता से अधिक भार को समाप्त किया गया। मेरे कार्यकाल के दौरान के.पी.टी.सी.एल. में विकास के काफी काम किए गए। मैं राज्य की सारी विद्युत् कंपनियों का अध्यक्ष था, इसीलिए कर्मचारियों को प्रोत्साहित करने के लिए मैंने पूरे राज्य के जिलों और तहसील स्तर तक का दौरा किया। ज्यादातर समय मैंने देखा कि कर्मचारियों को तनाव में काम करना पड़ता है। इसलिए हमने उन्हें प्रोत्साहित किया और उनकी समस्याओं का समाधान किया। मैं यहाँ यह कहना चाहता हूँ कि के.पी.टी.सी.एल. में मेरा कार्यकाल संतुष्टिदायक इसलिए रहा, क्योंकि मैं सभी कंपनियों की समस्याओं को समझता था। व्यवस्था सुधार के मामले में कर्नाटक की स्थिति बड़ी अच्छी थी।

ग्रामीण फीडर का निर्माण

के.पी.टी.सी.एल. राज्य की सभी विद्युत् आपूर्ति कंपनियों को एकमुश्त विद्युत् आपूर्ति करनेवाली कंपनी है। इसीलिए हमने विद्युत् आपूर्ति को सीमित कर दिया, क्योंकि विद्युत् की सतत कमी थी। शहरी इलाकों में हम अधिक समय तक विद्युत् आपूर्ति में कटौती नहीं कर सकते थे। शहर में विभिन्न श्रेणी में भुगतान करनेवाले ग्राहक हैं। ग्रामीण क्षेत्र में सुबह और शाम को विद्युत् आपूर्ति की जानी थी, जिसे हमने किया। इसके पूर्व ऐसी कोई व्यवस्था नहीं थी, जिससे ग्रामीण इलाकों में विद्युत् आपूर्ति को सुनिश्चित किया जा सके। इसलिए हमने विद्युत् आपूर्ति को अलग-अलग करनेवाली लाइन के निर्माण पर ध्यान दिया। गुजरात में इस दिशा में बड़े पैमाने पर काम हुआ है। हमने ग्रामीण फीडर का निर्माण कराया और यह सुनिश्चित किया कि सिंगल फेस में ग्रामीण क्षेत्र में चौबीस घंटे विद्युत् की आपूर्ति की जाए। जिससे वे अपनी जरूरत के मुताबिक पंप और अन्य उपकरणों का उपयोग कर सकें। हालाँकि विद्युत् कमी के कारण ग्रामीण क्षेत्रों में सीमित समय के लिए ही विद्युत् आपूर्ति की जा सकती थी, परंतु सिंगल फेस से ग्रामीणों को विद्युत् आपूर्ति की जानी चाहिए। हमने इस प्रणाली को बेस्कॉम और अन्य क्षेत्रों में भी आरंभ किया। मेंगलुरु और मैसूर की विद्युत् कंपनियों की स्थिति बेहतर है, परंतु कलबुर्गी (गुलबर्गा) और हुब्बली में बहुत अधिक समस्याएँ हैं। ए.पी.डी.आर.पी. के तहत दोनों ही इलाकों में संसाधन को उच्चस्तरीय बनाने के लिए हमें काफी राशि मिली। हमने कई विद्युत् स्टेशनों का निर्माण कराया और संसाधन को उच्चस्तरीय बनाया।

क्या है विद्युत् प्रणाली

व्यस्ततम समय के दौरान विद्युत् प्रणाली किस प्रकार से काम करती है, यह कोई पहेली नहीं है। जैसा कि हम जानते हैं कि विद्युत् की कमी है, क्योंकि हर कोई व्यस्ततम समय में विद्युत् का उपयोग करता है। जबकि रात में विद्युत् कमी की कोई समस्या नहीं रहती। इसका सीधा सा कारण है कि अधिकतर परिवार रात में रोशनी जलाकर नहीं रखते हैं और किसी भारी विद्युत् उपकरण का उपयोग भी नहीं करते हैं। जिसकी वजह से विद्युत् की माँग कम हो जाती है। ज्यादातर लोग यह नहीं जानते कि विद्युत् प्रणाली किस प्रकार से काम करती

है। विद्युत् चौबीसों घंटे ग्रिड में रहती है और सभी ग्रिड परस्पर जुड़े हुए रहते हैं। कोई भी ग्रिड अलग नहीं होता है। हाई टैंसन की या 400 के.वी. की लाइनें सभी स्थानों पर मौजूद हैं। ये लाइनें नेशनल ग्रिड से जुड़ी रहती हैं। यदि कोई अधिक विद्युत् का उपयोग करता है, तो उसे भुगतान अधिक करना पड़ता है। व्यस्त समय के दौरान विद्युत् दर भिन्न होती है, मतलब अधिक होती है। लोग विद्युत् का उपयोग अधिक न करें, इसीलिए विद्युत् दर ज्यादा रखी गई है। लेकिन कुछ लोगों पर विद्युत् दर अधिक होने का कोई असर नहीं पड़ता, वे किसी भी कीमत पर विद्युत् का अधिक उपयोग करते हैं। यदि हमें विद्युत् कटौती से बचना है, तो अनुशासन का पालन तो करना ही होगा।

जब प्रणाली में अधिक बिजली रहती है उस समय विद्युत् उत्पादन बंद कर देना पड़ता है। क्योंकि आप सिस्टम में अधिक विद्युत् को नहीं भेज सकते हैं, यदि ऐसा करेंगे, तो पूरी प्रणाली जलकर खाक हो जाएगी। विद्युत् संग्रहण की कोई व्यवस्था नहीं होती है। जब जरूरत हो, तब इसका उपयोग करना चाहिए। हमें तकनीकी आधार पर यह समझ लेना चाहिए। हमें जल ऊर्जा और तापीय ऊर्जा में समानता रखनी ही होगी। एक बात और है कि हम जल ऊर्जा का उपयोग व्यस्त समय के दौरान करते हैं। इसके बाद जल ऊर्जा उत्पादन को बंद कर दिया जाता है। यदि निरंतर जल ऊर्जा का उत्पादन किया जाता रहे, तो जल बेकार हो जाता है, जिसे कोई भी वहन नहीं कर सकता। यह तकनीकी विषय है और इसके लिए हर मोर्चे पर बहुत अधिक सावधानी की जरूरत है।

□

कल्याणकारी योजनाओं में हेराफेरी

समाज के वंचित एवं निर्बल वर्गों के कल्याण हेतु निर्धारित धनराशि में हेराफेरी दशकों से चिंता का विषय रही है। अस्सी के दशक में तत्कालीन प्रधानमंत्री श्री राजीव गांधी ने इस हेराफेरी से दुखी होकर कहा था कि एक रुपए में से बमुश्किल 17 पैसे ही वास्तविक लाभार्थी तक पहुँचते हैं। प्रधानमंत्री द्वारा चिंता व्यक्त करने के बाद भी स्थिति में सुधार की बजाय और गिरावट ही आई। योजना आयोग के तत्कालीन उपाध्यक्ष मोंटेक सिंह अहलूवालिया ने 14 अक्तूबर, 2009 को कहा कि आज भी वास्तविक लाभार्थी तक 100 पैसे में से महज 16 पैसे ही पहुँचते हैं।

इस हेराफेरी तथा इन योजनाओं में होनेवाली दूसरे प्रकार की गड़बड़ियों को रोकने के उद्‌देश्य से 1 जनवरी, 2013 को देश में प्रत्यक्ष लाभ हस्तांतरण योजना लागू की गई। योजना के प्रथम चरण में इसे देश के 43 जिलों में लागू किया गया। बाद में 78 और जिलों में इसका विस्तार करते हुए इसमें छात्रवृत्ति, महिला, बाल एवं श्रमिक कल्याण संबंधी 27 योजनाओं को शामिल किया गया। बाद में 12 दिसंबर, 2014 को इसे पूरे देश में लागू कर दिया गया। अब 300 से अधिक चिह्नित जिलों में सात अन्य छात्रवृत्ति योजनाओं एवं मनरेगा जैसी योजनाओं को भी इसके दायरे में लाया गया है। फरवरी 2015 में जारी दिशा-निर्देशों के अनुसार अब सभी सरकारी तथा उनसे संबद्ध संस्थानों में इलेक्ट्रॉनिक भुगतान व्यवस्था अनिवार्य रूप से लागू कर दी गई है। केंद्र सरकार अथवा केंद्र पोषित सभी कल्याणकारी योजनाओं का लाभ अब उपभोक्ताओं के खाते में ही हस्तांतरित किया जाना अनिवार्य कर दिया गया है। नवंबर 2016 तक देशभर में करीब 25 करोड़ जनधन योजना के बैंक खाते खुल चुके हैं। इसके अलावा 108 करोड़ आधार कार्ड तथा 103 करोड़ मोबाइल फोन लोगों के पास हैं। ये सभी सरकारी तंत्र में जवाबदेही और पारदर्शिता सुनिश्चित करने में मील के पत्थर साबित होनेवाले हैं। इससे आम आदमी का सरकारी व्यवस्था पर विश्वास भी बढ़ेगा।

सम्मान से जीने का हक

जून 2008 में समाज कल्याण विभाग में मेरी नियुक्ति सचिव पद पर हुई। यद्यपि अभी तक मैंने विभिन्न विभागों में काम किया था, परंतु सचिवालय में यह मेरी पहली नियुक्ति थी। पदभार सँभालने के साथ ही मेरी चुनौती थी, अनुसूचित जाति-जनजाति समुदायों के लिए कल्याणकारी योजनाओं का सही तरीके से क्रियान्वयन करना। उन दिनों समाज कल्याण विभाग पिछड़े लोगों के लिए भी कई कल्याणकारी योजनाएँ चलाता था। केवल अल्पसंख्यक कल्याण विभाग ही इससे पृथक था, इसीलिए विभाग का विकेंद्रीकरण किया गया। सचिव का पद सँभालते ही मेरे पास कई तरह की शिकायतें पहुँचीं। इनमें से ज्यादातर समस्याएँ छात्रावास के कुप्रबंधन और सेवाओं को लेकर थीं, जो अनुसूचित जाति व अनुसूचित जनजाति के छात्रों से संबंधित थीं। देखा यह गया है कि यदि छात्रावासों में सख्त प्रशासन न हो तो वहाँ बाहरी लोगों का वर्चस्व हो जाता है, कुछ ऐसा ही हाल छात्रावासों में हो गया था। कार्यभार सँभालते ही मैंने छात्रावासों के लिए नियमावली जारी की। नियमावली में केवल छात्र ही नहीं, बल्कि वार्डन के कर्तव्यों व अधिकारों से संबंधित दिशा-निर्देश दिए गए थे। जब मैंने संबंधित अधिकारियों से छात्रावास के नियमों के बारे में जानकारी माँगी तो मुझे बताया गया कि इस तरह की कोई नियमावली कभी बनी ही नहीं। यह जानकर मेरे आश्चर्य का ठिकाना न रहा। मतलब परम स्वतंत्रता, छात्रों और वार्डन पर कोई लगाम नहीं। तब मैंने निश्चय किया कि छात्रावास और होस्टल वार्डन के लिए एक ऐसी मार्गदर्शिका होनी चाहिए, जिसमें सभी प्रकार की आवश्यक सूचनाएँ उपलब्ध हों।

सबसे बड़ा प्रशिक्षण शिविर

मेरा मानना है कि यदि कर्मचारियों को ठीक तरह से प्रशिक्षित न किया जाए, तो उनसे अपेक्षित परिणाम मिलना मुश्किल होता है। समाज कल्याण विभाग ऐसा विभाग है, जहाँ सुधार की काफी गुंजाइश है। कर्मचारियों का सभी के साथ मानवीय व्यवहार रखना प्रमुख आवश्यकता में आना चाहिए। मुझे पता चला कि विभाग के कर्मचारियों को किसी तरह का प्रशिक्षण नहीं दिया गया है। उनकी संख्या लगभग 14,000 है। इसके पश्चात् सभी कर्मचारियों को उनके कार्य व दायित्व के अनुसार प्रशिक्षित करने का निर्णय लिया गया। इसके लिए अब्दुल नाजिर साब राज्यस्तरीय ग्रामीण विकास एवं पंचायती राज संस्थान के सौजन्य से एक दिवसीय प्रशिक्षण कार्यक्रम का आयोजन किया गया। उस कार्यक्रम के तहत प्रखंड स्तर तक के कर्मचारियों को सेटैलाइट के माध्यम से प्रशिक्षण दिया गया। इसी दौरान सभी कर्मचारियों को तत्कालीन समाज कल्याण मंत्री का भाषण सुनने का अवसर मिला। प्रशिक्षण शिविर में भाग लेनेवाले सभी कर्मचारियों की खुशी का ठिकाना नहीं था। कर्मचारियों को नवीनतम जानकारी दी गई। ऐसा पहली बार हुआ कि इतनी बड़ी संख्या में कर्मचारियों ने किसी प्रशिक्षण शिविर में भागीदारी की हो। यह सचमुच उनके लिए प्रेरणादायक साबित हुआ।

इसी प्रकार हमने अनुसूचित जाति एवं जनजाति संगठनों की शिकायतों को लेकर बैठक आयोजित की। मैंने इनके लिए कल्याणकारी योजनाओं के पुनर्निरीक्षण के साथ ही अन्य विभागों से मिलने वाली अनुदान राशि के बारे में जानकारी हासिल की और सरकार से भी विकासपरक योजनाओं के सफल क्रियान्वयन के लिए अधिक धनराशि की माँग की। उस समय कल्याणकारी योजनाओं को लागू करनेवाला प्रमुख विभाग समाज कल्याण विभाग ही था। अन्य विभागों से विभिन्न योजनाओं के लिए अनुदान राशि आवंटित की जाती थी। यद्यपि हमारे विभाग को पर्याप्त धनराशि मिलती थी, परंतु योजनाओं को बिचौलियों की वजह से उचित ढंग से लागू नहीं किया जाता था। हमने इस पर रोक लगाने की कार्रवाई शुरू की।

जिला स्तरीय अधिकार

सरकार द्वारा काफी धनराशि दिए जाने के बाद भी छात्रावासों की स्थिति

में सुधार न होना वास्तव में विभाग के अधिकारियों की कमजोरी ही थी। जिस छात्रावास में राज्य के कोने-कोने से लोग रहने के लिए आते हों, उसमें मूलभूत आवश्यकताओं को उपलब्ध कराना हमारे लिए एक चुनौती थी। जब जाँच कराई तो पता चला कि विभाग में अनुभवी और गुणवत्तापूर्ण कर्मचारियों की कमी है, जिसके कारण ये समस्याएँ बनी हुई हैं। राज्य स्तर पर बिचौलियों की वजह से निम्नस्तरीय सामान व खाद्य-सामग्री खरीदी जाती थी। इस समस्या के निदान के लिए हमने खाद्य सामग्री खरीदने की व्यवस्था के लिए जिला स्तरीय छात्रावास को केंद्र बना दिया। छात्रावास प्रबंधक को 1 लाख रुपए तक की आवश्यक सामग्री खरीदने की अनुमति दी गई। दूध, सब्जी, अनाज आदि आवश्यक वस्तुओं के लिए निविदा की आवश्यकता को निरस्त किया गया। इस प्रकार छात्रों के कल्याण के लिए कई सुधारों की शुरुआत की गई, जिनका विरोध तो होना ही था। विरोध को दबाने के लिए हमने सरकार से औपचारिक आदेश जारी करा दिया। मेरा मानना है कि यदि आप स्थानीय स्तर के अधिकारी से गुणवत्तापूर्ण काम की अपेक्षा रखते हैं, तो उसे अधिकार देना जरूरी है, जिससे वह अपने विवेक के आधार पर त्वरित निर्णय ले और समस्या का समाधान कर सके। इस विभागीय सुधार के लागू होने के बाद छात्रावास प्रबंधक और छात्र दोनों ही काफी प्रसन्न थे। जहाँ छात्रावास प्रबंधक छात्रों के हक में उचित निर्णय ले सकते थे, वहीं छात्र खुश थे कि उन्हें स्तरीय भोजन उपलब्ध होना शुरू हो गया।

25 दिवसीय अनवरत प्रवास

जमीनी हकीकत से रू-ब-रू होने के लिए हम लोगों ने एक ऐसी व्यवस्था की शुरुआत की, जिसके तहत 25 दिनों में सूबे के सभी जिलों का भ्रमण करना शामिल था। इस निरंतर व निर्बाध यात्रा के दौरान मुझे जिला, तालुका और प्रखंड स्तर के अधिकारियों, जमीनी स्तर पर काम करनेवाले लोगों से मिलने का अवसर मिला। मैंने सभी लोगों को भिन्न-भिन्न स्थान पर आमंत्रित किया और विषय की पूरी जानकारी दी। इतना ही नहीं, अधिकारियों को भी यह जानकारी दी कि मानव विकास सूचकांक (एच.डी.आई.) में तब तक बदलाव नहीं आ सकता, जब तक कि जमीनी स्तर पर लोगों को प्रशिक्षित न किया

जाए। विशेषकर युवाओं का प्रशिक्षण जरूरी है, ताकि वे लोगों के बीच जाकर गुणवत्तापूर्ण सुविधाओं के बारे में जानकारी दे सकें। मुझे लगता है कि बड़े अधिकारी और निचले स्तर पर काम करनेवाले कर्मचारी के बीच यदि संवाद और चर्चा कायम रहे, तो इस प्रकार की समस्या उत्पन्न ही नहीं होगी जिसका उदाहरण राज्य के दौरे के समय सामने आया। सचिव का कार्यालय बेंगलुरु में है और वहाँ से यदि 400 से 500 किमी दूर स्थित छात्रावासों की व्यवस्था को सुधारने की कोशिश की जाए, तो अपेक्षित परिणाम मिलना कठिन ही है। और यहीं हमारे विभाग द्वारा इस व्यवस्था को लागू करने में चूक हो रही थी। यही वजह है, हैदराबाद-कर्नाटक क्षेत्र में आनेवाले जिले बीदर, यादगिर, रायचूर, कोप्पल, बेल्लारी और गुलबर्गा में स्थिति भयावह थी।

सकारात्मक संदेश

मैंने अधिकारियों के समक्ष दलील दी कि अगर पूरी बजट राशि खर्च की जाती है, तो निश्चित समयावधि में इसका दूरगामी असर भी दिखाई देना चाहिए। आजादी के छह दशक बीत जाने के बाद भी कुछ क्षेत्रों में निराशाजनक प्रगति हुई है। मुझे यह जानकर आश्चर्य हुआ कि कई अधिकारियों को मानव विकास सूचकांक के बारे में जानकारी तक नहीं थी—ये क्या है, इसकी भूमिका क्या है, इस आधार पर जिले की रैंकिंग कैसे की जाती है आदि-आदि। हालाँकि राज्य सरकारें इस संबंध में मार्गदर्शिका भी जारी करती हैं। इसके जरिए लोगों को जागरूक करने का प्रयास किया जाता है। फिर उन अधिकारियों को मानव विकास सूचकांक के आँकड़े भी दिखाए। इस वार्त्ता के जरिए उन्हें प्रशिक्षित करना लाभकारी कदम रहा।

औचक निरीक्षण का फल

समाज कल्याण विभाग द्वारा चलाई जा रही योजनाओं का समुचित लाभ लाभार्थियों को मिले और राज्य के विभिन्न हिस्सों में स्थित छात्रावासों में सुधार की प्रक्रिया में ठहराव न आए, इसके लिए हमने छात्रावासों का औचक निरीक्षण करना आरंभ कर दिया। हमने छात्रों से मुलाकात की, उनकी समस्याओं को जाना और समझा। जरूरत पड़ने पर उचित परामर्श भी दिया। छात्रावास के

अंदर प्रेरक वाक्य भी लिखे गए, ताकि छात्रों में सकारात्मकता का संचार हो। हमने इसका पुरजोर प्रयास किया कि छात्रावास अधीक्षक और संरक्षक को स्वायत्ततताबोध हो। कई जगहों पर सकारात्मक बदलाव भी नजर आया। मैंने अपनी सकारात्मक सोच और प्रयास के जरिए समस्याओं को घटाने, समाज के पिछड़े, वंचित और दलित तबकों के छात्रों के बीच बेहतर तालमेल बिठाने का प्रयास किया। इन छात्रों को समाज की मुख्यधारा से जोड़ने का संगठित प्रयास किया, जिससे उनमें सम्मान की भावना जगे, साथ ही हम उन्हें बेहतर नागरिक के रूप में तैयार कर सकें। मैं यह मानता हूँ कि समाज कल्याण विभाग में मेरे अनुभव संतोषजनक और आशा के अनुरूप रहे।

□

शहरों का सौंदर्यीकरण

भारत सरकार के स्वच्छ भारत मिशन के तहत आयोजित स्वच्छ सर्वेक्षण-2016 में मैसूर (कर्नाटक) को स्वच्छतम शहर का दर्जा दिया गया है। जबकि चंडीगढ़ और तिरुचिरापल्ली (तमिलनाडु) को द्वितीय एवं तृतीय सर्वश्रेष्ठ स्वच्छ शहर का दर्जा मिला। 476 शहरों में आयोजित इस सर्वे में भारत के प्रदूषित शहरों की घोषणा भी की गई। धनबाद (झारखंड) को सबसे प्रदूषित शहर का दर्जा दिया गया, वहीं आसनसोल (पश्चिम बंगाल) और इटानगर (अरुणाचल प्रदेश) को क्रमशः दूसरा और तीसरा स्थान मिला। इसी प्रकार बिहार की राजधानी पटना, उत्तर प्रदेश का मेरठ शहर, छत्तीसगढ़ की राजधानी रायपुर, झारखंड के जमशेदपुर, उत्तर प्रदेश के वाराणसी और मुंबई के कल्याण डोम्बीवली शहर की गिनती देश के 10 सर्वाधिक प्रदूषित शहरों में की गई। शहरी विकास मंत्रालय द्वारा आयोजित इस सर्वे का मुख्य मकसद देश की 75 महत्त्वपूर्ण नगरपालिकाओं की उनकी स्वच्छता स्थिति के आधार पर रैंकिंग तैयार करना था। 5 जनवरी, 2016 को किए गए इस सर्वे में उन 53 शहरों को शामिल किया गया, जिनकी जनसंख्या 10 लाख से ऊपर है।

प्रधानमंत्री नरेंद्र मोदी की महत्त्वाकांक्षी योजनाओं में से एक 'स्वच्छ भारत' अभियान का मुख्य उद्देश्य देश में स्वच्छता के प्रति लोगों को जागरूक करने के साथ-साथ विभिन्न गतिविधियों के माध्यम से लोगों को स्वच्छ भारत अभियान से जोड़ना भी है। वैसे देश के प्रत्येक शहर के लिए नागरिक कानून बने हुए हैं, जिनमें इस बात के पर्याप्त प्रावधान हैं, जिससे लोगों को प्रदूषण फैलाने से रोका जा सके। मगर दुर्भाग्य से इस कानून का क्रियान्वयन ठीक तरीके से नहीं किया जा सका। बेंगलुरु शहर को अपवाद के रूप में जरूर देखा जा सकता है। इस खूबसूरत शहर में जगह-जगह खूबसूरत कलाकृतियों के जरिए देश के विभिन्न हिस्सों के साथ ही कर्नाटक की पौराणिक, ऐतिहासिक, धार्मिक और सांस्कृतिक धरोहरों को दर्शाया गया है।

नगरीय सौंदर्यीकरण में नूतन प्रयोग

जून 2009 में बागलकोट जिले के अंकल्गी गाँव में ग्रामीणों के साथ बैठक के दौरान मुझे सूचना मिली कि मेरा स्थानांतरण बृहत् बेंगलुरु महानगर पालिका (बी.बी.एम.पी.) में आयुक्त के पद पर कर दिया गया है। अंकालाजी ग्राम को मॉडल गाँव बनाने के लिए उस बैठक का आयोजन किया गया था। जिले के दूसरे अधिकारी भी इस विषय पर ग्रामीणों से महत्त्वपूर्ण चर्चा कर रहे थे। सूचना मिलते ही मैं बेंगलुरु के लिए रवाना हो गया। वहाँ पहुँचने के बाद मुझ पर दबाव बनाने की कोशिश करते हुए यह जानकारी दी गई कि अभी आपको यहाँ का प्रभार नहीं लेना है। मैंने उक्त अधिकारी को सूचना के लिए धन्यवाद दिया। मेरी जानकारी के अनुसार सूबे के कुछ विधायकों ने मुख्यमंत्री के समक्ष यह निवेदन किया था कि बी.बी.एम.पी. में किसी ईमानदार अफसर की नियुक्ति न की जाए, क्योंकि इससे उनके व्यक्तिगत और व्यावसायिक हित प्रभावित हो सकते हैं। मैं फिर मेंगलुरु लौट आया और बैठकों का सिलसिला तेज कर दिया। उसी दौरान मुख्यमंत्री का मेंगलुरु दौरा प्रस्तावित था। विधायकों के साथ उनकी मुलाकात का समय पहले से तय था। मुख्यमंत्री का दौरा खत्म होते ही मुझे पता चला कि मुझे बी.बी.एम.पी. ज्वॉइन करने का आदेश दिया गया है। इस प्रकार मैं फिर बेंगलुरु आ गया।

स्वच्छता अभियान : सबसे बड़ी प्राथमिकता

बेंगलुरु की पहचान बागीचों के शहर के साथ ही आई.टी. हब के रूप में भी की जाती है। मेरे लिए बेंगलुरु में कई चुनौतियाँ थीं, जिन पर मुझे खरा उतरना था। पद सँभालने के बाद मैंने सबसे पहले शहर को स्वच्छ बनाने की

योजना बनाई। स्वच्छता अर्थात् कचरा प्रबंधन, सार्वजनिक स्थलों की दीवारों की सफाई आदि। शहर की दीवारें सिनेमाघरों के पोस्टर, बैनर और परचों से अँटी पड़ी रहती थीं। जहाँ-तहाँ तरह-तरह के नारों से शहर की बदसूरती बढ़ रही थी। सड़कों के किनारे स्थित बदसूरत दीवारें शहर की खूबसूरती पर बदनुमा दाग के समान थीं। मेरे जेहन में यू.के. की यात्रा के अनुभव विद्यमान थे। मुझे यूनाइटेड किंगडम की यात्रा के दौरान आकर्षक पेंटिंग्स और कलाकृतियों को देखने का अवसर मिला था। यही वजह थी कि मैंने यू.के. की तर्ज पर बेंगलुरु शहर की दीवारों पर चिपके फिल्मों के पोस्टरों और बैनरों को हटाने का मन बना लिया। किसी भी आदेश को जारी करने से पूर्व मेरा स्वभाव रहा है कि साथी अधिकारियों और संबंधित कर्मचारियों के मन को भी टटोला जाए। इसी बात के लिए हमने अधिकारियों से बातचीत की। उनसे सलाह-मशविरा किया कि पोस्टरों को हटाया जाए या नहीं। सभी सहमत थे। तय हुआ कि शहर का सौंदर्य नहीं बिगड़ना चाहिए। चर्चा में इस मुद्दे पर भी गंभीर बहस हुई कि किस प्रकार दीवारों की बदसूरती को खूबसूरती में बदला जाए। साथ ही लोगों को जागरूक भी करना था, ताकि वे फिर से दीवारों पर भद्दे पोस्टर या बैनर न लगाएँ। उसी बैठक में यह भी निर्णय लिया गया कि लोगों को राज्य की सांस्कृतिक धरोहरों के बारे में जानकारी दी जाए।

दीवारों पर चित्रकारी

सबसे पहले शहर की मुख्य सड़क के सौंदर्यीकरण का निर्णय लिया गया, इसमें मुख्य सड़क से होकर शहर से बाहर जानेवाली सड़कों को भी शामिल किया गया। अलग-अलग सड़कों के लिए अलग-अलग थीम तैयार की गई। मसलन अगर आप बनरघट्टा राष्ट्रीय पार्क की तरफ जाना चाहते हैं, तो वहाँ वाइल्ड लाइफ (वन्य जीवन) से संबंधित थीम को रखा गया। मैसूर की ओर जानेवाली सड़क की थीम को वहाँ की सांस्कृतिक विरासत से जोड़कर रखा गया। राष्ट्रीय राजमार्ग-4 या तुमकुर जानेवाली सड़क के किनारे दीवारों को कर्नाटक राज्य की विरासत से संजोने का निर्णय लिया गया। उसी प्रकार हासन की ओर जानेवाले यात्रियों को हैलेबिदु और मलनाड जैसे समुद्री तट का आभास हो, ऐसा प्रयास किया गया। इसी आधार पर सभी क्षेत्रों को अलग-अलग चिह्नित

करते हुए वहाँ की ऐतिहासिकता और महत्ता के आधार पर सौंदर्यीकरण का निर्णय लिया गया। फिर सवाल उठा कि ये चित्र बनाएगा कौन ? कौन अधिकारी उनका सर्वेक्षण व निरीक्षण करेंगे ? इसी प्रयास के तहत हमें बड़ी संख्या में ऐसे चित्रकार मिले, जो पहले सिनेमा के पोस्टर बनाते थे। मगर डिजिटल प्रिंटिंग की वजह से बेकार बैठे थे। अधिकारियों ने ऐसे प्रतिभाशाली कलाकारों से सहयोग लेने का निर्णय लिया और उन्हें थीम की जानकारी दी। उनका कहना था कि वे इस प्रकार की कलाकृतियाँ बनाने में सक्षम हैं। हमारी योजना रंग लाने लगी और हमने उन कलाकारों को कलाकृतियों के लिए अच्छी राशि देने का भी फैसला किया।

कब्बन पार्क के निकट यू.बी. सिटी के सामने एक बड़ा होर्डिंग था, जो स्थानीय लोगों में काफी लोकप्रिय है। उस होर्डिंग के जरिए जनता को जनहित की सूचनाएँ दी जाती थी। वह बेंगलुरु शहर का प्रमुख आकर्षण था। वहाँ पिछले कुछ वर्षों में लिखे गए संदेशों को एकत्र किया गया। इस हेतु पर्यटन विभाग व दूसरे महत्त्वपूर्ण सूचना केंद्रों से भी सामग्री एकत्र की गई और जमीनी स्तर पर कार्य प्रारंभ कर दिया गया। इसी बीच हमारे समक्ष एक अन्य सवाल उभरकर आया कि क्या सिनेमा के पोस्टरों को दीवारों पर लगाने की अनुमति दी जाए या नहीं। अधिकारियों के साथ गहन विचार-विमर्श के बाद इस बात की अनुमति दी गई, जिससे व्यावसायिक हितों को भी नुकसान न पहुँचे, साथ ही यह निर्देश भी जारी किया गया कि सभी जगह सिनेमा पोस्टर नहीं लगाए जाएँ। सिनेमा पोस्टर लगाने के लिए अनुमति लेना अनिवार्य किया गया। इस समस्या के निदान हेतु शहर के ऐसे 100 महत्त्वपूर्ण स्थलों को चिह्नित किया गया, जो सिनेमा पोस्टर के लिए अनुकूल थे। यह निर्णय सिनेमा से जुड़े लोगों व विशेषज्ञों से बातचीत के बाद लिया गया। पोस्टर के लिए नीलामी की परंपरा शुरू की गई। इतने सुधारों के बावजूद कुछ लोग इसका गलत फायदा उठा रहे थे, इसलिए दोषियों के खिलाफ कानूनी कार्रवाई करने का निर्णय लिया गया। इस दौरान कुछ प्रभावशाली लोगों ने जुगत भिड़ाने की कोशिश भी की, अपने प्रतिनिधिमंडल को भेजकर दवाब डालने का प्रयास किया। मगर आपसी बातचीत के बाद नियमानुसार नियत जगह पर पोस्टर लगाने के लिए सभी सहमत हो गए।

बच्चों में जागरूकता

हमने प्रयास किया कि भद्दी और अश्लील साइट के प्रति आकर्षित होते बच्चों को क्रियाशील बनाया जाए। इसी योजना के तहत उन्हें प्रशिक्षित करने का निर्णय लिया गया। बच्चे दीवारों पर सुंदर आकृतियों को देखेंगे और वे उसके बारे में जानने की कोशिश करेंगे। बेंगलुरु की दीवारों पर चित्रों को देखने के बाद अधिकांश बच्चे छुट्टियों के दौरान अपने माता-पिता से उन्हीं स्थानों को देखने की जिद करने लगे। कर्नाटक चित्रकला परिषद् की प्रोफेसर डॉ. प्रतिभा सिंह ने इस पूरे मिशन पर एक पुस्तक की रचना की है। इन सुधारों को जैसे ही विदेशी मीडिया ने कवर करना शुरू किया, भारत सहित विदेशों से इस अभियान से जुड़ने के लिए लोग आगे आने लगे। एक विदेशी महिला ने इसी विषय पर शोध करने का निर्णय लिया। चेन्नई की महानगरपालिका ने भी शहर के सौंदर्यीकरण के मद्देनजर एक प्रस्ताव पारित किया। इसके बाद इस मुहिम को जबरदस्त सराहना मिली। देशी-विदेशी संस्थाओं के विशेषज्ञों ने इस अभियान की प्रशंसा की। मगर इस साहसिक अभियान की आलोचना करनेवालों की जमात भी आगे आई। अगर सराहना मिली तो आलोचना के सुर भी उठे।

सचमुच, यह अनूठा अनुभव रहा। कुछ लोगों ने इसका विरोध यह कहते हुए किया कि इस योजना का जमीनी आधार नहीं है। उनके विरोध करने का कारण था कि योजना की शुरुआत करते समय उनसे सलाह क्यों नहीं ली गई। हमारे विचार में इस तरह की बातें केवल अहंकार को ही दिखाती हैं, जबकि एक अधिकारी में यह नहीं होना चाहिए। हमारा मानना है, अगर आपको समाज के हित में कोई निर्णय लेना है, तो बेझिझक लीजिए। कुछ जगहों पर कलाकृतियाँ बड़ी खूबसूरत दिखती हैं। कर्नाटक बृहद् प्राधिकार ने अब मुख्य सचिव को पत्र लिखकर उनसे अनुरोध किया है कि इन कलाकृतियों को संरक्षित करने के लिए ठोस कदम उठाने के साथ-साथ इस प्रक्रिया को जारी रखा जाए। हाल ही में इस बाबत सूचना भी जारी की गई। उम्मीद की जानी चाहिए कि कलाकृतियों को संजोने, संरक्षित करने और सुरक्षित रखने के प्रयास होते रहेंगे।

सौंदर्य चेतना

शहर में भद्दी दीवारों से निजात पाने के लिए भित्ति चित्रकला की शुरुआत

की गई। यह समस्या किसी भी छोटे या बड़े शहर के लिए एक सिरदर्द से कम नहीं है। हालाँकि प्रत्येक शहर में कानून हैं, जो लोगों को शहर को प्रदूषित करने से रोकते हैं। मगर दुर्भाग्य से कुछ शहरवासियों में नागरिक सोच का नितांत अभाव दिखता है। यही वजह है कि वे शहर की खूबसूरती के बारे में चिंतन नहीं कर पाते। नतीजतन वे सार्वजनिक स्थलों को गंदा करते हैं, उन्हे क्षति पहुँचाते हैं। बिना नागरिक सोच के कोई भी संस्था शहर को स्वच्छ नहीं बना सकती। इसके लिए लोगों की सक्रिय भागीदारी जरूरी है, सार्वजनिक संपत्तियों और वस्तुओं के प्रति अपनेपन का भाव होना जरूरी है। इसी अपनेपन के भाव ने बेंगलुरु जैसे महानगर में कलाकृतियों के माध्यम से लोगों के समक्ष नागरिक भाव को जाग्रत करने का प्रयास किया ताकि एक तरफ तो शहर की खूबसूरती में निखार आए, दूसरी ओर लोगों को कर्नाटक के साथ ही देश की महान विरासत के प्रति जागरूक भी किया जा सके। इस योजना को फलीभूत करने के दौरान इस बात का खास ख्याल रखा गया कि दोबारा साफ हुई दीवारों को कोई फिर से गंदा न करे। यह योजना कारगर साबित हुई। इसी के साथ राज्य के अलावा दूसरे शहरों के छात्रों को जागरूक करने का प्रयास किया गया। उन्हें स्वच्छता अभियान के लिए प्रशिक्षित किया गया। पर्यटन की दृष्टि से भी इस अभियान को भरपूर सहयोग मिला।

कई नगरों ने किया अनुकरण

शिमोगा में इस विशेष स्वच्छता योजना का क्रियान्वयन पहली बार किया गया। चेन्नई के अलावा दूसरे शहरों में इस अभियान को आगे बढ़ाने का प्रयास किया गया। कर्नाटक के दूसरे शहरों, मसलन बेलगाम और चन्नगिरी में भी चरणबद्ध तरीके से इस अभियान की शुरुआत की गई। कुछ स्कूलों में भी स्वच्छता अभियान की शुरुआत हुई। मगर शिमोगा में स्वच्छता अभियान ने जन-आंदोलन का रूप ले लिया।

□

कचरा निस्तारण

भारत के महानगर और बड़े आर्थिक केंद्र कूड़े के सबसे बड़े उत्सर्जक हैं। देश के 20 बड़े शहरों में किए गए एक सर्वेक्षण के अनुसार अधिकांश शहर कूड़ा निस्तारण में असफल साबित हुए हैं। कूड़ा प्रबंधन एक वैश्विक समस्या है लेकिन दूसरे देशों की भाँति भारत में कूड़ा प्रबंधन को उतनी गंभीरता से नहीं लिया जाता। वर्तमान में प्रतिदिन विश्व भर में 4.7 मिलियन टन कूड़ा पैदा होता है। पर्यावरणविदों का मानना है कि 2025 तक यह आँकड़ा प्रतिदिन 6 मिलियन टन तक हो जाएगा। देश की सबसे बड़ी प्रदूषण नियामक संस्था केंद्रीय प्रदूषण नियंत्रण बोर्ड (सी.पी.सी.बी.) के आँकड़ों के अनुसार भारत में प्रतिदिन 4 मिलियन टन कूड़ा उत्सर्जित होता है। इसमें 83 प्रतिशत कूड़ा एकत्र होता है, जबकि 29 प्रतिशत कूड़ा निस्तारित ही नहीं किया जाता है। देश की राजधानी दिल्ली में रोजाना 8,390 टन कूड़ा उत्पन्न होता है; मुंबई में 11,000 टन, चेन्नई में 4,800 टन, बेंगलुरु में 3,500 टन और कोलकाता में 4,000 टन कूड़ा रोज जमा होता है।

नगरपालिका ठोस कूड़ा (प्रबंधन एवं निस्तारण) नियमावली-2000 में कूड़ा एकत्र करने, भंडारण, एक जगह से दूसरी जगह तक ले जाने, प्रसंस्करण एवं नियंत्रण जैसी महत्त्वपूर्ण व्यवस्था के विषय में विस्तार से दिशा-निर्देश जारी किए गए हैं। इस नियमावली के तहत नगरपालिका प्राधिकरण को आम नागरिकों को कूड़ा भंडारण और निस्तारण के लिए जागरूक करने के लिए उचित दिशा-निर्देश भी दिए गए हैं। पर्यावरण विशेषज्ञ भी लोगों को जागरूक करने के लिए एक निश्चित अवधि में कूड़ा निस्तारण की प्रक्रिया के बारे में बताते हैं, साथ ही सार्वजनिक जगहों पर कूड़ा और प्रदूषण फैलाने के लिए दंड के प्रावधान के बारे में अवगत कराते हैं। वास्तव में, कचरा प्रबंधन में कूड़ा बीनने वालों की भूमिका महत्त्वपूर्ण है। उन्हीं की वजह से 20-25 प्रतिशत कूड़ा निस्तारित करने में सफलता मिलती है। हमें स्वीडन जैसे विकसित देश से सीखना चाहिए, क्योंकि वहाँ कूड़े की समस्या शून्य के बराबर है, वहीं श्रीलंका से भी सीखना चाहिए कि कैसे कूड़े का निस्तारण 100 फीसदी तक सुचारु ढंग से किया जाता है।

बहुआयामी स्वच्छता अभियान

किसी भी शहरी निकाय के लिए कूड़ा संग्रहण, भंडारण, परिवहन और निस्तारण एक बड़ी चुनौती है। इसमें बृहत् बेंगलुरु महानगरपालिका (बी.बी.एम.पी.) भी शामिल है। चूँकि प्रत्येक घर से कूड़ा निकलता है, इसलिए चौबीसों घंटे कूड़ा प्रबंधन की जरूरत है। अतः प्रत्येक दिन कूड़ा संग्रहण, सफाई और निस्तारण का स्तर बेहतर होना चाहिए। जब मैंने जून 2009 में बी.बी.एम.पी. के आयुक्त का पद सँभाला, तो मैंने सफाई को प्राथमिकता देना उचित समझा और इसके लिए शहर की उन सभी जगहों का मुआयना किया, जहाँ शहर का कूड़ा जमा होता था। इसमें दोड्डबल्लापुर भी शामिल है, जहाँ एक व्यक्ति ने निजी तौर पर एक प्लांट लगाया हुआ था। मुआयने के दौरान मैंने महसूस किया कि कुछ क्षेत्रों में सफाई संतोषजनक है, तो कई स्थानों पर निराशाजनक स्थिति है। समस्या की तह में जाने के बाद पता लगा कि कुछ ठेकदार कूड़े को एक जगह से उठाकर दूसरी जगह पर डाल देते हैं, जिससे उस जगह पर कूड़े का अंबार लग जाता है। जब मैंने इस मामले की तहकीकात की तो पता चला कि निकाय की तरफ से ठेकेदारों को एक स्थान से दूसरे स्थान पर कचरा डालने का कोई लिखित आदेश नहीं दिया गया है। ठेकेदार अपनी सुविधानुसार विभिन्न जगहों पर कूड़ा डाल देते थे। ठेकेदार इतने चालाक निकले कि उन्होंने कचरा इकट्ठा करने के लिए निजी जमीन भी खरीद रखी थी, जबकि ऐसा करना न केवल गैर-कानूनी था, बल्कि कूड़ा निस्तारण के लिए वह जमीन अपर्याप्त भी थी।

जी.पी.एस. के जरिए निगरानी

यदि समस्या है, तो उसका समाधान भी है, बस हमारे मन में उसके

समाधान की चिंता होनी चाहिए। इस दिशा में हमने पहल करनी शुरू कर दी। हमने क्षेत्रवार ठेकेदारों की सूची तैयार कराई, विशेषकर उन क्षेत्रों को चिह्नित किया, जहाँ कूड़ा फेंकना अनिवार्य किया गया। हमने कूड़ा उठानेवाली मशीनें मँगवाई, उन्हें जगह-जगह पर रखा, इन जगहों पर सी.सी.टी.वी. लगाए गए, जिससे कूड़ा उठानेवाले वाहन के आने-जाने और कितना कूड़ा उठाया जा रहा है, इस पर निगरानी रखी जा सके। हमने सभी वाहनों को जी.पी.एस. सिस्टम से जोड़ दिया, ताकि सुचारु रूप से काम हो सके। शुरुआत में इसका ठेकेदारों ने काफी विरोध किया, मगर बातचीत के बाद उन्होंने सुलह करते हुए सिस्टम के साथ चलने का आश्वासन दिया। जैसे ही कूड़ा वाहन निकलता था, मशीन में स्वत: ही उसकी एंट्री हो जाती थी। यह प्रक्रिया कूड़ा-प्रबंधन को सुचारु रूप से चलाने में काफी मददगार साबित हुई। जी.पी.एस. सिस्टम से हम यह जानने में सफल रहे कि कितने कूड़ा वाहन सड़कों पर चल रहे हैं और उनसे कहाँ कूड़ा फेंका जा रहा है।

इस नई व्यवस्था से पहले कुछ क्षेत्रों में ट्रैक्टर का उपयोग किया जाता था, जिससे बहुत कम मात्रा में कूड़ा उठाया जा सकता था। निविदा प्रक्रिया पेचीदा होने से यह प्रक्रिया काफी धीमी रफ्तार से चलती थी। हमने इस प्रक्रिया को बदल दिया, जिसका ठेकेदारों ने जबरदस्त तरीके से विरोध किया। कूड़े के खेल में इन ठेकेदारों के अलावा स्थानीय अधिकारी और कुछ राजनेता भी शामिल थे। कूड़ा प्रबंधन में जमीनी हकीकत कुछ और बयान करती थी और कागजों में कुछ और ही होता था। इसी घालमेल से सभी पैसा बना रहे थे। जिस दर पर कूड़ा निस्तारण के लिए बोली लगाई जाती थी, वह जमीनी हकीकत से कोसों दूर थी। जी.पी.एस. सिस्टम लगाए बिना इतने बड़े घपले की जानकारी लेना दुरूह कार्य था। मगर हमें खुशी है कि हमने इसे सफलतापूर्वक किया।

कूड़े का पृथक्करण

कूड़े के निस्तारण में ठोस और गीले कचरे को अलग करने की सबसे ज्यादा जरूरत होती है। मल्लेश्वरम् और शहर के कुछ अन्य इलाकों में स्वयंसेवी संगठनों ने इस दिशा में जबरदस्त काम किया है। हमने उन संगठनों के माध्यम से लोगों को प्रशिक्षित करने के लिए जागरूकता कार्यक्रम शुरू किया। लोगों

को बताया गया कि कैसे कूड़े का बेहतर प्रबंधन किया जा सकता है और इसमें किसी अतिरिक्त धन की आवश्यकता भी नहीं पड़ती। अगर हम सूखे कूड़े को अलग कर जमा करते हैं, तो 90 प्रतिशत कूड़े का पुनर्प्रयोग या पुनर्चक्रीयकरण कर सकते हैं। इसके लिए हमें रोजाना कूड़ा जमा करने की जरूरत भी नहीं होती। यहाँ तक कि अगर 60 प्रतिशत सूखा कूड़ा जमा होता है, तो उसे भी उचित तरीके से अलग किया जा सकता है। सारे कूड़े का अलग-अलग स्तर पर भंडारण किया जा सकता है। फिर आवश्यकतानुसार इस कूड़े का उपार्जन किया जा सकता है। यह संभव भी है। वेल्लोर जैसे क्षेत्रों में वैज्ञानिक तरीके से कूड़ा प्रबंधन करने से 100 प्रतिशत कूड़े का पृथक्करण किया जा सका है।

हम शुरू से ही मानते रहे हैं कि किसी भी कार्य की सफलता जनभागीदारी पर निर्भर है। अगर आमजन अपने घरों से कूड़े का पृथक्करण नहीं करेंगे, तो यह व्यवस्था ठीक तरीके से नहीं चल सकती। हमें सूखे और गीले कूड़े को अलग-अलग जमा करना होगा। कुछ क्षेत्रों में यह व्यवस्था सुचारु तरीके से चल रही है, मगर कूड़ा बीननेवाले लोग इन दोनों प्रकार के कूड़े को मिला देते हैं। ऐसी स्थिति में भी व्यवस्था ठीक तरीके से नहीं चल सकती और दूसरों की मेहनत भी बेकार हो जाती है। इसके लिए हमें सभी स्तरों पर लोगों को प्रशिक्षित करना होगा। पृथक्करण ही इस समस्या का एक मात्र हल है।

हम लोगों ने बेंगलुरु के आसपास 2000 एकड़ सरकारी जमीन का अधिग्रहण किया। मगर कुछ कारणों से यह प्रयोग सफल नहीं हुआ। फिर हमने लिखित सूचना जारी की कि कूड़े को इधर-उधर नहीं फेंका जा सकता। कोई भी नगर निकाय इसकी जिम्मेदारी नहीं ले सकता। इस कूड़े के मलबे को कहीं और जमा करना होगा, ऐसी जगह की तलाश की जाने लगी, जहाँ मलवे का निस्तारण वैज्ञानिक पद्धति से किया जा सके। कोई भी व्यक्ति कूड़ा पसंद नहीं करता। मगर सभी कूड़े का उत्सर्जन करते हैं, लेकिन यह सामान्य प्रवृत्ति है कि कोई भी व्यक्ति अपने घर के आगे कूड़ा नहीं देखना चाहता।

हरित पत्तियों से खाद बनाना

हम लोगों ने कई सब्जी बाजारों के निकट ऐसी व्यवस्था की, जिससे सड़ी-गली सब्जियों से खाद बनाई जा सके। इसके लिए मशीनें लगाई गईं,

जिससे सड़ी-गली सब्जियों को खाद में बदला जा सके। मल्लेश्वरम् मार्केट में ऐसी ही एक मशीन लगाई गई। सभी वॉर्ड में एक प्वॉइंट बनाया गया, जहाँ कूड़े का पृथक्करण किया जा सके। कुछ जमीनें भी चिह्नित की गईं, जहाँ घरों से कूड़ा एकत्र कर भंडारण किया जा सके। ऐसे प्वाइंट हर वार्ड में बनाए गए।

वाहन पर कैमरे

हम गीले कूड़े के लिए दूसरी प्रक्रिया अपनाते हैं। गीला कूड़ा अक्सर होटल से इकट्‌ठा होनेवाला बेकार भोजन होता है, जिसका उपयोग जानवरों के चारे के लिए किया जा सकता है। इस बेकार पड़े भोजन को दूसरे कूड़े के साथ मिलाने की जरूरत नहीं होती। इसके अतिरिक्त बाजार में पड़े सूखे कूड़े को अलग से इकट्‌ठा किया जा सकता है। हमें खुशी है कि ये कोशिशें रंग लाईं। मैंने कूड़ा प्रबंधन व जागरूकता अभियान के लिए एक मुख्य अभियंता को नियुक्त किया। प्रत्येक कूड़ा-वाहन को कैमरे से लैस किया गया, ताकि उस वाहन की सारी गतिविधियों की जानकारी रिकॉर्ड हो। इससे हमें दो फायदे हुए। पहला यत्र-तत्र कूड़ा फैलाव की जानकारी मिली। दूसरा, अगर दिन में भूलवश स्ट्रीट लाइट जली रह गई हो, तो उसका पता भी आसानी से लग सके। ऐसी व्यवस्था की गई, जिससे कूड़ा-वाहन केवल रात में कूड़ा निस्तारण करने निकले और वाहन पूरी तरह से ढका होना चाहिए। गांधीनगर क्षेत्र में इस व्यवस्था को एक सह-आयुक्त ने शुरू किया था। उन्होंने चौबीसों घंटे सफाई की व्यवस्था सुनिश्चित की, जबकि पहले दिन में केवल एक बार ही सफाई होती थी। नई पहल के साथ तीन बार सफाई होने लगी। कई जगह बड़े ड्रम व बॉक्स लगाए गए। इस प्रयास को राज्यपाल द्वारा सिटीजन अवॉर्ड से सम्मानित किया गया।

स्वच्छता से बेहतर स्वास्थ्य

ये सभी कोशिशें इस बात की गवाह हैं कि बेंगलुरु जैसे महानगर में अगर किसी भी कार्यक्रम को ठीक तरीके से लागू किया जाए, तो उसमें देर-सवेर सफलता जरूर मिलती है। मेरे इस विभाग को छोड़ने के बाद एक सर्वेक्षण आया, जिसमें मैसूर को राज्य के स्वच्छतम शहर का खिताब दिया गया,

लेकिन महानगरों की श्रेणी में बेंगलुरु को स्वच्छतम शहर घोषित किया गया। आज भी यह सिलसिला अनवरत जारी है। शहरी निकायों का प्रमुख काम शहर को स्वच्छ बनाना है। 2014 में केंद्र सरकार ने स्वच्छ भारत अभियान प्रारंभ किया, मगर हमने शहर स्वच्छता कार्यक्रम वर्षों पहले शुरू कर दिया था। स्वच्छता के लिए मानसिकता में बदलाव जरूरी है। अगर प्रत्येक व्यक्ति शहरी निकायों का सहयोग करे, तो बिना किसी अतिरिक्त खर्च के ही 50 प्रतिशत स्वच्छता को हासिल किया जा सकता है।

प्रधानमंत्री नरेंद्र मोदी के स्वच्छ भारत अभियान के बाद लोगों में इसके प्रति जागरूकता बढ़ी है। यह देश के हित में अच्छा कदम है। आज बड़ी संख्या में लोग स्वच्छता अभियान से जुड़ना चाह रहे हैं। इसके जरिए न सिर्फ हम अपने शहर के सौंदर्य को सँवार सकते हैं, बल्कि यह स्वास्थ्य की दृष्टि से भी लाभकारी है। प्रत्येक व्यक्ति को इसके लिए सकारात्मक सहयोग करना चाहिए। शहर की सभी सड़कें, कार्यालय, स्कूल, कॉलेज, पैदल-पारपथ, घर और आसपास की जगहें साफ होनी चाहिए। किसी भी स्वच्छता अभियान के लिए जनभागीदारी बेहद जरूरी है। हम केवल सफाई कर्मचारियों के भरोसे शहर की स्वच्छता की कल्पना नहीं कर सकते। इसमें प्रत्येक नागरिक की भूमिका है, क्योंकि शहर व समाज को स्वच्छ रखना हम सभी की जिम्मेदारी है।

□

बी.बी.एम.पी. में कल्याणकारी योजनाएँ

जैसा कि मैंने पहले भी कहा है कि कोई भी सार्वजनिक संस्था योजनाओं को लागू तो कर सकती है, परंतु बिना जनसहयोग के उनके सकारात्मक परिणाम हासिल नहीं हो सकते। एक सरकारी उपक्रम होने के कारण बृहत् बेंगलुरु महानगरपालिका (बी.बी.एम.पी.) कुछ कानूनी बाध्यताओं से बँधा है। बी.बी.एम.पी. अपनी कुल धनराशि का 22 प्रतिशत अनुसूचित जाति व अनुसूचित जनजाति के कल्याणार्थ, कमजोर तबकों के लिए मकान बनाने, अस्पतालों एवं स्कूलों को सुचारु ढंग से चलाने के लिए खर्च करती है। इस प्रकार की योजनाएँ पहले से ही थीं, मगर अस्पतालों, स्कूलों के रखरखाव व सेवाओं की गुणवत्ता संतोषप्रद नहीं थी। 2009 के अपने कार्यकाल में मैंने इन पर विशेष ध्यान दिया।

स्कूल

बी.बी.एम.पी. के अंतर्गत आनेवाले स्कूलों में शिक्षा की गुणवत्ता बढ़ाने के लिए हमने नागरिक निर्देश विभाग (डी.डी.पी.आई.) का सहयोग लिया। इन स्कूलों में ज्यादातर ऐसे बच्चे पढ़ते हैं, जो आर्थिक रूप से कमजोर तबके के हैं। स्कूलों का अपना भवन होने से आधारभूत संरचना की समस्या नहीं थी। मैंने स्कूलों में गुणवत्तापूर्ण शिक्षा व्यवस्था के लिए ऐसी व्यवस्था की, जिससे शिक्षकों को बेहतर प्रशिक्षण मिलने के साथ-साथ उनके अनुभवों का लाभ छात्रों को भी मिल सके।

अस्पताल

बी.बी.एम.पी. के अस्पतालों में ज्यादातर महिलाएँ प्रसव व शिशुओं की

चिकित्सा के लिए आती हैं। इनमें से 99 प्रतिशत महिलाएँ गरीब तबके की होती हैं। यहाँ तक कि सुदूरपूर्व क्षेत्रों से ग्रामीण महिलाएँ प्रसव के लिए इन्हीं अस्पतालों में आती हैं। ऐसे में निकाय कर्मचारियों के लिए अस्पतालों की सफाई व प्रबंधन एक बड़ी चुनौती है। इसके लिए जरूरी है कि कर्मचारी लगनशील हों और उनमें सेवा भावना होना आवश्यक है। अस्पतालों में दवाइयों का एक समान वितरण व अच्छी चिकित्सा व्यवस्था किसी चुनौती से कम नहीं है। इन सभी चुनौतियों के मद्देनजर हमने इन अस्पतालों के लिए पर्याप्त धनराशि की व्यवस्था की। आकार में छोटे होने के बावजूद भी इन अस्पतालों में बड़ी संख्या में रोगी इलाज कराने आते हैं। इसलिए मेरी कोशिश रही कि यहाँ की बजटीय राशि में वृद्धि के साथ-साथ अस्पतालों के कर्मचारियों का प्रशिक्षण भी अनिवार्य किया जाए। हमारे प्रयासों के बाद इन अस्पतालों में चिकित्सा व्यवस्था में गुणात्मक सुधार आया।

बेघरों के लिए घर

अपने कार्यकाल के दौरान मुझे महसूस हुआ कि अनुसूचित जाति व जनजाति कल्याणकारी योजनाओं (एस.सी.पी./टी.एस.पी.) के लिए आवंटित धन का इस्तेमाल ठीक तरीके से नहीं किया जाता, लिहाजा यह धनराशि खर्च तक नहीं हो पाती थी। वैसे सभी सरकारें अपने बजट से एक निश्चित धनराशि एस.सी. और एस.टी. कल्याणकारी योजनाओं के लिए आवंटित करती रही हैं। इनकी जनसंख्या के आधार पर क्षेत्रवार राशि आवंटित की जाती है। उदाहरण के तौर पर कर्नाटक की कुल जनसंख्या के 22.75 प्रतिशत एस.सी./एस.टी. लोगों के लिए राज्य के कुल बजट की 22.75 प्रतिशत धनराशि आवंटित की जाती है। इसमें बी.बी.एम.पी. के अंतर्गत एस.सी./एस.टी. कोटे के लिए आवंटित धनराशि भी शामिल है। मैंने इस बारे में जब कभी भी जानकारी लेने का प्रयास किया, अधिकारियों का रवैया तालमटोल का ही रहा। अगर बजट में धनराशि आवंटित की गई है, तो उसे खर्च भी किया जाना चाहिए। सामान्यत: बेंगलुरु में झुग्गियाँ नजर नहीं आतीं, मगर हकीकत में महानगर में 500 से अधिक झुग्गी-बस्तियाँ थीं, जहाँ लोगों के जीवनस्तर की गुणवत्ता सुधारने की विशेष जरूरत थी। इन झुग्गियों में रहनेवाले लोगों के जीवन स्तर को सुधारने के लिए वह धन खर्च किया जा सकता था। बी.बी.एम.पी. की सहायता से इन झुग्गियों से अलग हटकर इनमें रहनेवाले गरीब लोगों के लिए भी मकान बनाए जा सकते हैं।

एस.सी.पी./टी.एस.पी. के लिए आवंटित धन में से 250 करोड़ रुपए खर्च नहीं किए जा सके थे। मैंने निश्चय किया कि आवास बनाने के लिए इसी धनराशि का उपयोग किया जाए। अगर किसी व्यक्ति के पास घर होता है, तो उसके परिवार के रहने के लिए पूरी व्यवस्था हो सकती है। मैंने अपने सह-आयुक्त से एक सूची तैयार करने के लिए कहा, जिसमें उन लाभार्थियों को शामिल किया जा सके। मैंने उन्हें 10,000 मकान बनाने का लक्ष्य दिया। ऐसा करके हम हजारों परिवारों की मदद कर सकते थे। मैं स्वयं उन मकानों को देखने गया। काम के दौरान मुझे झुग्गी निवासियों और आम नागरिकों का जबरदस्त सहयोग मिला। इस प्रकार हमने बैंक, हुडको, अर्बन आश्रय और मलिन बस्ती विभाग (स्लम डिपार्टमेंट) की मदद से झुग्गियों में रहनेवाले लोगों के लिए आवासीय परिसर का निर्माण कराया। महानगर में डेंगू बुखार, नालियों की सफाई, गंदे नालों से पानी बहना जैसी समस्याएँ प्रमुख हैं। हमने ऐसी सभी समस्याओं को चिह्नित किया साथ ही छात्रों के लिए यूनीफॉर्म, विभिन्न समुदायों के लिए वैयक्तिक सुविधाएँ, सामुदायिक भवन का निर्माण जैसे कार्यों को अपनी सूची में शामिल किया। हालाँकि कल्याणकारी योजनाएँ पहले से ही थीं, मगर उनके लिए आवंटित धन का उपयोग विगत तीन वर्षों से नहीं किया जा रहा था। चूँकि उस समय बीबीएमपी में प्रशासक राज था इसलिए मुझे निर्णय लेने की आजादी थी और मैंने बिना किसी बाधा के उन योजनाओं के लिए धनराशि खर्च की।

विज्ञापन स्थलों के ब्योरे का कंप्यूटरीकरण

कर और विज्ञापन बी.बी.एम.पी. की आय का मुख्य स्रोत हैं। परंतु विज्ञापन से होनेवाली आय में भी चोरी होती थी। इसीलिए हमने विज्ञापन वाले सभी स्थानों को कंप्यूटरीकृत कर दिया, उससे आय में काफी वृद्धि हुई। साथ ही आय का एक अन्य रास्ता निकाला गया। उन मकानों के लिए बीखाता योजना शुरू की गई, जिनका निर्माण पूरा हो चुका था, परंतु उन्हें रहने का प्रमाणपत्र जारी नहीं किया गया था। किसी भी निकाय के लिए धन की समस्या कोई नई बात नहीं है। अन्य निकायों की भाँति बी.बी.एम.पी. की गतिविधियों को चलाने के लिए भी धन जरूरी है। इसलिए बी.बी.एम.पी. को राज्य सरकार से सड़कें बनाने व उनकी मरम्मत के लिए धनराशि आवंटित कराई गई।

चार-लेन की सड़कें

ट्रांसफर ऑफ डेवलपमेंट राइट्स (टी.डी.आर.) स्कीम के तहत बी.बी.एम.पी. ने सड़कों की मरम्मत और उन्हें चार लेन में परिवर्तित करने की योजना बनायी। इस मामले में आयुक्त खुद निर्णय लेने में सक्षम हैं। हमने ऐसी सड़कों का चुनाव किया, जो शहर को सभी लूप लाइन के जरिए मुख्य सड़क से जोड़ती हों। ऐसी 800 किलोमीटर लंबी सड़क को चिह्नित किया गया। फिर उसके बाद कई जगहों पर सड़क को चार लेन में बदलने का निर्णय लिया गया। किन्तु इसके लिए लोगों की सहमति भी जरूरी थी। 20 प्रतिशत लोगों ने इसके लिए सहमति प्रदान भी कर दी थी। साथ ही टेंडर भी जारी हो चुके थे। लेकिन जैसा कि होता आया है नवनिर्वाचित निकाय ने पदभार ग्रहण करते ही सड़क चौड़ीकरण का निर्णय रद्द कर दिया। कुछ लोगों ने निविदा आमंत्रण के फैसले को भी चुनौती दी। कुछ ने कोर्ट का दरवाजा खटखटाया, मगर योजना फूलप्रूफ थी और निविदा में पूरी पारदर्शिता अपनाई गई थी। फिर नवनिर्वाचित प्रतिनिधियों ने भी इस परियोजना को पूरा करने में कोई दिलचस्पी नहीं दिखाई।

मल्टी-लेवल पार्किंग

किसी भी महानगर में पार्किंग की समस्या हमेशा रहती है। हमने पार्किंग की समस्या को दूर करने के लिए मल्टी–लेवल पार्किंग की व्यवस्था की। इस हेतु अंडरग्राउंड पार्किंग स्थल का निर्माण किया गया। कोई भी अधिकारी तब तक शहर को स्वच्छ और सुंदर नहीं बना सकता, जब तक कि पूरी तरह से सरकारी मदद न दी जाए। आज भ्रष्टाचार सभी जगह अपनी जड़ें जमा चुका है। हम डिजिटल तकनीक को अपनाकर भ्रष्टाचार से निजात पा सकते हैं। अगर फाइल ऑनलाइन कर दी जाएँ, तो काम की प्रक्रिया को तेजी से आगे बढ़ाया जा सकता है, साथ ही अनावश्क देरी को कमतर किया जा सकता है। शहरी योजना के सफल क्रियान्वयन के लिए सामूहिक प्रयास की जरूरत है। किसी भी योजना को ठीक तरीके से तब तक अमलीजामा नहीं पहनाया जा सकता, जब तक निर्वाचित प्रतिनिधियों में दूरदृष्टि न हो। अगर सभी चीजों का समन्वय ठीक तरीके से किया जाए, तो अभूतपूर्व कामयाबी हाथ लगती है।

□

लुप्त होते पारंपरिक जलस्रोत

शहरों के विस्तारीकरण के लिए लोग बड़ी तेजी से अपने पारंपरिक जलस्रोतों जैसे तालाब, बावड़ी, झील आदि को नष्ट कर रहे हैं। ये जलस्रोत न केवल बाढ़ नियंत्रण, बल्कि भू-जल स्तर बढ़ाने में भी सहायक होते हैं। 2014 में दिल्ली की ''पार्क एंड गार्डन सोसाइटी'' के सर्वेक्षण में यह बात उभरकर आई कि यहाँ के 611 जलस्रोतों में से 274 जलस्रोत बिल्कुल सूख गए हैं, और 190 जलस्रोतों को पुनर्जीवित भी नहीं किया जा सकता। 2012 के एक अध्ययन के अनुसार 650 छोटे-बड़े जलस्रोतों में से चैन्नई में 30 से भी कम जलस्रोत बचे हुए हैं और 19 बड़ी झीलों का आकार भी सिकुड़ गया है। कभी 1,130 हेक्टेयर क्षेत्र में फैली इन झीलों का आकार घटकर 645 हैक्टेयर क्षेत्र तक सीमित हो चुका है। हैदराबाद में विगत 15 वर्षों में जलस्रोतों को 3,245 हैक्टेयर तक क्षति हुई है। 1960 में बेंगलुरु में 280 इंटरलिंक तालाब थे, जो 1993 में घटकर 80 रह गए। नई दिल्ली स्थित सेंटर फॉर साइंस एंड एनवायरनमेंट (सी.एस.ई.) के 2001 के सर्वेक्षण के अनुसार अहमदाबाद में 137 झीलों को रेखांकित किया गया था, जिनमें से 2012 तक 65 झीलों का अस्तित्व समाप्त हो चुका था।

भू-जल दोहन से जल स्तर लगातार नीचे जा रहा है और स्थिति इतनी भयावह है कि शहरों में पेयजल की व्यवस्था सैकड़ों किलोमीटर दूर स्थित नदियों से की जा रही है। राजस्थान के जोधपुर शहर को लगभग 205 किलोमीटर दूर स्थित इंदिरा गांधी नहर से पानी मिलता है। मुंबई और उपनगरीय क्षेत्रों में पीने का पानी 120 किलोमीटर दूर स्थित झीलों और बाँधों से लाया जा रहा है। चेन्नई का मुख्य जलस्रोत वीरानम झील शहर से 200 किलोमीटर की दूरी पर स्थित है। हैदराबाद को कृष्णा नदी से जल मिलता है, जो शहर से 116 किलोमीटर की दूरी पर स्थित है। इसमें कोई शक नहीं कि जल उपलब्ध करानेवाली एजेंसियों को बिजली के पंप के जरिए पानी पहुँचाने के लिए 30-50 प्रतिशत धन खर्च करना पड़ता है, वहीं लीकेज की वजह से 30-50 प्रतिशत जल बरबाद हो जाता है। अगर हमने अपने पारंपरिक जलस्रोतों को बचाने का अभी ठोस प्रयास नहीं किया, तो भविष्य में स्मार्ट सिटी पानी की कमी से कब्रगाह में तब्दील हो जाएँगी।

झीलों को निगलते शहर

जब मुझे बृहत् बेंगलुरु महानगरपालिका (बी.बी.एम.पी.) आयुक्त की जिम्मेदारी मिली तब शहर की पारंपरिक झीलों और ताल-तलैयों की स्थिति दर्दनाक थी। बढ़ते अतिक्रमण और संबंधित विभागों की उदासीनता एवं लापरवाही की वजह से झीलों के शहर से ही झीलें समाप्त होती जा रही थीं। यह आम धारणा है कि बेंगलुरु के बड़े रियल एस्टेट डेवलपरों की वजह से जल स्रोतों का अतिक्रमण हुआ। उन्होंने बड़े पैमाने पर बेंगलुरु शहर की झीलों और ताल-तलैयों पर भी कब्जा करके अवैध निर्माण किया। बेलगाम के अनुभव के आधार पर मैंने मुख्य सचिव को पत्र लिखकर शहर की सभी झीलों को बी.बी.एम.पी. के अंतर्गत ले लिया। उसके बाद हमने तीव्र गति से सभी झीलों का सर्वेक्षण कराया, अतिक्रमणवाले क्षेत्रों को चिह्नित कर अतिक्रमण हटाने की कार्रवाई शुरू की। विरोध तो होना ही था, लेकिन हमने बिना किसी दबाव में आए अतिक्रमण हटाने की कार्रवाई जारी रखी।

नालों को अतिक्रमण मुक्त करना

झीलों को पुनर्जीवित करने के बाद हमारा अगला कदम बड़े नालों यानी स्टोर्म वाटर ड्रेन्स को अतिक्रमण मुक्त करना था। बरसात के दौरान शहर को बाढ़-मुक्त रखने के लिए यह जरूरी था। शहर के 2,000 बड़े नालों पर अतिक्रमण कर लिया गया था। बेंगलुरु शहर में मुख्यतः चार घाटियाँ हैं जो बाढ़ का कारण बनती हैं। बरसात में बहुत से क्षेत्रों में बाढ़ की स्थिति उत्पन्न हो जाती है। कुछ वर्ष पूर्व ऐसा ही एक वीभत्स नजारा बेंगलुरु ने तब देखा जब बाढ़ की वजह से शहरी इलाकों के सैकड़ों मकान बह गए। उस समय

मैसूर रोड पर एक परिवार को बाढ़ की चपेट में मैंने स्वयं देखा। परिवार वालों ने यह सोचकर मकान के दरवाजे बंद कर लिये थे, ताकि घर में बाढ़ का पानी न घुसने पाए। मगर पानी घर में घुस गया और उनके लिए बचने का कोई मार्ग नहीं बचा। घर के सामने एक बड़ा नाला था। किसी तरह हमने जैसे ही घर का दरवाजा खोला। पानी के तेज बहाव में परिवार के सदस्य बहने ही वाले थे। मैंने स्वयं अन्य लोगों के साथ मिलकर परिवार के एक सदस्य का हाथ पकड़ा हुआ था। उस परिवार को बचाने के लिए हमें काफी मशक्कत करनी पड़ी। हमें बाढ़ में फँसे लोगों की मदद करने के लिए आम नागरिकों से लेकर स्थानीय विधायक तक के फोन आए। हमने राहत दल भेजे, जिससे कई लोगों की जान बचाने में सफलता मिली। बाढ़ पीड़ितों के लिए कई राहत शिविर भी चलाए गए।

500 वर्ष पुराने कैंपमबुधि टैंक को मिला पुनर्जीवन

झीलों और शहरी विकास के बीच परस्पर संतुलन रहा है। हम उसी संतुलन को पुन: स्थापित करना चाहते थे। इसलिए हमने सर्वेक्षण करवाकर अतिक्रमित क्षेत्रों को चिह्नित किया और उन्हें मुक्त कराया। इसके बाद उन झीलों और तालाबों के चारों तरफ बाड़ा लगाने का काम किया ताकि फिर से अतिक्रमण न हो। आज झीलों के चारों तरफ जो बाड़ा दिखता है, वह उसी समय का है। मुझे खुशी है कि हम शहर की कई झीलों को पुनर्जीवन दे सके। अन्यथा कई झीलें अब तक लुप्त हो चुकी होती। झीलें किसी भी शहर की खूबसूरती ही नहीं होती, वे वहाँ के जनजीवन का अभिन्न अंग होती हैं। अतिक्रमण हटाने के बाद हमने झीलों के किनारे पर विकास कार्य प्रारंभ किये। इससे वहाँ प्रॉपर्टी की कीमतों में वृद्धि हुई, क्योंकि ज्यादातर लोग झील के किनारे आवास चाहते हैं, ताकि वे प्रतिदिन झील के सौंदर्य का आनंद ले सकें। मैंने कैंपमबुधि टैंक की मरम्मत और रखरखाव के लिए 5 करोड़ रुपए की एकमुश्त धनराशि स्वीकृत की। इस तालाब को बेंगलुरु शहर के संस्थापक स्वर्गीय केंपे गौड़ा ने बनवाया था। मेरे कार्यकाल में 500 वर्ष पुराने इस ऐतिहासिक ताल को नया जीवन मिला। इसी प्रकार बहुत से अन्य तालाबों और झीलों को भी बचाया गया।

प्राय: देखा गया है कि बिल्डर लॉबी के कारण झीलों और तालों के किनारे

अतिक्रमण ज्यादा होता है। इसके लिए वे अनेक प्रकार के हथकंडे अपनाते हैं। झीलों पर कब्जा करने के बाद वे उस प्रॉपर्टी को ऊँचे दामों पर बेचते है। बिल्डर लॉबी ने कई तरीकों से हमें भी प्रभावित करने का प्रयास किया, मगर उनके मंसूबे कामयाब नहीं हो सके। हमारा अपना काम जारी रहा। स्लम बस्तियों में रहनेवाले लोगों ने हमसे अनुरोध किया कि उनके रहने की वैकल्पिक व्यवस्था कर दी जाए। हमने उनकी समस्याओं को सहानुभूतिपूर्वक सुना। मलिन बस्तियों को तोड़ने में समय लगता ही है, क्योंकि उन्हें बेसहारा नहीं छोड़ा जा सकता। उन लोगों को बेघर करना हमारा मकसद भी नहीं था। मगर एकल घरों को हटाया गया। यलहंका में ताल के नीचे की तरफ ढेर सारी जमीन है, जिसका उपयोग हम जलभंडारण के लिए करना चाहते थे। यदि झील के निचले हिस्से में जल-भंडारण होता है तो उससे झील को स्वाभाविक रूप से पुनर्जीवन मिलता रहता है। इनका आपस में गहरा संबंध है। अगर पर्याप्त मात्रा में जल निचले हिस्से में उपलब्ध हो तो झील का जीवनचक्र सुदृढ़ होता है।

झीलों में गंदे नालों को गिरने से रोकना

हमारे लिए सबसे बड़ी समस्या यह थी कि झीलों में लगातार जानेवाले गंदे नाले के पानी को कैसे रोका जाए। शहर की प्रसिद्ध अलसूर झील सहित बहुत सारी झीलों में गंदे नाले का पानी काफी मात्रा में जाता था। इसलिए गंदे नाले के पानी का रास्ता बदलना जरूरी था। सीवर की ज्यादातर पाईप लाइनें झील के निचले हिस्से में दबी हुई थीं जिससे झील के स्वच्छ जल में सीवर का पानी मिश्रित हो जाता था। उसे रोकना अन्य महत्त्वपूर्ण काम था। झुग्गी-झोंपड़ी इलाकों में शौचालयों का निर्माण कर उनसे निकलने वाली गंदगी को जमीन के अंदर दबी सीवर लाइन से जोड़ दिया। शहरों में स्वच्छता प्रबंधन अपने आप में एक बड़ी चुनौती है, यह कचरा प्रबंधन से भी बड़ी चुनौती है जिसे बहुत से लोग आसानी से समझ नहीं पाते।

सतत प्रयासों की आवश्यकता

पश्चिमी देशों में मल निकासी की पूरी व्यवस्था घरों और सड़क के नीचे दबी पाइप लाईन से जुड़ी है। वहाँ इसकी एक समानांतर प्रणाली है। वहाँ बड़े

नाले भी हैं, लेकिन जल-निकासी का प्रबंध इसी प्रणाली से होता है। लेकिन बेंगलुरु में ऐसा नहीं है। यहाँ की समस्या यह है कि यहाँ जमीन पथरीली है। इस कारण जमीन के अंदर जलनिकासी की व्यवस्था करना एक मुश्किल काम है। सबसे अच्छा तरीका यह है कि इसे निचले क्षेत्र में एकत्र करके एक साथ बाहर फ्लश किया जाए। इससे बाढ़ की स्थिति उत्पन्न नहीं होगी। शहर में बारिश के दौरान नालों में जल का भराव हो जाता है और वह ऊपरी सतह से बहने लगता है। यह बाढ़ का प्रमुख कारण बनता है। पहले जब तालाब और झीलों की संख्या अधिक थी तो बारिश का पानी सीधे उनमें चला जाता था और वे उसे सोख लेती थी। पहले के अनुपात में अब मकानों की संख्या में काफी बढ़ोतरी हुई है। आज वृक्षों को लगाने की परंपरा भी समाप्त होती जा रही है, कहा जा सकता है कि अब कंक्रीट का जंगल बन गया है बेंगलुरु। जैसे ही बारिश होती है, उसका पानी नालों में बहने लगता है, और नालों की क्षमता को बढ़ाया नहीं गया है। इन सभी समस्याओं के समाधान के लिए हमने कुछ कदम उठाए; लेकिन यह सही है कि इन जटिल समस्याओं का समाधान रातोरात नहीं किया जा सकता। इसके लिए सतत प्रयासों की आवश्यकता है।

□

झीलों के शहर में झीलों का पुनरुज्जीवन

बेंगलुरु झीलों के शहर के रूप में विश्वप्रसिद्ध है। कहा जाता है कि इस विशाल शहर में हजारों की संख्या में झीलें हुआ करती थीं। आधुनिक बेंगलुरु के निर्माता कैंपे गौड़ा और उनके वंशजों ने ही 100 से अधिक झीलों का निर्माण कराया था। ज्यादातर झीलों का निर्माण प्राकृतिक घाटियों में बाँध एवं पुश्ते बनाकर किया गया था। झीलें शहर में पीने के पानी व सिंचाई का प्रमुख स्रोत थीं। शहर के पर्यावरण तथा जलवायु को संतुलित रखने में उनकी बड़ी भूमिका हुआ करती थी। इनसे भूगर्भ जलस्तर को संतुलित रखने में तो सहायता मिलती ही थीं, साथ ही बाढ़ नियंत्रण एवं गंदे पानी की निकासी में भी इनकी महत्त्वपूर्ण भूमिका थी। शहरी और ग्रामीण दोनों क्षेत्रों में तालाबों का निर्माण किया गया था। राज्य के अन्य शहरों की अपेक्षा बेंगलुरु व उसके आस-पास बड़ी संख्या में झीलों और तालों का निर्माण कराया गया था। यही कारण है कि दक्षिण भारत में बेंगलुरु को 'झीलों का शहर' या 'वातानुकूलित शहर' भी कहा जाता है।

गायब होतीं झीलें

बेंगलुरु में अनेक ऐसी जगहें हैं, जहाँ पहले झीलें हुआ करती थीं। उदाहरण के तौर पर शहर के केंद्रीय बस अड्डा 'कैंपे गौड़ा बस स्टैंड' का निर्माण झील के ऊपर ही किया गया। श्री कंटीरवा स्टेडियम भी झील पर ही बना है। जैसे-जैसे जगह कम पड़ती गई, झीलों का अस्तित्व खत्म होता गया। बी.बी.एम.पी. में अपने कार्यकाल के दौरान मैंने महसूस किया कि सरकारी परियोजनाओं के अलावा भी बहुत सी झीलें अतिक्रमित हैं। अतिक्रमण की शुरुआत में पहले झील या ताल में मोहल्ले का कचरा डालना शुरू किया जाता है। जब झील भर

जाती है तो उस पर कब्जा करके अवैध रूप से मकान बनने शुरू हो जाते हैं। शहर में बहुत सी झुग्गी बस्तियाँ एवं मकान ऐसे ही बने हैं।

झीलों का अधिग्रहण

राज्य में झील विकास प्राधिकरण है, जिसका काम झीलों के किनारे अतिक्रमण रोकना है, मगर प्राधिकरण कुशल कर्मचारियों के अभाव, धन की कमी और कुव्यवस्था की वजह से अतिक्रमण रोकने में नाकाम साबित हुआ था। बी.बी.एम.पी. आयुक्त रहते हुए मैंने एक प्रस्ताव रखा कि अगर झील विकास प्राधिकरण अतिक्रमण को रोकने में नाकाम है, तो फिर झीलों को बी.बी.एम.पी. के सुपुर्द कर दिया जाए। आधिकारिक बैठक के दौरान बताया गया कि इस संबंध में मुख्य सचिव ही निर्णय ले सकते हैं। मैंने अविलंब प्रमुख सचिव को पत्र लिखकर इस संबंध में एक मीटिंग आयोजित करने का निवेदन किया। मैंने मीटिंग में प्रस्ताव रखा कि जब तक झीलें बी.बी.एम.पी. के अंतर्गत नहीं आती तब तक उनके विकास हेतु धन मुहैया नहीं कराया जा सकता। चूँकि उस समय बी.बी.एम.पी. में निर्वाचित पदाधिकारी नहीं थे, इसलिए प्रशासक निर्णय लेने के लिए स्वतंत्र था। बैठक में मुख्य सचिव ने झीलों को बी.बी.एम.पी. को सौंपने का निर्णय लिया। झील विकास प्राधिकरण और वन विभाग के पास 8–9 झीलों को छोड़कर बाकी सभी झीलें बी.बी.एम.पी. को सौंप दी गईं।

अतिक्रमण हटाओ अभियान

हमें 183 झीलों के रखरखाव का जिम्मा सौंपा गया। हमने तुरंत जीवंत झीलों का सर्वेक्षण कराकर अतिक्रमण वाले क्षेत्रों को चिह्नित कर लिया और अतिक्रमण के खिलाफ कार्रवाई प्रारंभ कर दी। अतिक्रमण हटाते ही सर्वप्रथम उनकी घेराबंदी करने का निर्णय लिया गया। बेंगलुरु शहर के आसपास आज जितनी भी झीलों की घेराबंदी दिखती है, वह सब उसी दौरान की गई। मैंने एक मुख्य अभियंता को सिर्फ झीलों के जीर्णोद्धार का ही काम सौंपा। उसके बाद झीलों के किनारे निर्माण कार्य और पौधारोपण जोर–शोर से चलाया गया, ताकि ये झीलें फिर से अतिक्रमण का शिकार न हों। उसके बाद बी.डी.ए. को दर्जनों झीलों के जीर्णोद्धार का जिम्मा सौंपा गया, ताकि उनका विकास भी ठीक तरीके से हो सके।

उच्च न्यायालय ने की प्रशंसा

झीलों का संरक्षण और पुनर्जीवन अत्यंत आवश्यक है। यह काम सभी जगह होना चाहिए। जब मैं बेलगाम में था, तो वहाँ प्रसिद्ध बेलगाम ताल बुरी तरह अतिक्रमित था। इस पर अवैध कब्जा करके उसके व्यावसायिक व आवासीय इस्तेमाल की तैयारी थी। जब कहीं भी झीलें सूखतीं है तो उनकी यही दशा होती है। इसलिए मैंने बेलगाम के अनुभव को बेंगलुरु में इस्तेमाल किया। हालाँकि बेंगुलरु में हमने आम नागरिकों को इस अभियान में शामिल नहीं किया, परंतु बेलगाम में हमने दो कदम आगे जाते हुए अतिक्रमण का सर्वेक्षण किया और उसे चिह्नित कर हटाया। कुछ जगहों पर विरोध लाजिमी था, मगर कानूनी तौर पर वे लोग हमारा कुछ बिगाड़ नहीं सकते थे। इस प्रकार झीलों को बचाने में हमें सफलता मिली। मुझे खुशी है कि आज भी झील विकास विभाग अपने कार्यों को सफलतापूर्वक अंजाम दे रहा है। बेंगलुरु उच्च न्यायालय ने भी इस विषय का संज्ञान लेते हुए झीलों के पुनर्जीवन और संरक्षण पर जोर दिया। इससे हमें और भी गंभीरता से इस काम को करने का संबल मिला।

आयुक्त की ड्यूटी 24 घंटे होती है और कार्यालय का कोई नियत समय नहीं होता। मेरी दिनचर्या प्रात:काल सूर्योदय के साथ ही शुरू हो जाती थी और उस समय मैं फील्ड में पहुँच आता था। उन समय सड़कों पर ट्रैफिक भी कम होता था और प्रात:काल टहलते हुए लोगों से मिलना भी हो जाता था। बातचीत के दौरान लोगों की समस्याएँ पता चलती थीं। उसके बाद ऑफिस पहुँचकर उन समस्याओं के निदान हेतु प्रयास करते थे। यही मेरी रोज की दिनचर्या थी। हालाँकि अधिकारियों को यह पसंद नहीं था कि उन्हें सुबह जल्दी जगाकर फील्ड में भेजा जाए। मगर हर अधिकारी को जनता के प्रति जवाबदेह होना ही चाहिए। यह केवल मेरे अकेले की जिम्मेदारी नहीं थी। वे भी उतने ही जवाबदेह बनें। जब मैंने सुबह जल्दी उठकर फील्ड में लोगों से मिलना शुरू किया तो उन्होंने भी महसूस किया कि उन्हें भी फील्ड में जाना ही चाहिए। इसलिए ज्यादातर अधिकारी प्रात:काल ही फील्ड में पहुँच जाते थे। इससे जवाबदेह प्रशासन की कल्पना साकार होती दिखी।

□

अंधाधुंध शहरीकरण

अंधाधुंध शहरीकरण की वजह से जैसे-जैसे हरित क्षेत्र कम हो रहे हैं वैसे-वैसे शुद्ध जल और हवा की गुणवत्ता भी प्रभावित हो रही है। शहरों में कार, बड़ी गाड़ियाँ, ट्रक, मालवाहक वाहन, बसों से निकलने वाले धुएँ आदि से वातावरण जहरीला होता जा रहा है। इससे कार्बन डाइ-ऑक्साइड, कार्बन मोनो-ऑक्साइड, सल्फर-डाइ-ऑक्साइड, नाइट्रस ऑक्साइड, बेंजीन जैसी हानिकारक गैसें निकलती हैं, जो मानव स्वास्थ्य के लिए हानिकारक हैं। इंडियन इंस्टीट्यूट ऑफ साइंसेज के सेंटर फॉर इकोलॉजिकल साइंसेज के 2013 के अध्ययन के अनुसार 1980 में कोलकाता में लगभग एक-तिहाई पेड़ थे, जिनके 2030 तक 3.37 प्रतिशत कम होने की संभावना है। इसी प्रकार 1970 में अहमदाबाद में लगभग 45 प्रतिशत भू-भाग में पेड़ लगे हुए थे, जो 2030 तक 3 प्रतिशत कम हो सकते हैं। 1992 में भोपाल का 67 प्रतिशत भू-भाग पेड़ों से आच्छादित था, जिसमें 2030 तक 11 प्रतिशत तक होने की आशंका जताई जा रही है। बेंगलुरु की स्थिति तो एकदम खराब है, जहाँ विगत चार दशकों में हरित क्षेत्र में 66 प्रतिशत की कमी आई है। इसी प्रकार हैदराबाद में विगत 20 वर्षों में हरित क्षेत्र 2.71 प्रतिशत से घटकर 1.66 प्रतिशत रह गया। संयुक्त राष्ट्र से जुड़ी संस्थाओं का अनुमान है कि 2010 से 2020 के बीच शहरीकरण में 62 प्रतिशत और 2020 से 2030 तक 108 प्रतिशत की वृद्धि हो सकती है। ऐसे में शहरों की योजना बनानेवाले विशेषज्ञों को कम से कम 33 प्रतिशत क्षेत्र हरित क्षेत्र सुनिश्चित करना ही होगा।

शहरी क्षेत्रों में वृक्षारोपण पर्यावरण संबंधी अनेक समस्याओं को दूर करता है। इससे प्रदूषण में कमी आती है। साथ ही जैविकीय संरक्षण, पर्याप्त मात्रा में ऑक्सीजन की आपूर्ति, ध्वनि प्रदूषण, लगातार बढ़ती गरमी, ओजोन परत में हुए छेद पर नियंत्रण, मिट्टी की उर्वरक क्षमता में वृद्धि, भू-जल के स्तर में सुधार, कार्बन का कम उत्सर्जन, ग्रीन हाउस प्रभाव को घटाने में सहायता मिलती है। विश्व स्वास्थ्य संगठन के मानकों के अनुसार प्रत्येक नागरिक को 9 वर्गमील तक हरित वातावरण मिलना चाहिए। ऐसे में शहरी विकास के योजनाकारों को इस दिशा में ठोस काम करने की जरूरत है।

बगीचों के शहर में हरित क्रांति

बी.बी.एम.पी. में मैं एक साल ही रहा, लेकिन जिस गति से मैंने वहाँ विभिन्न समस्याओं के समाधान हेतु ठोस प्रयास किये, उससे कुछ सहयोगी अधिकारियों, ठेकेदारों और नेताओं को परेशानी हो रही थी। इसलिए एक साल बाद मुझे बी.बी.एम.पी. से जून 2010 में बेंगलुरु विकास प्राधिकरण (बी.डी.ए.) में आयुक्त बनाकर भेजा गया। लेकिन बी.बी.एम.पी. और बी.डी.ए. की कार्यप्रणाली और जिम्मेदारियों में काफी अंतर है। बी.बी.एम.पी. में जहाँ नागरिकों की दैनिक जरूरतों को पूरा करने की जिम्मेदारी होती है, वहीं बी.डी.ए. में मुख्य रूप से लोगों को आवासीय भूमि आवंटन करने की जिम्मेदारी है। बी.बी.एम.पी. में नागरिक सीधे तौर पर जुड़े रहते हैं, जबकि बी.डी.ए. के साथ केवल आवासीय जमीन खरीदनेवाले लोग ही जुड़े होते हैं। देखा जाए, तो दोनों विभाग परस्पर पूरक हैं, इसीलिए अक्सर यह चर्चा की जाती थी कि दोनों विभागों को अलग-अलग क्यों रखा गया है।

मास्टर प्लान का निर्माण

दोनों विभागों में सबसे बड़ा अंतर यह है कि बी.बी.एम.पी. आकार में बी.डी.ए. से छोटी इकाई है। विकास प्राधिकरण का क्षेत्र अत्यंत विस्तृत है। जैसे-जैसे शहरी क्षेत्रों का विस्तार होता है, वैसे-वैसे विकास के लिए योजनाएँ बनानी पड़ती हैं। इसलिए योजनाबद्ध विकास जरूरी है। नियोजित विकास के लिए मास्टर प्लान जरूरी है—मुख्य शहर और बाहरी क्षेत्र दोनों के लिए अलग-अलग। मास्टर प्लान को सामान्यत: दीर्घकालीन समयावधि के लिए तैयार किया जाता है। इसके लिए 20-30 वर्षों की अवधि को ध्यान

में रखकर योजनाएँ बनाई जाती हैं। यह कार्य बी.डी.ए. को ही करना होता है, बी.बी.एम.पी. को इसके लिए अधिकार प्राप्त नहीं हैं। बी.बी.एम.पी. के जिम्मे मास्टर प्लान के अनुसार इमारतों के निर्माण को मंजूरी देना है। अगर कई मंजिला इमारतों का निर्माण करना है, तो बी.डी.ए. से मंजूरी लेना अनिवार्य है।

मास्टर प्लान के क्रियान्वयन की समस्या

बी.डी.ए. का मुख्य कार्य सड़कों के निर्माण जैसी आधारभूत संरचना का विकास है। अमूमन ऐसी धारणा है कि अगर शहर का आंतरिक विकास होता है तो समस्याएँ कमतर होती हैं। परंतु व्यवहार में ऐसा नहीं है। हमने अनेकों मास्टर प्लान बनाए, जिनमें सड़कों, पार्क, नगरीय सुधार आदि का प्रावधान किया गया। मगर क्रियान्वयन में ये शायद ही जमीन पर नजर आते हैं। सामान्यत: केवल उन्हीं क्षेत्रों का विकास होता है, जहाँ निजी बिल्डर्स निर्माण कार्य करवाते हैं। अन्य क्षेत्रों पर विशेष ध्यान नहीं दिया जाता। यदि सभी सड़कों पर एक समान ध्यान दिया जाए, तो सड़कें सँकरी नहीं होंगी। यहीं पर बी.डी.ए. की योजना में खामी नजर आती है। भले ही बेहतर योजनाएँ बनाई जाती हों, मगर जमीनी स्तर पर कुछ और ही होता है। यहाँ मैं एक नियम का उल्लेख करना चाहता हूँ। एक प्रावधान है कि अगर आप पाँच वर्ष तक जमीन का अधिग्रहण नहीं करते हैं, तो बाद में आप वहाँ योजना का क्रियान्वयन नहीं कर सकते। हालाँकि हम मास्टर प्लान बनाकर उसमें पार्क आदि का प्रावधान करते हैं, मगर बी.डी.ए. के पास इसके लिए पर्याप्त जमीन ही नहीं होती। जमीन के अधिग्रहण के बिना निजी अधिकारों को समाप्त नहीं किया जा सकता। जब पर्याप्त मात्रा में जमीन नहीं मिलती तो मास्टर प्लान में बदलाव करना पड़ता है और पूर्वनिर्धारित योजनाएँ लागू नहीं हो पाती।

बी.डी.ए. का मुख्य कार्य आधारभूत संरचना का विकास है, जैसे सड़कों का चौड़ाकरण, बड़ी सड़कों का निर्माण, फ्लाई ओवर का निर्माण, आदि। कई बार सरकार भी बी.डी.ए. को शहरी विकास कार्य सौंपती है। उदाहरण के तौर पर बी.डी.ए. ने लालबाग (बेंगलुरु) में ग्लास हाउस, झील और दूसरी आधारभूत संरचनाओं के विकास हेतु धन खर्च किया। जब मैं बी.बी.एम.पी. में था, तब हमने 183 झीलों के पुनरुद्धार की जिम्मेदारी ली थी, उनमें से

कुछ झीलों के रखरखाव का जिम्मा बी.डी.ए. को सौंपा गया था। बी.डी.ए. ने बाहरी क्षेत्रों में झीलों का विकास किया। ऐसा इसलिए किया गया, क्योंकि बी.डी.ए. के पास धन के पर्याप्त स्रोत हैं और वह ऐसे कार्यों पर पैसा खर्च कर सकता है।

100 करोड़ पौधारोपण की योजना

बी.डी.ए. में हमने नालों, सरकारी जमीन और सरकारी पार्कों के आसपास पड़ी अनुपयोगी जमीन को अपने कब्जे में लेने की योजना बनाई। ऐसी हमने करीब 14,000 एकड़ जमीन की पहचान की। हमने राजस्व विभाग को ऐसी जमीन हमें देने के लिए निवेदन किया। मगर वह सारी जमीन देने के लिए राजी नहीं हुआ। वह केस-दर-केस विचार करने के लिए राजी हुआ। मास्टर प्लान में नाले की जो स्थिति दर्शायी गई थी, वह हकीकत में नहीं थी। मौके पर वे बहुत सँकरे थे। बफर लैंड पर कब्जा कर लिया गया था। हम सभी नालों पर पौधारोपण करना चाहते थे। हमने बेंगलुरु के आसपास ग्रीन कॉरिडोर (हरित क्षेत्र) बनाने की योजना भी बनाई थी।

हमने एक साल में एक करोड़ पौधे लगाने की योजना बनाई। इसके लिए हमने 100 करोड़ पौधों के रोपण की तैयारी की थी। हम लोग ऐसी ही जमीन की तलाश में थे और जल्द ही हेसरगट्टा व अन्य क्षेत्रों में आसपास जगह मिल गई। अंततः हम 30 लाख पौधे रोपने में सफल रहे। आज ये पौधे विशालकाय वृक्षों का आकार ले चुके हैं। इनकी वजह से शहर को हरित क्षेत्र बनाने में सफलता मिली है। हमारी योजना थी कि प्रत्येक व्यक्ति कम-से-कम एक पौधा जरूर लगाए। मैं प्रत्येक नागरिक पर एक पौधा लगाना चाहता था। उसी से एक करोड़ पौधों के रोपण का लक्ष्य निर्धारित किया गया। इसके लिए हमने बजट की भी व्यवस्था की। हमारे सामने जगह की समस्या थी, मगर हममें झीलों के किनारे, सार्वजनिक स्थलों, सड़कों के किनारे और जल स्रोतों के आसपास पौधारोपण कार्यक्रम चलाया। वह एक बहुत बड़ा प्रयास था। मुझे खुशी है कि हम अपने अथक प्रयासों से 30 लाख पौधे लगाने में सफल हुए और उनकी समुचित देखभाल भी की गई।

पारिस्थितिकी संरक्षण

बेंगलुरु के बारे में एक अच्छी बात यह है कि यहाँ का मौसम बेहद खुशनुमा है और यहाँ जो भी पौधा लगाया जाता है, वह ठीक से बढ़ता है। मिट्टी की उर्वरता, पर्याप्त बारिश और यहाँ का बेहतरीन मौसम पेड़ों के बढ़ने में सहायक है। यही वजह है कि बेंगलुरु को गार्डन सिटी यानी 'बागों का शहर' कहते हैं। पर्यावरण को लेकर जो चिंता मेरे मन में बी.बी.एम.पी. में रहते हुए थी वैसी ही चिंता बी.डी.ए. में रहते हुए भी थी। हमने कुछ झीलों पर ट्रीटमेंट प्लांट स्थापित करने की योजना बनाई। इसके जरिए हम उन छोटी झीलों को संरक्षित करने में सफल भी रहे, जो मास्टर प्लान में आती थीं। विकास की योजनाएँ बनाते समय बी.डी.ए. ने ज्यादातर सरकारी जमीन और कुछ झीलों को उसमें शामिल कर लिया था। मगर मेरे कार्यकाल में यह सब पूरा नहीं हो सका। हम पर्यावरण को संरक्षित करना चाहते थे। नई योजना में भी हम चाहते थे कि लोग कचरे को अलग-अलग एकत्र करें। इसके लिए हमने बी.बी.एम.पी. में जो योजना बनाई थी वैसी ही बी.डी.ए. में चाहते थे। कचरे को पृथक् करने के साथ उसके पुनर्चक्रण की बहुत जरूरत है। इसके लिए हमने रेजिडेंट्स वेलफेयर एसोसिएशन को अपने साथ जोड़ा। नए लेआउट में बी.डी.ए. ने बहुत अच्छा कार्य किया। झीलों के पुनर्जीवन की भी बी.डी.ए. ने जिम्मेदारी ली। इससे शहर के पर्यावरण और पारिस्थितिकी संरक्षण में काफी मदद मिली।

□

मानवीय स्पर्श के साथ विकास

अन्य राज्यों के विकास प्राधिकरणों की तरह बेंगलुरु विकास प्राधिकरण (बी.डी.ए.), जहाँ मैंने बतौर आयुक्त जून 2010 में ज्वॉइन किया था, पर भी शहर के एकीकृत विकास हेतु योजनाएँ बनाने का जिम्मा है। किसी भी योजना को बनाते समय विभिन्न जरूरतों के हिसाब से नागरिक सुविधाओं की जरूरत होती है। ऐसी 100 से अधिक जरूरतें हैं जिनके लिए भूमि की जरूरत होती है। इनमें स्वास्थ्य, शिक्षा, मनोरंजन, सामुदायिक सुविधाएँ, खेलने के मैदान, सड़कें, सार्वजनिक पार्क, पार्किंग आदि शामिल हैं। यही वजह है कि शहर के जिस भू-भाग का विकास बी.डी.ए. द्वारा किया गया है वहाँ बेहतर विकास हुआ है। उन क्षेत्रों में सरकारी और निजी सभी प्रकार के स्वास्थ्य व शिक्षा के संस्थान हैं। पुलिस थाना, सामुदायिक भवन और बाजार आदि के लिए भी भूमि उपलब्ध कराई गई है।

सिग्नल-मुक्त बाहरी रिंग रोड

शहर के आधारभूत ढाँचे को विकसित करने का जिम्मा बी.डी.ए. का है। मेरे कार्यकाल के दौरान शहर के प्रमुखतम मार्गों में से एक बाहरी रिंग रोड पर अनेक फ्लाईओवरों का निर्माण किया गया। सिल्क बोर्ड से शुरू होकर यह मैसूर रोड जंक्शन होते हुए फिर से सिल्क बोर्ड पहुँचती है। मैसूर रोड और सिल्क बोर्ड के बीच हेब्बाल होते हुए कम-से-कम 15 फ्लाई ओवर बनाए गए। उन फ्लाईओवरों के निर्माण पर मैंने स्वयं निगरानी रखी और महीने में एक बार उनका अवलोकन मैं जरूर करता था। परिणामस्वरूप, सड़क सही अर्थ में सिग्नल-मुक्त हो गई। हमने 10 अन्य मार्गों को चिह्नित कर उन्हें सिग्नल-मुक्त किया।

वंचित वर्ग के लिए कम लागतवाले मकान

बी.डी.ए. के इतिहास में आवासों का निर्माण एक महत्त्वपूर्ण पड़ाव था। इसके पूर्व बी.डी.ए. केवल भूमि का आवंटन करता था, जिसकी बहुत माँग थी। ऐसे भूखंड मुख्य रूप से निवेश, पुन: बिक्री आदि के लिए अधिक खरीदे जाते थे। ऐसी स्थिति में कम आय वाले लोग ये भूखंड नहीं प्राप्त कर पाते थे। इसके लिए हमने प्रस्ताव रखा कि बी.डी.ए. के पास जहाँ भी खाली जमीन है वहीं कम आय वाले लोगों के लिए सस्ती दर पर आवास उपलब्ध कराए जाएँ। सबसे पहले हमने एक सर्वे कराकर पता लगाया कि इस वर्ग के तहत कितने परिवार आते हैं। फिर बी.डी.ए. के पास उपलब्ध जमीन की तलाश की। राज्य सरकार से भी कुछ भूमि ली। फिर सारी भूमि को मिलकर आर्थिक रूप से कमजोर लोगों के लिए आवासीय परिसर बनाने का निर्णय लिया गया। उस योजना के तहत केवल एक या दो बेडरूम वाली बहुमंजिला इमारतें बनाने का निर्णय लिया गया। भवन निर्माण के दौरान एक नई तकनीक का इस्तेमाल किया गया। ज्यादातर परिसर केंगरी के समीप बनाए गए। गुणवत्तापूर्ण निर्माण को लोगों ने निकट से देखा। यही वजह रही कि हमने जैसे ही लोगों से आवेदन माँगे, इतने आवेदन आ गए कि हम सभी की माँग पूरी नहीं कर पाए। चूँकि मकान की कीमत में केवल लागत मूल्य शामिल किया गया था, लिहाजा बाजार भाव से मकान की कीमत काफी कम थी। किराये पर रहनेवाले लोग तुरंत रहने आ गए। महज इस एक योजना ने बी.डी.ए. की छवि बदल दी। इस पहल की काफी सराहना हुई। कमजोर तबके के लोगों को इसका बहुत लाभ हुआ। प्रतिवर्ष 5,000 मकान बनाने का निर्णय लिया गया था और पूरी योजना 30,000 मकान बनाने की थी। मेरे कार्यकाल में 5,000 मकानों का निर्माण हो चुका था।

भूमि खोनेवालों के लिए वैकल्पिक प्लाट

बी.डी.ए. में रहते हुए एक बड़ी समस्या यह सामने आई कि जिन लोगों की जमीन अधिग्रहीत की गई थी, उन्हें वैकल्पिक प्लांट नहीं दिए गए थे। बी.डी.ए. ने उनकी जमीन अधिग्रहण कर उसे दूसरे लोगों को आवंटित कर दिया गया था, मगर जिनकी जमीन ली गई उन्हें वैकल्पिक प्लाट नहीं दिए गए। ऐसे लोगों के लिए जमीन सुरक्षित करने के बाद बची हुई जमीन ही आवंटित की जानी

चाहिए। परंतु बी.डी.ए. में उस समय ऐसा नहीं हुआ और सारी जमीन दूसरों को बेच दी गई। यह सचमुच दयनीय स्थिति थी। जमीन गवाँ चुके किसान बार-बार अपनी शिकायतें लेकर बी.डी.ए. कार्यालय में आते थे, परंतु उनकी कोई नहीं सुनता था। वस्तुस्थिति जानने के बाद हमने निर्णय लिया कि ऐसे लोगों को जगह उपलब्ध कराई जाए। ऐसे लोगों की संख्या 1,000 के आसपास थी। जब उन्हें प्लाट मिले तो वे काफी अभिभूत थे। उनका कहना था कि उनकी समस्या को पहली बार किसी ने सुना और उस पर कार्रवाई की। इस प्रकार हम बी.डी.ए. की कार्यप्रणाली में मानवीय स्पर्श पैदा करने में सफल रहे।

इसके अलावा हमने माप-जोख में हुई छोटी-मोटी गड़बड़ियों के पुराने मुद्दों का भी न्यायोचित समाधान किया और सुनिश्चित किया कि ऐसे केसों की सुनवाई त्वरित की जाए। हमने बिचौलिए की प्रथा को भी समाप्त किया और सी.सी.टी.वी. कैमरे लगाकर ऑफिस में घूमनेवाले अनधिकृत लोगों पर अंकुश लगाया। कुल मिलाकर पूरी व्यवस्था में पारदर्शिता लाने का प्रयास किया गया।

अर्कावती विवाद का निबटारा

बेंगलुरु विकास प्राधिकरण (बी.डी.ए.) के इतिहास में अर्कावती लेआउट योजना एक काला धब्बा बन गई थी। लगभग 8,000 लोगों को भू-खंड आवंटित किए गए। हमने उन लोगों को प्राथमिकता दी जिनकी जमीनें छिन गई थी। हमने किसानों की समस्याओं का समाधान किया। वे भू-खंड संबंधी अधिसूचना को रद्द करने की माँग कर रहे थे, लेकिन हमने ऐसा नहीं किया। हालाँकि इतनी गंभीरता से बाद में यह काम जारी नहीं रहा। केंपेगौडा लेआउट उन चार बड़े ले-आउट में से एक था, जिनकी योजना बड़े क्षेत्र हेतु की गई थी। यहाँ भूमि अधिग्रहण को लेकर कुछ विवाद थे। हमने किसानों को बाजार दर से मुआवजा दिया और उन्होंने सहर्ष अपनी स्वीकृति दी। इस संबंध में सरकार से स्वीकृति ले ली गई थी। लेकिन अब माहौल बदल गया है, अब भूमि का अधिग्रहण बड़ा ही कठिन कार्य है। अब यह मकानों का निर्माण करने की स्थिति में नहीं है। इसलिए अब जमीन का अधिग्रहण कर उसे बहुमंजिली इमारतें बनाने के लिए आवंटित कर दिया जाता है। इससे अधिकांश लोगों की समस्याओं को दूर करने में सहायता मिली। प्लाट के लिए तो लोग ऋण लेने से भी नहीं चूकते। परंतु मकान के लिए ज्यादातर वही लोग आवेदन करते हैं जिन्हें उसकी जरूरत होती है।

जमीन का लेखा-परीक्षण

बी.डी.ए. की सबसे बड़ी समस्या इसके द्वारा समय-समय पर अधिग्रहीत की गई जमीन और उसका आवंटन रही है। निकाय के पास इस बात की ठोस जानकारी नहीं थी कि कितनी जमीन का अधिग्रहण किया गया, कितनी जमीन आवंटित की गई और कितनी जमीन की बिक्री कब, कहाँ और किसे हुई? इसीलिए वस्तुस्थिति जानने की खातिर हमने बी.डी.ए. में एक सर्वेक्षण कराया, ताकि कितनी जमीन अधिग्रहीत की गई और कितनी आवंटित की गई उसे लेकर सही आँकड़ा उपलब्ध हो सके। इन सभी सूचनाओं को इलेक्ट्रॉनिक तरीके से संगठित और संग्रहीत किया गया। इससे हमें यह जानने में मदद मिली कि बी.डी.ए. की कितनी भूमि पर अतिक्रमण हुआ है और कितनी बी.डी.ए. के कब्जे में नहीं है। इसका पता लगते ही मैंने अतिक्रमण को हटाना शुरू किया। अतिक्रमण मुक्त की गई जमीन की मात्रा बहुत अधिक थी। कुछ स्थानों पर निर्माण हो गया था जबकि कुछ जमीन खाली थी। हालाँकि हम पूरी जमीन को अतिक्रमण मुक्त नहीं कर सके। इसके लिए निरंतर प्रयास की जरूरत होती है। अतिक्रमण मुक्त की गई जमीन से निकाय को काफी राजस्व की प्राप्ति हुई। जब जमीन का अधिग्रहण किया गया था, तब उसका मूल्य बहुत कम था, परंतु तब तक उसकी कीमत आसमान पर थी। यही वजह रही कि हमने भले ही थोड़े क्षेत्र पर कब्जा किया मगर उसकी नीलामी से ज्यादा राजस्व की प्राप्ति हुई। आज भी बी.डी.ए. के लिए वह जमीन राजस्व का एक बड़ा स्रोत है। इस श्रेणी में हजारों एकड़ जमीन है।

अतिक्रमणकारियों को राजनीतिक संरक्षण पर लगाम

अतिक्रमण हटाना एक दुरूह कार्य है। इसमें अतिक्रमणकारियों का ही नहीं, बल्कि उस क्षेत्र के राजनीतिक नेताओं के प्रतिरोध का भी सामना करना पड़ता है। न्यायालयों में मुकदमेबाजी तो रहती ही है। कई लोगों के निहित स्वार्थ भी होते हैं। उदाहरण के तौर पर जो प्राइवेट डेवलपर्स और बिल्डर्स ऐसी जमीन खरीदते हैं, वे कब्जाधारी से समझौता करके बी.डी.ए. के विरुद्ध मुकदमेबाजी हेतु पैसा भी देते हैं। यह संघर्ष निरंतर जारी रहता है। शहरी क्षेत्र में जमीन की अधिक कीमत होने के कारण यह बड़ी समस्या है। हमें जटिल परिस्थिति में

काम करना पड़ता है। कई बार पुलिस की मदद की जरूरत भी पड़ जाती है। कई मामलों में पुलिस की मदद लेने में भी कठिनाई आती है। वैसे तो बी.डी.ए. में एक पुलिस निरीक्षक होता है, मगर उसे भी दूसरों से मदद की जरूरत पड़ती है। अतिक्रमण हटाना किसी युद्ध से कम नहीं है। आपको गुप्त तरीके से पूरी रणनीति बनाकर अचानक कार्रवाई करनी होती है। ऐसी कार्रवाई में कई प्रकार के दबाव को झेलना पड़ता है। कई बार अतिक्रमणकारी मुख्यमंत्री या फिर दूसरे वरिष्ठ मंत्री अथवा नेताओं की शरण में भी पहुँच जाते हैं।

प्लाट का विवेकाधीन आवंटन भी चुनौती से कम नहीं हैं। विधायक व प्रभावशाली लोग अक्सर जगह के आवंटन और अदला-बदली के लिए आते रहते हैं। कई बार बी.डी.ए. के अधिकारी ही सूचनाओं को लीक कर देते हैं, जिससे जटिल स्थिति उत्पन्न हो जाती है। दबाव तो हमेशा रहता ही है, लेकिन फिर भी कायदे-कानून के जरिए ही स्थिति से निबटना पड़ता है।

कुल मिलाकर बी.डी.ए. का अनुभव शानदार रहा। हाँ, बी.डी.ए. में बी.बी.एम.पी. की तुलना में कम दबाव झेलना पड़ा।

□

स्वस्थ मृदा की समझ

पूरे देश में खेती-किसानी के लिए खाद का उपयोग करने के बाद किसानों की सबसे बड़ी समस्या लगातार कम उपज का होना है। इसके लिए मृदा जाँच जरूरी है। जाँच से मृदा की उर्वरा शक्ति का पता लगता है, मगर ज्यादातर किसान इन बातों से अनजान हैं। किसान ज्यादातर खाद विक्रेता की सलाह पर निर्भर रहते हैं। फरवरी 2015 में केंद्र सरकार द्वारा शुरू की गई मृदा स्वास्थ्य कार्ड योजना एक अच्छी शुरुआत है।

हमारे देश में मृदा परीक्षण की शुरूआत 1955 में 16 प्रयोगशालाओं की स्थापना के साथ हुई थी। मृदा स्वास्थ्य जाँच के जरिए स्वस्थ मृदा की जाँच के अलावा यह भी पता लगाया जा सकता है कि जल का उपयोग मिट्टी को स्वास्थ्यवर्धक बनाने के लिए किस प्रकार किया जाए? इससे मृदा के जैविक गुणों की जानकारी भी मिलती है। बेहतर उपज के लिए मृदा जाँच जरूरी है। मृदा स्वास्थ्य कार्ड के वितरण में आंध्र प्रदेश नंबर वन प्रदेश है। तमिलनाडु, पंजाब, उत्तर प्रदेश, छत्तीसगढ़, तेलंगाना और ओड़िशा जैसे राज्य इस दिशा में रुचि दिखा रहे हैं, जबकि हरियाणा, केरल, मिजोरम, अरुणाचल प्रदेश, सिक्किम, तमिलनाडु, गोवा, उत्तराखंड और पश्चिम बंगाल में रफ्तार धीमी है। वैसे 2016-17 वित्तीय वर्ष में सरकार देश के सभी किसानों को मृदा स्वास्थ्य कार्ड देने की योजना पर काम कर रही है। सरकार एक वेब पोर्टल के माध्यम से देशभर के किसानों को जोड़ने का प्रयास कर रही है। कृषि पैदावार बढ़ने से किसानों की माली स्थिति तेजी से सुधरेगी, खेती योग्य जमीन की उपयोगिता बढ़ेगी और कृषि की गुणवत्ता में सुधार आएगा। स्पष्ट है कि देश की खेती-किसानी के लिए मृदा स्वास्थ्य कार्ड एक क्रांतिकारी कदम से कम नहीं है।

खेती बनी फायदे का सौदा

मैंने कृषि विभाग में बतौर प्रधान सचिव जून 2012 से जनवरी 2013 तक कार्यभार सँभाला। भारतीय अर्थव्यवस्था की उन्नति में कृषि का सर्वाधिक योगदान है, मगर किसानों की समस्याएँ दिन-ब-दिन बदतर होती जा रही हैं। इसका मुख्य कारण यह है कि भारत में कृषि आज भी किसी जुए से कम नहीं है क्योंकि यह आज भी मानसून और वर्षा पर निर्भर है। मैं कृषि क्षेत्र को एक व्यवसाय की दृष्टि से देखता हूँ। मेरा संबंध एक किसान परिवार से है और मैं स्कूली दिनों में अक्सर अपने पिता के साथ खेतों में काम करता था। खेतों में उनका हाथ बँटाता था। सरकारी सेवा में आने के बाद जब भी मैं अपने गाँव जाता हूँ, खेती में अपने परिवार का हाथ बँटाता ही हूँ।

कृषि उपज का उचित भंडारण

कृषि विभाग में बतौर प्रधान सचिव मेरा कार्यकाल अलग ही रहा। खेती और किसानों के लिए बड़ी संख्या में योजनाएँ चल रही हैं। राष्ट्रीय कृषि विकास योजना (आर.के.वी.वाई.) जैसी कुछ योजनाएँ केंद्र पोषित हैं, जबकि कुछ राज्यपोषित हैं, जिनमें इंटरनेशनल क्रॉप्स रिसर्च इंस्टीट्यूट फॉर द सेमी-एरिड ट्रापिक्स (इक्रीसैट) की ओर से संचालित भू-चेतना आदि है। इक्रीसैट की मदद से मृदा की उपजाऊ क्षमता बढ़ाने के लिए अनेक योजनाएँ संचालित हैं। हमारे विभाग की प्रमुख चुनौती थी किसानों को समय पर बीज व खाद आदि की आपूर्ति करना। जैसे ही बारिश शुरू होती है, किसान खेती का काम शुरू कर देते हैं, यदि हम समय पर इन वस्तुओं को मुहैया करा देते हैं, तो वे बारिश होने के साथ ही उसका उपयोग कर सकते हैं। इसीलिए उसके उचित भंडारण

की व्यवस्था आवश्यक है। इसके लिए हमने कृषि से संबंधित जरूरी सामग्री के भंडारण की प्रणाली शुरू की। कृषि विभाग ने किसानों को खाद और बीज उपलब्ध कराने वाली सरकारी संस्थाओं को पूर्ण सहयोग का भरोसा दिलाया।

किराए पर कृषि उपकरण

आधुनिक खेती के लिए कृषि उपकरण महत्त्वपूर्ण हैं। इसलिए हमने एक ऐसी प्रणाली विकसित की, जिसके तहत किसानों को जरूरत पड़ने पर कृषि उपकरण किराये पर उपलब्ध हो जाएँ। गाँव व तालुका स्तर पर ग्राहक भाड़ा केंद्रों की स्थापना की गई, जहाँ से किसानों को जरूरत के अनुसार कृषि योग्य उपकरण किराये पर उपलब्ध कराए जा सकें। किसान अक्सर फसल के समय ही बहुत से उपकरणों का उपयोग करते हैं, और फसल की बुवाई या कटाई के बाद इनकी उपयोगिता खत्म हो जाती है। ऐसे में छोटे किसानों का धन इसमें फँस जाता है। हमने प्रयास किया कि ऐसे उपकरणों की खरीद पर किसानों को छूट दी जाए। बड़े किसान हों या फिर मझोले या लघु किसान, सभी के लिए उपकरण खरीद पर छूट का प्रावधान किया गया। कर्नाटक के धर्मस्थल ट्रस्ट ने कई जिलों को इस योजना के तहत गोद लिया। कृषि विभाग द्वारा चलाई जानेवाली योजनाओं में यह प्रयोग काफी लोकप्रिय हुआ।

मृदा परीक्षण

कृषि विभाग का दूसरा असरकारी कदम था सभी खेतों का मृदा परीक्षण और मृदा डाटाबेस का निर्माण। पहले एक गाँव से आए एक या दो खेतों की मिट्टी के नमूनों को इकट्ठा किया जाता था, लेकिन उस समय हमने निर्णय लिया कि सभी किसानों के खेतों की मिट्टी के नमूने जमा किए जाएँ। इसके लिए प्राइवेट एजेंसियों की सेवाएँ भी ली गईं। हमने मिट्टी को मानव स्वास्थ्य से जोड़कर देखना प्रारंभ किया। यदि मनुष्य स्वस्थ है तभी वह ठीक काम करता है। अगर मिट्टी की गुणवत्ता ठीक नहीं है या फिर किसान मिट्टी की जरूरत से अवगत न हों तो उन्हें पता ही नहीं चलता कि उनकी खेतिहर भूमि को किस खाद की कितनी आवश्यकता है। अज्ञानता का मतलब यह नहीं होता कि टीबी के रोगी को बुखार की दवाई दी जाए। इसलिए किसानों को उनकी मिट्टी

के स्वास्थ्य के लिए उचित परामर्श देना जरूरी है। किसान अपनी जागरूकता बढ़ाकर ही स्वस्थ मृदा पा सकते हैं। इसीलिए हमने मिट्टी के नमूने एकत्र कर उनकी जाँच प्रक्रिया को तेज करने का निर्णय लिया। जिला स्तर पर हमारे पास प्रयोगशालाएँ थी, मगर वहाँ ऐसी व्यवस्था नहीं थी, जिससे एक ही समय पर मिट्टी के 30 लाख नमूनों की जाँच की जा सके। यही वजह है कि इसमें प्राइवेट एजेंसियों का सहयोग लेने का निर्णय किया गया।

यह सही है कि एक ही विभाग के सभी अधिकारियों व कर्मचारियों में समान स्तर की प्रतिबद्धता नहीं होती। कुछ अधिकारी सुस्त होते हैं, तो कुछ आम लोगों से सही व्यवहार नहीं कर पाते। कृषि विभाग का भी यही हाल था। इसके अलावा कृषि विश्वविद्यालयों और किसानों के बीच बड़ा फासला था। कृषि प्रयोगशालाओं में अनेक प्रकार की खोज व अन्वेषण होते हैं, मगर हकीकत में वे आम किसानों तक नहीं पहुँच पाते। कई कृषि विश्वविद्यालयों में अच्छे अन्वेषण हुए हैं, मगर उनका लाभ सीधे तौर पर किसानों को नहीं मिल पाता है। इस फासले को पाटने की जरूरत है। हमने इस दिशा में सार्थक प्रयास किए, जिनका अच्छा परिणाम निकला।

कुलपति चयन प्रक्रिया में बदलाव

कृषि विश्वविद्यालयों में कुलपति चयन प्रक्रिया में हमने कुछ नए प्रयोग किए। हमने विज्ञापन के जरिए आवेदन प्रक्रिया की शुरुआत की। इससे पूर्व विश्वविद्यालय खानापूर्ति के नाम पर कुछ लोगों से आवेदन मँगवाते थे और उनमें से ही किसी एक को नियुक्त कर देते थे। हमने उस प्रक्रिया को बंद करने का निर्णय लिया और कुलपति पद के लिए विज्ञापन के माध्यम से आवेदन आमंत्रित करने का फैसला लिया ताकि हर इच्छुक व्यक्ति आवेदन कर सके। उसके बाद एक समिति सही व्यक्ति का चयन करती थी। साथ ही कमेटी से ऐसे सदस्यों को हटाया गया, जो अनुपयोगी थे। पहले गैर–सरकारी सदस्य भी चयन प्रक्रिया को अनावश्यक रूप से प्रभावित करते थे। बाद में यही प्रयोग मैंने उच्च शिक्षा विभाग में भी किया।

अधिक उत्पादन के लिए जागरण

हमने कई सुधारों की शुरुआत की, मगर संतोष नहीं मिला। कृषि एक

विस्तृत क्षेत्र है, जिस पर विशेष ध्यान देने की आवश्यकता है, क्योंकि इसके लिए भारी अनुदान का प्रावधान है और इससे बड़ी संख्या में लोग जुड़े हुए हैं या इस पर निर्भर हैं। तमाम प्रयासों के बावजूद चीन और इस्राएल जैसे विकसित देशों की तुलना में हमारी उत्पादकता का स्तर निम्न है। इस्राएल में जल उपयोग की बेहतर परंपरा है, जबकि भारत में जल का दुरुपयोग जगजाहिर है। यही वजह है कि मिट्टी क्षारीय-मृदा में परिणत हो जाती है और किसान फिर मृदा उपचार की माँग करने लगते हैं। इससे उसे पुनः मृदा उपचार पर धन व्यय करना पड़ता है। इन सबके बावजूद किसान फिर से अधिक जल मांगने वाली फसल जैसे, गन्ने आदि को उगाने में लग जाता है। इस अज्ञानता के कारण बड़ी मात्रा में भूमि खराब हो रही है। भारतीय किसानों के साथ सबसे बड़ी दिक्कत यह है कि वे अपनी गलतियों से कुछ नहीं सीखते। मृदा स्वास्थ्य अत्यंत महत्त्वपूर्ण है और इसे मानव स्वास्थ्य से जोड़कर देखना पड़ेगा। आपको लक्षण पहचानने होंगे और उनके आधार पर उचित उपाय भी करने होंगे। अधिक उपजाऊ क्षेत्रों के जो किसान अधिक पानी माँगनेवाली फसलें उगाते हैं उन्हें शिक्षित करना जरूरी है, ताकि वे समयानुसार सही निर्णय लेकर अधिक उत्पादन व धन कमा सकें। हमने देखा है कि सामान्यतः पारंपरिक फसल उपजाने की बजाय, मांडया, मैसूर, हासन व उनके आसपास के क्षेत्रों में किसान अधिक पानी माँगनेवाली चावल और गन्ने की खेती करते हैं। मगर उनसे पर्याप्त उत्पादन नहीं मिलता, जबकि फल बागवानी के जरिए वे ज्यादा धन अर्जित कर सकते हैं। संपूर्ण राज्य में यह समझ पैदा करना बहुत जरूरी है। हमने इसकी शुरुआत की, मगर संतोषजनक परिणाम नहीं आए। किसानों की पारंपरिक सोच को बदलना आसान नहीं है। उनके अपने तर्क हैं। वे नए क्षेत्र में आसानी से कदम नहीं रखना चाहते। न ही उनमें जोखिम लेने का साहस है। वे तब तक कदम आगे नहीं बढ़ाते, जब तक उन्हें यह विश्वास न हो जाए कि इससे उन्हें निश्चित रूप ले लाभ होगा।

सुवर्णा कृषि होंडा

काफी विचार-विमर्श के बाद हमने 'कृषि भाग्य' योजना की शुरुआत की। इसके तहत वर्षा जल को संचित कर एक जगह पर भंडारण किया जाता है। इसके जरिए कम बारिश के समय भी पर्याप्त जल उपलब्ध रहता है। अगर

सूखा भी पड़ता है, तो संचित जल का उपयोग किया जा सकता है। जब पानी फिर संग्रहीत हो जाए, तो इसका उपयोग दूसरी फसल उगाने के समय किया जा सकता है। इससे न सिर्फ भू-जलस्तर को बनाए रखने में सहायता मिलती है, बल्कि भयंकर सूखे की स्थिति में भी पानी की किल्लत महसूस नहीं होती। इससे सूखे के समय मनुष्यों व जानवरों को ही पर्याप्त जल नहीं मिलता, बल्कि इससे किसानों की आय में वृद्धि होती है और खेती में गुणात्मक सुधार ला सकते हैं। सुवर्णा कृषि होंडा योजना की शुरूआत करने के साथ-साथ डीजल पंप सैट भी उपलब्ध कराने का प्रावधान किया गया। अगर इलेक्ट्रिक पंप की जरूरत है, तो वह भी उपलब्ध कराया जाता है। यदि सोलर पंप चाहिए तो वह भी दिया जाता है। इस योजना के तहत किसानों के लिए सभी प्रकार की व्यवस्था है, ताकि वे पानी की छिड़काव पद्धति के माध्यम से खेती कर सकें। इसके लिए विभिन्न जिलों से लाखों की संख्या में आवेदन आए। इसके लिए बजट में 500 करोड़ रुपए का प्रावधान किया गया था। पहले साल तो लोगों का उत्साह ठंडा था, परंतु दूसरे साल उत्साह में जबरदस्त वृद्धि हुई और कृषि होंडा केंद्रों पर लोगों की काफी भीड़ दिखाई देने लगी।

बैंक ऋण प्रक्रिया को सरल बनाकर हमने उन किसानों द्वारा आत्महत्या पर प्रभावी रोक लगाने का प्रयास किया जो आर्थिक संकट के कारण आत्महत्या का गलत मार्ग चुन लेते हैं। कृषि विभाग में नियुक्ति के दौरान मैंने केन्या जाकर वहाँ की कृषि पद्धतियों का अध्ययन किया। कृषि पद्धति की जानकारी हासिल करने के बाद मैंने वहाँ के वन्यजीव अभ्यारण्य का भी भ्रमण किया, जो सचमुच रोचक था। विश्व में केन्या स्थित अभ्यारण्य दर्शनीय स्थलों में गिने जाते हैं। हम अक्सर पिंजड़े में जानवरों को देखते हैं, पर वहाँ उन्हें खुले आसमान के नीचे विचरण करते देखना अलौकिक अनुभव था। अपने देश में हम वन्यजीवों को पिंजरे में देखते हैं परंतु केन्या में हम पिंजरे में कैद होकर वन्यजीवों को देखते हैं। वाकई यह आनंददायक अनुभव था।

□

कैसे बने खेती रुचिकर

कृषि क्षेत्र में होनेवाले तकनीकी विकास व नव-अन्वेषण तब तक बेकार हैं, जब तक किसान उन्हें अपनाकर उनका उपयोग शुरू न करें। ऐसे बदलाव के लिए उन्हें तैयार करना अत्यंत दुश्कर कार्य है, क्योंकि वे आसानी से पुरातन कृषि पद्धति को बदलना नहीं चाहते। कृषि विश्वविद्यालय अपने नवीनतम शोध व तकनीकी विकास को कृषि विज्ञान केंद्र (के.वी.एस.) तक तो पहुँचाने में सफल रहते हैं, इनका सरोकार भी किसानों से ही है, बावजूद इसके अधिकतर किसान अपनी सोच में बदलाव नहीं लाना चाहते। अधिकांश कृषकों के पास थोड़ी जमीन हैं, वे वैश्विक स्तर पर होनेवाले बदलावों के कारण कृषि उत्पादों की कीमतों में होनेवाले उतार-चढ़ाव व माँग तथा आपूर्ति के बीच प्रबंधन के बारे में जानकारी नहीं रखते। इसके अलावा वे फसल-चक्र व प्रबंधन से भी अनजान हैं, इसलिए मौसमी बदलाव की नवीनतम जानकारी उन्हें उपलब्ध नहीं हो पाती। इस सब जानकारी के जरिए वे कम उर्वरा जमीन पर भी अधिक उत्पादन वाली फसलें उगा सकते हैं।

केंद्र सरकार ने 2022 तक किसानों की आमदनी दोगुनी करने का लक्ष्य रखा है। इसके तहत कृषि के अलावा उसकी सहायक गतिविधियों जैसे पशुपालन, मछली-पालन, दुग्ध-उत्पादन आदि पर जोर दिया जा रहा है। ऐसा अनुमान लगाया गया है कि किसान एकीकृत खेती के माध्यम से साल में कम-से-कम 3 लाख रुपए की बचत कर सकते हैं। प्रधानमंत्री नरेंद्र मोदी ने मार्च 2016 में 'किसान सुविधा एप' की शुरुआत की जिसका मुख्य उद्‍देश्य किसानों को फसल की जानकारी, बाजार मूल्य, कृषि यांत्रिकी, मौसम की भविष्यवाणी और कृषि प्रबंधन की विस्तृत जानकारी उपलब्ध कराना है। एक और एप 'पूसा कृषि' की भी 12 जुलाई, 2016 को शुरुआत की गई। यह एप भी किसानों को फसल-चक्र, खेती के लिए उच्चतर तकनीक और कृषि लागत का बेहतर मूल्य दिलवाने जैसी महत्त्वपूर्ण जानकारी उपलब्ध कराता है। खेती को लाभ का सौदा बनाने के लिए आज जरूरत इस बात की है कि वैज्ञानिक, सरकारी मशीनरी व समाज के प्रमुख लोग मिलकर किसानों को नवीनतम तकनीक को अपनाने हेतु मानसिक रूप से तैयार करें।

प्रयोगशालाओं से खेतों तक पहुँची नई तकनीक

मैं शहरी विकास विभाग में लगभग ढाई महीने तक रहा, उसके बाद मार्च 2013 में पुनः मेरा तबादला कृषि विभाग में कर दिया गया। शहरी विकास विभाग में कई ऐसे लोग थे, जो अपने फायदे में रुचि रखते थे और ऐसे लोगों की स्वार्थपूर्ति में मैं बाधक बन रहा था। मेरे मातहत काम करनेवाले अधिकारी भी असहज महसूस कर रहे थे। मैंने एक अधिकारी को एक बार सख्ती से डपटा भी। मैंने उसे कहा कि अगर वह अपनी ड्यूटी ठीक से नहीं करेगा तो मजबूरन उसके खिलाफ कार्रवाई करनी पड़ेगी। मैंने सोचा कि चेतावनी के बाद उस अधिकारी के रवैये में सुधार आएगा, मगर ऐसा नहीं हुआ। उसने कुछ नेताओं से मेरी शिकायत की जिसके परिणामस्वरूप मेरा स्थानांतरण कर दिया गया।

अर्कावती योजना व दूसरे मामलों में मैंने अपना रुख स्पष्ट कर दिया था, मगर वे मुझसे दूसरी तरह का काम करवाना चाहते थे, जिसे करने से मैंने पहले ही मना कर दिया था। प्रशासनिक मामलों में ऐसा अक्सर होता है कि कई बार कदम पीछे खींचने पड़ते हैं और परिणाम भुगतने की भी चेतावनी मिलती है। मगर मैं ऐसा नहीं कर सकता था। दुर्भाग्य से, वर्तमान समय में अक्सर लोग स्वार्थवश कुछ भी करने के लिए तैयार हो जाते हैं। ताकतवर लोग ऐसे ही लोगों की तलाश में रहते हैं। वे अपने हित के अनुसार काम करवाते हैं।

समझौता न करनेवाली पारी

भाग्य से या दुर्भाग्य से मेरी गिनती एक ऐसे प्रगतिशील अधिकारी के रूप

में होती रही है, जो कड़क व नियमानुसार काम करने में विश्वास रखता है और गलत चीज को बरदाश्त नहीं करता। कई लोग मेरी इन आदतों को पसंद नहीं करते। कावेरी निगम मामले में भी ऐसा ही हुआ (जिसकी जानकारी मुझे किसी ने दी)। जब एक व्यक्ति ने मंत्री से पूछा कि श्री मीणा एक ईमानदार और अच्छे अधिकारी हैं, आपने उनका तबादला क्यों किया? मंत्री ने हँसते हुए जवाब दिया कि उनकी अच्छाई मेरे किस काम की है! इसका अर्थ यह है कि यदि आप अच्छे व ईमानदार हैं, तो बेईमान लोगों के बीच आपकी जगह नहीं है। ऐसे लोग केवल निजी स्वार्थ के लिए जीते हैं। वर्तमान समय में अधिकांश लोग ऐसी ही प्रवृत्ति रखते हैं। यही वजह है कि प्रशासन में गिरावट आई है। अगर अधिकारी और कानून निर्माता कानून का पालन न करने का निर्णय लें तो कानून को कभी लागू किया ही नहीं जा सकता। कानून को प्रभुत्वशाली लोग तोड़-मरोड़कर अपनी सुविधानुसार पेश करते हैं। कानून उनकी मुट्ठी में होता है। शासन के मुख्यत: तीन प्रमुख स्तंभ हैं—विधायिका, कार्यपालिका और न्यायपालिका। अगर इनमें से कोई आधार कमजोर होने लगे तो शासन सुचारु तरीके से नहीं चल सकता। दुर्भाग्य से शहरी विकास विभाग के कुछ लोग इसी कमजोरी का फायदा उठा रहे हैं। वर्तमान हालात में स्वस्थ संतुलन ही असंतुलित होता जा रहा है। मैंने कभी किसी जगह-विशेष पर पोस्टिंग की इच्छा नहीं की। मुझे जहाँ कहीं भी पदभार मिलता, मैं खुशी-खुशी काम करने के लिए पहुँच जाता था।

स्वयंसहायता समूहों के जरिए नवीन कृषि पद्धतियों को प्रोत्साहन

मैंने कृषि विभाग में लौटना इसलिए जरूरी समझा, क्योंकि मैं वहाँ और अधिक समय व्यतीत करना चाहता था। विभाग में वापसी के बाद ही मैंने कृषि विश्वविद्यालयों का दौरा प्रारंभ कर दिया। मैं प्रत्येक जिले के कृषि विश्वविद्यालय में जाकर अधिकारियों से बातचीत करता और उनसे कार्य की प्रगति की पूरी रिपोर्ट लेता, इन कार्यों में कृषि भाग्य व भू-चेतना जैसी योजनाओं की समीक्षा भी शामिल है। साथ ही मैंने स्वयंसहायता समूहों की सेवाएँ भी लीं। वे समूह ग्रामीण क्षेत्रों में काफी मजबूत स्थिति में थे और अच्छा कार्य कर रहे थे। मैंने निर्णय लिया कि इन समूहों का इस्तेमाल किसानों को जागरूक करने, जल-संरक्षण, आधुनिक कृषि तकनीक और विभिन्न सरकारी योजनाओं की जानकारी

देने के लिए किया जाए। हमारी कठिनाई यह है कि भले ही सरकार अनेक कल्याणकारी योजनाएँ बना ले, मगर जमीनी स्तर तक उनका लाभ नहीं पहुँच पाता है। कभी अधिकारी अपनी जिम्मेदारी ठीक से नहीं निभाते, कभी स्वार्थी तत्त्व उन योजनाओं से नाजायज फायदा उठाना चाहते हैं तो कभी वे लोग ही उदासीन रहते हें जिनके लिए वे योजनाएँ बनती हैं। यही वजह है कि ये योजनाएँ पूरी तरह सफल नहीं हो पातीं। पैसा तो खर्च होता है, मगर जरूरतमंदों तक उनका लाभ नहीं पहुँच पाता।

इस कुव्यवस्था से निजात पाने के लिए लोगों की योजनाओं में भागीदारी और पारदर्शितापूर्वक कार्य करने की जरूरत है। सिद्धांततः ऐसा होना चाहिए, मगर व्यावहारिक तौर पर होता नहीं। हम कृषि विश्वविद्यालयों का ही उदाहरण लें। प्रदेश में चार कृषि विश्वविद्यालय हैं और सैकड़ों की संख्या में कृषि विज्ञान केंद्र हैं, जहाँ केंद्र सरकार और राज्य सरकार काफी धन खर्च करती हैं। दुर्भाग्य से कृषि विज्ञान केंद्रों और किसानों के बीच का संबंध काफी कमजोर है। ज्यादातर प्रयोगशालाओं में होनेवाले शोध का लाभ किसानों तक नहीं पहुँच पाता। अगर कोई चीज अच्छी है, तो वह किसानों तक पहुँचनी ही चाहिए और किसानों को भी लाभ लेने के लिए जागरुक करना चाहिए।

आदर्श प्रस्तुत करें

ज्यादातर कृषि वैज्ञानिक खेतों में जाकर किसानों को शिक्षित करने, उन्हें फसल चक्र के बारे में जानकारी देने, कौन सी फसल उगानी चाहिए, कौन सी नहीं, कौन सी फसल अधिक लाभदायक है और कैसे उपज बढ़ाएँ आदि जानकारी देने के अभ्यासी नहीं हैं। अगर वे इस सब जानकारी का खेतों में जाकर प्रदर्शन करते हैं, तो इसका गहरा असर होता है। अगर हम कुल 30,000 ग्रामों के मात्र 10,000 किसानों की जमीन का भी चुनाव करते हैं, तो इसका प्रभाव जबरदस्त हो सकता है। हम बेलगाम के एक गाँव में गए, जहाँ किसान केवल जैविक खेती करते हैं। वे रासायनिक खाद का प्रयोग नहीं करते। पिछले साल उस क्षेत्र में भयंकर सूखा पड़ा, लेकिन इसके बावजूद उनकी भूमि की उर्वरता में कमी नहीं आई। जबकि रसायनयुक्त खाद के प्रयोग वाले खेतों में कोई पैदावार नहीं हुई। अल्पवर्षा में ही उनकी अच्छी फसल हुई। दूसरे गाँवों के किसान उस गाँव में खेती के तौर-तरीके

देखने और समझने आते हैं। हमें किसानों के समक्ष ऐसे उदाहरण पेश करने की जरुरत है।

जैविक खेती को प्रोत्साहन

इस अनूठे प्रयोग को अपनाने के लिए हमने प्रत्येक तालुका में 100 एकड़ जमीन पर जैविक खेती की शुरुआत करने का निर्णय लिया, ताकि किसान अधिक लाभ प्राप्त कर सकें। हम चाहते थे कि प्रतिवर्ष 100 एकड़ जैविक कृषि सभी तालुका में हो। इसके लिए हमने जैविक कृषकों के समूह बनाए। आज अनेक किसान जैविक खेती के जरिए बड़ी संख्या में धन उपार्जन कर रहे हैं। जैविक उत्पादों का बड़ा बाजार है। इसके लिए प्रमाणन, मूल्यांकन और प्रशिक्षण जरूरी है। इस प्रकार हमें दूसरे चक्र में भी सफलता हासिल हुई।

किसान उत्पादक संगठन

बागवानी में हमने किसान उत्पादक संगठन (एफ.पी.ओ.) को प्रोत्साहित किया। यह एक प्रकार की कंपनी है, जो किसानों से उनकी उपज लेकर उसका विक्रय करती है। इससे किसानों को उनकी उपज का उचित दाम मिल जाता है। हमने ऐसे 100 से अधिक एफ.पी.ओ. शुरू किये। यह प्रयोग काफी कारगर साबित हुआ।

कृषि मेलों की व्यापक सफलता

फिर बेंगलुरु के आसपास सब्जी उत्पादन समूहों की शुरुआत की गई। उस प्रयोग को भी जबरदस्त कामयाबी मिली। राष्ट्रीय कृषि विकास योजना (आर.के.वी.वाई.) के प्रभावी क्रियान्वयन में भी हम अग्रणी थे। शोध पर जोर देते हुए हमने कृषि विश्वविद्यालयों से आग्रह किया कि वे फसल की नई प्रजातियाँ विकसित करें। कृषि मेलों को भी जबरदस्त लोकप्रियता मिली। धारवाड़ विश्वविद्यालय में आयोजित ऐसे ही एक मेले में 10 लाख से अधिक किसान आए। किसान प्रातः अपने साथ भोजन लेकर आते थे और शाम को नई जानकारी लेकर घर लौटते थे। कुछ तो रात्रि में ठहर जाते थे, ताकि दूसरे दिन कुछ और नई चीजें सीख सकें। उनमें से ज्यादातर किसान नवीनतम तकनीक

जानने के उत्सुक थे। कुछ विश्वविद्यालय इसी प्रकार के मेलों का आयोजन प्रत्येक जिले में करने लगे हैं। बेंगलुरु में हमने एक अंतरराष्ट्रीय किसान मेले का आयोजन किया, ताकि किसान कृषि विश्वविद्यालयों द्वारा विकसित नवीनतम तकनीक को समझकर उन्हें ग्रहण कर सकें।

कृषि क्षेत्र में अगर नवीनतम शोध, तकनीक या जानकारी का लाभ किसानों को न मिले, तो इसके औचित्य पर सवाल उठना लाजिमी है। इसी प्रकार किसानों को पुरातन सोच से बाहर निकालना एक बड़ी चुनौती है, क्योंकि ज्यादातर किसान पुरातन सोच को बदलना ही नहीं चाहते। लेकिन यह आजमायी हुई बात है कि कम उर्वरता वाली जमीन में भी अगर नवीनतम तकनीक का उपयोग किया जाए, तो उपज को जबरदस्त तरीके से बढ़ाया जा सकता है। ऐसे में कृषि विज्ञान केंद्रों व समाज के प्रमुख लोगों का यह सामूहिक कर्तव्य है कि वे किसानों को नवीनतम तकनीकों से न सिर्फ अवगत कराएँ, बल्कि विशेष प्रशिक्षण देकर उनकी आय को बढ़ाने का प्रयत्न करें। यह किसान, देश व समाज सभी के हित में है।

□

विकास की संभावना का प्रकटीकरण

जनवरी 2013 में शहरी विकास विभाग में प्रमुख सचिव का पदभार सँभालने के बाद मैंने अनेक प्राथमिकताएँ तय कीं। बी.बी.एम.पी. और बी.डी.ए. की जिम्मेदारियाँ सँभालने के साथ ही मास्टर प्लान बनाने हेतु उपायुक्त के रूप में पर्याप्त अनुभव मेरे पास था। इस विभाग में 2 जनवरी से लेकर 12 मार्च, 2013 तक रहा। लेकिन मेरे सामने सबसे बड़ी चुनौती यह थी कि आनेवाले दो दशक की चुनौतियों और संभावनाओं के मद्देनजर मास्टर प्लान कैसे बनाया जाए।

मास्टर प्लान के तहत सड़क विकास

शहरी विकास के लिए मास्टर प्लान तैयार करना और समयबद्ध तरीके से उसका क्रियान्वयन बेहद जरूरी है। विकास की संभावनाओं के मद्देनजर किस क्षेत्र में क्या आना चाहिए इस पर विचार-विमर्श और चर्चा बेहद जरूरी होती है। मास्टर प्लान में इस बात पर विशेष जोर रहता है कि क्षेत्र का सर्वांगीण विकास कैसे हो। एक उदाहरण से इसे समझने का प्रयास करते हैं। एक अगम्य व दूरदराज के क्षेत्र में जमीन की कीमत कम होती है। ऐसे क्षेत्र में जैसे ही सड़क निर्माण की घोषणा होती है, वैसे ही उस क्षेत्र में जमीन की कीमत 10 गुना बढ़ जाती है। सड़क बनाने के विचार मात्र से यह होता है। जैसे ही सड़क बन जाती है, तो वहाँ जमीन की कीमत 100 गुना बढ़ जाती है। इस संदर्भ में हम बेंगलुरु के बाहरी मुद्रिका क्षेत्र का उदाहरण देख सकते हैं। इस सड़क के आसपास जबरदस्त विकास हुआ है। सड़क बनने के बाद लोगों के आवागमन में गुणात्मक वृद्धि हुई और लोगों ने उधर आवास तलाशने शुरू कर दिए। आप इसी बात से अंदाजा लगा सकते हैं कि सड़क निर्माण के बाद किसी क्षेत्र का

विकास कितनी तेजी से होता है। इससे यह भी पता चलता है कि मास्टर प्लान में सड़क की कितनी अहमियत है।

झीलों के विकास में भी ऐसा ही होता है। अगर सही तरीके से योजनाएँ बनती हैं, तो झील के चारों तरफ मौजूद हरियाली विकास में चार चाँद लगा देती है। यह केवल मास्टर प्लान के द्वारा ही संभव है। इसी प्रकार सिग्नल-फ्री सड़कें, नागरिक सुविधाएँ आदि तकनीकी पहलू हैं। वर्तमान व्यवस्था में यह सबकुछ नहीं हो पाता है, इसलिए मैं अपने कार्यकाल में यह सब करना चाहता था।

विभिन्न एजेंसियों में तालमेल

इसके बाद मास्टर प्लान को हकीकत में लागू करना भी महत्त्वपूर्ण कार्य है। यदि सिर्फ कच्ची सड़क का ही निर्माण किया जा रहा है, तो भी उस क्षेत्र में विकास की संभावनाओं को पंख लग जाते हैं। मास्टर प्लान से यही होता है। हम सभी शहरों में यह काम करना चाहते थे। इस समय वर्टिकल विकास हो रहा है जबकि जरूरत होरिजेंटल विकास की है। निजी भवन निर्माता भी आधारभूत संरचना के विकास की अनदेखी कर क्षेत्र-विशेष का विकास करते हैं, जहाँ न साफ पानी उपलब्ध होता है, न बिजली होती है और न ही सड़कें। इसे ठोस विकास नहीं कहा जा सकता। हम इसी स्थिति को बदलना चाहते थे। बेंगलुरु में ट्रैफिक की समस्या सुलझाने के लिए ढाँचागत योजनाएँ बनाई गईं। बी.बी.एम.पी. में मेरे कार्यकाल के दौरान बाहरी मुद्रिका क्षेत्र को विकसित करने का कार्य शुरु हुआ था। परिवहन व्यवस्था को सुचारु रूप से चलाने के लिए मैं रिंग रोड को उत्तर, दक्षिण, पूर्व, पश्चिम छोर की सड़कों से जोड़ते हुए एक उपरिगामी गलियारे का निर्माण करने की योजना को अमलीजामा पहनाना चाहता था ताकि लोगों को आने-जाने में दिक्कत न हो।

मैं बड़े पैमाने पर झीलों के विकास का पक्षधर हूँ। अपने पूर्ववर्ती अनुभव के आधार पर मैंने अन्य विभागों जैसे शहरी विकास, जल बोर्ड, शहरी नियोजन, बी.डी.ए. और बी.बी.एम.पी. आदि में बेहतर तालमेल की योजना बनाई ताकि योजना बनाने से लेकर उन्हें लागू करने तक सभी मिलकर काम करें। किसी क्षेत्र में सड़क निर्माण का काम शुरू करने से पहले ही अन्य विभागों का काम पूरा हो जाना चाहिए ताकि वे बाद में सड़क को न तोड़ें। यह एक प्रकार का

अनुशासन है, जिसका पालन शहरी विकास विभाग को करना चाहिए। मैं चाहता था कि जमीन के अंदर बिछाई गई लाइनों का एक नक्शा तैयार किया जाए और उसे कंप्यूटर में सुरक्षित रखकर यह आसानी से पता लगाया जा सके कि कौन सी लाईन कहाँ बिछी है।

भूमि के इस्तेमाल में कोई बदलाव नहीं

बेंगलुरु में ट्रैफिक की विकट समस्या को देखते हुए काफी निवेश व संगठित प्रयास की जरूरत है। पर सरकार उतना धन नहीं दे पाती जितनी जरूरत रहती है, इसलिए हम पी.पी.पी. मॉडल को अपनाना चाहते थे। जवाहर लाल नेहरू राष्ट्रीय शहरी-ग्रामीण परियोजना (जे.एन.एन.यू.आर.एम.) के तहत हमें कुछ राशि मिली थी। उस राशि का उपयोग हम शहरी विकास के लिए करना चाहते थे। शहरी विकास में दूसरी सबसे बड़ी समस्या अधिसूचना को लेकर थी। आप भले ही अच्छा मास्टर प्लान बनाएँ, मगर कुछ लोग निहित स्वार्थवश भूमि के लगातार बदलाव का अनुरोध करते रहते हैं। योजना में आवासीय परिसर के प्रावधान के बावजूद कुछ लोग अपने निजी हित के लिए इसका व्यावसायिक उपयोग करना चाहते हैं। अगर योजना में व्यावसायिक उपयोग की व्यवस्था की जाती है, तो वे उसके औद्योगिक इस्तेमाल का अनुरोध करते है। यदि भूमि औद्योगिक विकास हेतु है तो उसे आवासीय या व्यावसायिक उपयोग हेतु बदलने की माँग होती है। जब विकास कार्य शुरू होता है तो इसी प्रकार की समस्याएँ लगातार सामने आती हैं। शहरी विकास के क्रम में इस प्रकार की समस्याओं का होना आम बात है। ऐसे में 'डिनोटिफिकेशन' शब्द इतना बदनाम हो जाता है कि हर तरफ इसी की चर्चा होती है। इसलिए हम इस पर भी ध्यान केंद्रित करना चाहते थे।

अर्कावती क्षेत्र में भी हमारे समक्ष अनेक चुनौतियाँ थीं। बड़े पैमाने पर भू-विवाद लंबित थे। लोग जमीन खाली करने के प्रस्ताव लेकर आ रहे थे। मेरे ऊपर जबरदस्त दबाव था, मगर मैंने सभी को अस्वीकार कर दिया। मैंने साफ शब्दों में कह दिया कि हम न तो किसी जमीन के प्रयोग में बदलाव करेंगे और न ही कोई एरिया खाली करेंगे। इसी बीच मेरे अवकाश के दौरान कुछ विभागीय अधिकारियों की मिलीभगत से मूल योजना को बदलने का प्रयास किया गया। मैंने इस पर कड़ा प्रतिरोध जताया। मैंने अधिकारियों को भी चेतावनी दी कि

यदि कोई गलत कार्य किया तो उनके खिलाफ कानूनी कार्रवाई की जाएगी। मैंने साफ कह दिया कि मैं किसी अनैतिक कार्य में भागीदार नहीं बन सकता। मेरे काम करने का तरीका उन्हें पसंद नहीं था। इनकार के बाद वे लोग मुझे विभाग से ही निकलवाने का प्रयास करने लगे। लेकिन मेरा निर्णय अटल था कि मैं कोई गलत काम नहीं करूँगा।

विकास के आगे की सोच

शहरी विकास ऐसा विभाग है जहाँ आपको दूर की सोच रखनी पड़ती है। यहाँ भविष्य के लिए योजनाएँ बनानी होती हैं। सही एवं व्यावहारिक योजना बनाकर विकास की गाड़ी को पटरी पर दौड़ाना जरूरी है। नौकरी के पर्याप्त अवसर और बेहतर सुविधाओं के कारण शहरों की तरफ तीव्र गति से पलायन हो रहा है। ऐसे में नए शहरी क्षेत्र विकसित होने लगते हैं। लेकिन विकास के साथ जो आधारभूत संरचना का विकास होना चाहिए वह उस गति से नहीं हो पाता है। विदेशों में अगले 50 या 100 वर्ष को ध्यान में रखकर शहरी योजनाएँ बनाई जाती हैं। जैसे-जैसे शहर का विकास होता है, आधारभूत संरचनाएँ कम नहीं पड़ती। मगर हमारे शहरी क्षेत्रों में ऐसा नहीं होता। प्रत्येक शहर में समस्याएँ हैं। अमूमन बड़े शहरों के लिए तो मास्टर प्लान बनाए जाते हैं, मगर छोटे शहरों में वे नहीं होते। कर्नाटक में सात निगम हैं जहाँ मास्टर प्लान और विकास प्राधिकरण हैं, मगर इनमें भी अपेक्षाकृत कम गतिविधियाँ होती हैं।

कुल मिलकर शहरी विकास अत्यंत चुनौतीपूर्ण विभाग है। यहाँ लगातार योजनाएँ बनाना कठिन कार्य है। इसके लिए कड़ी मेहनत की दरकार है। हमें 50 वर्ष बाद की स्थिति के आकलन के आधार पर योजनाएँ बनानी होती हैं। हमें विकास से भी आगे की सोच रखनी होती है। लिहाजा उन क्षेत्रों को चिह्नित करना पड़ता है, जहाँ विकास की संभावनाएँ ज्यादा हैं। जिन क्षेत्रों में विकास होता है, वहाँ आबादी भी तेजी से बढ़ती है। आबादी के आधार पर ही साफ पानी, नालों की निकासी, सड़कें व अन्य सुविधाएँ देने की आवश्यकता होती है।

□

सभी के लिए शिक्षा का सपना

तमाम कानून होने के बावजूद हम देश में सभी के लिए शिक्षा के अवसर उपलब्ध कराने में अभी तक नाकाम रहे हैं। प्रत्येक स्कूल में स्मार्ट क्लास तो भूल जाइए, आज भी स्थिति यह है कि देश के ज्यादातर स्कूल शिक्षकों व ब्लैकबोर्ड की कमी से जूझ रहे हैं। यहाँ तक कि बहुत से स्कूलों की अपनी इमारत भी नहीं है। एक लाख से अधिक स्कूलों में ब्लैकबोर्ड तक नहीं हैं और हजारों की संख्या में सरकारी स्कूल बगैर भवन के चल रहे हैं। अरुणाचल प्रदेश के एक सुदूर क्षेत्र में स्थित एक स्कूल की दसवीं कक्षा में 300 से अधिक बच्चे पढ़ते हैं। दिल्ली सरकार के शिक्षा मंत्री ने सरकारी स्कूलों की बदहाली का जिक्र करते हुए 17 मार्च, 2016 को एक बयान दिया जिसके अनुसार दिल्ली में एक कक्षा में 175 बच्चे पढ़ते हैं। सरकारी स्कूलों में कमरों का अकाल है। लिहाजा एक कमरे में 150 बच्चों को शिक्षा दी जाती है। उत्तर-पूर्व दिल्ली स्थित एक स्कूल के एक कमरे में 174 बच्चे शिक्षा ग्रहण करते हैं। ये आंकड़े स्थिति की भयावहता दर्शाने के लिए काफी हैं।

2009 में शिक्षा का अधिकार कानून लागू होने के बाद भी आज स्थिति यह है कि 6-14 वर्ष आयु वर्ग के 640 मिलियन से अधिक बच्चों को शिक्षा के लिए धन खर्च करना पड़ता है। देश के प्रत्येक गाँव में स्कूल नहीं है। यानी बच्चों को स्कूली शिक्षा के लिए दूसरे गाँव जाना पड़ता है। इस कारण भी अधिकांश ग्रामीण अभिभावक अपनी बच्चियों को स्कूल नहीं भेजते। देश के लगभग 1,05,630 स्कूलों में केवल एक ही शिक्षक है। बिहार सरकार ने 1 अप्रैल, 2016 को विधानसभा में जानकारी दी कि राज्य के 5,871 प्राथमिक विद्यालयों के पास अपना भवन तक नहीं है। दूसरे राज्यों में भी कमोबेश यही स्थिति है। इस स्थिति में सुधार लाना समाज के सभी वर्ग के लोगों व प्रशासन के लिए एक बड़ी चुनौती है। सभी के लिए शिक्षा के स्वप्न को साकार करने के लिए सरकार व समाज को मिलकर काम करना होगा।

स्मार्ट पीढ़ी के लिए स्मार्ट कदम

मुझे जनवरी 2015 में उच्च शिक्षा विभाग के प्रमुख सचिव की जिम्मेदारी दी गई। यह विभाग राज्य में 3,000 कॉलेजों, 50 से अधिक विश्वविद्यालयों, 20 लाख से अधिक छात्रों व कर्मचारियों को सँभालता है। कर्नाटक का उच्च शिक्षा के क्षेत्र में एक नाम है। इस स्थिति को बरकरार रखना मेरे लिए चुनौतीपूर्ण कार्य था। इतने बड़े महकमे को अच्छी परंपराओं की शुरुआत और नए प्रयोग करने के लिए प्रेरित करना आसान काम नहीं है। सूचना तकनीक (आई.सी.टी.) के व्यापक इस्तेमाल से इस समस्या के निराकरण में आसानी हुई। पहले विभाग में सूचना तकनीक का प्रयोग नहीं के बराबर था।

काम की ऑनलाइन निगरानी

नेशनल इन्फॉर्मेटिक्स सेंटर यानी एन.आई.सी. की मदद से हमने 85 से अधिक ऐसे बिंदु तलाशे जहाँ सॉफ्टवेयर माड्यूल की जरूरत थी। वे सभी माड्यूल आपस में एक ही सॉफ्टवेयर से जुड़े हुए थे। इस प्रक्रिया की शुरुआत फाइलों के रखरखाव से की गई। फाइलें कैसे रखी जाएँ, कैसे इनकी संभाल की जाए, कैसे ऑडिट में मदद की जाए, आडिट में क्या जानकारी मिली, विभागों के अदालती मामलों व अदालतों में लंबित केस की जानकारी, कौन व्यक्ति किस मामले को देख रहा है, केस की क्या स्थिति है, आदि सभी इस एक सॉफ्टवेयर से संचालित होने लगे। दूसरे विभाग में विभिन्न स्तरों पर निर्णय लिये जाते हैं और उनकी मिनट्स रखी जाती हैं। लेकिन मीटिंग के बाद क्या हुआ इसका पता नहीं चलता था। ऐसी सभी गतिविधियों की जानकारी ऑनलाइन माध्यम से देने की शुरुआत की गई। इस सॉफ्टवेयर के इस्तेमाल के बाद कार्यालय को कागज विहीन बनाने में

सुविधा मिली। इससे कई जटिल समस्याओं से निजात मिली। इस सॉफ्टवेयर का इस्तेमाल सभी विश्वविद्यालयों, कॉलेजों, कार्यालयों और सचिवालय स्तर पर हो सकता है। अनेक स्थानों पर इसका प्रयोग किया भी गया। आयुक्त दफ्तर से लेकर विश्वविद्यालयों, कॉलेजों, कार्यालयों, सचिवालय, शिक्षा निदेशालय के विभिन्न स्तरों पर इस प्रक्रिया को लागू किया गया। कंप्यूटरीकृत सिस्टम में ऑनलाइन तरीके से सभी महत्त्वपूर्ण फाइलों का आसानी से पता लगाया जा सकता है। सभी निजी व सरकारी विश्वविद्यालयों के लिए यह उपलब्ध है।

अकादमिक गतिविधियों के लिए सॉफ्टवेयर

इसी प्रकार अकादमिक गतिविधियों के लिए भी सॉफ्टवेयर बनाये गए। यूजी, पीजी, पॉलिटेक्निक व दूसरे पेशेवर कोर्स में दाखिले के लिए एक खास सॉफ्टवेयर बनाया गया जिसे सभी कॉलेजों व विश्वविद्यालयों में लागू किया गया। अब सभी छात्रों का पूरा ब्योरा कंप्यूटर में उपलब्ध है। अब छात्रों को सिर्फ एक ही बार दाखिले के लिए आवेदन करना पड़ता है। इससे आरक्षण आदि सभी के आधार पर उन्हें अलग-अलग संस्थानों से दाखिले के प्रस्ताव मिल जाते हैं।

छात्रों की उपस्थिति पर निगरानी

हमने छात्रों की उपस्थिति पर निगरानी रखने के लिए भी एक सॉफ्टवेयर तैयार कराया। अब शिक्षक अपने स्मार्ट फोन या अन्य इलेक्ट्रॉनिक उपकरण के माध्यम से छात्रों की उपस्थिति दर्ज कर लेते हैं। साथ ही हमने क्लास-मैट्रिक्स भी तैयार किया ताकि यह पता रहे कि कौन किस कक्षा में पढ़ाएगा। शिक्षक अपनी निर्धारित तिथि के फोल्डर में जाकर छात्रों की उपस्थिति दर्ज कर सकते हैं। जैसे ही उपस्थिति दर्ज की जाती है, वह सीधे मेन सर्वर में एकत्र हो जाती है जो वह जानकारी सीधे अभिभावकों तक पहुँचा देता है। अगर छात्र कक्षा में अनुपस्थित है तो सीधे एस.एम.एस. या ई-मेल के जरिए उसके अभिभावक तक वह सूचना भेज दी जाती है।

कर्मचारियों की बायोमैट्रिक उपस्थिति

शिक्षण संस्थानों में कर्मचारियों की कम उपस्थिति चिंता का सबब रही

है। लिहाजा आई.सी.टी. ने इसका प्रभावी हल ढूँढ़ निकाला। सभी कॉलेजों व कार्यालयों में बायोमैट्रिक पद्धति से उपस्थिति दर्ज करने की प्रक्रिया शुरू की गई। कर्मचारियों के आने-जाने की पूरी जानकारी कंप्यूटर में संग्रहीत की जाने लगी। छात्रों की उपस्थिति दर्ज करने के लिए शिक्षकों का कॉलेज में उपस्थित रहना अनिवार्य है, क्योंकि कक्षा में भी उसकी उपस्थिति दर्ज होती है। सभी निजी व वित्त प्रदत्त शिक्षण संस्थानों और कॉलेजों में भी इस सॉफ्टवेयर के इस्तेमाल की सलाह दी गई।

विषय-सामग्री साझा करना

यह सच है कि सभी शिक्षा संस्थान अपने-अपने परिवेश में कार्य करते हैं। एक संस्थान में शिक्षक क्या और कैसे पड़ा रहा है, यह दूसरे संस्थान के छात्रों व शिक्षकों को पता नहीं चलता। कैसे वहाँ व्याख्यान की वीडियो या आडियो रिकॉर्डिंग होती है अथवा शिक्षक कैसे व्याख्यान की तैयारी करते हैं यह भी पता नहीं चलता। इसके लिए एक नई परंपरा की शुरुआत की गई, जिसके तहत राज्य के सर्वश्रेष्ठ शिक्षण संस्थानों की विषय-सामग्री को सभी सरकारी संस्थानों में साझा करने का निर्णय लिया गया। सभी संस्थान विषय-सामग्री साझा करने के लिए राजी हो गए। यह एक अच्छी शुरुआत थी। एक सॉफ्टवेयर तैयार किया गया जिसमें कक्षा और अध्याय के आधार पर सभी वीडियो अपलोड कर दिए गए। छात्र अन्य संस्थानों में पढ़ाई जानेवाली विषय-सामग्री को देखकर विषयानुसार उसका उपयोग कर सकते हैं। यह एक तरह से यू-ट्यूब जैसा चैनल बन गया जहाँ जरूरत की सामग्री तलाश की जा सकती थी। छात्रों के हित में ज्यादा से ज्यादा वीडियो सामग्री सॉफ्टवेयर में स्टोर की गई। हमारी योजना छात्रों को पूरी अध्ययन सामग्री उनके 'घर' तक पहुँचाने की थी। अगर कोई छात्र किसी दिन कक्षा में अनुपस्थित हो, तब भी वह वीडियो के जरिए अपनी अधूरी जानकारी को पूरा कर सकता है। हजारों घंटों की विषय सामग्री को एकत्र कर लिया गया है, जिसका ग्रामीण क्षेत्रों के शिक्षकों और छात्रों को जबरदस्त लाभ मिला है। अब वे आसानी से समझ सकते है कि कहाँ कैसे पढ़ा और पढ़ाया जाता है। यह जानकारी पहले उनके लिए उपलब्ध नहीं थी।

डिग्री वितरण में तेजी

शिक्षा क्षेत्र की दूसरी बड़ी समस्या थी परीक्षाएँ यानी परीक्षाओं का समय पर आयोजन, उत्तर-पुस्तिकाओं का मूल्यांकन, अंकतालिका तैयार करना, परीक्षा परिणाम घोषित करना, आदि। इन गतिविधियों में काफी वक्त चला जाता था। एन.आई.सी. की मदद से सभी विश्वविद्यालयों के लिए एक समान सॉफ्टवेयर तैयार कराया गया, जिसमें शिक्षा से जुड़ी उनकी सभी जरूरतों को शामिल किया गया। छात्रों द्वारा जैसे ही उत्तर-पुस्तिका जमा की जाती है, वैसे ही उन्हें स्कैन करके सर्वर में संग्रहीत कर दिया जाता था। स्कैन की हुई कॉपी ही जाँच हेतु परीक्षक के पास भेजी जाती है, जो उनकी जाँच करके अंक सिस्टम में फीड कर देता है। उसके बाद कंप्यूटर से अंकतालिका तैयार होती है और परीक्षा परिणाम घोषित कर दिया जाता है। इस प्रक्रिया को सभी विश्वविद्यालयों में लागू किया गया। शिक्षा के क्षेत्र में यह भी एक क्रांतिकारी कदम था। इस प्रक्रिया के तहत अनैतिक आचरण की गुंजाइश नहीं है। इसके क्रियान्वयन के बाद समय की बचत होने लगी और परीक्षा परिणाम जल्दी आने लगा। इस सॉफ्टवेयर की मदद से हम दूसरे विश्वविद्यालयों के प्रोफेसर से भी उत्तर-पुस्तिकाओं की जाँच करा सकते हैं। इस प्रक्रिया को शैक्षणिक सत्र 2015-16 से लागू किया गया।

दूसरा महत्त्वपूर्ण कदम था सभी सरकारी, निजी वित्त पोषित व वित्त प्रदत्त विश्वविद्यालयों, कॉलेजों व छात्रों के बीच बेहतर तालमेल स्थापित करना। पहले जो काम एकल तौर पर किया जाता था वह अब एक सूत्र में पिरो दिया गया। छात्रों को डाटा शेयरिंग, वीडियो कॉन्फ्रेंसिंग जैसी अत्याधुनिक संचार सुविधाएँ मिलने से शिक्षा की गुणवत्ता में जबरदस्त सुधार आया। इसके बेहतर नतीजे आए।

इलेक्ट्रॉनिक प्रश्न-बैंक

इन सभी सुधारात्मक प्रयासों के बीच इलेक्ट्रॉनिक प्रश्न-पत्र बैंक की शुरुआत भी की गई। सभी विषयों एवं विश्वविद्यालयों के परीक्षा प्रश्न-पत्र कंप्यूटर में फीड कर दिए गए। इन प्रश्न-पत्रों को छात्र डाउनलोड करके अपने मोबाइल से भी उनका उत्तर दे सकते हैं। उत्तर की जाँच भी कंप्यूटर से ही की जाती है। इस व्यवस्था से आंतरिक मूल्यांकन प्रक्रिया को पारदर्शी बनाने में सफलता मिली।

शिक्षक-छात्र विनिमय

एक अन्य महत्त्वपूर्ण प्रयास था शिक्षकों और छात्रों की अदला–बदली। इस कार्यक्रम के तहत बेहतर संस्थानों से आग्रह किया गया कि वे ग्रामीण क्षेत्रों के उन शिक्षण संस्थानों को बेहतर बनाने में सहयोग करें जो विभिन्न कारणों से पिछड़ रहे हैं। उन संस्थानों के शिक्षक इन दूरदराज के क्षेत्रों में स्थित संस्थानों में जाकर वहाँ के शिक्षकों व छात्रों से संवाद करें। इसी प्रकार ग्रामीण क्षेत्रों के संस्थानों से कहा गया कि वे टॉप संस्थानों में जाकर देखें की वहाँ काम कैसे होता है। इस प्रकार सभी संस्थानों से कहा गया कि वे एक दूसरे की मदद करें ताकि सभी संस्थान बेहतर बन सकें। इस प्रकार शिक्षक–छात्र विनिमय की पूरे वर्ष की रूपरेखा बनाई गई। इसके तहत अक्तूबर 2015 में पहले संधि–पत्र पर हस्ताक्षर किए गए। एक अच्छा विश्वविद्यालय दो–तीन जिलों में जा सकता है। पहले इस दिशा में किसी ने विचार नहीं किया था। हम चाहते हैं कि अच्छे प्रयोगों के बारे में सभी को जानकारी हो। हर छात्र देश की धरोहर होता है, भले ही वह कहीं भी अध्ययनरत हो। उन्हें गुणवत्तापूर्ण शिक्षा मिलनी ही चाहिए। संसाधनों की कमी को इस प्रकार के प्रयासों से पूरा किया जा सकता है। इस पूरे प्रयास के पीछे मूल सोच भी यही थी। इसे सभी जिलों में लागू करने की योजना है।

बेहतर प्रयोगों का विनिमय

जिन संस्थानों में बेहतर प्रयोग किए गए हैं उन प्रयोगों के बारे में जानकारी एकत्र करके उन्हें दूसरे संस्थानों के साथ साझा करने का काम भी किया गया। मार्च 2015 में हमने सभी विश्वविद्यालयों के उप–कुलपतियों को एक संगोष्ठी के लिए आमंत्रित किया और उनसे अपने विश्वविद्यालय के पाँच सर्वश्रेष्ठ प्रयोगों की जानकारी देने के लिए कहा गया। सभी उप–कुलपतियों ने अपने ऐसे प्रयोगों की जानकारी दी जिन्हें एक पुस्तिका के रूप में संकलित किया गया। यह सभी के लिए कुछ न कुछ सीखने का अवसर था। ऐसा प्रयास भी पहली बार हुआ। इसके बाद हमने सभी कॉलेजों को कहा कि वे भी अपने–अपने प्रेरक प्रयोगों के बारे में जानकारी एकत्र करें। एक–दूसरे के अच्छे प्रयोगों से सीखने में कोई बुराई नहीं है।

सभी संस्थानों के लिए सामूहिक वेबसाइट

आगे चलकर एजुकेशन इलेक्ट्रॉनिक मैनेजमेंट इन्फॉर्मेशन सिस्टम (ई.ई.एम.आई.एस.) को विकसित किया गया, जिसके तहत सभी कॉलेजों के लिए एक सामूहिक वेबसाइट तैयार की गई। भले ही सभी कॉलेजों की अपनी अलग वेबसाइट भी हो वे अपनी वेबसाइट को इस कॉमन वेबसाइट से जोड़ सकते थे। इसका एक लाभ यह हुआ कि विद्यार्थियों को अलग-अलग वेबसाइट खोलने की बजाए एक ही वेबसाइट पर पूरी जानकारी मिल जाती थी। एन.आई.सी. के सहयोग से एक स्टैंडर्ड वेबसाइट बनवाकर सभी संस्थानों को कहा गया कि वे उसी साइट पर अपना-अपना पेज बना लें। यह शुरू हो चुका है और कॉलेजों को इससे जोड़ा जाने लगा है। वित्त-प्रदत्त कॉलेजों को भी इसके साथ जोड़ा जा रहा है। सभी संस्थानों को मुफ्त में ये सुविधाएँ दी गईं। यह न केवल विश्वविद्यालय प्रशासन बल्कि छात्रों, उनके अभिभावकों, कॉलेज प्रबंधन आदि सभी के लिए उपयोगी है। इसके माध्यम से हम क्लास मैट्रिक्स यानी कौन सी क्लास कहाँ और कब चल रही है, कॉलेज की गतिविधियों, उनकी कमजोरी और ताकत, उनकी संपत्ति, शिक्षकों की गतिविधियों, वीडियो कांफ्रेंसिंग आदि की निगरानी कर सकते हैं।

स्मार्ट कक्षाएँ

परस्पर संवाद की प्रक्रिया को मजबूती देने के लिए हमने स्मार्ट कक्षाओं पर जोर दिया है। यदि कुछ छात्र अनुपस्थित हैं और शिक्षक किसी खास विषय पर लेक्चर देना चाहते हैं तो उपग्रह संचार के माध्यम से वह भी संभव हो सकता है। हम ग्रामीण विकास के अपने राज्यस्तरीय संस्थानों को भी बड़े संस्थानों से जोड़ने का प्रयास कर रहे हैं। इससे संस्थानों की उपयोगिता व पहुँच बढ़ाने में सफलता मिलेगी।

मैंने सिर्फ कुछ ही उदाहरण दिये हैं, और भी बहुत से काम हो रहे हैं। मुझे विश्वास है कि इन प्रयासों के माध्यम से कर्नाटक उच्च शिक्षा के क्षेत्र में एक आदर्श बनेगा और दूसरे राज्य इसका अनुसरण करेंगे। ये सभी सकदम मेरे उच्च शिक्षा विभाग में आने के महज आठ महीनों में उठाए गए।

यकीनन ये सब निर्विघ्न नहीं हुआ। अच्छे काम में बाधाएँ आती ही हैं।

पहले हमें लोगों को इस प्रकार के बदलाव हेतु मानसिक रूप से तैयार करना पड़ता है। जब ये पहल हुई तो अधिकतर संस्थानों का कहना था कि "यह कैसे हो सकता है।" उन्होंने और भी बहुत सी बाधाएँ गिनाई। किंतु हमने उन्हें तैयार किया और सफलतापूर्वक ये कदम उठाए। इस सबका बहुत अच्छा प्रतिसाद भी मिला है। जब आप कोई भी अच्छा काम करते हैं तो चुनौतियाँ सामने आती ही हैं। किंतु हमें उनका सामना करते हुए ही आगे बढ़ना पड़ता है।

□

सस्ती और सर्वसुलभ शिक्षा

उच्च शिक्षा विभाग में शिक्षा के स्तर को सुधारने और इसका लाभ ज्यादा से ज्यादा छात्रों तक पहुँचाने के लिए अनेक योजनाएँ शुरू की गईं। 'ज्ञान संगम' इसी प्रकार की एक योजना है, जिसका व्यापक असर देखने को मिल रहा है। इस योजना के अंतर्गत प्रदेश के सभी विश्वविद्यालयों में स्टूडियो स्थापित किए गए हैं जिनके माध्यम से इ-कंटेंट और मल्टीमीडिया कंटेंट तैयार कर छात्रों को मुहैया कराया जा रहा है। कई विश्वविद्यालयों में तो इस प्रकार के स्टूडियो की व्यवस्था पहले से थी, लेकिन हमने आवश्यकतानुसार उनमें कुछ बदलाव किये।

समान पाठ्यक्रम

स्टूडियो स्थापित करने के पीछे योजना यह थी कि शिक्षा की गुणवत्ता में सुधार हो और सभी विश्वविद्यालयों में एक समान पाठ्यक्रम लागू हो। इसके लिए सभी विश्वविद्यालयों में शिक्षण पद्धति को भी एक समान रखने का प्रयास किया गया। सभी विश्वविद्यालयों हेतु स्तरीय व एक समान पाठ्य-सामग्री तैयार करने के लिए समितियाँ गठित की गईं और वह पाठ्य-सामग्री अब डिजिटल और एनिमेशन स्वरूप में तैयार की जा रही है, ताकि अधिक से अधिक छात्र इसका लाभ उठा सकें। राज्य के सभी निजी व सरकारी शिक्षण संस्थानों और विश्वविद्यालयों में इसी प्रकार की स्तरीय पाठ्य-सामग्री उपलब्ध करायी जा रही है। इस पूरी योजना के पीछे मूल सोच शिक्षा के स्तर में न केवल गुणात्मक सुधार लाना और यह सुनिश्चित करना था कि शिक्षक छात्रों को वैसी ही पाठ्य-सामग्री दें जो उन्हें पसंद हो। स्टूडियो स्थापित करने के पीछे भी यही मंशा थी।

सभी स्टूडियो बहुद्देशीय हैं। इनके माध्यम से नई पाठ्य-सामग्री तैयार करने के साथ-साथ पुरानी सामग्री में आवश्यकतानुसार संशोधन किया जा सकता है। स्टूडियो का उपयोग रिकॉर्डिंग के अलावा शिक्षकों के कौशल को उन्नत करने के लिए भी किया जाता है। इसी प्रकार हमारी धारणा है कि स्टूडियो की मदद से न केवल बड़ी मात्रा में इ-कंटेंट और मल्टीमीडिया आधारित विषय-वस्तु तैयार की जा सकती है, बल्कि उसे पूरे राज्य में सभी छात्रों तक पहुँचाया भी जा सकता है।

विशेष टी.वी. चैनल

शिक्षा के लिए एक विशेष टी.वी. चैनल शुरू करने की योजना है, ताकि छात्रों को चौबीसों घंटे पाठ्य-सामग्री मुहैया कराई जा सके। ये चैनल वेब आधारित भी हो सकता है। किसी अन्य तकनीक का भी उपयोग किया जा सकता है। अंततोगत्वा इसका उद्देश्य छात्रों को अधिक से अधिक लाभ पहुँचाना है। इसके माध्यम से सभी प्रकार की स्तरीय पाठ्य-सामग्री तथा शिक्षण विभाग में होनेवाली गतिविधियों की जानकारी सभी संस्थानों तक पहुँचायी जा सकती है। आनेवाले दिनों में यह सब संभव होगा।

ऑनलाइन संबद्धता

उच्च शिक्षा विभाग में एक अन्य उपयोगी पहल थी सभी कॉलेजों और शिक्षण संस्थानों को ऑनलाइन संबद्धता प्रदान करना। राज्य के कुल 17 विश्वविद्यालयों में से 14 विश्वविद्यालय संबद्धता प्रदान करते हैं। राज्य के सभी शिक्षण संस्थानों को प्रतिवर्ष अपनी संबद्धता के नवीनीकरण हेतु आवेदन करना होता है। स्थानीय जाँच कमेटी (एल.आई.सी.) उन संस्थानों में जाकर वहाँ की आधारभूत संरचना के आधार पर संबद्धता नवीनीकरण की संस्तुति करती है। यह सतत प्रक्रिया है। लेकिन इस पूरी प्रक्रिया में बहुत अधिक पारदर्शिता की जरूरत होती है इसलिए हमने तय किया है कि सभी शिक्षण संस्थानों के रिकॉर्ड्स ऑनलाइन ही अपडेट हों। इसके लिए हमने एक सॉफ्टवेयर भी विकसित किया है। अब सभी शिक्षण संस्थान इसी सॉफ्टवेयर में सारी संबंधित जानकारी अपलोड करते हैं। स्थानीय कमेटी भी अपनी सिफारिश ऑनलाइन ही देती है। समिति की सिफारिशें जाँच के दौरान तुरंत ही अपलोड कर दी जाती हैं। इसलिए समिति को अपनी जाँच

रिपोर्ट किसी को देने की जरूरत नहीं है। यह प्रावधान सिस्टम में ही किया गया है। इससे शिक्षण संस्थान भी आसानी से जान सकते हैं कि एल.आई.सी. द्वारा कौन सी संस्तुति की गई है। अगर एल.आई.सी. ने संबद्धता के पक्ष में संस्तुति नहीं की है, तो कौन से कारण हैं, जिनकी वजह से ऐसा नहीं किया गया? यह जानकरी भी ऑनलाइन ही उपलब्ध रहती है। इससे संस्थान उन कमियों को दूर कर सकते हैं। अगर कमेटी ने संबद्धता के संबंध में अनुकूल संस्तुति नहीं की है, तो संबंधित संस्थान उसी प्रकार आगे की कार्रवाई कर सकते हैं। इस प्रकार पूरी व्यवस्था को पारदर्शी बनाने का प्रयास किया गया। 2015 से ही इस प्रक्रिया को लागू कर दिया गया। कर्नाटक की अंगीकृत श्रेष्ठतम परिपाटियों में इसकी गिनती होती है। मुझे पूरा विश्वास है कि यह पहल शिक्षण संस्थानों की गुणवत्ता सुधारने में मददगार साबित होगी और संस्थानों को भी इससे फायदा होगा।

छात्रों का डाटाबेस

एक और महत्त्वपूर्ण पहल थी छात्रों का डाटाबेस तैयार करने की शुरुआत। वर्तमान में शिक्षण संस्थान छात्रों का पूरा डाटा अपने पास रखते हैं। इसके अलावा उच्च शिक्षा विभाग भी छात्रवृत्ति आदि प्रदान करने के लिए डाटा रखता है। लेकिन दोनों स्तर पर इस डाटाबेस में समरूपता नहीं थी। अब हमने एस.एस.एल.सी. से लेकर प्री यूनिवर्सिटी और कॉलेज में दाखिले तक का पूरा डाटा एक साथ संग्रहित कर लिया है। इससे छात्रवृत्ति में होनेवाली गड़बड़ी को रोकने में बहुत मदद मिली है। अब सभी जगह एक समान जानकारी उपलब्ध होने से कोई भी छात्र छात्रवृत्ति का दोहरा लाभ नहीं ले सकता। इससे व्यवस्था बहुत पारदर्शी बन गई। इससे शिक्षण संस्थानों में फीस भी सही समय पर जमा होगी और राज्य की विभिन्न सरकारी योजनाओं के तहत मिलनेवाली छात्रवृत्ति भी छात्रों को सीधे मिलेगी। शिक्षा की गुणवत्ता सुधारने व इसे छात्रों के लिए उपयोगी बनाने हेतु शुरू की जानेवाली 100 नवोन्मेशी योजनाओं में ये सब प्रयास शामिल हैं। उच्च शिक्षा विभाग का प्रयास रहा है कि सभी वर्ग के छात्रों को सस्ती वह गुणवत्तापूर्ण शिक्षा उपलब्ध हो। हमारा प्रयास है कि शिक्षा के स्तर को सुधारने के साथ–साथ दूरदराज के क्षेत्रों में पढ़नेवाले सभी प्रतिभाशाली छात्र चाहे वे किसी भी वर्ग के हों, सभी को गुणवत्तायुक्त शिक्षा सुलभ हो।

□

परीक्षा में निष्पक्ष मूल्यांकन

इस विचार से सभी सहमत हैं कि परीक्षाएँ स्वतंत्र एवं निष्पक्ष हों और किसी भी प्रकार के अनैतिक आचरण से परे हों। जैसे-जैसे तकनीक का विकास हो रहा है वैसे-वैसे स्वतंत्र एवं निष्पक्ष परीक्षाएँ आयोजित करना चुनौतीपूर्ण बनता जा रहा है। इस समय परीक्षा के सभी स्तर पर मसलन प्रश्न-पत्र तैयार करना, प्रश्न-पत्रों की छपाई, उन्हें निर्धारित परीक्षा केंद्र तक पहुँचाना, उत्तर-पुस्तिका का निरीक्षण, निर्धारित स्थानों पर उत्तर-पुस्तिका मूल्यांकन हेतु पहुँचाना, उत्तर-पुस्तिकाओं का मूल्यांकन, अंक-पत्र तैयार करना आदि सभी प्रक्रियाओं में मानवीय हस्तक्षेप बहुत अधिक है। इस पूरी दुनिया में अलग-अलग स्तरों पर अनेक लोगों की सहभागिता रहती है। यह भी सत्य है कि मानवीय कमजोरी के कारण कब गड़बड़ी हो जाए पता नहीं चलता। इससे निपटना बड़ी चुनौती है। सभी संस्थानों के लिए यह स्थिति चुनौतीपूर्ण है।

कर्नाटक में हम इस समस्या से पूरी तरह निजात दिलाना चाहते थे। इसके लिए एन.आई.सी. की मदद से एक सॉफ्टवेयर विकसित किया गया। तकनीकी विशेषज्ञों की महीनों की मेहनत के बाद यह सॉफ्टवेयर विकसित किया गया। इसके बाद विश्वविद्यालयों में इसे आजमाया गया। सर्वप्रथम सॉफ्टवेयर में छात्रों का पुराना विवरण फीड किया गया। फिर उसमें नया डाटा फीड किया गया। सभी जगह इसमें सफलता हासिल हुई। सर्वप्रथम तुमकुर विश्वविद्यालय में इसे आजमाया गया, फिर मेंगलुरु और बेंगलुरु विश्वविद्यालयों द्वारा इसे अपनाया गया।

प्रश्न-पत्रों का इलेक्ट्रॉनिक पद्धति से वितरण

परीक्षाओं के लिए सॉफ्टवेयर तैयार करते समय सोच यह थी कि परीक्षा

प्रारंभ होने के आधे घंटे पूर्व ही परीक्षा केंद्र पर प्रश्न–पत्र उपलब्ध कराए जाएँ। परीक्षा नियंत्रक प्रश्न–पत्रों की प्रति आवश्यकतानुसार डाउनलोड कर सकते हैं। हालाँकि प्रश्न–पत्र की कितनी प्रति डाउनलोड करनी हैं उस पर भी नियंत्रण था ताकि उनका दुरूपयोग न हो। परीक्षार्थियों की संख्या के अनुसार कंप्यूटर के जरिए प्रिंटआउट निकाला जा सकता था। प्रश्न–पत्रों का इलेक्ट्रानिक पद्धति से वितरण कामयाब रहा।

इसके बाद परीक्षा केंद्र पर परीक्षार्थियों की बायोमैट्रिक उपस्थिति दर्ज की जाने लगी। परीक्षा खत्म होते ही सभी उत्तर–पुस्तिकाओं को स्कैन करके मुख्य केंद्र भेज दिया जाता था। उत्तर–पुस्तिकाओं में कुछ पृष्ठों पर बारकोड लगाए गए। यदि एक उत्तर पुस्तिका के पृष्ठों को अव्यवस्थित तरीके से भी स्कैन किया जाए तो भी बारकोड की मदद से उसे व्यवस्थित किया जा सकता है। मूल उत्तर–पुस्तिका संस्थान में सुरक्षित रहती है और डिजिटल प्रति मूल्यांकन के लिए भेज दी जाती है। जरूरत पड़ने पर जाँचकर्ता मॉडल उत्तर कंप्यूटर पर देख सकते हैं। जाँचकर्ता अंक सिस्टम में ही फीड करता है। जैसे ही अंक कंप्यूटर में एक बार अंकित हुए फिर उसमें किसी प्रकार का बदलाव संभव नहीं है।

मूल्यांकन में पारदर्शिता

यदि ऐसा प्रतीत हो कि जाँचकर्ता ने किसी छात्र को बहुत कम या बहुत ज्यादा अंक दिए हैं तो ऐसी उत्तर–पुस्तिकाएँ पुनः जाँच हेतु भेजी जा सकती हैं। किस कापी की पुनः जाँच करानी है यह हम तय करते हैं यानी इस प्रकार की सुविधाएँ सॉफ्टवेयर में हैं। उत्तर–पुस्तिकाओं की सटीक जाँच के बाद ही कंप्यूटर में अंक चढ़ाए जाते हैं, फिर अंक–पत्र तैयार होते है और परीक्षा परिणाम घोषित होता है। परीक्षा परिणाम घोषित होने के बाद भी यदि किसी छात्र को अपनी कॉपी की फिर से जाँच करानी होती है तो भी उसे शिक्षा संस्थान में स्वयं आने की जरूरत नहीं है। ये काम भी ऑनलाइन आवेदन मात्र से हो जाता है। इससे गलतियों की गुंजाइश खत्म हो गई और विभागीय अनियमितता पर अंकुश लगा। किस कंप्यूटर पर कौन सा व्यक्ति काम कर रहा है, यह भी हमें पता रहता है। जिस व्यक्ति को जो काम दिया है वही उस कंप्यूटर पर काम करता है। अन्य व्यक्ति की उस तक पहुँच नहीं है। कुल मिलाकर पारदर्शिता के साथ

उत्तरदायित्व का निर्वहन किया जाता है। व्यक्ति चाहकर भी किसी अंक-पत्र के साथ छेड़छाड़ नहीं कर सकता है।

वर्तमान में फुलप्रूफ सिस्टम न होने की वजह से व्यवस्था में छेड़छाड़ संभव है। इस प्रक्रिया में कई निजी कंपनियां भी शामिल हैं और सॉफ्टवेयर मुहैया करा रही हैं। यानी उसके सर्वर में भी जानकारी रहती है भले ही हमें अंकतालिका की कापी मिल जाए लेकिन उन्होंने कंप्यूटर में क्या फीड किया वही फाइनल होता है। कई बार इसमें गड़बड़ी होती है। जो अंक किसी छात्र के नाम के आगे हमारी कापी में लिखे हुए हैं वे कंप्यूटर में नहीं होते। पुरानी व्यवस्था में ऐसी गड़बड़ी संभव थी। अब सिर्फ वही मूल्यांकनकर्ता कापी जाँच सकता है जिसका यूनिक आईडी नंबर कंप्यूटर में फीड है। दूसरे, सभी उत्तर-पुस्तिकाएँ जाँच हेतु एक ही व्यक्ति को नहीं देते। पाँच उत्तर-पुस्तिकाओं की जाँच करने के बाद ही दूसरी पाँच कॉपियाँ उसे दी जाती हैं। वे भी सिलसिलेवार नहीं होती। एक जाँचकर्ता के पास किसी भी विश्वविद्यालय की कापी जाँच के लिए आ सकती है। वह घर बैठे भी पुस्तिका का मूल्यांकन कर सकता है। अगर छात्र उत्तर-पुस्तिका देखने की गुजारिश करे, तो उसे स्कैन कॉपी दिखाई जा सकती है या वह कापी उसके ई-मेल पर सीधे भेजी जा सकती है।

परीक्षा के दिनों में परीक्षा नियंत्रक अत्यधिक तनाव में होते हैं। उन्हें इस प्रक्रिया के लागू होने के बाद बहुत राहत मिली। अब हर काम सिस्टम के माध्यम से होता है। इससे मानवीय स्तर पर होनेवाली गड़बड़ी पर रोक लग गई। कर्मचारियों और जाँचकर्ताओं को भी विशेष प्रशिक्षण दिया गया। राज्य के सभी विश्वविद्यालयों में 2016 के शैक्षणिक सत्र से इस प्रक्रिया को अमल में लाने की शुरुआत हो गई है। आनेवाले दिनों में यह पूरी प्रक्रिया बहुत आसान होनेवाली है जिसे संस्थान, कर्मचारी तथा छात्र सभी बिना परेशानी के परीक्षाएँ संपन्न कर सकेंगे।

□

लीक से हटकर सोचने की कवायद

विभिन्न शैक्षणिक संस्थानों के पाठ्यक्रमों पर लंबे समय से प्रश्न उठते रहे हैं। इसका कारण यह है कि ज्यादातर पाठ्यक्रम वर्षों से एक ही ढर्रे पर चल रहे हैं। चूँकि विभिन्न क्षेत्रों की बदलती जरूरतों एवं तकनीकी विकास की कसौटी पर पुराने पाठ्यक्रम खरे नहीं उतरते, इसलिए उन्हें पढ़कर पास होनेवाले विद्यार्थी भी समय के साथ कदमताल नहीं कर पाते। ऐसे में शैक्षणिक व्यवस्था को प्रतियोगी बनाते हुए इसे रोजगारोन्मुख बनाना होगा, साथ ही क्षेत्र विशेष की नवीनतम जानकारी का समावेश भी करना होगा। और इस तथ्य को भी स्वीकार करना होगा कि शिक्षण संस्थानों का पाठ्यक्रम हर साल नहीं बदला जा सकता और पाठ्यक्रम की कुछ अपनी सीमाएँ होती हैं। इसलिए देश-दुनिया में हो रहे बदलावों से छात्रों को अवगत कराने के लिए दूसरे माध्यमों से नवीनतम जानकारी प्रदान करने के प्रयास करने की जरूरत है। देश के कुछ शिक्षण संस्थानों में इस प्रकार के प्रयोग किए गए हैं। कुछ संस्थान विशेषज्ञों और सफल लोगों को कक्षा में बुलाकर छात्रों के साथ परस्पर संवाद का सहारा लेते हैं, तो कुछ संस्थान व्यावहारिक अनुभव प्राप्त करने के लिए छात्रों को विभिन्न उद्योगों में भेजते हैं।

वर्तमान में अधिकांश युवा पाठ्यक्रम के इतर प्रतिदिन अखबार, पत्र-पत्रिकाएँ पढ़ने के आदी नहीं हैं, इसलिए उन्हें पाठ्यक्रम से इतर जानकारी प्रदान करने की जरूरत से कोई भी विशेषज्ञ असहमत नहीं है, क्योंकि इससे नवीनतम जानकारी तो मिलती ही है, साथ ही लीक से हटकर सोचने की आदत भी विकसित होती है। इससे छात्रों को सामाजिक, राजनीतिक, आर्थिक, राष्ट्रीय एवं अंतरराष्ट्रीय घटनाओं की जानकारी भी मिलती है। परस्पर संवाद के जरिए शिक्षा, स्वास्थ्य, संस्कृति, पर्यावरण के बारे में भी ज्ञानवर्धन होता है। यह ज्ञान केवल क्लासरूम अथवा लाइब्रेरी में किताबें पढ़ने से हासिल नहीं हो सकता। रटी-रटाई बातों को सीखने से एक सीमा से अधिक लाभ नहीं होता। स्वयं के अनुभव से सीखने से बेहतर दूसरा कोई तरीका हो ही नहीं सकता। हमारा मकसद छात्रों की प्रतिभा निखारने के अलावा उन्हें अच्छा नागरिक बनाने के लिए उचित माहौल प्रदान करना भी है।

नई सोच, नई उमंग

नया विचार कहीं भी और किसी के भी मन में आ सकता है। हम भारतीय प्राचीन काल से ही मानते आए हैं कि अच्छे विचार जहाँ से भी मिलें, ग्रहण कर लेने चाहिए। इसी सोच को आधार मानकर कर्नाटक सरकार ने पिछले दिनों एक आदेश जारी किया, जिसमें सभी महाविद्यालयों और उच्च शिक्षण संस्थाओं को निर्देश दिया गया कि वे प्रातःकाल कक्षाएँ आरंभ होने से पूर्व 'प्रातः सभा' की शुरुआत करें। इस तरह की सभाओं का आयोजन प्राथमिक और हाईस्कूलों में किया ही जाता है। किंतु माध्यमिक विद्यालयों एवं महाविद्यालयों में इस प्रकार की कोई व्यवस्था नहीं है। छात्र-छात्राएँ, अध्यापक और कर्मचारी सामान्यतः एकत्र नहीं होते हैं। वे केवल वार्षिक समारोह या साल में एक या दो बार आयोजित होनेवाले अन्य बड़े समारोहों में ही एकत्र होते हैं।

पाठ्यक्रम से इतर विषय

विद्यार्थी केवल कुछ विषयों का अध्ययन करने के लिए शिक्षा संस्थानों में आते हैं और ज्यादातर केवल उन्हीं विषयों पर कक्षाओं में चर्चा होती है। पाठ्यक्रम से इतर किसी भी विषय के बारे में विद्यार्थियों तक जानकारी सामान्यतः नहीं पहुँचती। देखा जाए तो ऐसे बहुत कम विद्यार्थी होंगे, जो पाठ्यक्रम से अलग विषय के बारे में जानते हैं, विरले विद्यार्थी ही रोज अखबार और पत्रिकाओं को पढ़ते हैं या बहस व चर्चा और सेमिनारों आदि में हिस्सा लेते हैं। कुल मिलाकर कहा जाए तो इन गतिविधियों के अभाव में विद्यार्थियों का ज्ञान सीमित रहता है। आज विश्व में होनेवाली घटनाओं या यों कहा जाए कि हलचल और विभिन्न विषयों के बारे में जानकारी का होना जरूरी हो गया है। इसे ध्यान में रखते

हुए हमने अंतरराष्ट्रीय, राष्ट्रीय, राज्य या अलग–अलग महत्त्वपूर्ण करीब 200 विषयों की एक सूची बनाई। इस सूची से 50 से 60 विषयों को चुनकर विभिन्न कॉलेजों के प्राचार्यों और संस्थानों के प्रमुखों को भेजा गया। हमने संस्थानों के प्रमुखों को सलाह दी है कि वे कॉलेज आरंभ होने से 20 मिनट पूर्व एकत्र हों, ताकि कॉलेज या संस्थान की दिनचर्या पर कोई विपरीत प्रभाव न पड़े। उनसे अपेक्षा है कि वे 20 मिनट में इस सभा को संपन्न कर लें।

ज्ञानार्जन का अवसर

विद्यार्थियों, अध्यापकों और कर्मचारियों के लिए दैनिक सभा का आयोजन वस्तुतः ज्ञानार्जन हासिल करने के लिए एक औपचारिक पहल है। हमने संस्थानों को यह सलाह भी दी है कि वे वक्ता का चयन खुद ही करें। वे ऐसे विद्यार्थियों का भी उपयोग कर सकते हैं, जो वक्तृत्व कला में पारंगत हों। ऐसे होनहार विद्यार्थियों को भाषण देने से पहले उस विषय के बारे में बता दिया जाए, ताकि वे उसकी पूर्व तैयारी कर सकें। अध्यापकों को भी कहा जाए कि वे विशेष रूप से इसकी तैयारी करें। वे चाहें तो किसी विशेष विषय पर बोलने के लिए संस्थान के बाहर से भी विद्वानों या विशेषज्ञों को बुला सकते हैं। इसके लिए कोई कठोर नियम या दिशा–निर्देश नहीं जारी गए हैं। विषयों, वक्ताओं को लेकर इस संबंध में लचीलापन रखा गया है। संस्थान अवसर के अनुसार विषयों के चयन हेतु स्वतंत्र हैं।

मानसिक सक्रियता का एहसास

इस पहल के कारण संपूर्ण राज्य में इस तरह की सभाओं का आयोजन आरंभ हो गया है। हमने सबसे पहले इसे सरकारी कॉलेजों में आरंभ कराया और अब अनुदानित कॉलेजों में भी इसे शुरू कर दिया गया है। विद्यार्थियों और अध्यापकों पर इनके आयोजन का बहुत अच्छा असर हुआ है। उन्होंने कई नई चीजों के बारे में जानकारी हासिल की। कई नए विचारों की वजह से उनके अंदर रचनात्मकता पैदा हुई है, जिससे उनकी मानसिक सक्रियता बढ़ गई है और वे नई पहल के बारे में सोचने लगे हैं। दैनिक सभा ने पूरी प्रणाली और संस्थानों में एक नई ऊर्जा का संचार किया है। विद्यार्थी पहले से अधिक उत्तरदायी

दिखाई दे रहे हैं। अब यदि किसी दिन कक्षा में पढ़ाई नहीं होती है, तो विद्यार्थी पुस्तकालय में जाकर कुछ अच्छी जानकारी हासिल करते हैं और सकारात्मक काम करने की मानसिकता बनाते हैं। कॉलेजों में बहुत सारी गतिविधियाँ शुरू हुई हैं। इस पहल की हर तरफ लोगों ने प्रशंसा की है।

व्यावहारिक जानकारी का भंडार

व्यावहारिक सूचनाओं से लैस विषय ही दैनिक सभाओं के लिए निर्धारित किए गए हैं। ये विषय विद्यार्थियों को अनेक प्रकार की उपयोगी और व्यावहारिक जानकारी मुहैया कराते हैं। मसलन, इसमें मौलिक अधिकार, मौलिक कर्तव्य के अतिरिक्त समाज से संबंधित वर्तमान विषयों और मुद्दों, देश और राज्य के सामने मौजूद चुनौतियों, अंतरराष्ट्रीय मुद्दे, जैसे पर्यावरण, शैक्षणिक, स्वास्थ्य, संस्कृति के अतिरिक्त मानव जीवन से संबंधित अन्य अनेक विषय शामिल हैं। इससे उन्हें वह जानकारी मिलती है, जो न तो कक्षा में और न ही पाठ्यक्रम में मिलती है। यह सही है कि कक्षा और पाठ्यक्रम की अपनी सीमाएँ हैं। पाठ्यक्रम में सारी चीजों को नहीं समेटा जा सकता। अपने अनुभव से कुछ सीखना एक अलग ही बात है। आज नए विचारों को पाने के लिए कूपमंडूकता से बाहर निकलने की जरूरत है। यही कारण है कि हमारी इस पहल को सभी जगह वाह-वाही मिली। किसी भी जगह से नकारात्मक प्रतिक्रिया नहीं मिली है। हम मानते हैं कि यदि यह पहल पूरे साल जारी रहती है तो विद्यार्थियों, संस्थानों में काफी सकारात्मक बदलाव देखने को मिलेंगे। वे देश और समाज, खासकर अपने जीवन के प्रति अधिक उत्तरदायी बनेंगे। हम उन्हें एक ऐसा सभ्य नागरिक बना रहे हैं, जो देश के समृद्ध मूल्यों को कायम रखेंगे।

मैं समझता हूँ कि यह प्रयोग सभी कॉलेजों में चाहे वे निजी हों या सरकारी, आरंभ करना चाहिए। यही नहीं, इस प्रयोग को औद्योगिक संस्थानों एवं कंपनियों में भी आरंभ करना चाहिए। प्रेरणा तो कहीं से भी मिल सकती है। यह हम लोगों पर निर्भर करता है कि हम कैसे अपने जीवन में उसे उतारते हैं।

□

कौशल विकास की गहराती खाई

छात्रों एवं उनके अभिभावकों में उच्च शिक्षा के प्रति बढ़ती अभिरुचि और सरकारी तथा निजी क्षेत्रों में उच्च शिक्षण संस्थानों की बढ़ती संख्या के बावजूद हमारे देश में आज भी कौशलयुक्त लोगों की संख्या बहुत कम है। जो कौशल युवाओं के पास है भी, वह व्यावहारिक नहीं है। देशभर के 650 इंजीनियरिंग कॉलेजों से वर्ष 2015 में पास हुए डेढ़ लाख इंजीनियरिंग स्नातकों से बातचीत के बाद तैयार की गई 'एसपायरिंग माइंड्स नेशनल इंप्लॉयबिलिटी रिपोर्ट-2016' के अनुसार 80 प्रतिशत से अधिक इंजीनियर काम करने के योग्य नहीं हैं। यदि शहरों की बात करें तो दिल्ली से पास हुए इंजीनियर सर्वाधिक योग्य पाए गए हैं। इसके बाद बेंगलुरु और देश के पश्चिमी हिस्सों में स्थित कुछ शहरों के संस्थानों से पास इंजीनियर थोड़े बहुत काम लायक हैं। ओडिशा और केरल के इंजीनियर भी इस सूची में शामिल हैं। किंतु पंजाब और उत्तराखंड जैसे उत्तर भारत के राज्यों में स्थिति अत्यंत भयावह है। एसपायरिंग माइंड्स द्वारा अगस्त 2015 में 500 इंजीनियरिंग कॉलेजों के करीब 30,000 विद्यार्थियों के मध्य कराए गए एक अन्य सर्वेक्षण के अनुसार 97 प्रतिशत इंजीनियरिंग स्नातक वैसी अंग्रेजी में बात नहीं कर सकते हैं जो उनके संस्थान उनसे अपेक्षा रखते हैं। अंग्रेजी की बात करें तो 51 प्रतिशत इंजीनियरिंग स्नातक नौकरी के लायक नहीं हैं। इससे भी खतरनाक स्थिति यह है कि 61 प्रतिशत इंजीनियरिंग स्नातक छात्रों का अंग्रेजी का स्तर सातवीं कक्षा के विद्यार्थियों से भी खराब है।

इससे पता चलता है कि उच्च शिक्षा प्राप्त करनेवाले विद्यार्थियों के कौशल विकास की ही हमारे देश में कितनी अधिक जरूरत है। इसके साथ ही यह भी समझ में आता है कि शहरी और ग्रामीण क्षेत्रों में कौशल विकास को लेकर कितनी गहरी खाई है। ग्रामीण क्षेत्रों के विद्यार्थियों तक तकनीक की पहुँच शहरी क्षेत्रों की अपेक्षा बहुत कम है। इस खाई को कैसे पाटा जाए यह देश के सभी नीति निर्धारकों के समक्ष एक बड़ी चुनौती है। विशेषज्ञों का मानना है कि औद्योगिक घरानों और शिक्षण संस्थानों को एक साथ बैठाकर रणनीति बनाने के साथ-साथ शहरी और ग्रामीण क्षेत्रों के शिक्षण संस्थानों को भी एक-दूसरे की मदद करने के लिए प्रेरित किया जाना चाहिए।

ग्रामीण-शहरी विभाजन को पाटना

उच्च शिक्षा में ग्रामीण और शहरी विभाजन की गहराती खाई लंबे समय से नीति-निर्धारकों और शिक्षाशास्त्रियों के मन को मथ रही है। यद्यपि देश के कुछ हिस्सों में विभिन्न स्तरों पर इस विभाजन को पाटने के लिए कई कदम उठाए गए हैं, परंतु परिणाम बहुत संतोषजनक नहीं मिले। हमने कर्नाटक में इस विभाजन को समाप्त करने के लिए निजी विश्वविद्यालयों और सरकारी विश्वविद्यालयों के बीच विनिमय कार्यक्रम की शुरुआत की। इसके तहत वे अपने कार्यक्रमों और अध्यापकों का विनिमय करेंगे, जिससे ग्रामीण विद्यार्थियों और अध्यापकों को ज्ञान के मामले में सशक्त बनाया जा सके। इस पहल की विभिन्न स्तरों पर सराहना हुई है।

प्रत्येक विद्यार्थी गुणात्मक शिक्षा का हकदार

सामान्यतः संपूर्ण देश में यह दिखाई देता है कि हर स्थान पर शिक्षा संस्थान अपने ही स्वतंत्र वातावरण में काम करते हैं। एक संस्थान में अध्यापकों के पढ़ाने की शैली से दूसरे संस्थान के अध्यापक और विद्यार्थी वाकिब नहीं होते। प्रायः ग्रामीण क्षेत्रों के विद्यार्थी कई कारणों से अच्छी विषयवस्तु से वंचित रह जाते हैं। इसी कारण वे शहरी विद्यार्थियों की तुलना में प्रतिस्पर्धात्मक प्रदर्शन में पिछड़ जाते हैं। हमने इस दृश्य को बदलने का निर्णय लिया, क्योंकि हम मानते हैं कि गुणात्मक शिक्षा प्राप्त करना सभी विद्यार्थियों का अधिकार है।

ई-सामग्री का वितरण

कर्नाटक में 50 से अधिक विश्वविद्यालयों के 3,000 कॉलेजों में लगभग

20 लाख विद्यार्थी अध्ययन करते हैं। हमने वरीयता क्रम में प्रथम रहनेवाले या यूं कहिए कि 'ए प्रमाण-पत्र' वाले स्वायत्तशासी शिक्षण संस्थानों से अनुरोध किया कि वे अपने यहाँ पढ़ाई जानेवाली सामग्री को सरकारी कॉलेजों के साथ साझा करें। हमारे इस अनुरोध को सभी ने सहर्ष स्वीकार किया। क्योंकि यह सबके लिए अच्छा था। हमने तुरंत ही एक विशेष सॉफ्टवेयर और मैट्रिक्स विकसित कराया, जो कक्षा, अध्याय और पाठ्यक्रम के अनुसार बनाया गया था। सभी विषयों से संबंधित वीडियो को पोर्टल पर अपलोड कर दिया गया। अब इसके बाद कोई भी विद्यार्थी कहीं से भी अपने पसंदीदा विषय के वीडियो को देख सकता था। यह बिल्कुल वैसा ही है, जैसे यू-ट्यूब में लोग अपनी पसंद का वीडियो खोजते और देखते हैं। हम अभी और भी वीडियो पोर्टल पर अपलोड करते जा रहे हैं। यह सरकारी सर्वर है, जिसे इ-गवर्नेंस विभाग द्वारा तैयार किया गया है। हमने विद्यार्थियों के दरवाजे तक इ-सामग्री पहुँचाने की तैयारी की है। इससे विद्यार्थी किसी भी समय पर अपने पाठ्यक्रम तक पहुँचकर उसका अध्ययन कर सकते हैं। यदि कोई विद्यार्थी किसी कारणवश किसी भी विषय की पढ़ाई के दौरान कक्षा में उपस्थित नहीं हो सका, तो चिंता का विषय नहीं है, वह इस सामग्री को देख सकता है। हम यह काम बड़े पैमाने पर करनेवाले हैं। हमने अब तक हजारों वीडियो संग्रह कर लिये हैं।

शिक्षक-विद्यार्थी विनिमय कार्यक्रम

शहरी क्षेत्रों की तुलना में ग्रामीण क्षेत्रों के शिक्षक और विद्यार्थी इस पहल से अधिक लाभान्वित हुए हैं। वे देख और महसूस कर सकते हैं कि दूसरे संस्थानों में लोग किस प्रकार से पढ़ाते और पढ़ते हैं। यह उन प्रयोगों में एक है, जिसकी शुरुआत कर्नाटक में की गई है।

ग्रामीण और शहर के बीच की खाई को पाटने के लिए जो एक महत्त्वपूर्ण पहल हुई है वह है शिक्षक-विद्यार्थी विनिमय कार्यक्रम। हम चाहते हैं कि इस कार्यक्रम के अंतर्गत, जो बेहतर संस्थाएँ हैं, वे ग्रामीण और दूरदराज के क्षेत्रों में स्थित खस्ताहाल संस्थाओं तक पहुँचे। बेहतर संस्थाओं के शिक्षक वहाँ जाएँ, वहाँ के शिक्षकों से चर्चा करें, अपने विचारों को साझा करें और उन्हें प्रशिक्षित करें। इसी प्रकार, ग्रामीण क्षेत्र के विद्यार्थी बेहतर संस्थाओं में निर्धारित समय पर

जाएँ। इस कार्यक्रम के प्रारंभिक परिणामों से प्रोत्साहित होकर हमने संस्थाओं को कहा कि वे अधिक से अधिक संस्थानों के साथ मेलजोल बढ़ायें और पूरे वर्ष हेतु कार्यक्रम तय करें। इस पहल की शुरूआत के रूप में 12 सितंबर, 2015 को पी.ई.एस. विश्वविद्यालय तुमकुर और कुवेंपु विश्वविद्यालयों के बीच समझौते पर हस्ताक्षर हुए। इस साझा कार्यक्रम को नाम दिया गया है टुपुकू (TUPUKUU)। उच्च शिक्षा विभाग ने 12 ऐसे निजी विश्वविद्यालयों की पहचान की है, जो इस कार्यक्रम को आगे बढ़ाएँगे। इनमें प्रमुख हैं—पी.ई.एस., दयानंद सागर, एम.एस.रामय्या और एलाइंस विश्वविद्यालय।

साथी हाथ बढ़ाना…

उपरोक्त 12 निजी विश्वविद्यालयों ने अब इस कार्यक्रम के माध्यम से विभिन्न संस्थानों को जोड़ने का काम शुरू कर दिया है। वे खासतौर से तीन जिलों में जाकर इसे विस्तार दे रहे हैं। यह काम आरंभ हो गया है। हम अन्य विश्वविद्यालयों को भी अन्य क्षेत्रों में जाकर इस कार्यक्रम को बढ़ावा देने के लिए भेज रहे हैं। हम चाहते हैं कि सर्वोत्तम प्रयोगों के बारे में सभी को पता लगे। हम मानते है कि देश के किसी भी कोने में पढ़नेवाला विद्यार्थी देश की संपत्ति है। सभी विद्यार्थियों का अधिकार है कि उन्हें बेहतरीन ढंग से शिक्षित किया जाए। यदि संसाधनों की कमी है, तो वह भी दूर की जाएगी। इस प्रकार के प्रयोगों से उनके ज्ञान को बढ़ाया जा सकता है। इस पहल को आरंभ करने के पीछे मूल विचार यही था। समय के साथ पूरे राज्य में इस पहल का परचम लहराएगा।

राज्य में यह पहली बार हुआ जब सभी विश्वविद्यालयों द्वारा बेहतर प्रयोगों का विनिमय किया गया। इस सफलता के बाद अब हम कॉलेजों को भी अपने बेहतर प्रयोगों के विनिमय हेतु प्रेरित करनेवाले हैं। इसी प्रकार, हम विभिन्न स्तरों पर नवोन्मेश को भी प्रोत्साहित करने का प्रयास कर रहे हैं।

□

कार्यालयों में गैरहाजिरी की समस्या

सरकारी कर्मचारियों का सुबह देर से ऑफिस पहुँचना, दोपहर में भोजन के बहाने घंटों गायब रहना और सायंकाल ऑफिस बंद होने से पहले ही खिसक लेना आम बात रही है। सितंबर 2014 में जब केंद्र सरकार ने अपने प्रत्येक कार्यालय में बायोमैट्रिक हाजिरी को अनिवार्य किया, उससे पहले अधिकतर सरकारी कार्यालयों में यह दृश्य आम था। बायोमैट्रिक व्यवस्था का जादुई असर हुआ। इससे न केवल सुबह सरकारी कर्मचारी समय से ऑफिस पहुँचने लगे, बल्कि सायंकाल भी देर तक ऑफिस में रुकने लगे। सितंबर, अक्तूबर और नवंबर 2014 की प्रथम तिमाही के विश्लेषण से पता चला कि कर्मचारियों के ऑफिस में रुकने में औसतन 20 मिनट प्रतिदिन की बढ़ोत्तरी हुई। यदि मानव दिवसों की बात करें, तो कर्मचारियों के 8.5 घंटे ऑफिस में रुकने से प्रतिदिन करीब 1,900 अतिरिक्त कर्मचारियों के बराबर काम हुआ। इस नई व्यवस्था से बिना ऑफिस पहुँते ही हाजिरी लगा देनेवाले कर्मचारियों पर भी शिकंजा कसा गया, क्योंकि अब वे अपनी हाजिरी दर्ज नहीं कर सकते थे। 28 नवंबर, 2016 तक के आँकड़ों के अनुसार कुल दो लाख सात सौ पिछहत्तर कर्मचारियों का 671 सरकारी संस्थानों में हाजिरी के लिए पंजीकरण हुआ और कर्मचारियों का ऑफिस पहुँचने का औसतन समय सुबह 9.32 हो गया।

यदि दुनिया भर की बात करें, तो कंपनियों द्वारा वेतन का 30 से 35 प्रतिशत हिस्सा ऐसे कर्मचारियों को देना पड़ता है, जो अक्सर गैरहाजिर रहते हैं। वर्ष 2010 में एसोचैम द्वारा किए गए एक अध्ययन के अनुसार भारत में करीब 20 प्रतिशत कर्मचारी छुट्टी पर रहते हैं। इससे उत्पादन में करीब 8,000 करोड़ का नुकसान होता है। कुछ सरकारी विभाग तो ऐसे हैं, जहाँ गैरहाजिरी का आलम बहुत ही चिंताजनक रहता है। ऐसे विभागों में प्रमुख हैं पुलिस, कर–संग्रहण, शिक्षा, स्वास्थ्य, विद्युत् तथा जल–आपूर्ति आदि। इस बुरी आदत की नींव वास्तव में स्कूल एवं कॉलेजों में ही पड़ जाती है, जब विद्यार्थी कक्षा से गैरहाजिर रहने लगते हैं। इसलिए इस समस्या के समाधान हेतु स्कूल स्तर से ही अलग प्रकार की मानसिकता बनाने की जरूरत है।

डिजिटल तकनीक : कारगर औजार

स्कूलों से छात्रों का गैरहाजिर रहना आम समस्या है। शिक्षक, अभिभावक यहाँ तक कि नीतिनियंता भी लंबे समय से इसे लेकर चिंतित हैं। यह एक खतरनाक प्रवृत्ति है, क्योंकि इससे न केवल छात्र अच्छी शिक्षा से वंचित होते हैं, बल्कि कई बार वे भ्रांतियों के शिकार बनकर अपराध की दुनिया में भी प्रवेश करने लगते हैं।

डिजिटल तकनीक के युग में इस मानसिकता को बदलने में पारंपरिक तरीके प्रभावी नहीं रहे हैं। यही वजह थी कि कर्नाटक में इस समस्या के निदान हेतु हमने सूचना एवं संचार तकनीक (आई.सी.टी.) का सहारा लिया। सरकारी संस्थानों में हमारा यह प्रयोग काफी कारगर साबित हुआ। अब वित्त प्रदत्त और निजी संस्थानों में भी इसे अपनाया जा रहा है। इसे स्कूलों में भी अपनाया जा सकता है।

छात्र उपस्थिति की निगरानी

समस्या के विश्लेषण व इस संबंध में विशेषज्ञों से परामर्श करने के बाद हमने एक सॉफ्टवेयर तैयार किया जिसके जरिए छात्रों की उपस्थिति पर निगरानी रखी जा सके। इस सॉफ्टवेयर की मदद से केवल सामान्य स्मार्टफोन अथवा दूसरे इलेक्ट्रॉनिक उपकरणों के जरिए छात्रों पर निगरानी रख सकते हैं। शिक्षक स्क्रीन पर ही छात्रों की उपस्थिति देख सकते हैं। हमने क्लास मैट्रिक्स भी तैयार किया है जिसमें यह निर्धारित किया गया है कि कौन शिक्षक किस दिन कौन सी कक्षा में पढ़ाएगा। संबंधित शिक्षक अपना उसी दिन का फोल्डर खोलेगा और कक्षा में जाकर पढ़ाएगा। शिक्षक छात्रों की उपस्थिति मोबाइल स्क्रीन के माध्यम से दर्ज कर सकते हैं। यह ब्योरा इलेक्ट्रॉनिक माध्यम से संस्थान के मुख्य सर्वर में

एकत्र हो जाता है, फिर सर्वर स्वयं ही छात्रों के अभिभावकों को सूचना भेज देता है कि छात्र कक्षा में उपस्थित है या नहीं। यह जानकारी एस.एम.एस. या इ-मेल के जरिए दी जाती है। अभिभावक भी इससे बेहद खुश हैं क्योंकि उन्हें अपने बच्चे की पूरी खबर रहती है और जरूरी हो तो वे छात्र से पूछताछ भी कर सकते हैं। छात्र भी अब ज्यादा उत्तरदायी बनने लगे हैं। उनकी उपस्थिति का पूर्ण ब्योरा रिकॉर्ड किया जाता है।

शिक्षकों की बायोमैट्रिक उपस्थिति

ऐसी शिकायतें आम थीं कि शिक्षक या तो कक्षा से अनुपस्थित रहते हैं या फिर कक्षा में पढ़ाते नहीं हैं। इस समस्या से निपटने के लिए हमने शिक्षकों के लिए बायोमैट्रिक उपस्थिति अनिवार्य की। उनके आने-जाने की पूरी जानकारी दर्ज की जाने लगी। जब वे कक्षा में छात्रों की उपस्थिति दर्ज करते हैं, तब भी उनकी उपस्थिति दर्ज होती है। इस प्रक्रिया को अब सभी वित्त-प्रदत्त संस्थानों और निजी कॉलेजों में भी लागू किया जाने वाला है। इस प्रक्रिया के लागू होने के बाद पूरे सिस्टम में गुणात्मक बदलाव देखने को मिलेगा।

कर्नाटक में उच्च शिक्षा विभाग के अंतर्गत 3,000 कॉलेजों व 50 से अधिक विश्वविद्यालयों में 20 लाख से अधिक छात्र अध्ययनरत हैं। उच्च शिक्षा के क्षेत्र में कर्नाटक अग्रणी राज्य पहले से है। जैसे-जैसे संस्थानों व छात्रों की संख्या में बढ़ोतरी हो रही है, वैसे-वैसे समस्याएँ भी बढ़ रही हैं। तकनीक का उपयोग न केवल इन समस्याओं को सुलझाने में मददगार है, बल्कि इससे कार्यप्रणाली को पारदर्शी बनाने में भी मदद मिली है।

ऑफिस की कार्यप्रणाली का डिजिटलीकरण

हमने करीब 85 प्रयोगों की सूची बनाकर एन.आई.सी. की मदद से सॉफ्टवेयर मॉड्यूल्स विकसित किए। सभी मॉड्यूल्स आपस में जुड़े हुए हैं। इसकी शुरुआत हमने ऑफिस की प्रक्रियाओं में सुधार से की। इससे पता चल जाता है कि कौन सी फाइल कहाँ रखनी है, कैसे रखनी है, कैसे उनका ऑडिट होगा, आडिटर की क्या राय है, उस राय पर आगे क्या हुआ, आदि। इसी प्रकार कोर्ट में कितने मामले हैं, कौन किस केस को देख रहा है, वे किस स्तर पर हैं, किस केस में क्या निर्णय हुआ, उस पर क्या कार्रवाई हुई,

आदि। इस प्रकार पूरी जानकारी सॉफ्टवेयर की मदद से मिलने लगी, इससे ऑफिस का काम सुचारु तरीके से चलने लगा। इस सॉफ्टवेयर को नाम दिया गया 'पेपरलैस ऑफिस सूट'। इसकी मदद से न केवल काम निबटाने में तेजी आई, बल्कि काम भी आसान हो गया। यह मॉडल बहुत आसान है और सभी विश्वविद्यालयों, कॉलेजों, कार्यालयों और सचिवालय स्तर पर भी अपनाया जा सकता है। सिर्फ सचिवालय ही नहीं बल्कि तकनीकी शिक्षा निदेशालय व उच्च शिक्षा परिषद् में भी इसे लागू किया गया। अब हम इसे कॉलेज में लागू करने की तैयारी में हैं। फिर इसे स्कूलों में भी लागू किया जा सकता है।

ऑनलाइन एडमिशन

अब फाइलों की निगरानी ऑनलाइन ही होती है। इससे विभिन्न स्तरों पर लंबित फाइलों का भी पता चल जाता है। यह सॉफ्टवेयर सभी निजी और सरकारी विश्वविद्यालयों के लिए उपलब्ध है। कॉलेज स्तर पर भी शैक्षणिक सुधार के मद्देनजर भी कई सॉफ्टवेयर तैयार किए गए हैं। इसके अलावा अंडरग्रेजुएट, पोस्ट-ग्रेजुएट, पॉलिटेक्निक एवं दूसरे पेशेवर कोर्स में ऑनलाइन दाखिले के लिए सॉफ्टवेयर बनाया गया है। छात्रों से संबंधित पूरा विवरण इलेक्ट्रॉनिक माध्यम से ही संग्रहीत किया जाता है। अब छात्र केवल एक बार ही आवेदन करता है। वही जानकारी सभी संस्थान उपयोग में ला सकते हैं।

आई.सी.टी. की मदद से न केवल समस्त प्रक्रिया को सुचारु तरीके से चलाने में मदद मिली है, बल्कि यह अपेक्षाकृत सस्ता और पारदर्शी भी है। हमें इस व्यवस्था का समुचित लाभ उठाना चाहिए।

□

कौशल विकास से सोच में बदलाव

"किसी एक विचार को अपनाएँ। उसी को जिंदगी बना लें, उसी के बारे में सोचें, उसी के सपने देखें, उसी को जिएँ। शरीर के अंग-प्रत्यंग यानी मस्तिष्क, मांसपेशियों और तंत्रिका में वही विचार प्रवाहित हो। बाकि किसी अन्य विचार के बारे में सोचना भी छोड़ दें। यही सफलता का मूलमंत्र है।"

—स्वामी विवेकानंद

आज के बदलते परिवेश में छात्रों का कौशल विकास बहुत बड़ी चुनौती है। आज केंद्र से लेकर राज्य सरकारों तक सभी की चिंता कौशल विकास है। इस दिशा में बहुत से कदम उठाए भी जा रहे हैं। विषय की गंभीरता को देखते हुए कर्नाटक सरकार ने राष्ट्रीय कौशल विकास निगम (एन.एस.डी.सी.) के साथ एक समझौता पत्र पर हस्ताक्षर किए हैं। इस कार्य में हमने निजी क्षेत्र से जुड़े कुछ लोगों की भी भागीदारी की है। शुरुआती प्रतिसाद काफी उत्साहवर्धक है।

अतिरिक्त कौशल से सशक्तिकरण

हमारी कोशिश है कि राज्य के प्रत्येक छात्र को अतिरिक्त कौशल से युक्त किया जाए। पाठ्यक्रम पूर्ण होने अथवा पर्याप्त प्रशिक्षण के बाद सफल छात्रों को प्रमाण-पत्र भी दिया जाएगा। यह प्रमाण-पत्र उन्हें रुचिनुसार नौकरी दिलाने में सहायक सिद्ध होगा। इस कार्यक्रम की शुरुआत जनवरी 2016 से हो गई

है। अनेक संगठनों ने भी कौशल विकास के इस प्रयास में अपनी रुचि दिखाई है और आनेवाले समय में उद्योगों की रुचि के अनुसार हम उन्हें इस प्रयास में शामिल भी करनेवाले हैं। आनेवाले समय में हम कनार्टक को मानव शक्ति का ऐसा प्रतिभा पुंज बनाना चाहते हैं जो न केवल कर्नाटक, बल्कि संपूर्ण भारत और विश्व को प्रशिक्षित मानव शक्ति उपलब्ध कराएगा। इसलिए कला, विज्ञान, इंजीनियरिंग सहित अन्य पेशेवर कोर्स की शिक्षा ग्रहण करनेवाले छात्रों को हम खासतौर से कौशल विकास से जोड़ना चाहते हैं ताकि पारंपरिक पाठ्यक्रम के बाद उन्हें रोजगार आसानी से मिल सके।

अंग्रेजी में बातचीत करने का प्रशिक्षण

आजकल अंग्रेजी का ज्ञान मूलभूत जरूरत बन गया है इसलिए हम हर कॉलेज में अंग्रेजी सिखाने की व्यवस्था कर रहे हैं। ग्रामीण क्षेत्रों में पढ़नेवाले छात्रों हेतु अंग्रेजी की शिक्षा पर विशेष जोर दिया जा रहा है। प्रतिभाशाली होने के बावजूद वे दूसरे लोगों से सिर्फ इसलिए पिछड़ जाते हैं, क्योंकि उन्हें अंग्रेजी भाषा में बातचीत या संप्रेषण में असुविधा होती है।

शिक्षा जगत व उद्योगों में निकटता

शिक्षा संस्थानों व उद्योग जगत को निकट लाने के लिए हम हर संभव प्रयास कर रहे हैं। उद्योग जगत् से जुड़े लोगों को हम शिक्षा बोर्ड में शामिल कर रहे हैं ताकि उनसे राय मिल सके कि पाठ्यक्रम में क्या बदलाव करके हम उद्योगों के लिए वैसे लोग तैयार कर सकते हैं जैसा वे चाहते हैं। आनेवाले दिनों में उद्योगों व शिक्षा जगत में यह निकटता और भी बढ़ने की उम्मीद है। छात्रों और शिक्षकों दोनों के ही कौशल विकास पर जोर है। इस उद्देश्य की पूर्ति के लिए आई.सी.टी. की मदद ली जा रही है, ताकि बहुसंख्य आबादी को इसका लाभ मिल सके। इस कार्य में उपग्रह संचार तकनीक बहुत कारगर साबित हो रही है। नियमित शिक्षा के दौरान ही छात्रों को कौशल विकास योजना से जोड़ा जा रहा है, ताकि उनकी पढ़ाई प्रभावित न हो। आशा है भविष्य में छात्रों को इस योजना का जबरदस्त लाभ मिलेगा।

मौलिक चिंतन को बढ़ावा

जो भी छात्र नौकरी की तलाश में हैं उन सभी को मेरा सुझाव है कि यदि उनके पास कोई मौलिक आइडिया है तो वे अपना स्वयं का काम शुरू करें। यदि संभव हो तो उद्यमशीलता की तरफ कदम बढ़ाएँ। इससे जीवन में तरक्की के नए प्रतिमान स्थापित किए जा सकते हैं। बेशक वे चाहें तो निजी अथवा सरकारी नौकरियों में प्रयास कर सकते हैं। चाहें तो प्रतियोगी परीक्षाओं की भी तैयारी कर सकते हैं। हम छात्रों को प्रतियोगी परीक्षा के लिए भी प्रोत्साहित करते हैं। यू.पी.एस.सी. (संघ लोक सेवा आयोग), कनार्टक लोक सेवा आयोग (के.पी.एस.सी.), बैंक, रेलवे आदि बड़े संस्थानों में नौकरी के पर्याप्त अवसर उपलब्ध हैं। शिक्षण संस्थानों में प्लेसमेंट ऑफिस भी हैं। हमने सभी संस्थानों को निर्देश दिए हैं कि वे प्रयासपूर्वक अधिक से अधिक छात्रों के प्लेसमेंट का प्रयास करें।

सफलता के लिए कठिन परिश्रम जरूरी

प्रतियोगी परीक्षाओं की तैयारी कर रहे छात्रों को यह बखूबी ध्यान में रखना चाहिए कि सफलता पाना आसान काम नहीं है। इसके लिए कड़ी मेहनत और गंभीर प्रयासों की जरूरत होती है। कठिन परिश्रम के अलावा कोई शॉर्टकट तरीका नहीं है। महान लोगों का मानना है कि सफलता 99 प्रतिशत तैयारी और 1 प्रतिशत प्रेरणा पर निर्भर करती है। यह सही है कि व्यक्ति को प्रेरणा किसी से भी और कहीं भी मिल सकती है। वह किसी व्यक्ति से भी मिल सकती है और किसी कहानी अथवा गतिविधि से भी। मगर केवल प्रेरणा ही काफी नहीं है, आपको स्वयं प्रयास करना होगा, इसलिए पहले अपना ध्येय निर्धारित करें। एक बार जहाँ आपने अपना लक्ष्य निर्धारित किया तो उसे प्राप्त करने के लिए प्रयास शुरू कर दें। बाकी भाग्य पर छोड़ दें। आपको सफलता मिल जाएगी। यह जाँचा-परखा तथ्य है। मेरा सुझाव है कि जो छात्र प्रतियोगी परीक्षाओं की तैयारी में जुटे हैं, उन्हें अपना मनोबल ऊँचा रखना चाहिए। आत्मविश्वास से वे सफलता हासिल कर सकते हैं। यह मेरा सुझाव है।

एकाग्रता भंग न हो

एकाग्रचित्त होकर अपने ध्येय की तरफ कदम बढ़ाएँ। आपके मन में कई प्रकार के विचार नहीं होने चाहिए—एक समय में केवल एक ध्येय, उसे पूरा करने के बाद ही दूसरी मंजिल की तलाश में आगे बढ़ना चाहिए। एकाग्रतापूर्वक लक्ष्य निर्धारित करें और उस पर भरोसा करें। उसके बाद लक्ष्य प्राप्त करने हेतु कदम आगे बढ़ाएँ। पढ़ाई में एकाग्रता की बहुत जरूरत होती है। कुछ लोग एक बार पढ़कर ही स्मरण रख लेते हैं जबकि कुछ तीन-चार बार पढ़कर भी स्मरण नहीं रख पाते हैं। हर व्यक्ति की एकाग्रता का स्तर भिन्न-भिन्न होता है। स्मरण रहे कि केवल एकाग्रता ही सफल बना सकती है। उसे भंग न होने दें।

□

आत्मविश्वासी बनें

देश के कुछ क्षेत्रों में छात्रों में बढ़ती आत्महत्या की प्रवृत्ति गंभीर हालात की ओर इशारा करती है। इससे न केवल अभिभावक, समाजशास्त्री, शिक्षाविद्, बल्कि नीति-निर्धारक भी बेहद चिंतित हैं। मुझे लगता है कि यह छात्रों पर अत्यधिक बोझ डाल देने का नतीजा है। आजकल अभिभावक बच्चों से इतनी अधिक अपेक्षाएँ पाल लेते हैं जिन्हें पूरा करना हर किसी के लिए संभव नहीं होता। वे बच्चों को सर्वश्रेष्ठ देखना चाहते हैं, जो हर बार संभव नहीं है क्योंकि प्रत्येक छात्र की क्षमता अलग-अलग होती है। हर कोई नंबर वन नहीं हो सकता। मगर ज्यादातर अभिभावक इस सच्चाई की अनदेखी करते हैं। अभिभावकों का बच्चों से जरूरत से ज्यादा अपेक्षा करना भी उन्हें अनावश्यक दवाब में डालता है। कारणवश, जल्द ही बच्चे तनावग्रस्त होने लगते हैं। कई बार स्थितियाँ बेकाबू हो जाती हैं।

खुद को सर्वश्रेष्ठ मानिए

यह प्रतिस्पर्धा का युग है। प्रत्येक व्यक्ति की सीमा, क्षमता और ताकत अलग-अलग होती है। यह बात समझ से परे है कि प्रतिस्पर्धी युग में अभिभावक ऐसा कैसे सोच सकते हैं कि उनका पुत्र या पुत्री हमेशा अव्वल आए या फिर सर्वश्रेष्ठ 10 या 20 छात्रों में उसका चयन हो जाए। यह आत्मघाती सोच है, जो प्रत्येक अभिभावक के दिमाग में घर कर गई है। लिहाजा वे इससे कम की सोचते ही नहीं हैं और छात्रों की क्षमता की उपेक्षा करते हुए उनके सामने एक के बाद एक बड़ा लक्ष्य रखते रहते हैं। इस दौरान वे यह नहीं सोचते कि यदि ऐसा नहीं हुआ तो इसका क्या परिणाम होगा? वे सिर्फ अपने सपनों को साकार कराना चाहते हैं, बच्चे के बारे में नहीं सोचते। हाँ, यदि सकारात्मक लक्ष्य

निर्धारित किया जाए तो यह जीवन में आगे बढ़ने में उत्प्रेरक का काम करता है। छात्र को स्पष्ट शब्दों में समझाना चाहिए कि आप अपनी तरफ से पूरा प्रयत्न करें और अगर असफल भी होते हैं, तो दोबारा प्रयत्न करिए। अगर आपका प्रयास बार–बार असफल हो रहा है तो दूसरे क्षेत्र में हाथ आजमाइए। आजकल बहुत से विकल्प हैं। ऐसी सकारात्मक सोच विकसित करनी चाहिए और बच्चों को इतनी आजादी तो देनी ही चाहिए।

परिपक्वता दिखाएँ

छात्रों को भी थोड़ी परिपक्वता दिखानी चाहिए। 20 वर्ष की आयु पूरी कर लेने के बाद छात्रों में परिपक्वता आ ही जाती है। उन्हें यह एहसास होना चाहिए कि प्रतियोगी परीक्षाओं में उत्तीर्ण होने के लिए उन्हें ईमानदारी से प्रयास करना है। अगर उसमें आप असफल भी होते हैं, तो इसका अर्थ यह नहीं कि जीवन ही समाप्त कर लिया जाए। जीवन अनमोल है। आई.आई.टी., एन.आई.टी., आई.आई.एम., मेडिकल जैसी परीक्षाओं में मापदंड पर खरे नहीं उतरने से जीवन खत्म नहीं हो जाता। अगर इसमें सफलता मिलती है तो बेहतर, नहीं मिले तो आपके लिए कई अन्य रास्ते खुले हैं, जहाँ संभावनाएँ तलाशी जा सकती हैं। प्रतियोगी परीक्षाओं की तैयारी करते समय छात्रों में भी यह समझ अवश्य होनी चाहिए। आपको ऐसे कई छात्र मिल जाएँगे, जिनका सपना केवल आई.ए.एस. अधिकारी ही बनना है, वे अन्य क्षेत्र की तरफ जाने की सोचते तक नहीं। ऐसे छात्रों के लिए मेरा सुझाव है कि पहले किसी रोजगार से जुड़िए, फिर जो करना चाहते हैं, खुले मन से करिए। इससे अभिभावकों पर वित्तीय भार घटेगा, आपके भीतर भी आत्मविश्वास बढ़ेगा और आपको कुछ अनुभव भी हासिल होगा। कई बार देखा गया है कि छात्र ऐसी गलतियाँ करके लंबे समय तक अभिभावकों पर बोझ बने रहते हैं। ऐसी स्थिति से हमेशा बचने का प्रयास करना चाहिए। बच्चे में खुद समझ होनी चाहिए कि वह विपरीत परिस्थिति में कैसे आगे बढ़ सकता है। हालाँकि कई बार छात्रों को अच्छी तैयारी के बाद भी अच्छे नंबर नहीं मिलते।

कभी मायूस न हों

कई बार लगातार मेहनत के बाद भी बहुत से बच्चे असफल रहते हैं।

जीवन में परिस्थितियाँ जैसी बनती हैं वैसे ही उनका सामना करना पड़ता है, लेकिन आत्मविश्वास में कभी कमी मत आने दीजिए। खुद पर भरोसा रखिए। कभी गलत कदम उठाने के बारे में सोचना भी नहीं चाहिए। जीवन के मूल्य को पहचानें। यह ऐसा अवसर है जो भगवान् हमें सिर्फ एक बार देता है। ऐसे में खुद का जीवन नष्ट करने की बजाय किसी दूसरे काम में इसका सदुपयोग करना चाहिए। अगर आप एक क्षेत्र में असफल होते हैं, तो दूसरे क्षेत्र में जरूर सफल होंगे। बेहतर होगा कि जीवन उस काम के लिए समर्पित करें जिसे आप करना चाहते थे, पर कर नहीं पाए। आपके पास यह भी विकल्प है। आपका जीवन दूसरों के काम भी आ सकता है। समाज में ऐसे बहुत से लोग हैं, जो सकारात्मक सोच के साथ काम कर रहे हैं। मैं कर्नाटक में एक ऐसे व्यक्ति को जानता हूँ, जो महज आठवीं पास है और 100 से अधिक शैक्षणिक संस्थानों का मालिक है। इसके पीछे उसकी केवल एक ही सोच है कि कोई भी व्यक्ति अशिक्षित न रहे। कई नामचीन वैज्ञानिक भी अपने मिशन में अनेकों बार असफल हुए, मगर उन्होंने अपना कदम पीछे नहीं खींचा, लिहाजा वे ऊँचे मुकाम पर पहुँचने में सफल रहे। दुनिया में अनेक सफलतम लोग मिल जाएँगे, जो पढ़ाई में अव्वल नहीं थे, फिर भी उन्होंने बड़े काम को अंजाम दिया। इस प्रकार की सोच और समर्पण के साथ आप जीवन को नई दिशा दे सकते हैं।

छात्रों को परामर्श दें

निःसंदेह वर्तमान शिक्षा व्यवस्था में आमूल-चूल सुधार की जरूरत है। हमारे देश में स्थानीय जरूरत के आधार पर पाठ्यक्रम तैयार किए जाते हैं। अब हमें वैश्विक बदलाव के अनुसार बदलना चाहिए। छात्रों को इस प्रकार शिक्षित-प्रशिक्षित करना चाहिए कि वे न केवल भारत में, बल्कि वैश्विक स्तर पर भी अच्छा काम कर सकें। शिक्षा व्यवस्था में एक बड़ा बदलाव हो ताकि अच्छी सोच, उत्तम पाठ्य-सामग्री और लीक से हटकर सोचने की प्रवृत्ति को बढ़ावा मिले और लोग बेहतर जीवन जी सकें।

शिक्षण संस्थानों को ऐसे सहायता केंद्र (हेल्पलाइन) भी स्थापित करने चाहिए, जिससे किसी भी कारणवश पनप रहे छात्रों के तनाव को कम करने में सहायता मिले और उन्हें जरूरत के अनुसार उचित परामर्श दिया जा सके। जब

कोई छात्र मनोवैज्ञानिक तनाव से ग्रस्त है, उसी समय उसे उचित परामर्श दिया जाना चाहिए। इस काम में स्वयंसेवी संस्थाओं की भी मदद ली जा सकती है। कोचिंग संस्थान भी ऐसा तंत्र विकसित करें, जो छात्रों के अनावश्यक तनाव को कम करने में सहायक हो। फैकल्टी सदस्यों को भी इस प्रकार संवेदनशील बनना पड़ेगा ताकि वे छात्रों को प्रोत्साहित करें और मनोवैज्ञानिक रूप से यह सलाह दें कि एक अवसर यदि हाथ से निकलता है तो और बहुत से अवसर मिलते हैं, इसलिए हिम्मत नहीं हारनी चाहिए। अभिभावकों को भी चाहिए कि वे बच्चों को इस बात के लिए प्रोत्साहित करें कि वे अपनी तरफ से पूरा प्रयास करें और परिणाम भगवान् पर छोड़ दें। हमें केवल अच्छा काम करने की दरकार है। परिणाम पर किसी का वश नहीं होता। ऐसे में केवल परिणाम के बारे में सोचकर परेशान होना उचित नहीं है। बजाय इसके आप यह सोचें कि आपने अपनी तरफ से पूरा प्रयास किया है। एक बार आपको यह संतुष्टि हो गई तो बाकी चीजें अपने आप ठीक हो जाएँगी।

इसलिए खुद पर विश्वास रखें। आप जितना सोचते हैं उससे कहीं अधिक ताकतवर हैं, जितना जानते हैं, उससे कहीं अधिक प्रतिभाशाली हैं और जितनी कल्पना करते हैं उससे कहीं अधिक क्षमतावान् हैं। अपने भीतर की असीमित शक्तियों को पहचानें। आपके अंदर वही कमी है जो आपने ओढ़ रखी है। खुद पर संदेह न करें। यह काम तो आपसे ईर्ष्या करनेवालों पर छोड़ दें। वह बनने का प्रयास करें जो आप बनना चाहते हैं। यह दिखावा नहीं, बल्कि स्वयं की शक्ति को पहचानने का प्रयास है।

□

आत्मविश्वास ही सफलता की कुंजी

सिविल सेवा व अन्य प्रतियोगी परीक्षाओं के प्रति ग्रामीण छात्रों के बढ़ते रुझान को देखते हुए शहरों में संचालित कोचिंग सेंटर और प्रतियोगी परीक्षाओं की तैयारी करवानेवाले संस्थानों को अपनी शाखाएँ देशभर में जिले व प्रखंड स्तर पर खोलनी चाहिए। इससे ग्रामीण छात्रों को गुणवत्तापूर्ण प्रशिक्षण का अवसर मिलेगा, वहीं कोचिंग सेंटर भी अच्छी कमाई कर पाएँगे।

कोचिंग सेंटरों द्वारा शोषण

कुछ समय से, सिविल सेवा परीक्षाओं की तैयारी करने की प्रवृत्ति तेजी से बढ़ी है। अर्थव्यवस्था से जुड़े विभिन्न क्षेत्रों में काफी तरक्की होने के बावजूद युवा सिविल सेवा के प्रति गहरी रुचि दिखा रहे हैं। यह अच्छी बात है। इस कारण कोचिंग सेंटर भी कुकुरमुत्तों की भाँति उग रहे हैं। कोचिंग सेंटरों के बारे में बहुत से विज्ञापन अखबारों में दिखाई देते हैं। कई कोचिंग सेंटर तो बड़े शहरों ही नहीं बल्कि जिला मुख्यालयों तक में खुल गए हैं। इनमें से कई तो अच्छा काम कर रहे हैं, मगर ज्यादातर संस्थानों का लक्ष्य केवल लाभ कमाना है। वे छात्रों व उनके अभिभावकों के मनोभाव को समझते हुए उनका शोषण करते हैं। संपन्न लोगों के पास न धन की कमी है, न ही संसाधन की। ऐसे लोग कोचिंग पर अच्छा-खासा धन व्यय कर सकते हैं। मगर पास होनेवालों की संख्या बहुत कम होती है।

ग्रामीण छात्रों को व्यावहारिक प्रशिक्षण

ग्रामीण क्षेत्रों अथवा समाज के कमजोर तबकों के प्रतिभाशाली छात्र

बेहतर कोंचिग सेंटर तक नहीं पहुँच पाते। कई छात्रों को सरकारी मदद मिल जाती है, मगर अधिकांश छात्रों को कोई सहायता नहीं मिलती। सरकार की भी बजट संबंधी अपनी सीमाएँ हैं। परंतु ऐसा कोई कोचिंग संस्थान नहीं है जिसकी देशभर में शाखाएँ हों। यह एक बड़ी समस्या है, जिस पर ध्यान देने की जरूरत है।

पिछले कुछ समय से प्रतीत हो रहा है कि ग्रामीण क्षेत्रों में छात्रों का सिविल सेवा परीक्षाओं के प्रति रुझान तेजी से बढ़ा है। सफलता का प्रतिशत देखें तो उनका प्रतिशत शहरी छात्रों से अधिक है। इसका स्वागत किया जाना चाहिए। साथ ही यह भी देखा गया है कि ग्रामीण क्षेत्रों के सफल छात्र सेवा में आने के बाद बेहतर काम करते हैं। इनमें अधिकतर छात्र ऐसे भी हैं, जिन्हें कोचिंग की समुचित सुविधा तक नहीं मिल पाती। मेरा सुझाव है कि कुछ कोचिंग संस्थान पूरे देश में अपनी शाखाएँ खोलें। उनकी शाखाएँ राज्य की राजधानी, जिला मुख्यालय और यहाँ तक कि प्रखंड स्तर पर भी होनी चाहिए। मेरा मानना है कि राष्ट्रीय स्तर पर अगर इनका विस्तार हो तो यह प्रतिभाशाली छात्रों के कॅरियर विकास में काफी मददगार साबित होगा। यह काम चैरिटी के रूप में करने की जरूरत नहीं है। शहरी क्षेत्रों की अपेक्षा ग्रामीण छात्रों से कम फीस ली जा सकती है क्योंकि शहरी क्षेत्रों की अपेक्षा ग्रामीण क्षेत्रों में आय कम है। कमजोर तबके के छात्रों हेतु सरकार भी मदद कर सकती है। इसे बिजनेस के रूप में खड़ा किया जा सकता है। हाँ, लाभ का अंतर कम-ज्यादा हो सकता है। गुणवत्तापूर्ण प्रशिक्षण, समय आधारित मागदर्शन और मूलभूत आवश्यकता की पूर्ति हेतु ये प्रयास हो सकते हैं। ग्रामीण क्षेत्रों के छात्रों के पास ज्ञान हो सकता है परंतु उसे व्यक्त करने की समझ नहीं होती। इसलिए इस प्रकार के व्यावहारिक प्रशिक्षण की बहुत अधिक आवश्यकता है।

सभी प्रतियोगी परीक्षाओं की तैयारी

अगर प्रतियोगी परीक्षाओं की तैयारी के लिए एक महीने से लेकर छह महीने की अवधि वाले कोर्स तैयार कर पढ़ाए जाएँ, तो सिविल सेवा परीक्षा सहित अनेक प्रकार की सरकारी, अर्द्ध-सरकारी, सार्वजनिक उपक्रमों, बैंक, बीमा आदि क्षेत्रों में ग्रामीण छात्र अच्छी नौकरी पा सकते हैं। वर्तमान में कई

क्षेत्र नौकरी के बेहतर अवसर उपलब्ध करा रहे हैं। कोचिंग संस्थान इन सभी परीक्षाओं की तैयारी कराकर ग्रामीण छात्रों को अच्छी नौकरी प्राप्त करने में मदद कर सकते हैं। इसलिए पहले से मौजूद प्रशिक्षण अथवा कोचिंग संस्थानों को अपना विस्तार करते हुए प्रशिक्षण की गुणवत्ता पर विशेष ध्यान देना चाहिए। सिर्फ संख्या बढ़ाने से काम नहीं चलेगा। बड़ी संख्या में छात्रों का पंजीकरण करना और उनसे मोटी फीस वसूलने से काम नहीं चलेगा। सामर्थ्य के अनुसार ही छात्रों का पंजीकरण करना चाहिए। केवल भीड़ जुटाना, बड़े-बड़े क्लासरूम और प्रशिक्षण के नाम पर खानापूर्ति की जरूरत नहीं है। यह तो लोगों की भावनाओं के साथ खिलवाड़ ही होगा।

श्रम का सम्मान

छात्रों को भी यह तथ्य समझना चाहिए कि हर व्यक्ति का सिविल सर्विस में चयन नहीं हो सकता। केवल उत्तम छात्र को ही अवसर मिलेगा। ऐसे में दूसरे छात्रों को क्या करना चाहिए? यह प्रतिस्पर्धा का युग है। कड़ी प्रतिस्पर्धा के कारण सभी छात्रों को सफलता हासिल नहीं होती क्योंकि पदों की संख्या सीमित रहती है। प्रतियोगी परीक्षा में जिन्हें एक या दो बार में सफलता नहीं मिलती उन्हें भी निराश नहीं होना चाहिए। हमेशा सकारात्मक सोच रखें, उम्मीद का दामन मत छोड़िए। क्योंकि जीवन में उम्मीद बहुत जरूरी है। इसलिए जो भी नौकरी मिले, उसे करना शुरू कर दें। श्रम का हमेशा सम्मान करना चाहिए। कोई भी काम छोटा या बड़ा नहीं होता। जीविका के लिए कोई भी नौकरी करने के लिए तैयार रहना चाहिए। वांछित लक्ष्य प्राप्ति के लिए जिंदा रहना जरूरी है। अगर आप कठिन परिश्रम करते हैं और जीवित रहने के लिए धन अर्जित करते हैं, तो इसमें कोई बुराई नहीं है। सभी छात्रों में यह सोच होनी चाहिए। यह बहुत महत्त्वपूर्ण है।

छू लो आसमान

हम सभी को श्रम का सम्मान करना चाहिए। खासतौर से जो प्रतियोगिताओं के लिए तैयारी कर रहे हैं, उन्हें तो जरूर करना चाहिए। यह बात गाँठ बाँध लें कि जो भी नौकरी मिले, उसे करें। कोई भी नौकरी छोटी या बड़ी नहीं होती।

जैसे ही बेहतर अवसर मिले, तो पहली नौकरी छोड़ दीजिए। शिक्षित व्यक्ति के पास अवसर की कमी नहीं होती। उनके लिए असीमित अवसर होते हैं। महज 10वीं पास करके छात्र दूरस्थ शिक्षा के जरिए अपनी पढ़ाई जारी रख सकते हैं। वे मुक्त विश्वविद्यालय से डिग्रियाँ भी प्राप्त कर सकते हैं। उनका भी सिविल सेवा में चयन हो सकता है। इसके लिए निरंतर प्रयास जारी रहने चाहिए। इसलिए मैं कहता हूँ कि कठिन परिश्रम, श्रम का सम्मान और आत्मविश्वास ही सफलता की सबसे बड़ी कुंजी हैं। अगर खुले मन से सकारात्मक प्रयास कर रहे हैं, तो दुनिया में कुछ भी पाना असंभव नहीं है। हम जो चाहें वो पा सकते हैं। सभी में क्षमता होती है, क्योंकि ईश्वर किसी के साथ भेदभाव नहीं करता। ईश्वर ने सभी को समान क्षमता प्रदान की है। हमें इस बात को स्वीकार करना चाहिए।

□

सिविल सेवा परीक्षा की तैयारी का मंत्र

संघ लोक सेवा आयोग (यू.पी.एस.सी.) द्वारा आयोजित सिविल सेवा परीक्षाओं की तैयारी के लिए अभ्यर्थी को एक साथ कई चीजों पर ध्यान देने की जरूरत है। सर्वप्रथम अभ्यर्थी को खुद अंदर से तैयार होना पड़ेगा और यह तय करना पड़ेगा कि वह क्या बनना चाहता है। फिर उसी के अनुसार लक्ष्य निर्धारित करें। लक्ष्य निर्धारित करने के बाद उसी दिशा में सकारात्मक प्रयत्न की जरूरत होती है। अगर आपने बड़ा लक्ष्य निर्धारित किया है और आप उसके अनुरूप तैयारी नहीं कर रहे हैं तो वह लक्ष्य एक स्वप्न ही बनकर रह जाएगा।

कठिन मेहनत का कोई शॉर्ट कट नहीं

अक्सर देखा गया है कि सिविल सेवा परीक्षा की तैयारी करनेवाले अभ्यर्थी अन्य परीक्षाओं के लिए आवेदन करना भी बंद कर देते हैं, जो गलत है। भले ही हमारा ध्येय सिविल सेवा परीक्षा उत्तीर्ण करना हो, मगर दूसरी परीक्षाओं में भी बैठना चाहिए। जो अवसर मिले, उसका समुचित तरीके से लाभ उठाना चाहिए। किसी भी परीक्षा में सफलता मिलती है तो उससे हौसला बढ़ता है। यदि वित्तीय स्थिति सुधरती है, तो अभ्यर्थी दूसरी परीक्षा की भी तैयारी कर सकते हैं। यही रणनीति होनी चाहिए। ऐसा नहीं होना चाहिए कि मुझे केवल आई.ए.एस. अधिकारी ही बनना है और दूसरा अन्य काम करना ही नहीं। अगर सफलता न मिले, तो ऐसी प्रवृत्ति नुकसानदेह साबित हो सकती है क्योंकि सिविल सेवा परीक्षा की सफलता में कई कारक काम करते हैं।

जीवन में सबसे जरूरी है कठिन परिश्रम। कठिन परिश्रम का कोई विकल्प नहीं है। एक-दो साल में सिविल सेवा परीक्षा को पास नहीं किया जा सकता।

इसके लिए निरंतर प्रयास की जरूरत होती है। व्यक्ति को लगातार तैयारी करनी पड़ती है। व्यक्ति को खुली सोच का होना चाहिए। ज्ञान और सूचना जहाँ से भी मिलें, उसे आत्मसात् करें। जब सिविल सेवा परीक्षा में बैठते हैं, तो जो भी प्रासंगिक या अप्रासंगिक आपने पढ़ा है वह सब प्रासंगिक हो जाता है। जिसे आप अप्रासंगिक मान बैठते हैं, वही आपके काम आ जाता है।

परीक्षा की पद्धति में बदलाव

विगत कुछ समय से सिविल सेवा परीक्षाओं के आयोजन में तेजी से बदलाव हो रहे हैं। प्रश्न-पत्र भी अलग-अलग ढंग से तैयार किए जाते हैं, इसलिए समय-प्रबंधन जरूरी है। परीक्षा में उत्तीर्ण होने के लिए 99 प्रतिशत मेहनत और 1 प्रतिशत प्रेरणा की जरूरत होती है। यह कारगर सूत्र है। प्रशासनिक सेवा में जाने के लिए एक व्यक्ति, घटना, शिक्षक या फिर कोई समूह आपके लिए प्रेरणास्रोत बन सकता है, मगर यह प्रारंभिक चरण होता है। प्रशासनिक अधिकारी बनने के लिए कठिन परिश्रम और लगन की जरूरत है, जो 99 प्रतिशत तक कारगर साबित होती है।

साक्षात्कार के दौरान आत्मविश्वास

सिविल सेवा परीक्षा में आपको केवल ज्ञान की कसौटी पर ही नहीं परखा जाता है, बल्कि लिखित परीक्षा के बाद साक्षात्कार की बाधा पार करने के लिए कड़ी मेहनत की दरकार है। कई परीक्षार्थी साक्षात्कार में बेहतर परिणाम नहीं दे पाते। जब जटिल प्रश्न पूछा जाता है, उसका उत्तर शांत चित्त होकर देना चाहिए। मगर कई बार अजीबोगरीब उत्तर दिए जाते हैं। परीक्षार्थी प्रश्न का उत्तर नहीं जानने के बावजूद सर्वज्ञ बनकर उत्तर देते हैं, जो सर्वथा गलत है। साक्षात्कार लेनेवालों को ऐसा लगना चाहिए कि साक्षात्कार देनेवाला व्यक्ति आत्मविश्वासी है। लिखित परीक्षा के दौरान आपको ज्ञान की कसौटी पर परखा जा चुका है, वहीं साक्षात्कार के समय आपके हाव-भाव, विषय पर सोचने की क्षमता और आत्मविश्वास को जाँचा-परखा जाता है। इससे यह भी पता लग जाता है कि कहीं आप इंटरव्यू बोर्ड के सदस्यों को धोखा देने का प्रयास तो नहीं कर रहे। वे इस बात को लेकर आश्वस्त होना चाहते हैं कि साक्षात्कार देनेवाला व्यक्ति

आत्मविश्वास से लबरेज है। ऐसे में आत्मविश्वास से डिगना आत्मघाती साबित हो सकता है। कई बार आपके समक्ष स्थितिजन्य प्रश्न रखे जाते हैं, ऐसे में बिना किसी पक्षपात या भय के समस्या का निदान प्रस्तुत करना पड़ता है। इसलिए सकारात्मकता जरूरी है, नकारात्मकता नहीं। कई बार नकारात्मक उत्तर की भी अपेक्षा होती है। प्रश्न का उत्तर नकारात्मक भी हो, मगर केवल सकारात्मक पक्ष को ही बोर्ड के समक्ष रखना चाहिए। हमें हमेशा उज्जवल पक्ष की तरफ होना चाहिए, नकारात्मक पक्ष की तरफ नहीं। परिस्थितिवश इसी प्रकार के प्रश्नों का उत्तर देते समय अभ्यर्थी बार-बार गलती करते हैं।

चिंतन में परिपक्वता की जरूरत

सिविल सेवा परीक्षा, सही मायनों में एक प्रकार का जुआ है। भले ही आप तेज हों, अकादमिक स्तर पर अच्छे हों, पर जरूरी नहीं कि आप सिविल सेवा परीक्षा में उत्तीर्ण हो जाएँगे। ऐसा प्रत्येक बार संभव नहीं है। ऐसे अनेक परीक्षार्थी होते हैं, जिनकी स्कूली शिक्षा सामान्य होने के बावजूद वे पहली बार में ही सिविल सेवा परीक्षा उत्तीर्ण करने में सफल हो जाते हैं। ऐसे अनेक उदाहरण मिल जाएँगे।

सिविल सेवा एक उच्चस्तरीय सेवा है, इसलिए यू.पी.एस.सी. ने भी इसके स्तर को बनाए रखा है। इसलिए ज्यादातर छात्रों की पहली पसंद सिविल सेवाओं में जाना रहता है। प्रत्येक वर्ष लाखों की संख्या में छात्र सिविल सेवा परीक्षाओं में बैठते हैं। यह ढाँचागत परीक्षा पद्धति है और यू.पी.एस.सी. इस दिशा में बेहतर कार्य कर रहा है। ऐसे में सिविल सेवा परीक्षाओं की तैयारी कर रहे सभी अभ्यर्थियों को बुद्धिमत्ता के साथ-साथ परिपक्व ढंग से सोचना चाहिए। वे दूरदर्शी हों, मगर कठिन परिश्रम से जी चुरानेवाले न हों। विषय का बुनियादी ज्ञान होना चाहिए। विषय की बेसिक टर्मीनोलोजी सभी को स्पष्ट होनी चाहिए।

क्षेत्रीय भाषी होना भय का कारण नहीं

यू.पी.एस.सी. ने अब कुछ बदलाव किए हैं। अब क्षेत्रीय भाषाओं को भी इसमें शामिल किया गया है। पहले यह परीक्षा सिर्फ अंग्रेजी में ही होती थी। अब जटिलता की बात नहीं। परीक्षार्थी दूसरी भाषाओं में भी उत्तर देना चाहते

हैं, तो वे स्वतंत्र हैं। मगर बावजूद इसके अंग्रेजी भाषा का ज्ञान होना आवश्यक है। भले ही आप अंग्रेजी माध्यम से परीक्षा न दे रहे हों, मगर अंग्रेजी भाषा जरूर आनी चाहिए। आज बड़े पैमाने पर इंटरनेट और पुस्तकालयों में अंग्रेजी भाषा की पत्र-पत्रिकाएँ, खबरें और अन्य पाठ्य-सामग्री उपलब्ध है। अंग्रेजी भाषा का ज्ञान वक्त की जरूरत है। मगर इसे लेकर किसी प्रकार की धारणा न पालें। क्षेत्रीय भाषा का ज्ञान रखनेवाले लोग भी तीक्ष्ण बुद्धिवाले, व्यावहारिक और प्रगतिशील होते हैं। इसलिए भाषा प्रगति में बाधा नहीं बननी चाहिए। मगर सबसे अधिक जरूरी है आपका आत्मविश्वास। विषय पर आपका पूर्ण अधिकार हो, जो भी प्रश्न पूछे जाएँ, उनका समुचित उत्तर आपके पास होना चाहिए।

□

प्रतियोगी परीक्षाओं में सफलता कैसे पाएँ

पूरे साल विभिन्न प्रकार की प्रतियोगी परीक्षाओं का आयोजन होता रहता है। परीक्षाएँ पास करने के लिए छात्र हालाँकि अपने स्तर पर पूरा प्रयास करते ही हैं परंतु फिर भी प्रतियोगी परीक्षाओं में बैठने से पूर्व इनसे जुड़ी कुछ बुनियादी चीजों को समझना जरूरी है। इन परीक्षाओं का आयोजन मुख्य रूप से अभ्यर्थी के ज्ञान और उसके व्यावहारिक इस्तेमाल की क्षमता को परखने के लिए होता है। आई.ए.एस., आई.पी.एस., आई.एफ.एस., के.ए.एस., एस.एस.सी., आई.बी.पी.एस., इंश्योरेंस, एन.डी.ए. आदि महत्त्वपूर्ण प्रतियोगी परीक्षाओं की तैयारी से पूर्व कुछ तकनीकी पहलुओं पर ध्यान जरूर दें। प्रतियोगी को सामान्य ज्ञान व नवीनतम घटनाक्रम की जानकारी होनी चाहिए। इसमें समसामयिकी, अंतरराष्ट्रीय एवं राष्ट्रीय घटनाक्रम, विज्ञान, चिकित्सा, पर्यावरण, सूचना तकनीकी, भूगोल, इतिहास, अंतरिक्ष विज्ञान, शिक्षा, नीति, वित्त, राजनीतिक व्यवस्था, सामाजिक न्याय, नीति-शास्त्र, अंतरराष्ट्रीय संबंध आदि विविधतापूर्ण विषय आते हैं। वैश्विक घटनाक्रम के बारे में भी जागरूक रहना चाहिए। छात्रों को समाचार पत्र और खासतौर से उनके संपादकीय लेख जरूर पढ़ने चाहिए। पत्र-पत्रिकाएँ पढ़ें, रेडियो सुनें, राष्ट्रीय-अंतरराष्ट्रीय चैनल में चलनेवाले समाचार बुलेटिन पर भी नजर रखें। दूरदृष्टि, सकारात्मक सोच, लगनशीलता, नव-अन्वेषण और कड़ी मेहनत सफलता का मार्ग प्रशस्त करती है। इसके अलावा अनेक महत्त्वपूर्ण बिंदु हैं, जिन पर ध्यान देने की जरूरत है। ऐसे ही कुछ बिंदु हैं—

विषय-वस्तु की जानकारी

कुछ ऐसे महत्त्वपूर्ण बिंदु हैं जिनकी जानकारी प्रतियोगी परीक्षा की तैयारी

करनेवाले छात्र को अवश्य होनी चाहिए। इन परीक्षाओं में प्रतिस्पर्धात्मक स्तर काफी ऊँचा रहता है। ऐसे में जरूरी है कि व्यक्ति अपना संतुलन और आत्मविश्वास बनाए रखे, निराशा का भाव न आने दे। किसी काम की शुरुआत करें तो उसे परिणाम तक पहुँचाने का प्रयास करें। अगर एक जगह निराशा भी हाथ लगे, तो घबराएँ नहीं। एक द्वार बंद होता है तो संभावनाओं के कई द्वार खुलते हैं।

परीक्षा के बारे में भी जानें

परीक्षा की तैयारी से पूर्व छात्रों को परीक्षा की बारीकी व विषय-वस्तु से परिचित होना चाहिए। यदि पहली बार किसी प्रतियोगी परीक्षा में बैठनेवाले हैं तो फिर उस परीक्षा के बारे में जानकारी जरूर इकट्ठा कर लें। पिछले वर्ष के प्रश्न-पत्र, पाठ्यक्रम व दूसरी अहम जानकारी जरूर प्राप्त करें। पाठ्यक्रमों का सिलसिलेवार तरीके से अध्ययन करें। विषयवस्तु की समझ विकसित होने के बाद ही परीक्षा में बैठने का निर्णय लें।

आत्मविश्लेषण करें

परीक्षा के सभी पहलुओं को जानने के बाद स्वयं का आकलन करें कि आप कहाँ खड़े हैं ? तभी आप सही निर्णय ले सकते हैं। चाहें तो सैंपल पेपर या पिछले साल के प्रश्न-पत्र की मदद भी ले सकते हैं। मॉक या नकली परीक्षण के माध्यम से आत्मविश्लेषण करें। कौन से विषय में मजबूत हैं और कौन से विषय में कमजोर, इसका आकलन करने के बाद ही आप बेहतर कर सकते हैं। सभी विषयों और बिंदुओं की अलग-अलग सारणी बनाएँ।

बुद्धिमत्तापूर्ण योजना की जरूरत

प्रतियोगी परीक्षा में बैठने या किसी भी क्षेत्र में जाने का मन बनाने के बाद जरूरी है कि बुद्धिमानी से योजना बनाई जाए। जानकारी हासिल करें कि परीक्षा कब आयोजित होती है और आपके पास उसके लिए कितना वक्त है। प्रत्येक वर्ष आयोजित होनेवाली परीक्षाओं के मॉडल प्रश्न-पत्र का सरसरी तौर पर आकलन करें। मसलन समय की अवधि की गणना करें, जरूरत की

चीजों को रेखांकित करें, फिर ध्यानपूर्वक तैयारी में जुट जाएँ। स्मरण रहे कि तैयारी के दौरान तनाव को हावी न होने दें, न ही इससे भागने का प्रयास करें। सुविधाजनक व असहजतापूर्ण पहलुओं पर भी गंभीरतापूर्वक विचार करें। यदि आप महसूस करें कि तार्किक जाँच या प्रलेखन में अच्छा करने की जरूरत है, तो इन विषयों की तैयारी में अतिरिक्त समय दें।

सूची बनाएँ

परीक्षा पाठ्यक्रम की पूरी जानकारी हासिल करने के बाद उम्मीदवार परीक्षा संबंधी पुस्तकों व अध्ययन सामग्री को जुटाना शुरू कर दें। अध्ययन सामग्री तार्किक जाँच परीक्षण, गणित और अंग्रेजी भाषा से संबंधित होनी चाहिए।

समय आवंटित करें

दिनभर की समय-सारणी तैयार करें और उसमें विश्राम व मनोरंजन की अवधि को अवश्य शामिल करें। अदल-बदलकर विषयों का अध्ययन करें, ताकि बोरियत महसूस न हो। रोजाना कम-से-कम चार घंटे का अध्ययन अनिवार्य है। समय निकालकर अखबार जरूर पढ़ें। इसके लिए 30 मिनट की अवधि पर्याप्त है। यह सामान्य ज्ञान बढ़ाने में मददगार साबित होगा।

नोट्स बनाएँ

आप जो कुछ भी अध्ययन करें, उसके नोट्स जरूर बनाएँ। हमेशा नोटबुक अपने पास रखें और जरूरत पड़ने पर इसकी मदद से पाठ को दोहराएँ।

समाप्ति के समय का निर्धारण

मोबाइल, कैलेंडर या नोट-बुक में अध्ययन समाप्ति का समय जरूर निर्धारित करें। उक्त तिथि व समय से पूर्व आपका पाठ खत्म हो जाना चाहिए। यह प्रत्येक प्रतिस्पर्धी के लिए महत्त्वपूर्ण है। नकली परीक्षण, पुराने प्रश्न-पत्र को हल करने आदि में सहूलियत होगी। इससे आत्मविश्लेषण में भी सुविधा होगी।

मात्रात्मक अभिरुचि

मात्रात्मक अभिरुचि की तैयारी के लिए अधिक समय की जरूरत होती है। ऐसे सवाल प्रतिदिन हल करें। पहले कांसेप्ट को समझें फिर सवाल को

हल करें। महत्त्वपूर्ण सिद्धांतों व फार्मूलों के नोट्स तैयार करें। आपको गणितीय सूत्र, वर्ग, टेबल सारणी, षट्कोण, घनफल गुणन आदि सूत्र स्पष्ट होने चाहिए, क्योंकि इसी गणना में अधिक समय लगता है। मात्रात्मक प्रश्न कठिन नहीं होते, बस सतत अभ्यास व तीव्र गति से हल करने की जरूरत होती है।

शब्दकोश को समृद्ध करें

अंग्रेजी भाषा में शब्दकोश का बड़ा महत्त्व है। आपका शब्दकोश जितना समृद्ध होगा, उतना ही समानार्थक, विपरीतार्थक व अनेक शब्दों के लिए एक शब्द जैसे विविध प्रश्नों का उत्तर देने में आसानी होगी। अधिकतर छात्र इस दिशा में ध्यान नहीं देते। बेहतर शब्दावली की समझ रखने में कुछ बुराई नहीं है। इससे सामूहिक परिचर्चा या फिर साक्षात्कार (भाषायी पकड़ के साथ सुंदर शब्द भी आने चाहिए) में काफी मदद मिलती है।

तार्किक बुद्धि परीक्षण

समय, दिशा और दूरी, सीटिंग अरेंजमेंट और वेन-आकृति जैसे प्रश्न लगभग सभी प्रतियोगी परीक्षाओं में पूछे जाते हैं। आपको इन प्रश्नों को तीव्र गति से अपने ढंग से हल करने की कला विकसित करनी होगी। जितना अधिक अभ्यास करेंगे, उतनी अधिक बुद्धि तीक्ष्ण होगी। इन मूल विषयों को कभी भी नजरअंदाज नहीं करना चाहिए। तकनीकी सूक्ष्मता, कठिन परिश्रम, लगनशीलता, निरंतर मेहनत, सकारात्मक सोच, मारक क्षमता और जिजीविषा के जरिए आप प्रतिस्पर्धा में सफल हो सकते हैं। अगर आप सिविल सेवा परीक्षा में गंभीरतापूर्वक अध्ययन करते हैं, तो आपको सफल होने से कोई नहीं रोक सकता। हम सबके भीतर सफल होने के गुण निहित हैं। हम केवल अपनी क्षमता को पहचान लें, तो कोई भी मंजिल हमारे लिए दूर नहीं। इच्छाशक्ति, सकारात्मक सोच, लगन और कठोर परिश्रम करने का जज्बा ही हमें सफल बनाता है, बाकी सब कुछ खुद-ब-खुद होने लगता है।

□

प्रशासनिक सेवा में भाषा की अहमियत

फाउंडेशन कोर्स पूरा होने व प्रशासनिक सेवा के मुख्य प्रशिक्षण की शुरुआत के बाद कैडर निर्धारित किया जाता है। इसके पूर्व किसी भी प्रशिक्षु अधिकारी को यह पता नहीं होता कि उसे किस कैडर में भेजा जा रहा है। कैडर निर्धारण के पूर्व सभी बेहद प्रसन्न होते हैं। कैडर मिलने के बाद कुछ अधिकारी बेहद खुश होते हैं, क्योंकि उन्हें गृह राज्य मिल जाता है, तो कुछ नाखुश होते हैं क्योंकि उन्हें न तो मनपसंद राज्य मिल पाता है और न ही पड़ोसी राज्यों में पदस्थापित किया जाता है।

कैडर का निर्धारण

हमारे समय में कैडर निर्धारण की प्रक्रिया बड़ी रोचक थी। 1985 से पूर्व जोनल सिस्टम होने की वजह से एक-तिहाई अधिकारियों को गृह राज्य मिल जाता था, वहीं दो-तिहाई अधिकारियों को पड़ोसी राज्यों में भेज दिया जाता था। इस प्रकार ज्यादातर लोगों को पड़ोसी राज्य मिल जाते थे। मगर केंद्र सरकार ने पंजाब में उग्रवाद को देखते हुए कैडर निर्धारण करने की इस प्रक्रिया को बदलने का निर्णय लिया। तब नई व्यवस्था के तहत एक-तिहाई अधिकारियों की पोस्टिंग गृह राज्यों में की जाती है, और शेष अधिकारियों की जरूरत के अनुसार राज्यवार नियुक्ति होती है। यह लॉटरी की तरह ही होता है। किसी को आंध्र प्रदेश, कुछ को अरुणाचल प्रदेश तो कुछ को केरल व दूसरे राज्यों में भेज दिया जाता है।

मुझे कर्नाटक कैडर में भेजा गया। जब मुझे यह पता चला कि मेरी पहली पोस्टिंग लिंगसुगुर में की गई है तो मानचित्र में मुझे यह स्थान ढूँढ़ने पर भी नहीं मिला, क्योंकि यह बहुत दूरदराज का क्षेत्र था। मैंने सोचा, शायद नियति को यही

मंजूर हो। शुरू में तो ऐसा लगा मानों व्यक्ति को उसकी जड़ों से काटकर किसी दूसरे क्षेत्र में प्रत्यारोपित किया जा रहा हो। यह जगह मेरी पुश्तैनी सांस्कृतिक जड़ों से बिल्कुल अलग थी। मेरी माताजी ने कर्नाटक का कभी नाम भी नहीं सुना था। जब मैंने उन्हें इसके बारे में बताया तो पूछने लगी कि यह कितनी दूर है ? क्या यह ईरान से भी दूर है ? ईरान के बारे में उन्होंने थोड़ा-बहुत सुन रखा था क्योंकि उन दिनों बड़ी संख्या में लोग नौकरी या व्यवसाय के लिए भारत से ईरान जाते थे। फिर मैंने उन्हें बताया कि यह क्षेत्र भारत में ही स्थित है, मगर बंबई से दूर है। उन्होंने बंबई (वर्तमान में मुंबई) के बारे में सुन रखा था।

कन्नड़ सीखना

कैडर का निर्धारण होते ही अधिकारी को स्थानीय भाषा सीखनी पड़ती है। प्रशिक्षण संस्थान में भाषा शिक्षक होते ही हैं। इसलिए मैंने कन्नड़ सीखने के लिए कन्नड़ क्लास जाना शुरू कर दिया। कुछ दिनों के प्रयास के बाद मैं छोटे-छोटे वाक्य बोल लेता था। धीरे-धीरे भाषा के प्रति रुझान पैदा हुआ। परिवीक्षाधीन अधिकारी के तौर पर भाषा शिक्षक की मदद लेने की अनुमति होती है और इसके लिए भत्ता भी मिलता है। हमें कन्नड़ भाषा में 10वीं की परीक्षा उत्तीर्ण करनी पड़ती है, पहले चौथी कक्षा ही उत्तीर्ण करनी पड़ती थी।

नौकरी ज्वॉइन करने के बाद मुझे एहसास हुआ कि राज्य की भाषा जानना बहुत जरूरी है क्योंकि उसके बगैर आपका कोई काम नहीं हो सकता। आप लोगों से मिल तक नहीं सकते। केवल अंग्रेजी भाषा का ज्ञान ही काफी नहीं है। एक समय था, जब अधिकारी अंग्रेजी भाषा के सहारे ही पूरी नौकरी कर लेते थे, क्योंकि आम लोगों से सरोकार कम था। आज समय बदल चुका है। अब आपको काम के सिलसिले में ज्यादा-से-ज्यादा लोगों से मिलना पड़ता है। अगर आपको कन्नड़ भाषा का ज्ञान नहीं है, तो आप राज्य में बिल्कुल अलग ग्रह के प्राणी के समान एक कोने में पड़े रहेंगे। इसलिए ज्यादा-से-ज्यादा लोगों तक पहुँच बनाने के लिए आपको स्थानीय भाषा की जानकारी होनी चाहिए। इसलिए मैंने गंभीरता से कन्नड सीखनी शुरू की। कुशल प्रशासक के लिए भाषायी दक्षता जरूरी है। यदि आप उनकी भाषा में उनसे संवाद करते हैं तो न केवल एक दूसरे की बात समझ सकते हैं, बल्कि इससे अपनापन भी आता है।

जैसे ही आप दूसरी भाषा का प्रयोग करते हैं, स्थानीय लोगों से दूरी बढ़ने लगती है। भाषा लोगों से जोड़ती है। अगर आप स्थानीय लोगों से उन्हीं की भाषा में बात करते हैं, तो उनकी समस्याएँ जानकर उनका प्रभावी निदान दे सकते हैं।

भाषा से असली मुठभेड़

पद सँभालने के बाद ही मैंने कन्नड़ भाषा सही मायने में सीखनी प्रारंभ की। यहाँ स्थानीय भाषा में कामकाज होता है। ऑफिस चलाने व टपाल (पत्राचार) के लिए कन्नड़ भाषा जानना जरूरी था। मैं ठीक तरीके से कन्नड़ नहीं लिख पाता था। चूँकि पत्राचार भी कन्नड़ में होता था, इसलिए हर बार मुझे निजी सहायक की मदद लेनी पड़ती थी। पहले वे पढ़कर सुनाते थे। फिर मुझे जानकारी होती थी कि पत्रावली में किन बातों का उल्लेख किया गया है। सुनने के क्रम में कई बार बहुत रोचक शब्दों से सामना होता था। ऐसे शब्द भी प्रयोग में आते थे, जिन्हें मैं पहली बार सुन रहा था। अंग्रेजी में 'लंच' का अर्थ 'दोपहर का भोजन' होता है, जबकि कन्नड़ में 'लंच' का अर्थ 'घूस देना' है। इसी प्रकार हिंदी में 'उचित' शब्द का मतलब 'सही' या 'ठीक' है, जबकि कन्नड़ में 'उचित' के मायने बिल्कुल अलग है। आपको संस्कृत से मिलते-जुलते शब्द मिलेंगे, मगर उनके उच्चारण और अर्थ अलग होते हैं।

प्रारंभ से ही कोई भी नई भाषा सीखने को लेकर मेरे मन में किसी प्रकार का दुराग्रह नहीं था। मैंने कन्नड़ बोलना तथा उसमें नोट्स बनाने शुरू कर दिए। इससे शब्दों का वास्तविक अर्थ भी समझने लगा और भाषा के प्रति लगाव भी बढ़ा। धीरे-धीरे कन्नड़ मानों मेरी मातृभाषा बन गई। मैं जब कभी राजस्थान जाता था तो वहाँ भी टैक्सी ड्राइवर को कन्नड़ में ही निर्देश दे देता था। जब उनकी तरफ से कोई प्रतिक्रिया नहीं होती थी तब मुझे एहसास होता था कि मैं तो जयपुर में हूँ। तब हिंदी में बातचीत करता था। ऐसा कई बार हो चुका है। कई बार हिंदी में बातचीत के दौरान कन्नड़ शब्द मेरी जुबान पर खुद-ब-खुद आ जाते हैं। आज भी अपने पुश्तैनी गाँव में दूसरों से बातचीत के क्रम में कन्नड़ शब्द सहज भाव से निकल आते हैं। विगत 30 वर्षों में कर्नाटक से मेरा गहरा लगाव हो गया है।

अनुवाद में अपनेपन का भाव नहीं

कन्नड़ सीखने का सही प्रयास रायचूर में हुई मेरी पहली पोस्टिंग के दौरान हुआ। भाषा सीखना तैरने के समान है। आपको भले ही पता हो कि गोते कैसे लगाते हैं, परंतु जब तक आप पानी में नहीं उतरते, तब तक तैराक नहीं बन सकते। इसी प्रकार साइकिल पर आप भले ही लंबा-चौड़ा भाषण सुन लें, मगर साइकिल सवार बनने के लिए साइकिल का पैडल चलाना ही होगा। भाषा सीखना एक कला है, वर्तमान समय में यह बेहद जरूरी है। व्यवसायियों को ही देखें, वे दूसरे प्रांत के ग्राहकों से संपर्क साधने के लिए कई भाषाओं का प्रयोग करते हैं। प्रशासनिक सेवा में भी भाषायी ज्ञान को सफलता की कुंजी माना जाता है। चूँकि आपको सभी समस्याओं का निदान करना पड़ता है, इसलिए भाषा की बाधा पार किए बगैर आप कुशल प्रशासक नहीं बन सकते। अनुवाद में अपनापन का भाव नहीं होता। वैसे भी दूसरों से जुड़ने के लिए भाषायी दक्षता होना जरूरी है।

किसी ने सच कहा है कि एक भाषा के ज्ञान से आप प्रारंभिक बाधा पार कर लेते हैं, परंतु दो भाषाओं का ज्ञान सफलता की ओर ले जाता है। अगर आप बहुभाषी हैं, तो आपको आगे बढ़ने से कोई नहीं रोक सकता। अगर आप दूसरे लोगों से उनकी मातृभाषा में बातचीत करते हैं, तो जल्द ही उनके दिल के करीब होने लगते हैं।

□

जो सही लगा, वही किया

अपने पूरे कार्यकाल में विभिन्न विभागों में जिम्मेदारी निभाते हुए मैंने वही निर्णय लिये, जो मुझे उचित लगे। मैं अपने निर्णय को लेकर दृढ़निश्चयी था। यदि मुझे लगा कि उक्त मसले पर सकारात्मक निर्णय लिया जा सकता है, तो बेहिचक और बिना समय गँवाए निर्णय ले लिया, लेकिन यदि मुझे लगा कि मामला सही नहीं है, तो मैंने तमाम दबावों के वावजूद उसके पक्ष में निर्णय नहीं लिया। यद्यपि कई विभागों में मेरा कार्यकाल कुछ ही दिनों का रहा, परंतु मैंने अपने इन सिद्धांतों से समझौता नहीं किया। इसीलिए मैं जिन विभागों में रहा, आज भी वहाँ के लोग मेरे काम की चर्चा करते हैं।

भूमि सेना निगम में कायापलट

केंद्र सरकार में जिम्मेदारी निभाने के बाद जब मैं कर्नाटक लौटा तो मेरी नियुक्ति लैंड आर्मी कॉर्पोरेशन में की गई। यह नियुक्ति तीन महीने के लिए की गई थी। लेकिन मुझे चुपचाप नहीं बैठना था, मैंने पद सँभालने के साथ ही कॉर्पोरेशन की कायापलट करने की योजना पर काम शुरू कर दिया। मैंने कॉर्पोरेशन के कर्मचारियों को प्रेरित किया और साथ ही विभाग में ऐसे बदलाव किए ताकि वह निर्माण क्षेत्र में काम करनेवाली निजी कंपनियों के साथ प्रतिस्पर्धा कर सके। मैं जानता था कि जबतक हम अपने साथ काम करनेवाले लोगों का विश्वास नहीं जीतेंगे, तब तक विभाग का कायाकल्प आसान नहीं होगा। इसी बात को ध्यान में रखकर मैंने ऐसी योजना बनाई और उसे अमल में लाने के लिए नियम से हटकर काम किया। हमने सरकारी क्षेत्र में प्रावधान न होने के बावजूद कार्य के लाभांश को सभी कर्मचारियों के बीच बराबर बाँटने का

निर्णय लिया। तीन महीने में ही लैंड आर्मी कॉर्पोरेशन निजी निर्माण कंपनियों का सशक्त प्रतिस्पर्धी बन गया। तीन महीने के बाद मेरा तबादला हाउसिंग बोर्ड में कर दिया गया।

बी.डी.ए. में '100 आवासीय योजना'

जब मैंने आवासीय बोर्ड में पदभार सँभाला, उस समय निगम की आर्थिक स्थिति चरमराई हुई थी। देखा जाए, तो दूसरे राज्यों में भी हाउसिंग बोर्ड की स्थिति कमोबेश ऐसी ही थी। कर्नाटक की सबसे बड़ी समस्या आवासीय निगम की छवि को लेकर थी। आम लोगों की नजर में इसकी छवि लगातार धूमिल होती जा रही थी। ऐसे में मेरी पहली प्राथमिकता इसकी छवि सुधारना थी। मैं इस तथ्य से भलीभाँति परिचित था कि बिना किसी ठोस कार्य के इसकी यथास्थिति में सुधार संभव नहीं था। कई जिलों में निगम के पास बड़ी मात्रा में जमीन थी। हमने 100 विभिन्न क्षेत्रों में जमीन को चिह्नित किया और वहाँ 100 आवासीय परिसर बनाने का फैसला किया। मैंने निर्माण कार्य को तीव्र गति से पूरा करने के लिए निजी ठेकेदारों की भाँति काम कराना शुरू किया। हमने निविदा में प्रतिस्पर्धात्मक तरीके को अपनाया, इसी के साथ ही वास्तुकला विशेषज्ञों को 'टर्न की' आधार पर सूचीबद्ध किया। निविदा प्रक्रिया के समाप्त होते ही निविदाकर्ता की जिम्मेदारी नियत समय पर परियोजना को पूरा करने की होती थी।

यह आइडिया चल निकला और आवासीय निगम के समक्ष बड़े पैमाने पर आवासीय परिसर तैयार करने की माँग आने लगी। हालाँकि प्रारंभ में मकानों की गुणवत्ता को लेकर लोग थोड़े आशंकित भी थे। जब उन्होंने इन परियोजना के तहत निर्माण कार्य का अवलोकन किया, तो उनकी भ्रांतियाँ दूर होती चली गईं। विदित रहे कि इन आवासीय परिसरों के निर्माण में प्रयोग में आनेवाली सामग्री गुणवत्तापूर्ण थी। इसी प्रकार की योजना की जबरदस्त माँग मांड्या, मैसूर और बीदर से भी आ रही थी। चूँकि जमीन यहाँ सस्ती दर पर उपलब्ध थी, लिहाजा हम लोग आवासीय परिसर भी रियायती दर पर उपलब्ध कराने में कामयाब रहे। मैं अपने केवल दो वर्ष के कार्यकाल में ही ज्यादातर आवासीय परिसरों का निर्माण कराने में सफल रहा। यहाँ तक कि निश्चित अवधि में ही आम जनता को वे मकान सौंप दिए गए। उसके बाद भी विभिन्न स्थानों से इस प्रकार के आवासीय परिसर के निर्माण की माँग की जाने लगी।

बेस्कॉम और के.पी.टी.सी.एल. में अप्रत्याशित सुधार

आवासीय निर्माण प्रक्रिया के दौरान हम कुछ बड़े निर्णय लेने की तैयारी कर रहे थे, तभी मेरा स्थानांतरण आवासीय निगम से बेंगलुरु विद्युत् आपूर्ति कंपनी लिमिटेड (बेस्कॉम) में कर दिया गया। वहाँ भी हमने विभागीय तौर पर कई सुधार किए—मसलन प्रशासनिक सुधार, प्रशिक्षण, कर्मचारियों का प्रोत्साहन, बिलिंग सिस्टम को कंप्यूटरीकृत करना, चौबीसों घंटे पेमेंट की सुविधा, ऑनलाइन एनर्जी ऑडिट, आदि। इसके अलावा पर्यवेक्षी नियंत्रण और डाटा अधिग्रहण का कार्य भी बड़े पैमाने पर किया गया। साथ ही सभी 66 किलोवाट व उससे अधिक क्षमतावाले स्टेशनों का रिमोट कंट्रोल के जरिए सफलतापूर्वक संचालन किया गया। कनार्टक पावर ट्रांसमिशन कॉर्पोरेशन लिमिटेड में भी उच्च तकनीक का प्रयोग आरंभ किया।

समाज कल्याण विभाग का कायाकल्प

कनार्टक पावर ट्रांसमिशन कॉर्पोरेशन लिमिटेड के बाद मेरा तबादला समाज कल्याण विभाग में सचिव पद पर किया गया। इस विभाग से अनेक संस्थान जुड़े हुए थे। प्रचुर संसाधन होने के बावजूद इसके प्रबंधन में खामियाँ थीं। अनुसूचित जाति व जनजाति के लिए बने छात्रावास खराब व्यवस्था का शिकार थे। शिक्षकों की कम गुणवत्ता, प्रोत्साहन में कमी, फर्जी बिल बनाना जैसी समस्याएँ बड़े पैमाने पर व्याप्त थीं। लिहाजा मैंने पूरे सिस्टम को सुधारने का फैसला कर किया। 2006 में पहली बार बायोमैट्रिक सिस्टम लगाया गया, ताकि हम छात्रावास में छात्रों की उपस्थिति पर कड़ी नजर रख सकें। इसी प्रकार फर्जी बिल से भी छुटकारा मिला। उस समय जिला स्तर पर निविदा निकालने की व्यवस्था थी। हमने छात्रावास अधीक्षक और उनके वरिष्ठ अधिकारियों को स्थानीय स्तर पर रोजमर्रा की वस्तुएँ जैसे कि दूध, सब्जियाँ आदि खरीदने का अधिकार दिया। हमने लगभग 14,000 कर्मचारियों, जिनमें छात्रावास प्रबंधक, पर्यवेक्षक, रसोइये व अन्य शामिल हैं, को प्रशिक्षित किया। ग्रामीण विकास राज्य संस्थान की मदद से उपग्रह प्रणाली का उपयोग कर विशेष प्रशिक्षण की शुरुआत की। समाज कल्याण मंत्री व मैंने सभी को संबोधित किया। उपग्रह की मदद से 170 तालुका के लोगों को एक साथ संबोधित किया गया। एक

दिन में इतने बड़े पैमाने पर प्रशिक्षण का आयोजन पहले कभी नहीं हुआ। मैसूर में उपग्रह कक्ष में बैठकर इस कार्य को अंजाम दिया गया। कर्मचारी भी नई व्यवस्था से चकित थे। अधिकतर लोगों का कहना था कि इस प्रकार के प्रशिक्षण का अनुभव उन्होंने पहले कभी नहीं लिया। उसके बाद छात्रावास के लिए निर्देशिका जारी की गई, जिसमें क्या करना और क्या नहीं करना, इसकी स्पष्ट जानकारी दी गई। इससे संबंधित पुस्तिका बाँटी गई। इसी प्रकार ग्रामीण क्षेत्रों में कर्नाटक आवासीय शैक्षणिक संस्थान सोसाइटी (के.आर.ई.आई.एस.) या अनुसूचित जाति व अनुसूचित जनजातियों को समर्पित मोरारजी देसाई स्कूलों में कई कल्याणकारी योजनाएँ चलाई गईं। हालाँकि यह सब कार्य निर्विरोध संपन्न नहीं हुआ। अपने व्यक्तिगत अनुभव के आधार पर मैं यह कह सकता हूँ कि अगर आप दृढ़ निश्चयी हों, तो बड़ा बदलाव भी कर सकते हैं। मैंने आई.सी.टी.यू. जैसा विषय विकास, उपग्रह के जरिए प्रशिक्षण, अतिरिक्त कक्षा जैसी कई सुविधाएँ शुरू कीं। 2016 में उच्चशिक्षा विभाग में जो योजनाएँ लागू की गईं उनकी जमीन वास्तव में उन छात्रावासों में ही तैयार कर ली गईं थी।

बेंगलुरु बना सबसे सुंदर महानगर

समाज कल्याण विभाग के बाद मेरा स्थानांतरण 2009 में बृहत् बेंगलुरु महानगरपालिका में कर दिया गया। उन दिनों निगम बिना निर्वाचित प्रतिनिधियों के चल रहा था, जो मेरे लिए चुनौतीपूर्ण स्थिति थी। सरकार और आम लोगों की अपेक्षाएँ बहुत अधिक थीं। हर दिन किसी न किसी नई चुनौती से सामना होता था। रोजमर्रा के कामकाज के अलावा शहर में 800 किलोमीटर की चार लेन वाली सड़क के निर्माण की योजना पर काम शुरू किया। एजेंसियाँ निर्धारित करके निविदाएँ निकाली गईं। परंतु तभी कुछ लोगों ने काम में बाधा डालने की दृष्टि से अदालत का रुख किया और हमें काम रोकना पड़ा। हमने सड़क के चौड़ीकरण का काम लगभग 25 प्रतिशत पूरा कर लिया था।

इसके साथ ही शहर में कचरे को लेकर जो समस्याएँ थीं, उन्हें हल करने की दिशा में एक योजना पर काम कर रहे थे। हम चाहते थे कि कचरे का शुरू से ही अलग-अलग विभाजन कर लिया जाए। झीलों के इस शहर की झीलों पर बिल्डर्स और कुछ नेताओं ने कब्जा कर रखा था, जिससे झीलों की संख्या

कम होती जा रही थी। हमने झील विकास प्राधिकरण में अधिकतर झीलों को ले लिया। साथ ही सभी झीलों का सर्वे कराया और 186 झीलों की सूची बनाई। उसके बाद वहाँ से अतिक्रमण को हटाने की प्रक्रिया चालू की। गाद और कचरे से मुक्त झीलों के चारों ओर कँटीले तार की बाड़ लगाई गई। इससे भावी अतिक्रमण पर रोक लग गई। शहर को खूबसूरत बनाने के लिए वाल पेंटिंग यानी भित्ति चित्रकारी की गई। कुछ स्थानीय कलाकारों को इसमें शामिल किया गया। पर्यटन स्थलों की सुरक्षा और कर्नाटक की सांस्कृतिक धरोहर को संरक्षित करने के लिए जागरूकता कार्यक्रम चलाए गए, जो काफी लोकप्रिय हुए।

एक नागरिक, एक पौधा

बृहद बेंगलुरु महानगरपालिका (बी.बी.एम.पी.) के बाद मेरा स्थानांतरण बेंगलुरु विकास प्राधिकरण (बी.डी.ए.) में हुआ। वहाँ भी कई बड़ी योजनाएँ शुरू की गईं। उनमें सबसे बड़ी परियोजना 15 फ्लाई ओवर के जरिए रिंग रोड को सिग्नल मुक्त करना थीं। इसके अलावा अर्कावती समस्या से भी निजात मिली। जिसके कारण बी.डी.ए. की काफी बदनामी हुई थी। शहर के आधे क्षेत्र में रिंग रोड न होने के कारण रिंग रोड का विस्तारीकरण किया। कई फ्लाईओवर अधर में पड़े थे। हमारी प्राथमिकता उत्तर-दक्षिण, पूर्व-पश्चिम चारों दिशाओं को मिलाकर सड़क के ऊपर ही गलियारा बनाने की थी। आज जहाँ से मेट्रो रेल गुजर रही है, हमने उसी के खंभों की मदद से सड़क बनाने का निर्णय लिया था। इसी प्रकार बी.डी.ए. में एक करोड़ पौधे लगाने की योजना बनाई। मेरे कार्यकाल में 35 लाख पौधे लगाए जा चुके थे, मगर बाद में ये योजना जारी नहीं रही। वरना एक करोड़ का आँकड़ा छू लेना मुश्किल नहीं था। मेरी मंशा थी कि बेंगलुरु में प्रत्येक नागरिक कम से कम एक पेड़ अवश्य लगाए व उसकी देखभाल करे।

□

ग्रामीण समस्याओं की समझ

राजस्थान के एक गाँव में पैदा होने तथा वहीं पालन-पोषण व शिक्षा-दीक्षा होने के कारण मैं गाँव की परिस्थितियों से भली-भाँति परिचित हूँ। मसूरी स्थित लाल बहादुर शास्त्री प्रशासनिक अकादमी में प्रशिक्षण के दौरान भी हमें विभिन्न गाँवों में खास तौर से भेजा गया ताकि हम गाँव की जिंदगी तथा गाँव की समस्याओं को ठीक से समझने लगें।

श्रम का सम्मान

गाँव भ्रमण के क्रम में हम सभी प्रशिक्षुओं को पंजाब के एक गाँव में भेजा गया। वहाँ सरपंच को इस बात की पहले से ही जानकारी थी। पंचायत सरपंच सिख समुदाय से थे। वहाँ के स्थानीय स्कूल में हम लोगों के लिए ठहरने की व्यवस्था की गई। स्कूल परिसर को ही गेस्ट हाउस में तब्दील कर दिया गया था। चूँकि पंजाब एक खुशहाल प्रदेश है, इसलिए वहाँ के गाँव भी खुशहाल नजर आते हैं। वहाँ की जमीन काफी उपजाऊ है। राजस्थानी होने की वजह से मैं इन दोनों राज्यों का तुलनात्मक अध्ययन कर सकता था। हमने पंचायत के सभी पहलुओं का अध्ययन किया; मसलन खेती कैसे की जाती है, कैसे बाहरी क्षेत्रों के श्रमिकों का सहयोग लिया जाता है और लोग कैसे खेतों में स्वयं काम करते हैं। वहाँ श्रम को सम्मान की दृष्टि से देखा जाता है। हर किसान अपने खेत में स्वयं काम करता है। एक व्यक्ति भले ही ऊँचे पद पर क्यों न काम करता हो, चुने हुए प्रतिनिधि या फिर विधायक हों, जब भी गाँव आते हैं, खेती-किसानी जरूर करते हैं। यह अच्छी बात है, जो देश के दूसरे प्रांतों में प्राय: नजर नहीं आती। इसके विपरीत राजस्थान में ज्यादातर महिलाएँ खेत में काम करती हैं,

पुरुषों की संख्या अपेक्षाकृत कम है, जबकि पंजाब में पुरुष और महिलाएँ दोनों समान रूप से खेतों में काम करते हैं।

जल के संयमित उपयोग को प्रोत्साहन

कर्नाटक में तैनाती के दौरान राजस्थान के ग्रामीण जीवन और पंजाब के किसानों के बीच रहने का मेरा अनुभव बहुत कारगर साबित हुआ। इससे मुझे कर्नाटक व दूसरे राज्यों के ग्रामीण जीवन-संघर्ष को समझने में आसानी हुई। कर्नाटक के लिंगसुगुर की स्थिति कमोबेश राजस्थान की ही तरह है। यहाँ सिंचाई की जबरदस्त समस्या होने के साथ-साथ पानी की घोर किल्लत भी है। हालाँकि लिंगसुगुर के कुछ क्षेत्रों जैसे सिंधनुर में खेतों की सिंचाई तुंगभद्रा नदी के जल से की जाती है। मैंने महसूस किया कि स्थानीय लोग पानी का उपयोग जरूरत से ज्यादा करते हैं, काफी मात्रा में पानी बरबाद हो जाता है। इसके विपरीत लिंगसुगुर में पर्याप्त जल की सुविधा नहीं है। दूसरे तालुका कुश्तगीर की गिनती भी सूखा प्रभावित क्षेत्र के रूप में होती है। वहाँ भी स्थिति बहुत खराब है। हालाँकि एक नदी वहाँ के कुछ भू-भाग से होकर बहती है, मगर शायद ही इससे सिंचाई कार्य होता हो। इसी क्षेत्र में नारायणपुल बाँध का निर्माण किया गया। नदी का ज्यादातर जल इसी बाँध के जरिए संग्रहीत होता है, जिससे नदी के जलस्रोत में भारी कमी आई। मैं दोनों ही स्थितियों का गवाह हूँ। एक जगह जल की बरबादी, दूसरी जगह पानी की किल्लत।

इसके विपरीत, पंजाब में जल को बरबाद नहीं किया जाता। वहाँ विवेकपूर्ण तरीके से पानी का इस्तेमाल किया जाता है। कर्नाटक के कुछ क्षेत्रों के लोगों को खेती-किसानी के बारे में कम जानकारी है। पंजाब की तुलना में इस क्षेत्र में हरित क्रांति का प्रभाव कमतर दिखाई पड़ता है। इस प्रकार हम पंजाब, राजस्थान और कर्नाटक के ग्रामीण जीवन को बेहतर तरीके से समझ सकते हैं। ऐसे में इन तीनों क्षेत्रों में लोगों के जीवन का तुलनात्मक अध्ययन किया जा सकता है।

गाँव की भोली जनता

मैं अपने अनुभव के आधार पर कह सकता हूँ कि कर्नाटक के ग्रामीण क्षेत्र के निवासी अत्यंत भोले-भाले हैं। उनका प्रशासन में बड़ा विश्वास है। ये लोग अपने अधिकारों के प्रति कम जागरूक हैं, साथ ही उनकी माँगें भी

कम हैं। ये बड़े आज्ञाकारी हैं, यह स्पष्ट तौर पर नजर आता है। रायचूर में ऐसे लोग अधिक मिलेंगे। निजाम के शासनकाल में यह पूरा भू-भाग हैदराबाद और कर्नाटक क्षेत्र के अंतर्गत आता था। लिंगसुगुर उन दिनों जिला मुख्यालय के तौर पर प्रसिद्ध था। उर्दू यहाँ की मुख्य भाषा थी। प्रशासन से जुड़े लोगों, खासकर वरिष्ठ अधिकारियों जैसे सह-आयुक्त, तहसीलदार, राजस्व अधिकारी, यहाँ तक कि पुलिस अधिकारी के प्रति ज्यादा आदर का भाव था। ऐसी प्रवृत्ति आपको पंजाब में देखने को नहीं मिलेगी, जहाँ लोग अपने अधिकारों के प्रति ज्यादा जागरूक हैं।

सदैव खुला रहा द्वार

राजस्थान और कर्नाटक की स्थिति कमोबेश एक जैसी है। हम दोनों प्रदेशों के गाँवों की स्थिति का आकलन कर सकते हैं। मुझे पंजाब और राजस्थान दोनों के ग्रामीण क्षेत्रों में रहने का अनुभव प्राप्त है। इससे ग्रामीणों की समस्याओं को समझने में आसानी हुई है। जब कभी मेरा सामना राज्य के ग्रामीण लोगों से होता है, मैं सबसे पहले उन्हें बुलाकर बातचीत करता हूँ। इसीलिए मैंने कभी लोगों से मुलाकात का कोई समय निर्धारित नहीं किया। इस नियम का वर्षों से मैं पालन करता आया हूँ। मेरा मानना है कि लोगों से मिलने के लिए समय निर्धारित नहीं होना चाहिए, क्योंकि वे सुदूर क्षेत्रों से मिलने आते हैं और उनके पास समय का अभाव होता है। उनकी बसों के आने-जाने का समय भी निर्धारित है, ऐसे में मुलाकाती समय तय करने से उन्हें परेशानी आती है। अधिकारियों से मुलाकात के अलावा उन्हें शहर में अनेक काम होते हैं, इसलिए ऐसे लोगों से मिलने के लिए मुलाकाती समय तय नहीं किया जाना चाहिए। मुझे लगता है कि यह कृत्रिम सोच है। इसलिए लोगों से मिलने के लिए मैंने आधिकारिक समय कभी निर्धारित नहीं किया।

मेरे दरवाजे हमेशा लोगों के लिए खुले हैं। जब कभी भी व्यस्तता कम होती है, मैं लोगों से जरूर मिलता हूँ। प्रारंभ से ही यह मेरी आदतों में शुमार है। इससे कई समस्याओं मसलन बिजली आदि समस्याओं का निबटान करने में मदद मिली। संभव हो तो मैं क्षेत्र-विशेष में ही समस्या का निराकरण करने का पक्षधर हूँ। यह प्रक्रिया मैं वर्षों से निभाता आ रहा हूँ।

राज्य में बतौर प्रशासक अपने लंबे अनुभव के आधार पर मैं यह कह सकता हूँ कि ग्रामीण जीवट प्रवृत्ति के होते हैं। वे परिश्रमी होते हैं, जो मन में ठान लिया, उसे पूरा करके ही दम लेते हैं। आप ईमानदारीपूर्वक उन्हें विश्वास में लेकर कोई अच्छा काम शुरू करें तो उनका समुचित साथ मिलता है।

□

निजी व आधिकारिक कार्यों में संतुलन

सार्वजनिक सेवा में कार्यरत लोगों के लिए सबसे बड़ी चुनौती व्यक्तिगत और आधिकारिक कार्यों के बीच संतुलन स्थापित करना होती है। जैसे ही आप दोनों का घालमेल करेंगे, परेशानियाँ बढ़ने लगेंगी। अगर दोनों कार्यों के बीच स्वस्थ संतुलन रखा जाए, तो जीवन आसान हो जाता है। प्रशासनिक अधिकारी (आई.ए.एस.) के रूप में अपने लंबे कार्यकाल में मैंने हमेशा व्यक्तिगत और आधिकारिक दोनों कार्यों के बीच संतुलन बनाने का प्रयास किया। कई बार ऐसे भावनात्मक मौके आए, जिसमें एक कार्य दूसरे पर हावी होता दिखा, मगर उस स्थिति में अगर मैं अनियंत्रित हो जाता, तो हास्यास्पद स्थिति बन सकती थी।

पिताजी की अस्वस्थता

मुझे एक घटना स्मरण है। पुश्तैनी गाँव में रह रहे मेरे पिताजी बीमार पड़ गए। उन्हें अस्थमा की समस्या थी। मैं बेहतर इलाज के लिए उन्हें राजस्थान से बेंगलुरु ले आया, ताकि उनकी बेहतर देखभाल कर सकूँ, साथ ही मेरे आधिकारिक काम पर भी असर न हो। उस दौरान राज्य में चुनाव प्रक्रिया की शुरुआत हो चुकी थी, मगर पिताजी के खराब स्वास्थ्य को देखते हुए मैं पसोपेश में था। डॉक्टर बेहतर सेवाएँ दे रहे थे, मगर हालत संतोषजनक नहीं थी। उन्हें एक ऐसे व्यक्ति की जरूरत थी, जो निरंतर उनकी सेवा कर सके। मैंने हालात के मद्देनजर चुनावी प्रक्रिया से अपना नाम वापस लेने का फैसला किया, मगर चुनाव आयोग से अनुमति नहीं मिली। ऐसे में मुझे चुनाव प्रक्रिया के लिए अधिक समय देना था। इसलिए डॉक्टरों की सलाह पर जब भी जरूरत होती

थी मैं पिताजी को लेकर अस्पताल जाता था।

पिताजी मेरे कार्य की गंभीरता से परिचित थे। लिहाजा एक दिन उन्होंने डॉक्टर के पास चलने के लिए मुझे कहा ही नहीं। हालाँकि उनकी इच्छा थी कि मैं उनके साथ रहूँ। इसलिए उन्होंने एक सहयोगी को कहा कि वह मुझसे पूछे कि क्या आज मैं उनके अस्पताल जाऊँगा। सहयोगी ने जब मुझे इस बात की जानकारी दी, तो मैंने झट से हामी भरते हुए कहा कि मैं जरूर जाऊँगा। इसलिए प्रात:काल मैं पहले उन्हें लेकर अस्पताल गया और डॉक्टरों से परामर्श किया। डॉक्टरों ने मुझे आश्वस्त किया कि पिताजी फिलहाल स्वस्थ हैं। फिर पिताजी को घर पहुँचाकर मैं ऑफिस चला गया। एस.कॉम अधिकारियों के साथ मैं मीटिंग में था, तभी सायंकाल करीब 5 बजे मेरी बेटी ने फोन करते हुए मुझसे घर तुरंत आने को कहा। मैंने कारण पूछा तो उसने कहा कि दादाजी की हालत नाजुक है।

पिताजी का स्वर्गवास

आनन-फानन में बैठक खत्म कर मैं घर के लिए रवाना हो गया। ऑफिस के सहयोगियों को कुछ भी नहीं बताया। घर जाने के क्रम में मैंने अपने जनसंपर्क अधिकारी से तुरंत डॉक्टर बुलाने की गुजारिश की। उन्होंने डॉक्टरों से तुरंत संपर्क किया। डॉक्टर मेरे घर पहुँचने से पहले ही वहाँ पहुँच चुके थे। उन्होंने पिताजी के स्वास्थ्य की जाँच की। सायंकाल तक पिताजी ठीक थे। वे बिना किसी मदद के खुद ही बिस्तर से उठकर शौचालय तक गए। फल भी खाए। और भी फल माँगे। उन्हें जोरों की भूख लगी थी। फल खाने के बाद वे बिस्तर पर बैठ गए। थोड़ी देर बाद ही उन्हें संभवत दिल का दौरा पड़ा और उसी क्षण उनकी मृत्यु हो गई।

चूँकि ऑफिस में मैंने किसी से इस घटना के बारे में जिक्र नहीं किया था, तो लोग असमंजस में थे। घर पहुँचने के बाद मैंने अपने स्टाफ को सूचित किया कि पिताजी अस्वस्थ हैं। फिर उन्हें पिता के निधन की जानकारी दी गई। जब मैंने ऑफिस छोड़ा था, तब मैं यथास्थिति से पूरी तरह अनजान था, पर भावुक नहीं था। ऑफिस में मेरे बच्चे कभी भी फोन नहीं करते थे। उसके बाद पिताजी के शव को हवाई जहाज से पहले नई दिल्ली लाया गया, वहाँ से अंत्येष्टि के लिए मैं पुश्तैनी गाँव राजस्थान ले गया। पुत्रधर्म का निर्वाह करते हुए पिताजी

का अंतिम संस्कार किया। कुछ दिन गाँव में ही ठहरा और फिर वहाँ से सीधे दफ्तर की ओर प्रस्थान किया।

हम लोगों के ऊपर काम का काफी दवाब होता है। ऐसे में घर और दफ्तर दोनों जगह के कार्यों में संतुलन बनाना जरूरी है। मेरी हमेशा यही कोशिश रहती है कि दोनों ही जगह पर परस्पर संतुलन बना रहे। दोनों जगह के कार्य और परिस्थितियाँ अलग-अलग हैं। मेरी पत्नी और बच्चे यह कभी नहीं जान सकते कि मैं रोजाना ऑफिस में किन परिस्थितियों से जूझता हूँ। जब घर लौटता हूँ, तो न चेहरे पर शिकन होती है और न ही ऑफिस के काम का दबाव। मुझ पर आपातकालीन स्थिति में चीजों को सँभालने वाली प्रवृत्ति हावी रहती है। मैंने अपने शुरुआती दिनों में यही सीखा और आज तक उसे जारी रखने में कामयाब रहा हूँ।

घर और दफ्तर

विपरीत परिस्थितियों में भी मैं चेहरे पर परेशानी नजर नहीं आने देता। घर और दफ्तर दोनों ही जगह की परिस्थितियाँ अलग-अलग हैं। परिवार को इससे मतलब नहीं होता कि ऑफिस में आप क्या कर रहे हैं। उन्हें तो सिर्फ घर से मतलब है। साधारणत: अधिकांश लोग इन दोनों समस्याओं के निदान के समय ही मात खाते हैं। स्वामी विवेकानंद कहा करते थे, ''प्रत्येक कार्य का अपना स्थान है, परिस्थितियाँ कुछ भी हों, मगर हमें हर हाल में काम पूरा करना चाहिए।'' ऐसे में हमें केवल जरूरी काम पर ही ध्यान केंद्रित रखना चाहिए, यही महत्त्वपूर्ण है। अनुशासन सफलता की कुंजी है, इसलिए विषम परिस्थिति में अनुशासन न खोएँ, इसे हमेशा बनाए रखें।

□

आध्यात्मिक ऊर्जा

जीवन के हर क्षेत्र में प्रतिदिन अनेक चुनौतियों का हम सभी को सामना करना पड़ता है, इसलिए स्वाभाविक रूप से प्रतिदिन हमें काफी ऊर्जा की जरूरत होती है। शारीरिक ऊर्जा तो हमें भोजन से प्राप्त हो जाती है, परंतु मानसिक ऊर्जा के लिए हमें आध्यात्मिक शक्ति की जरूरत होती है। बचपन से ही नास्तिक होने की वजह से मूर्ति के प्रति मेरा विश्वास नहीं रहा है। मेरा स्पष्ट तौर पर मानना है कि ब्रह्मांड में अलौकिक शक्तियाँ निहित हैं, जो सर्जक हैं और नियंत्रक भी। प्रकृति की इन्हीं असीम शक्तियों की वजह से भगवान् सूर्य, पृथ्वी माता या अन्य प्रकृति प्रदत्त चीजें हमारे चारों तरफ विद्यमान हैं। इन सभी का मूल स्रोत अलौकिक शक्ति है।

मुझे बचपन की एक घटना स्मरण है। ताऊजी ने किसी संत से जानना चाहा कि मैं बड़ा होकर क्या बनूँगा? उस संत ने भविष्यवाणी की कि या तो मैं बड़ा अधिकारी बनूँगा या फिर संत। मुझे आज भी वे शब्द याद हैं। उन दिनों मैं अक्सर बड़े-बुजुर्ग की संगत किया करता था, ताकि ज्ञान प्राप्त कर सकूँ। संगत के जरिए जीवन-दर्शन व आध्यात्मिक सोच से अवगत होता था। मुझे बचपन से ही इन विषयों को जानने की उत्सुकता थी। जब सिविल सेवा में गया तो बड़े-बुजुर्ग की संगत न मिलने का मलाल रहा। समयाभाव था, मगर मैं मन में कुलबुलाते अनेक सवालों के उत्तर ढूँढ़ने की कोशिश करता रहता था।

ब्रह्मांडीय ऊर्जा शक्ति का असर

विगत पाँच वर्षों से मैं निरंतर एक ऐसे ज्ञानी पुरुष के संपर्क में हूँ जो निश्चित रूप से बहुत सुलझे हुए इंसान हैं। उन्होंने 'क्रिया' के विभिन्न पहलुओं से मुझे

अवगत कराया। प्रतिदिन इन्हीं क्रियाओं की वजह से मुझे आध्यात्मिक शक्ति या ऊर्जा प्राप्त होती है। यही कारण है कि मुझे थकावट महसूस नहीं होती, खुद को सदैव ऊर्जावान महसूस करता हूँ। जब भी समय मिले, गहरी साँस लीजिए और छोड़िए। इससे आपके भीतर ऊर्जा का संचार होने लगेगा और आप उतने ही तरोताजा महसूस करने लगेंगे, जितने प्रातःकाल करते हैं। आज ये क्रियाएँ जीवन का अभिन्न अंग बन चुकी हैं। अपने चारों तरफ मौजूद इस असीमित ऊर्जा के जरिए हम आनंद की अनुभूति कर सकते हैं। हम इसी ऊर्जा से संचालित होते हैं। हम इसका अवलोकन भी कर सकते हैं, महसूस भी कर सकते हैं। इससे सुचारु तरीके से कार्य करने की सुविधा मिलती है। अक्सर काम की अधिकता, लगातार बैठक और लोगों से मिलने की वजह से मुझ पर थकान हावी होने लगती थी। बतौर आयुक्त बी.बी.एम.पी., बी.डी.ए., हाउसिंग बोर्ड, बिजली बोर्ड, बिजली कंपनियों आदि में काम की अधिकता की वजह से मैं तनावग्रस्त हो रहा था, कार्यक्षमता भी घटती जा रही थी। ऐसे में आध्यामिक ऊर्जा वरदान साबित हुई। जब कभी मुझे ऊर्जा की जरूरत होती है, मैं ग्रहण कर लेता हूँ। मुझे इसका प्रतिदिन आभास होता है। इसलिए मैं विषम परिस्थितियों में भी विचलित नहीं होता और मेरी सकारात्मकता हमेशा बनी रहती है।

संपूर्णता में सद्भाव

आध्यात्मिक आयाम एकाकी अनुभव है, जिसे किसी खास संप्रदाय, चिंतन या धर्म से जोड़कर नहीं देखा जा सकता। यह ऐसी प्रक्रिया है, जो हम सबमें निहित है। एक समय प्रत्येक मनुष्य को इसकी जरूरत होती है। इसी से मेरे व्यक्तित्व में निखार आया। कार्य और आध्यात्मिकता के बीच कोई अंतर्विरोध नहीं है। अक्सर देखते हैं कि लोग आध्यात्मिक सुख पाने के लिए जीवन में सबकुछ त्यागने लगते हैं, मगर मैं इनकी बजाय संपूर्णता में विश्वास रखता हूँ। काम करते समय भी हम निर्लिप्त रह सकते हैं। मैंने इन क्रियाओं से यही सीखा है। मैं विपरीत परिस्थितियों में भी परेशान नहीं होता। मेरा संतुलन बना रहता है। साथ ही मैं वास्तविकता से दूर नहीं होता। चाहे काम की अधिकता हो या फिर सार्वजनिक जीवन की व्यस्तताएँ, मुझे परेशानी नहीं होती। हमसे लोगों की अपेक्षाएँ बहुत होती हैं और वे तुरंत परिणाम चाहते हैं। कई बार लोग

हमें उकसाते भी हैं, ताकि हम रक्षात्मक दृष्टिकोण अपनाने लगें। आध्यात्मिक क्रियाओं के जरिए हम ऐसी सभी परेशानियों से निजात पा सकते हैं और हालात आपसे नियंत्रित होते हैं।

धैर्य की परीक्षा

एक घटना मुझे स्मरण है। मेंगलुरु में मेरे आयुक्त रहते स्थानीय मछुआरों ने विशाल धरना दिया। धरना एम.आर.पी.एल. के विरोध में था। उनका आरोप था कि एम.आर.पी.एल. की वजह से समुद्री जल दूषित हो रहा था और आसपास जलीय जीवों के अस्तित्व का गंभीर संकट पैदा हो गया था। इसके विरोध में राष्ट्रीय राजमार्ग-17 को पूरी तरह से ठप्प कर दिया गया था। बड़ी संख्या में मछुआरे हमारे ऑफिस से लेकर सड़क तक विरोध कर रहे थे। हम लोग ऑफिस के भीतर बैठे थे। जिला अधिकारी कार्यालय के पीछे सँकरे रास्ते से होकर एक प्रतिनिधिमंडल आ रहा था। मुझे सूचना मिली कि उस प्रतिनिधिमंडल में शामिल किसी व्यक्ति ने शरारतपूर्ण तरीके से एक धार्मिक स्थल पर पत्थरबाजी की। सायं 4.30 बजे का समय था। दोपहर में राष्ट्रीय राजमार्ग पर फायरिंग की घटना में कुछ लोगों के घायल होने की सूचना थी। सचमुच तनावपूर्ण माहौल था। जब मैंने सुना कि उग्र भीड़ ने धार्मिक स्थल पर पथराव कर दिया है, तो मैंने तुरंत प्रतिनिधिमंडल के नेता को बुलाकर अविलंब धरना खत्म करने को कहा। मैंने उनसे कहा कि तुरंत सरकारी जीप में बैठें और लोगों से धरना खत्म करने की अपील करें, वरना दंगा भड़काने के आरोप में उन्हें जेल भेज दिया जाएगा। इस पर वे थोड़े नरम हुए और सरकारी गाड़ी में बैठने को तैयार हो गए। अगर उस समय हमने कठोर कदम नहीं उठाया होता, तो संभव था कि इसका विद्रूप रूप हमारे सामने आ जाता। कुछ लोग दंगा भड़काने की कोशिश में थे और हमारे लिए यह धैर्य की परीक्षा थी, खुशी इस बात की है कि हम इससे निबटने में सफल रहे।

मन और शरीर से परे

आध्यात्मिकता एक अनजान क्षेत्र में अनंत यात्रा है। आपको पता ही नहीं होता आप कहाँ जा रहे हैं। इसके लिए कोई पूर्व निर्धारित मार्ग भी नहीं है।

आपको कोई नहीं बता सकता कि आप कहाँ और किस दिशा में जा रहे हैं? आपको स्वयं अपना मार्ग खोजना पड़ता है। हर व्यक्ति के भीतर आध्यात्मिक शक्तियाँ हैं, केवल उन्हें जाग्रत् करना पड़ता है। मेरे आध्यात्मिक मित्र ने मुझे यही बताया है। यह सच है। आध्यात्मिकता समय के साथ विकसित होती है। इसकी पूरी संकल्पना में यह बात पूरी तरह स्पष्ट है। हम सभी अपने कर्मों के अधीन हैं। जब किसी शिशु का जन्म होता है, तो वह पवित्र होता है। अबोध और विनम्र होता है। इसलिए हम उसे ईश्वर का रूप कहते हैं। जैसे-जैसे बच्चों में उम्र बढ़ने के साथ ही सोचने-समझने की क्षमता विकसित होती है, वैसे ही संस्कार भी हमारी सोच को विकसित करते हैं। इसलिए जीवन में हमें अनेक प्रकार के संस्कार प्राप्त होते हैं जिन्हें हम कभी नहीं छोड़ सकते।

आध्यात्मिकता नकारात्मक सोच से उबारने में सहायक है। अमूमन मानव-मन चंचल होता है, जिसमें प्रत्येक क्षण नए विचारों का जन्म होता है। आप किसी एक चीज पर ध्यान केंद्रित करते हैं और दूसरी चीजें घट जाती हैं। अगर आप आध्यात्मिक क्रियाओं का निरंतर अभ्यास करेंगे, तो आपका मन और शरीर दोनों नियंत्रण में रहेंगे। अगर आपकी इंद्रियाँ वश में नहीं हैं, तो मन में अच्छे और बुरे दोनों तरह के विचार आएँगे और आप कभी भी आध्यात्मिक शक्तियाँ प्राप्त नहीं कर सकेंगे। यह ऐसी प्रक्रिया है, जिसके जरिए सच और यथार्थ से सामना होता है। यह हमको कर्तव्य-बोध भी कराती है। इससे हमारे भीतर संतोष का भाव आने लगता है या फिर आत्मसुख की प्राप्ति होती है। हमारी चाहतें सीमित होती हैं। लालच रास्ता नहीं रोकता। ये कुछ नैसर्गिक गुण हैं, जो हमारे लिए मददगार साबित होते हैं और लंबे समय तक हमारे साथ रहते हैं। मुझे इसका लाभ मिला है।

तृप्ति का भाव

मैं अपने अनुभव के आधार पर कह सकता हूँ कि आध्यात्मिक तत्त्व अलौकिक और विस्मयकारी है तथा यह समझ के साथ विकसित होता है। अगर हमारे अंदर समझ विकसित हो जाए तो हम समझ सकते हैं कि मैं कौन हूँ, क्या हूँ, क्या नहीं, अच्छा क्या-बुरा क्या। हम इनसे परे हो जाते हैं। आपके अंदर लोभ की प्रवृत्ति नहीं आती, लिहाजा अधिक धन की लालसा नहीं रहती। हम

निष्पक्ष होते हैं, संतुष्ट और प्रसन्न रहते हैं। भारत में ऐसी प्रवृत्ति के अनेक लोग हैं। सामान्य दिनों में धार्मिक रीति-रिवाजों की तरफ हमारा अधिक ध्यान रहता है, आध्यात्मिक चिंतन की दिशा में नहीं। हम मंदिरों और घर में देवी-देवताओं की पूजा-अर्चना करते हैं, मगर इसे आध्यात्मिकता से नहीं जोड़ा जा सकता। हमें कर्मकांड से परे सोचना चाहिए। मंदिरों में मूर्तियाँ होती हैं, मगर मुझे लगता है कि मूर्तियों में कुछ नहीं रखा। अगर मूर्तियों में शक्तियाँ होतीं तो आक्रांता कैसे मंदिरों को लूटने या नष्ट करने में सफल होते या फिर मूर्ति नष्ट करने के कारण भगवान् से उन्हें सजा मिलती। यह केवल एक धारणा है कि मूर्तियों में शक्ति विद्यमान है। मूर्तिपूजा की बजाय भी आप ईश्वर का स्मरण कर सकते हैं।

अनंत सीमा की ओर

अगर हम मूर्तिपूजा से इतर या फिर मंदिरों से इतर होकर चिंतन करते हैं, तो निश्चित तौर पर अलौकिक शक्तियों से जुड़ सकते हैं। सही मायनों में मनुष्य ही अपनी कल्पना के आधार पर मूर्तियों को गढ़ता है, उनका सृजन करता है। व्यक्ति मूर्ति पूजा के रूप में ईश्वर साधना करता है। हम सूर्य को देख सकते हैं, उसकी ऊर्जा को महसूस कर सकते हैं, वह शक्तिपुंज है। इसे पृथ्वी के जीवनदायी के रूप में जानते हैं। यह ईश्वरीय सृजन है। पौधों को देखिए। मानव पेड़ों का सृजन नहीं कर सकता। कोई भी वैज्ञानिक जिंदा कोशिकाएँ नहीं बना सकता, वैज्ञानिक कोशिकाओं में हस्तकौशल का प्रयोग कर सकते हैं, मगर इसका पुनर्निर्माण नहीं कर सकते। फिर इन कोशिकाओं में जीवन कहाँ से आया? मानव जीवन का निर्माण भी केवल एक कोशिका से ही होता है। हम केवल उन कोशिकाओं के विकास-क्रम के गवाह होते हैं। चिंतनशील होने के क्रम में हमारे भीतर सूक्ष्म ऊर्जा प्रवाहित होने लगती है। आज संपूर्ण जगत् मानसिक अशांति के दौर से गुजर रहा है। धर्म के नाम पर संपूर्ण विश्व में मानव जाति का नाश हो रहा है। लोग निजी हित के कारण एक-दूसरे के खून के प्यासे हो रहे हैं, यह मानव-निर्मित अवस्था है। आध्यात्मिकता इन सभी भौतिक समस्याओं से परे है।

□

योग : अनंत ऊर्जा का स्रोत

एक प्रशासनिक अधिकारी (आई.ए.एस.) का कार्य अत्यंत विस्तृत होता है। उसे 24 घंटे काम करना पड़ता है। अपनी प्रथम नियुक्ति के समय कार्यभार सँभालने से लेकर सेवानिवृत्त तक सौंपे गए सभी कार्यों को उसे समयबद्ध तरीके से पूरा करना होता है। अधिकतर कार्य भारी दवाब में पूरे किए जाते हैं। नौकरी से जुड़ने के प्रारंभिक दिनों में ज्यादातर कार्य जनता से संबंधित होते हैं। कभी-कभी उलझने बहुत विकट हो जाती हैं क्योंकि हर समय कोई न कोई समस्या मुँह खोले खड़ी रहती है। एक अधिकारी के ऊपर न केवल आम जनता बल्कि, जनप्रतिनिधियों, ऑफिस और घर का भी बहुत दबाव होता है। इसी उधेड़बुन में उसका अधिकांश समय बीतता है। कॅरियर के दौरान मैंने ऐसे दबावों का सामना किया है। अनंत समस्याओं के निदान के लिए अनंत ऊर्जा की जरूरत होती है। तभी व्यक्ति काम के दबाव को झेल सकता हैं। कई बार समस्याएँ बेहद नाजुक मोड ले लेती हैं और व्यक्ति के लिए इस दबाव से उबरना भी मुश्किल हो जाता है।

बृहत् बेंगलुरु महानगरपालिका (बी.बी.एम.पी.), बेंगलुरु विकास प्राधिकरण (बी.डी.ए.), बेंगलुरु विद्युत् आपूर्ति कंपनी लिमिटेड (बेस्कॉम) व सह-आयुक्त के पद से लेकर आज तक मैं ऐसे दबावों को झेलता आया हूँ। व्यक्तिगत अनुभव के आधार पर मैं कह सकता हूँ कि आध्यात्मिक गतिविधियों के अलावा योग तथा दूसरी शारीरिक गतिविधियाँ मसलन आसन आदि चुनौतियों का सामना करने में ऊर्जा प्रदान करती हैं। जैसा कि हम जानते हैं कि योग मुख्यत: वैयक्तिक से लेकर उच्चतर अस्तित्व का मिलन है। जब हम यौगिक क्रिया करते हैं, तो इसे केवल शारीरिक व्यायाम से

जोड़कर नहीं देखना चाहिए। कई लोगों को लगता है कि यह केवल शारीरिक आसन है। असल में यह इससे परे की चीज है। आसन केवल शरीर की विभिन्न दशाओं को दर्शाता है। अगर आप इससे परे सोचें, तो यह कई मायनों में अलग हैं। यह शरीर को आत्मा से जोड़ने का बेहतर माध्यम है, इनसे मानसिक जागरूकता आती है। योग इहलोक से पारलौकिक अनुभूति तक ले जाने में सक्षम है। हिंदू धर्म-शास्त्र व संस्कृति में उद्धृत है कि ईश्वर सभी जगह विद्यमान है, हम ईश्वर के अंश हैं, हमारे भीतर ईश्वर का वास होता है। मनुष्य की हर कोशिका में ईश्वर निहित है, मनुष्य का निर्माण प्रकृति से हुआ है। इसी प्रकार के भाव योग के जरिए आपके भीतर आने लगते हैं। मैंने महसूस किया है कि योग में अथाह शक्ति है। इससे शरीर संतुलित रहता है और हम ऊर्जावान महसूस करने लगते हैं, यह तनाव से लड़ने में सहायक है और अवसाद को दूर भगाता है। खेल गतिविधियों के साथ-साथ मैं प्रतिदिन योग क्रियाएँ भी करता हूँ। इसके लिए मैंने दो घंटे की अवधि निर्धारित की है। योग प्रत्येक व्यक्ति के लिए जरूरी है। योग हमारी वैयक्तिक यात्रा है। इसका कार्यालय से कोई लेना-देना नहीं। यह शरीर की आवश्यकताओं की पूर्ति करता है। जिस प्रकार शरीर को भोजन और आराम की जरूरत होती है, उसी प्रकार तनाव से मुक्ति के लिए योग की जरूरत होती है। जिस प्रकार पौष्टिक भोजन से शारीरिक जरूरत की पूर्ति होती है, उसी प्रकार योग हमारी शारीरिक काया भी दुरुस्त बनाए रखता है। तनाव को दूर भगाता है। हम दुश्चिंता के शिकार नहीं बनते। बिना किसी अवरोध के गहरी नींद आती है।

योगनिद्रा से स्फूर्ति

ये सब चीजें सुनने और दूसरों को सुनाने में तो अच्छी लगती हैं, व्यावहारिक तौर पर ऐसा नहीं होता। क्योंकि हम अक्सर घर और दफ्तर का घालमेल कर देते हैं। कुछ लोग कार्य के इतर कुछ सोचते ही नहीं। उन्हें अपने कार्यों से बेहद लगाव होता है। पर अफसरशाही में ऐसा संभव ही नहीं। हम यहाँ वैयक्तिक नहीं होते, अलग होते हैं और किसी मामले से सीधा संबंध नहीं होता। हालाँकि हम शारीरिक दृष्टि से हर काम में संलग्न रहते हैं और

फाइलों का भी निबटारा करते हैं परंतु पूरी प्रक्रिया में हम व्यक्तिगत रूप से नहीं जुड़ते। यहाँ हमें बिना किसी पक्षपात के निर्णय लेना पड़ता है। हमसे ऐसी अपेक्षा भी की जाती है। मगर जैसे ही इसे अपने व्यक्तिगत मामले से जोड़ते हैं, हम पक्षपाती होने लगते हैं। अगर हम ऑफिस के मामले से पेशेवर तरीके से खुद को अलग नहीं करते, तो मामला व्यक्तिगत हो सकता है और हम तनावग्रस्त होने लगेंगे। यह अनुभूति खुद-बखुद नहीं आती। यह अनुभव के साथ आती है और योग हमारी इन्हीं चीजों से उबरने में सहायता करता है। योग संस्थानों में एक अच्छी चीज जो आपको सिखाई जाती है, वह है योगनिद्रा। इसके माध्यम से आप चेतना को शरीर के विभिन्न अंगों तक ले जाते हैं। इस क्रिया का अभ्यास करते समय आप चेतना में होते हैं, निद्रा में नहीं। यह आपको चेतनावस्था के कई स्तरों तक ले जाने में सक्षम है—आत्मा व शरीर से परे-जहाँ आप स्थिरचित्त अवस्था में चिंतन कर सकते हैं। आधे घंटे की योग निद्रा से आप इतना तरोताजा महसूस करेंगे जितना दो घंटे की वास्तविक नींद से महसूस करते हैं। इससे आप चार गुणा अधिक ऊर्जा प्राप्त कर सकते हैं। यही योग की शक्ति है।

अतिरेक से बचिए

हर व्यक्ति को अपनी सामर्थ्यानुसार ही योग क्रियाएँ करनी चाहिए। इसके लिए कोई लिखित निर्देश नहीं है। अपनी शारीरिक क्षमता के अनुसार आपको जो आराम चाहिए वह आप योग क्रिया से किसी भी मुद्रा में प्राप्त कर सकते हैं, मसलन बैठकर, लेटकर, आदि। सिर्फ पद्मासन में बैठकर अथवा किसी विशेष स्थिति में बैठकर ही यह ऊर्जा मिलती है ऐसा कहना गलत है। अगर व्यक्ति विकलांग है, तो पद्मासन कैसे करेगा? इसी प्रकार यदि किसी व्यक्ति को सीधा बैठने के लिए कहा जाए और उसे शारीरिक समस्या हो तो वह कैसे करेगा? परंतु इसका अभिप्राय यह नहीं है कि वह विश्राम क्रियाएँ नहीं कर सकता। कोई भी व्यक्ति, किसी भी समय व स्थान पर, इन आसनों को कर सकता है। मेरा मानना है कि जैसा शरीर, वैसा आसन। आपको अपनी क्षमता से अधिक व्यायाम नहीं करना चाहिए। अतिरेक से हमेशा बचना चाहिए। योग ऊर्जा का अनंत स्रोत है, क्योंकि हमारे चारों

तरफ ऊर्जा है। मानव शरीर आवश्यकतानुसार ही उसे ग्रहण करता है। योग के माध्यम से आप बाह्य ऊर्जा से जुड़ते हैं। खेल-कूद जैसी गतिविधियों से उतनी ऊर्जा नहीं मिलती जितनी योग से मिलती है।

नकारात्मकता हमेशा नुकसान पहुँचाती है। नकारात्मक सोच से नकारात्मक ऊर्जा ही मिलती है, जबकि सकारात्मक सोच से सकारात्मक ऊर्जा। यह सब चिंतन प्रक्रिया से जुड़ा है। जब कभी जेहन में बुरी बातें आती हैं, तो हम बेहद उदास हो जाते हैं। केवल मानसिक चिंता ही नहीं बढ़ती, इससे शरीर भी बुरी तरह से प्रभावित होता है। केवल शारीरिक काया ही नहीं, मन भी उसी दिशा में भटकने लगता है। यह हमारे मनोभाव, हृदय, शरीर सभी से जुड़ा है। योग हमें इन्हीं नकारात्मक शक्ति से लड़ने की ताकत प्रदान करता है। योग अच्छाई और बुराई के बीच अंतर करने की समझ भी पैदा करता है। इसके जरिए हम यह जान सकते हैं कि क्या अच्छा है और क्या बुरा? हम जीवन की कई अबूझ पहेलियों का रहस्य भी समझने लगते हैं। इसका शरीर पर गुणात्मक प्रभाव होता है। जरूरी नहीं कि हमें दोबारा मनुष्य जीवन की प्राप्ति हो, इसलिए हमें दोहरा जीवन नहीं जीना चाहिए।

शरीर में स्फूर्ति लाने के उपाय

प्रतिस्पर्धा कई दुश्चिंताओं का भाव लेकर आती है। इससे निबटने के लिए अत्यधिक ऊर्जा की जरूरत होती है, साथ ही कठिन परिश्रम की आवश्यकता भी। जब आपकी ऊर्जा का स्तर कम होने लगे—इन उपायों को आजमाइए। 10 बार जोर-जोर से गहरी साँसें लें, इससे ऊर्जा का संचार होने लगेगा। हम बाहरी जगत् से साँस के जरिए जुड़ते हैं। यह विज्ञान है और बड़ा आसान भी। प्रत्येक मानव शरीर यांत्रिकी से जुड़ा है, जिससे ऊर्जा का आभास होता है। मानव के अलावा यह पशु और पेड़-पौधों में भी पाया जाता है। यह 24 घंटे काम करता है। यह गैस सिलेंडर की भाँति है। स्टोव गैस सिलेंडर से जुड़ा रहता है, जब तक सिलेंडर में गैस की मात्रा रहती है, तब तक स्टोव जलता रहता है, जैसे ही गैस की मात्रा घटती है, लौ बुझने लगती है और धीरे-धीरे पूरी बुझ जाती है। मानव शरीर की रचना भी इसी प्रकार की है। गैस हमारी साँस लेनेवाली हवा है। जब हम गुस्से में होते हैं, तो हमारी साँसें

कम होने लगती हैं। अगर आप तनावग्रस्त हैं, तो आपकी साँसें तेज चलने लगती हैं। आप चिंता और तनाव को ऊर्जा में बदल सकते हैं। इसका उपाय भी आप ही के पास है, परंतु इसके बारे में कोई नहीं बताता। अगर कोई हमें उचित परामर्श देता भी है, तो हम उन निर्देशों का पालन सही तरीके से नहीं करते। तनाव के बाद शरीर पर हमारा नियंत्रण कम होने लगता है, दुश्चिंता का स्तर उठने लगता है, भाव भी बदलने लगते हैं और हम अपनी क्षमता से ऊपर उठने लगते हैं। यह स्थिति अवसाद की तरफ धकेलती है। इससे व्यक्तिगत विकास भी अवरुद्ध हो जाता है।

वैयक्तिक अनुशासन का महत्त्व

योग के अलावा व्यक्तिगत अनुशासन भी जीवन में काफी मायने रखता है। हमें 'जंक फूड' से बचना चाहिए और पौष्टिक आहार ही लेना चाहिए। भोजन जितना सुपाच्य हो, उतना बेहतर होता है। अधपका, कच्चा भोजन करने की बजाय प्राकृतिक व सुपाच्य भोजन ग्रहण करना चाहिए। विश्व में लाखों की संख्या में जानवर हैं। मानव और पशु के बीच अंतर केवल बौद्धिकता का है। कौन-सा जानवर भोजन पकाता है? कोई नहीं। केवल मनुष्य ही भोजन पकाता है। हम नाना प्रकार के भोजन तैयार करते हैं, जिसका स्वाद अलग-अलग है। जीभ के जरिए हमें भोजन के स्वाद का पता चलता है—अगर जीभ न हो तो स्वाद का पता नहीं लग सकता। ऐसे में प्रकृति में पाए जानेवाले पोषक तत्त्वों, फल-सब्जियों का सेवन अधिक करना चाहिए। ये हमें पौष्टिकता देते हैं। कच्चे फल और सब्जियों में पौष्टिकता होती है और उन्हें खाने से ऊर्जा भी मिलती है। जब हम इसे प्रेशर कुकर में पकाते हैं, तो कई बार भोज्य पदार्थ अधिक पक जाता है, तो कई बार कम पकता है, इससे इसकी पौष्टिकता कम हो जाती है। मगर भूखे होने की वजह से हम खाना खा लेते हैं। इसी प्रकार योग के अलावा स्वस्थ जीवनशैली, अच्छा भोजन, रात्रि में जल्दी सोना और प्रातःकाल जल्दी उठना हमारी आदतों में शुमार होना चाहिए, यह स्वस्थ जीवन का आधार भी है।

पहले मैं मांसाहारी भी था। पर मैंने जब से योग क्रियाओं का अभ्यास प्रारंभ किया है, स्वाभाविक रूप से मांसाहारी भोजन के प्रति रुचि ही नहीं

होती। मैंने अंडे खाना भी बंद कर दिया है। अगर आप आध्यात्मिकता से जुड़े हैं, योग क्रिया सही तरीके से करते हैं, तो आपको इस प्रकार के भोजन की जरूरत ही महसूस नहीं होगी। विगत कुछ समय से योग कई संप्रदायों में बँट गया है मसलन पावर योग, माई योग, आर्ट आफ डूइंग, आदि-आदि। भले ही लोग इसे कई नाम से जानें, मगर सभी प्रकार के योग का अभिप्राय एक ही है, वह है आपको ऊर्जावान बनाना। सही मायनों में इससे जुड़ने के कई तौर-तरीके हैं।

□

कर्मयोग से आत्मशुद्धि

हम केवल कर्म करते जाएँ, फल की इच्छा न करें। यही कर्मयोग है। कर्म का मर्म भी यही है। कर्मयोग अपनाकर न सिर्फ आप अनेक परेशानियों से उभर सकते हैं, बल्कि इसके माध्यम से आध्यात्मिक शक्तियों के सान्निध्य में भी रह सकते हैं। यह बात मैं अपने अनुभव के आधार पर कह सकता हूँ। एक बात और, कर्मयोगी बनने के लिए आपको ईश्वर में आस्था रखने की जरूरत नहीं है।

कर्मयोग क्या है

कर्मयोग सर्वत्र है। इसका आसानी से अवलोकन किया जा सकता है। पुत्र और माँ के बीच के प्रेम को परिभाषित करने की जरूरत नहीं। माँ पुत्र से कोई अपेक्षा नहीं रखती। वह बेझिझक सर्वस्व पुत्र पर लुटा देती है। इसमें लोभ या स्वार्थ नहीं होता। यह वात्सल्य शाश्वत और सात्त्विक है। इस प्रकार हमें केवल कर्म करना चाहिए। परिणाम की चिंता न करें। कर्म करेंगे तो परिणाम तो निकलेगा ही। सामान्यत: कर्मयोग को पूर्व जन्म की अच्छाई या बुराई से जोड़ दिया जाता है। मगर सही मायने में कर्मयोग हमें कई चीजें सिखाता है—किसी भी काम में जरूरत से ज्यादा न डूबें, काम के प्रति जरूरत से अधिक मोह न पाले, तुरंत परिणाम की अपेक्षा न करें, आदि। हालाँकि काम से मोह त्यागना मनुष्य के लिए कठिन है, व्यावहारिक तौर पर लक्ष्य निर्धारित करने के बाद ही हम किसी काम की शुरुआत करते हैं और उस लक्ष्य को पूरा करने के लिए पूरी ताकत लगा देते हैं।

समर्पण की भावना

जीवन में हम कई भूमिकाओं का निर्वहन करते हैं। बाल्यकाल में हम किसी

के पुत्र या पुत्री होते हैं। थोड़े बड़े होने पर हमें पड़ोसी और संबंधों का ज्ञान होता है। हमारा मुख्य काम बड़ों का आदर और उनकी बातों का अनुसरण करना होता है। शिक्षा के दौरान हमसे अपेक्षा की जाती है कि हम अच्छी पढ़ाई करें और माँ–बाप को धोखा न दे। शिक्षित होने के बाद हम समाज के सक्रिय सदस्य बन जाते हैं। विवाहोपरांत हम पति या पत्नी की भूमिका में होते हैं। कार्यालय में भी हम या तो नेतृत्वकर्ता होते हैं या फिर सहकर्मी। ऑफिस, घर–परिवार, रिश्ते–नाते और समाज में हमारी भूमिकाएँ अलग–अलग निर्धारित हैं। जगह–विशेष के अनुसार इन भूमिकाओं में बदलाव होता रहता है। इन सबके बावजूद एक बात शाश्वत सत्य है कि मानव होने के नाते यदि हमारे अंदर समर्पण का भाव है तो हम खुद की बजाय दूसरों के लिए काम करके ज्यादा प्रसन्न होते हैं।

सामान्यत: नौकरशाहों के प्रति लोगों के मन में अच्छी भावना नहीं होती। अच्छे अनुभव न होने की वजह से वे ओछी बातें भी करते हैं। ऐसे कई उदाहरण हमारे सामने हैं, जिनमें प्रशासन का खराब रवैया साफ उभर कर आता है। इसके बावजूद ऐसे कई अधिकारी भी मिल जाएँगे, जो पूरी ईमानदारी और लगन से अपना काम करते हैं। सभी लोग बुरे या भ्रष्ट नहीं होते। समाज में अच्छे और ईमानदार लोग भी हैं, जिनके अच्छे कामों की चर्चा तक नहीं होती। अफसरशाही का अंग होने की वजह से यह सोचना हमारा कर्तव्य नहीं है कि प्रत्येक काम के लिए हम ही जिम्मेदारी लें या फिर ऐसा समझें कि हम सबकुछ करने में सक्षम हैं। हाँ, यह बात और है कि प्रशासनिक व्यवस्था में प्रभावी होने की वजह से हमें दूसरों से बेहतर करने का प्रयास जरूर करना चाहिए। अनुभव तो यही कहता है कि हमारा प्रयास व्यवस्था को प्रभावित करता है और इसके अच्छे परिणाम भी सामने आते हैं।

समर्पित भाव और जन सहयोग

ज्यादातर समय मुझे आम लोगों और जनता के चुने हुए नुमाइंदों के साथ काम करने का अवसर मिला। इस दौरान मैंने यह अनुभव किया कि सामान्यत: हम जिन्हें आम लोग कहते हैं, वे तीक्ष्ण बुद्धि वाले होते हैं। वे आपकी काम करने की क्षमता और समर्पण भाव को तेजी से भाँप लेते हैं—वे आसानी से समझ लेते हैं कि बातें आपने दिल से कही हैं, ऊपरी मन से या फिर किसी के

प्रभाव में आकर कह रहे हैं। अगर उन्हें विश्वास हो जाए कि आपकी नीयत ठीक है, काम सामाजिक हित में है, आप उनके हितैषी हैं या फिर दुःख-दर्द में शामिल होना चाहते हैं, तो वे बेझिझक, बिना किसी शर्त के आगे आकर कंधे से कंधा मिलाकर खड़े होते हैं। केवल एक जगह की बात नहीं, सैकड़ों बार मैंने इन बातों को महसूस किया है। ज्यादातर मामलों में इन लोगों की कोई मंशा नहीं होती। वे आगे बढ़कर काम करना चाहते हैं। वे जिस भी हालात में हों, आपकी मदद के लिए जरूर आगे आते हैं। यही लोगों की महानता है। सरकारी कल्याणकारी योजनाएँ केवल आधिकारिक तौर पर ही लागू की जाती हैं। उसमें लोगों की भागीदारी नहीं होती। अगर आप इस प्रक्रिया में उनकी भागीदारी चाहते हैं, तो वे आगे आते हैं। समाज में बुरे लोग भी हैं और अच्छे लोग भी। अच्छे लोग हर वक्त सामने नहीं आते, मगर जब कभी उनकी मदद की दरकार होती है, तो अच्छे काम के लिए सैकड़ों हाथ आपकी मदद के लिए आगे आते हैं।

परिणाम के प्रति उदासीनता

मेरे पास ऐसे अनगिनत उदाहरण हैं, जब लोगों ने आशा के विपरीत सहायता की। कर्नाटक के बीजापुर में एक बाँध का निर्माण केवल आमजनों की भागीदारी से ही हुआ। लोग कृष्णा नदी के ऊपर बाँध बनाकर नहर का निर्माण करना चाहते थे। उनकी यह सोच रंग लाई। जल्द ही इस सोच ने आंदोलन का रूप ले लिया। श्वेत क्रांति या दुग्ध उत्पादन में लोगों की भागीदारी से हम सभी अवगत हैं ही। एक समय सहकारी क्षेत्र में इस प्रकार के सहयोग व जन-भागीदारी की कल्पना तक नहीं की जा सकती थी। महाराष्ट्र में सहकारी व्यवस्था, खासकर बैंकिंग प्रणाली और नगदी फसल का उत्पादन काफी मजबूत स्थिति में हैं। हमारे ग्रंथों में इस प्रकार के उद्धरण मिलते हैं, जिनको जानना बेहद रोचक है।

अध्यात्म की तरफ जैसे-जैसे मेरा रुझान बढ़ने लगा, मैं परिणाम के प्रति उदासीन होने लगा। हालाँकि प्रारंभ से ही मैं किसी चीज से कभी बहुत अधिक प्रभावित नहीं रहा। आंतरिक हो या बाह्य, परिणाम की चिंता किए बगैर, मैंने चुनौतियों का डटकर सामना किया। वैसे अच्छा काम करना और काम के जरिए व्यवस्था में बदलाव लाना आज भी कठिन काम है। नियंत्रित वातावरण या मनोनुकूल निजी कंपनी में काम करना ज्यादा आसान होता है, क्योंकि यहाँ

आपको पता होता है कि अमुक काम के लिए जिम्मेदार कौन हैं, आप उन्हें बुलाकर नौकरी से निकाल भी सकते हैं। मगर सरकारी कर्मचारी होने की वजह से आपके पास कोई दूसरा उपाय नहीं होता। प्रशासनिक तौर पर साथ में काम करनेवाले कर्मचारियों पर आपका नियंत्रण होता है, परंतु आप किसी काम को पूरा न करने या संभावित परिणाम न आने पर उसे नौकरी से नहीं निकाल सकते। अगर आपकी टीम में कुछ लोग खराब भी हैं, तो आप उनका बाल तक बाँका नहीं कर सकते। आपको उनको काम के अनुरूप ढालना पड़ता है, क्योंकि काम उन्हीं से लेना है। यह सब आपकी नेतृत्व क्षमता, गुण और प्रेरणा पर निर्भर करता है कि आप उनसे भी अच्छा काम किस प्रकार करवा सकते हैं।

बड़े नतीजे के लिए बड़ी योजना

अपने लंबे कॅरियर में मैंने कभी किसी विभाग विशेष में नियुक्ति के लिए किसी भी व्यक्ति से सिफारिश नहीं कराई और न ही अपने साथ कभी दूसरे विभाग से लोग लाने का प्रयास किया। कई लोग अपने मनोनुकूल सहयोगी के साथ काम करने में विश्वास रखते हैं या अपने विश्वस्त लोगों के साथ काम करने की इच्छा रखते हैं। मैंने कभी ऐसा नहीं किया। इसके ठीक उलट मेरी कोशिश रही कि उपलब्ध लोगों में से ही अच्छे लोग ढूँढकर उनसे काम लूँ। जब मेरा तबादला बेंगलुरु विद्युत् आपूर्ति कंपनी लिमिटेड (बेस्कॉम) से कर्नाटक पावर ट्रांसमिशन कॉर्पोरेशन लिमिटेड (के.पी.टी.सी.एल.) में किया गया, उस समय मुझे सिस्टम में काफी खामियाँ नजर आईं। यहाँ बिजली का वितरण सुचारु तरीके से नहीं किया जा रहा था। विद्युत् कर्मचारी औद्योगिक प्रतिष्ठानों, कमाऊ श्रेणी वाले संस्थानों व उपभोक्ताओं को भी ओवरलोडिंग की वजह से पर्याप्त बिजली उपलब्ध कराने में नाकाम थे। तब मैंने हालात का जायजा लेने के बाद विभागीय इंजीनियर से पूछा कि प्रत्येक साल कितने उपकेंद्र (सब-स्टेशन) बनाए जाते हैं? यह बात वर्ष 2004-05 की है। इंजीनियर ने जवाब दिया 20-22 उपकेंद्र। फिर मैंने बिजली की माँग और वितरण प्रणाली का अध्ययन किया, तो हर जगह ओवरलोडिंग की समस्या थी, साथ ही हम ज्यादा केंद्र बनाने में नाकाम थे। उच्च क्षमता वाले ट्रांसफॉर्मरों की कमी भी थी। एक बार मैंने अपने इंजीनियरों से सहज भाव से कहा कि एक साल के बाद हम लोग प्रतिदिन एक

उपकेंद्र का उद्घाटन करेंगे, यानी साल में 365 उपकेंद्र। उन्होंने कहा—यह कैसे संभव है ? 20 केंद्र से 365 केंद्र कैसे बनाए जा सकते हैं ? मैंने अपनी योजना बताई कि कैसे इसे पूरा कर सकते हैं। अगर साल में 365 केंद्र बनाने हैं, तो हमें 700 केंद्र बनाने की योजना बनानी पड़ेगी। अगर कमतर योजना बनाते हैं, तो कमतर लक्ष्य की प्राप्ति होगी।

एक सूत्रीय 'एजेंडा' जो मैंने अपने लोगों के समक्ष रखा वह था कि सिस्टम फेल होने के कारण पूरे राज्य में किसी को समस्या का सामना न करना पड़े। विभागीय इंजीनियरों ने इसके लिए बजट माँगा जो मैंने सुनिश्चित कर दिया। उस समय हमने 400 उपकेंद्र बनाने की योजना बनाई। फिर मैंने यह विश्लेषण किया कि विभाग आखिर कम उपकेंद्र क्यों स्थापित करता हैं ? जाँच के बाद पता लगा कि एक केंद्र के विभिन्न कार्यों को पूरा करने में कई स्तर पर अनेक लोगों की भागीदारी होती है। कई बार एक काम पूरा हो भी जाए, मगर दूसरा व्यक्ति लापरवाह हो तो काम अधूरा ही रह जाता है। केंद्र के निर्माण का काम किसी के जिम्मे है, तो तार बिछाने का काम दूसरे लोग करते हैं। अगर तार तैयार है, तो केंद्र तैयार नहीं होते, अगर केंद्र तैयार है, तो तारें तैयार नहीं होती थीं। कई जगह पर दोनों प्रणाली काम कर रही होती थीं, मगर ट्रांसफॉर्मर का अभाव था। परस्पर विचार-विमर्श के बाद हमने दोनों प्रणाली को एक साथ जोड़ने का निर्णय लिया—केंद्र का निर्माण और तार बिछाना। इसके अलावा ट्रांसफॉर्मर आपूर्ति कंपनियाँ ठेकेदार को समय पर ट्रांसफॉर्मर उपलब्ध नहीं कराती थीं। हमने जरूरत के अनुसार सभी ट्रांसफॉर्मर के लिए एक साथ निविदा निकालने का फैसला किया। इस बात पर सहमति बनी कि उपकेंद्र के तैयार होते ही ट्रांसफॉर्मर उपलब्ध कराया जाएगा। हमने कार्य की सक्रियता और निगरानी के जरिए विभागीय इंजीनियरों की सहायता से उसी वर्ष 250 उप केंद्र स्थापित करने में हमें सफलता मिली। यह काम उन्हीं इंजीनियरों ने पूरा किया जिन्होंने कभी इसे असंभव कहा था। फिर शेष उपकेंद्रों का निर्माण कार्य अगले साल के लिए प्रस्तावित किया गया। कहने का अभिप्राय है कि अगर आप कोई योजना बनाते हैं, तो पहले उसकी कल्पना करें, फिर आगे बढ़ने की चेष्टा करें, आप निश्चित तौर पर अच्छे परिणाम पाएँगे। बाहरी एजेंसियों की मदद लेने की बजाय अपने विभागीय कर्मचारियों की मदद से ही इतने बड़े काम में सफलता हासिल की। बड़े काम के लिए केवल प्रोत्साहन की जरूरत होती है। जो अच्छा काम करें,

उन्हें प्रोत्साहित करें, जो कामचोर हों, उन्हें सही रास्ते पर लाएँ। किसी की भी आलोचना न करें।

विघ्नसंतोषी का सकारात्मक उपयोग

मेरा मानना है कि कोई भी व्यक्ति शतप्रतिशत अच्छा या बुरा नहीं होता। बुरे व्यक्ति में भी कई अच्छी आदतें होती हैं। हो सकता है कि वे बेहतर ढंग से जनसंपर्क कर सकते हों, दूसरों के समक्ष वे अपनी बात अधिक स्पष्टता से रख सकते हों। ऐसे लोगों का उपयोग हम प्रवक्ता के रूप में कर सकते हैं या फिर इनका उपयोग लोगों को विश्वास में लेने के लिए भी किया जा सकता है। जो व्यक्ति किसी भी काम में निपुण न हो, उसे अकेला छोड़ दीजिए, ताकि वे सांस्थानिक हित व प्रतिष्ठा को क्षति न पहुँचा सकें। इस तरह से स्थिति को सुधारा जा सकता है।

मुझे बेंगलुरु विद्युत् आपूर्ति कंपनी लिमिटेड (बेस्कॉम) की एक घटना याद है। मेरी पोस्टिंग के पूर्व वहाँ हाथ से बिजली के बिल तैयार किए जाते थे। खाता-बही का उपयोग किया जाता था। मीटर रीडर बिजली की रीडिंग करते थे और ऑफिस आकर उसे खाते में चढ़ाते थे। उसी रीडिंग के आधार पर बिल तैयार होता था और सीधे उसे उपभोक्ता तक भेज दिया जाता था। इस प्रक्रिया में गलतियाँ हो जाती थीं। हजारों की संख्या में दफ्तर में कतारबद्ध होकर लोग केवल बिल की समस्या लेकर आते थे और हमसे शिकायत करते थे। यह एक उबाऊ प्रक्रिया थी। इसके निराकरण के लिए समूचे सिस्टम का कंप्यूटरीकरण किया गया। कंप्यूटरीकरण की प्रक्रिया शुरू होते ही कर्मचारियों और कर्मचारी संघ के नेताओं ने विरोध करना शुरू कर दिया। उनकी दलील थी कि खाता-बही तैयार करने के लिए जो मानदेय दिया जाता है, कंप्यूटरीकरण करने से वह मानदेय खत्म हो जाएगा। मैंने उन्हें आश्वस्त किया कि किसी भी कर्मचारी का मानदेय नहीं रोका जाएगा। उसके बाद ही विभागीय फाइलों का कंप्यूटरीकरण प्रारंभ किया गया। छह महीने में कार्यालय को कंप्यूटर, सॉफ्टवेयर उपलब्ध कराए गए। मीटर रीडर को नए 'हैंड हेल्ड' रीडिंग उपकरण दिए गए। इससे 'ऑन स्पॉट' इलेक्ट्रॉनिक बिल बनाने में सुविधा हुई। इससे विभागीय स्तर पर होनेवाली त्रुटियों में बहुत अधिक कमी आई।

घाटा मुनाफे में बदल गया

समूचे सिस्टम के कंप्यूटरीकृत होने के बाद यह महसूस किया गया कि नगर में विद्युत् आपूर्ति के बाद जो राजस्व घाटा 15–20 प्रतिशत तक पहुँच गया था, वह कम हो गया। वैसे अंतरराष्ट्रीय स्तर पर राजस्व घाटा 5–6 प्रतिशत से अधिक नहीं है। मामले की गंभीरता को देखते हुए पहले मीटर रीडर के कामकाज पर ध्यान केंद्रित किया गया। जाँच के बाद पता लगा कि मीटर रीडर एक दिन एक गली और दूसरे दिन दूसरी गली के मीटरों की रीडिंग करते थे। ट्रांसमिशन नेटवर्क से उनका कोई लेना-देना ही नहीं था। बिजली के प्रवाह व वितरण के बीच तारतम्य में कमी थी। हमने पूरी प्रक्रिया को बदलने का फैसला किया और बिजली वितरण करनेवाले ट्रांसफॉर्मर से लेकर उपभोक्ता के घर तक पहुँचने वाली बिजली के मीटर रीडिंग की पूरी प्रक्रिया को कागज पर नोट करना प्रारंभ किया। मीटर रीडर को प्रत्येक दिन ट्रांसफॉर्मर से कितनी बिजली की आपूर्ति की गई, इसकी गणना कर बिल तैयार करने को कहा गया। इसके बाद बेंगलुरु के 12,000 ट्रांसफॉर्मरों की क्षमता और इससे होकर प्रवाहित होनेवाली विद्युत् की सटीक जानकारी उपलब्ध होने से घाटा कम होने लगा। कुछ जगहों पर तो 40–50 प्रतिशत तक घाटा कम हो गया। फिर क्षेत्रवार मीटर की रीडिंग की शुरुआत की गई, जिस जगह मीटर खराब होते थे, उसे ठीक किया गया। निरंतर निगरानी और व्यवस्था प्रबंधन के जरिए कई जगहों पर मीटर रीडर के घपले भी सामने आए, मगर कंप्यूटरीकरण से घपलों की जानकारी मिलने के साथ-साथ सिस्टम में सुधार भी आने लगा। बेंगलुरु विद्युत् आपूर्ति कंपनी लिमिटेड में की जानेवाली शिकायतों में जबरदस्त कमी आई और सालाना 500 करोड़ रुपए राजस्व की प्राप्ति हुई। इससे न सिर्फ सिस्टम में गुणात्मक सुधार आया, बल्कि घाटे का निगम मुनाफे में बदल गया। इससे पता चलता है कि जहाँ भी व्यवस्था की कड़ी कमजोर है वहीं से उसे ठीक किया जाना चाहिए।

वास्तविक कर्मयोग

जीवन में अक्सर अलग-अलग प्रकार की चुनौतियाँ आती हैं। विद्युत् विभाग में नियुक्ति के दौरान हमें कर्मचारियों के वेतन में संशोधन करना था। प्रत्येक चार वर्ष में कर्मचारियों के वेतन में बढ़ोतरी का प्रावधान था और उन्हें

संशोधित वेतनमान दिया जाना था। विद्युत् बोर्ड के चेयरमैन पद पर सूबे के मंत्री काबिज थे। उन्होंने मुख्यमंत्री से 12 प्रतिशत वेतन बढ़ोतरी का प्रस्ताव भी पास करा लिया था। परंतु जब इस प्रस्ताव को विद्युत् बोर्ड में लागू कराने की बारी आई, तो उन्होंने 12 प्रतिशत वेतन बढ़ोतरी की बजाय केवल 10 प्रतिशत वेतन बढ़ोतरी को ही मंजूरी दी। कुछ दिनों के लिए इस प्रस्ताव को टाल दिया गया। इस पर कर्मचारियों ने दबाव डालना शुरू किया जिस पर मैंने एक प्रारूप तैयार कर उसे चेयरमैन को सीधे भेज दिया। एक दिन मंत्री महोदय ने मुझे बुलाकर पूछा, ''क्या आप कर्मचारियों की नजर में अच्छा बनना चाहते हैं।'' इस पर मेरा जवाब था कि ''मुझे उनके वोट की जरूरत नहीं है। मेरी इस बात में कोई दिलचस्पी नहीं है कि आप इस प्रस्ताव को खारिज करते हैं या फिर स्वीकार करते हैं।'' इसके बाद उन्होंने प्रस्ताव को मंजूरी देते हुए संशोधित वेतनमान क्रियान्वित करने का आदेश दिया। कई बार नीति बनाने और उसके क्रियान्वयन में टकराव की स्थिति उत्पन्न होने लगती है।

अगर आप सही साधन से कार्य करते हैं, तो इससे दूसरों को नुकसान नहीं पहुँचता। यही तो कर्मयोग है। खुद को परमात्मा का अंश मानते हुए बिना फल की इच्छा किए कार्य करते जाना ही कर्मयोग है। कर्मयोग का अभिप्राय दूसरों की सहायता करना, उनके घाव भरना और उनके सुख-दुख साझा करना है।

□□□